Hans-Jürgen Goertz

Pfaffenhaß und groß Geschr

HANS-JÜRGEN GOERTZ

Pfaffenhaß und groß Geschrei

Die reformatorischen Bewegungen in Deutschland 1517–1529

VERLAG C.H. BECK MÜNCHEN

CIP-Kurztitelaufnahme der Deutschen Bibliothek

Goertz, Hans-Jürgen:
Pfaffenhaß und groß Geschrei : d. reformator.
Bewegungen in Deutschland 1517–1529 / Hans-Jürgen
Goertz. – München : Beck, 1987.
ISBN 3 406 32195 X

ISBN 3 406 32195 X

Umschlagentwurf: Bruno Schachtner, Dachau
Umschlagbild: Titelblatt der anonymen Flugschrift
„An die Versammlung gemayner Pawerschafft“, 1525

Gesamtherstellung: Appl, Wemding
Printed in Germany

IN MEMORIAM
ERNST W. SCHEPANSKY

Inhalt

Vorwort

Die frühen Jahre der Reformation nehmen eine Schlüsselstellung ein – sowohl in der Geschichte des abendländischen Christentums als auch in der Geistes-, Politik-, Sozial- und Wirtschaftsgeschichte Europas. Mehr noch: sie stellen einen Zeitabschnitt dar, der weltgeschichtlich bedeutsam wurde. So erklärt es sich, daß Allgemeinhistoriker diesen Jahren ebensoviel Aufmerksamkeit zuwenden wie Kirchenhistoriker. Ein unüberschaubares Heer Neugieriger und Fleißiger, Tiefgründiger und Geistreicher arbeitet daran, eine Antwort auf die Frage zu finden: Was war die Reformation des 16. Jahrhunderts?

Daß bei dieser Arbeit mancher Streit entsteht, liegt in der Natur historischer Forschung. Der Streit, der uns zunächst interessiert, ist von grundsätzlicher Art und läßt sich in der einfachen Frage fassen: Wer versteht eigentlich am besten, was die Reformation war, die Kirchen- oder die Allgemeinhistoriker? Auf diese Frage kann man bescheiden antworten: Jeder trägt etwas zum Verständnis der Reformation bei. Das ist eine Antwort, die zwar sympathisch klingt, aber doch manchen Kirchenhistoriker in Unruhe versetzt. „Die Fremdheit des Phänomens Reformation liegt heute darin", hört man, „daß sie im Zentrum ein religiöser und theologisch-wissenschaftlicher Vorgang war." Diesem Satz ist kaum zu widersprechen. Die Reformation ist tatsächlich nur zu verstehen, wenn sie in ihrer religiösen Ursprünglichkeit erfaßt wird. Bedeutet das nun, daß für das Zentrum allein die Kirchengeschichte als eine theologisch-wissenschaftliche Disziplin zuständig ist, während für die äußeren Umstände auch die Arbeiten der Profan- oder Allgemeinhistoriker nützlich sein können?

Gegen einen derartigen Ausschließlichkeitsanspruch erhebt sich verständlicherweise der Unmut der Allgemeinhistoriker. Sie wollen sich nicht mit den Brosamen begnügen, die vom Tische der Kirchenhistoriker fallen. Auch die Allgemeinhistoriker bestehen darauf, das Zentrum der Reformation begreifen zu können; die marxistisch-leninistische Geschichtsschreibung geht sogar noch einen Schritt weiter und dreht den Spieß um. Ihre Vertreter meinen, daß eine geistes- bzw. theologiegeschichtliche Betrachtungsweise überhaupt nur die Oberfläche historischer Entwicklungen zu Gesicht bekomme und ihr verborgen bleibe, was die Geschichte im Innersten bewege, nämlich der Widerspruch in der wirtschaftlich-sozialen Basis, der sich zwischen den Produktionsverhältnissen und den Produktivkräften auftue und sich im geistigen Überbau – Politik, Recht, Philosophie und Religion – lediglich widerspiegele.

Nur noch selten wird das beschriebene Problem heute in der konkreten Arbeit an der Reformationsgeschichte offen erörtert; es rumort aber im Untergrund einer ansonsten erfreulich kollegialen Begegnung vieler Wissenschaftler auf diesem Arbeitsfeld. Der Grund liegt darin, daß die Reformation mit einem kerygmatischen Anspruch auf den Plan trat, der von vielen heute noch, ohne den historischen Abstand zu bedenken, weitergetragen wird.

Vielleicht kann eine geschichtstheoretische Überlegung helfen, die Begegnung zwischen Kirchen- und Allgemeinhistorikern noch entspannter zu gestalten. Ein allgemeines Problem im Umgang mit Geschichte ist, daß die Vergangenheit uns nicht als objektiver Gegenstand begegnet, sondern daß das erkennende Subjekt immer schon mit dem, was es historisch erkennen will, verwickelt ist. Historische Erkenntnis ist auch ein Stück Selbsterkenntnis des Historikers. Gegenstand der historischen Rückfrage ist also genaugenommen nicht Geschichte als *nudum factum* außerhalb unserer fragenden Existenz, sondern Geschichte im Medium unserer Fragen, Probleme und Perspektiven, d. h. Geschichtswissenschaft hat *stricte dictu* überhaupt keinen Gegenstand, sie hat nur ein Problem, das Problem nämlich, das wir mit Vergangenem haben (Otto Vossler, Geschichte als Sinn, 1979).

Daß Geschichte uns nicht als Gegenstand, sondern als Problem erscheint, gilt allgemein, für den Profanhistoriker genauso wie für den Kirchenhistoriker. Angewandt auf die religiöse Problematik, das Zentrum der Reformation, heißt das: Es geht nicht eigentlich um dieses religiöse Zentrum selbst, sondern nur um das Problem, das es für denjenigen darstellt, der sich ihm nähern, es verstehen und erklären will. Die religiöse Ursprünglichkeit der Reformation ist jedem ein Problem: dem Kirchenhistoriker genauso wie dem Allgemeinhistoriker. Vom „Gegenstand" her gibt es keinen Unterschied, er ist und bleibt für alle das Problem, das Vergangenes für uns darstellt. Wohl gibt es einen Unterschied in der Art und Weise, wie der eine oder andere mit diesem Problem umgeht. Doch darüber kann man reden, streiten und sich verständigen. Meine eigene Absicht liegt nun darin, zwischen den Ergebnissen der theologischen und historischen Perspektive zu vermitteln. Die Argumente beider Seiten sind mir aus meiner bisherigen Arbeit in theologischen und sozialwissenschaftlich-historischen Fakultäten vertraut und stellen eine Herausforderung dar, den Problemstoff der Reformationsgeschichte auf eigene Weise neu zu durchdringen.

Das vorliegende Buch geht auf Vorlesungen zurück, die ich am Institut für Sozial- und Wirtschaftsgeschichte in Hamburg und an der theologischen Fakultät in Bern gehalten habe. Davon sind die Anlage und der Charakter der folgenden Seiten bestimmt. Es handelt sich nicht um eine Darstellung, die in ebenmäßigem Fluß die Geschichte der Reformation erzählt; es handelt sich auch nicht um eine Untersuchung, die in analytischem Zugriff eine Antwort auf eine bestimmte Frage der Forschung sucht. Eine Vorlesung dient anderen Zwecken. Sie muß über den historischen Stoff informieren (Bekanntes zu wiederholen, läßt sich nicht vermeiden) und *zugleich* die Probleme ansprechen, die sich der Forschung angesichts dieses Stoffes stellen. Die eigentliche Aufgabe einer historischen Vorlesung besteht also darin, mit dem Stoff zu argumentieren und eine Konzeption zu entwickeln, die geeignet ist, das Signifikante einer bestimmten Epoche zum Ausdruck zu bringen.

Die frühen Jahre der Reformation zeichneten sich dadurch aus, daß eine Vielfalt von religiösen und sozialen Bewegungen aufbrach, wie sie in ihrer energischen Konzentration für die Frühe Neuzeit in Deutschland einzigartig war. Ein solches Bewegungskonzept scheint mir geeigneter zu sein, den latent- bzw. diffus-revolutionären Charakter der Reformationszeit einzufangen als die stringentere „Theorie der frühbürgerlichen Revolution", die seit 1960 in der Deutschen Demokratischen Republik entwickelt wurde, so anregend die Ergebnisse dieser Forschungsrichtung in mancherlei Hinsicht auch sind. Die Schwächen dieser Theorie liegen in ihrem systematischen Zwang, mit dem die Ereignisse einem sich zuspitzenden revolutionären Prozeß eingeordnet werden. Es wäre zu erwägen, ob die Annahme einer Vielzahl religiöser und sozialer Bewegungen, die sich an der Reformbedürftigkeit der spätmittelalterlichen Christenheit entzündeten, bald in verschiedene Richtungen zerfielen und sich in besonders markanten Beispielen sogar gegeneinander kehrten, der spontanen Bewegtheit der frühen Reformationszeit nicht gerechter zu werden vermag.

Zitiert wird, wenn möglich, nach modernisierten Quellenausgaben, um den Lesefluß nicht zu stören; wo keine modernisierten Ausgaben vorliegen, wird entweder der Originaltext geboten oder das Zitat in einer eigenen, dem modernen Sprachgebrauch angeglichenen Fassung wiedergegeben.

Zu danken habe ich meinen Kollegen Klaus Deppermann aus Freiburg i. Br. und James M. Stayer aus Kingston (Kanada) für manchen kritischen Rat, ebenso meinen Mitarbeitern Frau Marion Kobelt-Groch und Herrn Jörg-Peter Müller für die selbstlose Arbeit an der stilistischen Verbesserung des Manuskripts und für die Überprüfung der Zitate und Anmerkungen. Für die Reinschrift der Druckvorlage danke ich Frau Rosemarie Jarick.

Hamburg, im Herbst 1986 Hans-Jürgen Goertz

Einleitung

Die Reformation war stets das große Thema der deutschen Geschichtsschreibung. Leopold von Ranke veröffentlichte von 1839 bis 1847 eine fünfbändige Darstellung und wählte eine Formulierung, die eine bewegte Epoche Deutschlands auf den Begriff brachte: *Deutsche Geschichte im Zeitalter der Reformation.* Dabei hatte es *die* Reformation gar nicht gegeben, sondern nur eine Vielzahl reformatorischer Bewegungen. Auch war die Herrschaft des Papstes nicht ganz gebrochen, und der Kaiser, der Schirmherr der römischen Christenheit, hatte die Zügel der Politik im Reich nicht vollends aus der Hand gegeben. So suchte man nach einem treffenderen Epochenbegriff: Deutschland im Zeitalter der Glaubenskämpfe, Glaubensumwälzung oder der Glaubensspaltung. Doch Ranke hatte sich durchgesetzt. In einem Land, dessen kulturelles Leben vorwiegend vom Protestantismus geprägt wurde, mußte die Reformation einen besonderen Platz einnehmen. Georg Wilhelm Friedrich Hegel beschrieb sie als die „alles verklärende Sonne", die nach der Morgenröte der Renaissance aufgegangen war und die furchtbare, lange Nacht des Mittelalters vertrieben hatte.[1] Friedrich Engels sah in Renaissance und der Reformation „die größte progressive Umwälzung, die die Menschheit bis dahin erlebt hatte."[2] Friedrich von Bezold schrieb am Ausgang des letzten Jahrhunderts: „Ohne Luther hätten wir keinen Kant und Goethe, ohne die protestantische und antikaiserliche Herkunft des preußischen Staates nicht unser neues Deutsches Reich." Und Theodor Brieger bemerkte kurz vor Ausbruch des Ersten Weltkriegs: „Auf gradem Wege stürmt die deutsche Nation auf ihr Ziel los: es gilt die Umschaffung des Reichs zu einem deutschen Staate, dessen belebender Geist das neue religiöse Prinzip ist."[3] Der Schritt zum „deutschen" Luther, wie er im Dritten Reich verehrt wurde, war nicht weit. „Von ihm leitet der Weg der deutschen Geschichte in seinen Höhepunkten über Friedrich den Großen und über Bismarck, unseren Altreichskanzler, der den zerrissenen deutschen Stämmen ein Deutsches Reich, ein Vaterland schuf, zu dem von Gott dem deutschen Volk gesandten Führer, zu unserem Volkskanzler Adolf Hitler."[4] Das sagte der Rektor der Universität Leipzig im Jahre 1933. Neuerdings kann Luther auch anders beerbt werden: „Luthers progressives Erbe ist aufgehoben in der sozialistischen deutschen Nationalkultur."[5]

In protestantischer Sicht war Luther die beherrschende Gestalt seines

Zeitalters. Dagegen begehrte zwar die katholische Geschichtsschreibung auf. Sie widersetzte sich dem düsteren Bild, das vom Mittelalter gezeichnet wurde, und wies die Behauptung von der überragenden Wirksamkeit des Reformators und dem politisch-kulturellen Gewinn der Reformation für die Geschichte des deutschen Volkes zurück.[6] Ändern konnte sie daran aber nichts.

Auch die Kritik, die unabhängig von konfessionalistischer Polemik laut wurde, blieb machtlos. Friedrich Nietzsche verhöhnte die Reformation als den „Bauernaufstand des Geistes";[7] und Ernst Bloch kritisierte den „Staatsstreich von oben", der im Namen einer „Gottesdespotie" geführt wurde und jede Mitherrschaft der Menschen vernichtete.[8] Aufsehen erregte schließlich die oft zitierte Abneigung, die Thomas Mann nach dem verlorenen Krieg Deutschlands 1945 öffentlich äußerte: „Das Deutsche in Reinkultur, das Separatistisch-Antirömische, Anti-Europäische befremdet und ängstigt mich, auch wenn es als evangelische Freiheit und geistliche Emanzipation erscheint, und das spezifisch Lutherische, das Cholerisch-Grobianische, das Schimpfen, Speien und Wüten, das fürchterlich Robuste, verbunden mit zarter Gemütstiefe und dem massivsten Aberglauben an Dämonen, Incubi und Kielkröpfe, erregt meine instinktive Abneigung."[9] Thomas Mann ärgerte sich darüber, daß der Reformator, als Freiheitsheld gefeiert, so wenig von politischer Freiheit verstand. „So haßte Luther den Bauernaufstand, der, evangelisch inspiriert, wie er war, wenn er gesiegt hätte, der ganzen deutschen Geschichte eine glücklichere Wendung, die Wendung zur Freiheit hätte geben können."[10] Doch diese geschliffene und schneidende Kritik der Philosophen und Schriftsteller konnte das traditionelle protestantische Urteil über die Reformation nicht erschüttern – weder im letzten, noch in diesem Jahrhundert.

Die traditionelle Deutung

Die Bedeutung Martin Luthers für die Darstellung der Reformationszeit war um die Jahrhundertwende ungebrochen, sie nahm nach dem Ersten Weltkrieg sogar noch zu. Der Krieg war verloren, aber die meisten Historiker wollten sich die Überlegenheit westlicher Politik und Kultur nicht eingestehen: Der demokratische Individualismus konnte doch den Geist tiefempfundener Gemeinschaft im deutschen Volk, angeblich schon in der Staatsidee Luthers angelegt, nicht besiegt haben. Diese politisch-kulturelle Uneinsichtigkeit fügte sich dem antidemokratischen Denken in der Weimarer Republik ein und rief eine „Lutherrenaissance" ins Leben, die bald die gesamte Beschäftigung mit der Reformation in ihren Bann zog.[11] Die Interpretation Luthers wurde, verwickelt in die scharfsinnigen Auseinandersetzungen um die „Dialektische Theologie“, so kompliziert und die theologische Faszination, die von ihr ausging, so stark, daß die sogenannten Profanhistoriker dieses Feld nach und nach der Theologie überließen oder, wie Paul Joachimsen, Gerhard Ritter, Erich Hassinger und Stephan Skalweit, in ihren Gesamtdarstellungen des Reformationszeitalters einer konfessionell geprägten Sichtweise folgten.[12] Die Profanhistoriker sind erst kürzlich zur Arbeit an dieser weltgeschichtlich höchst bedeutsamen Epoche der deutschen Geschichte zurückgekehrt und haben die Identifikation der Historie mit der Theologie wieder aufzulösen begonnen. Inzwischen ist die Erforschung der Reformationszeit nicht mehr die Domäne der Theologie- und Kirchengeschichte. Ideen-, Politik- und Sozialgeschichte sind dabei, ihr den Rang abzulaufen.

Dreierlei ist für die traditionelle Deutung der Reformationsgeschichte kennzeichnend.

Erstens wurde eine ganze Epoche mit dem Leben und Werk Martin Luthers gleichgesetzt, so daß Bewegungen und Gestalten, die außerhalb der direkten Einflußsphäre des Wittenberger Reformators standen, vernachlässigt oder falsch eingeschätzt wurden. Das gilt für die Humanisten, Ulrich Zwingli, die radikalen Reformatoren, die aufständischen Bauern, Johannes Calvin und die Gegenreformation.

Zweitens wurden die Probleme der Zeit nach dem Modell des theologischen Erkenntniswegs, den Luther ging, geordnet. Die Reformationsgeschichte wurde theologisiert. Die Ursachen für die Entstehung der Reformation wurden ausschließlich in der Theologie Luthers gesucht, die „fast völlig außerhalb der geistigen und religiösen Entwicklung des christlichen Abendlandes lag“.[13] So wurden die seelischen Nöte und die Bereitschaft eines ganzen Volkes, sich dem neuen Glauben zu öffnen, der Angst Luthers vor ewiger Verdammnis und seinem Durchbruch zur Erkenntnis von der vergebenden Gerechtigkeit Gottes nachgestaltet. Diese Abhängigkeit vom Reformator konnte auch dazu führen, daß die Beurteilung der sozialen Kämpfe von dem vernichtenden Urteil, das Luther über die Bauern fällte, beeinflußt wurde. Reformation und Bauernkrieg hatten nichts miteinander gemein.

Drittens wurden die außerreligiösen Bedürfnisse und Interessen verschiedener gesellschaftlicher Schichten nicht ernstgenommen, auch nicht die sozialen Strukturen, um mit ihrer Hilfe die Resonanz und die Entwicklung der Reformation in den deutschen Städten und Territorien zu erklären. Alles wurde – ein wenig übertrieben zusammengefaßt – nach folgendem Muster erklärt: Wer sich der Reformation zuwandte, ob Bauer oder Fürst, Kaufmann oder Handwerker, tat dies aus einer tiefen religiösen Einsicht heraus. Und wo die Reformation sich durchsetzte, hatte sie sich auf theologische Weise die Bedingungen ihres Erfolgs selbst geschaffen.

Neuere Deutungsschwerpunkte

Einen anderen Zugang zur Reformationszeit hat die marxistisch-leninistische Geschichtsschreibung gesucht. Die bisher gewonnenen Einsichten sind auf eindrucksvolle Weise zusammengefaßt und teilweise auch weitergeführt worden in der *Illustrierten Geschichte der deutschen frühbürgerlichen Revolution,* die für ein breites Publikum zum Bauernkriegsjubiläum 1975 geschrieben wurde.[14] Schon früher hatte Max Steinmetz die Aufgabe der marxistischen Erforschung der Reformationszeit so beschrieben: Sie habe „die historische Wahrheit nicht verdunkeln zu lassen und ein wissenschaftlich zuverlässiges Bild von der Geschichte der Reformation und ihrer Bedeutung in der Vergangenheit und für die Gegenwart zu verbreiten".[15] Als Bindeglied zwischen der Vergangenheit und der Gegenwart zielt der Kampf um eine Umgestaltung der Gesellschaftsordnung auf die politische Herrschaft des Volkes und die soziale Gleichheit aller Menschen hin. Unter diesem Ziel erhalten Reformation und Bauernkrieg ihre besondere freiheitlich-humane Bedeutung. Darauf weisen die aufrüttelnden Worte Thomas Müntzers gegen die „dieberey und rauberey unser herrn und fürsten" am Anfang der „Illustrierten Geschichte" hin. Die Reformationsbewegung seit 1517 und die daran anschließenden militärischen Auseinandersetzungen erscheinen „als frühe Form einer bürgerlichen Revolution am Beginn der Epoche des Übergangs vom Feudalismus zum Kapitalismus".[16] Der Revolutionsbegriff ist von Karl Marx und Friedrich Engels vorgegeben; danach hat eine soziale Revolution einen „Basiskonflikt" in den Wirtschaftsverhältnissen und einen Interessenkonflikt einander entgegengesetzter Klassen zur Voraussetzung, eine gesamtgesellschaftliche Krise.

Vorgeschichte, Geschichte und Nachgeschichte der Reformation werden in den Rahmen einer „Theorie der frühbürgerlichen Revolution" gespannt. Vier Merkmale bestimmen diese Deutung.

1. Im Gegensatz zur traditionellen Deutung werden Reformation und Bauernkrieg zu einem revolutionären Prozeß zusammengezogen, der konsequent auf den Bauernkrieg als Höhepunkt zuläuft.

2. Im Gegensatz zur traditionellen Deutung tragen Reformation und Bauernkrieg einen bürgerlich-revolutionären Charakter. Ohne den Bauernkrieg wäre die Reformation nicht revolutionär gewesen, und ohne die Reformation hätte der Bauernkrieg nicht zur „bürgerlichen Gesellschaft" geführt. Mit ihrer antifeudalen Stoßrichtung wirken Reforma-

tion und Bauernkrieg auf die Herausbildung eines Bürgertums hin, das als „herrschende Klasse" auf der „Tagesordnung der Geschichte" stand.

3. Im Gegensatz zur traditionellen Deutung scheitert mit dem Sieg der landesfürstlichen Heere über die Bauern nicht nur der bäuerliche Aufstand, sondern auch die Reformation. Die Lage der Bauern verschlechtert sich, und die Reformation verändert ihren Charakter. Aus der „Volksreformation" wird eine „Fürstenreformation". Mit dem Scheitern der frühbürgerlichen Revolution wird die Entwicklung des Bürgertums zur Bourgeoisie vorerst aufgehalten.

4. Im Gegensatz zur traditionellen Deutung wird das auf Luthers Person und Theologie fixierte Bild von der Reformation in Deutschland aufgegeben und eine Rehistorisierung der Reformationszeit eingeleitet. In das reformatorische Geschehen haben sich viele Kräfte mit unterschiedlichen religiösen und sozialen Interessen gemischt; alle diese Kräfte haben dafür gesorgt, daß die Reformation sich durchsetzen konnte. Die Reformation ist nicht das Werk des Wittenberger Reformators allein, das Zeitalter der Reformation ist mehr als das Zeitalter Martin Luthers.

Manches bleibt zu fragen. Dürfen Reformation und Bauernkrieg tatsächlich zu einem zielstrebig aufsteigenden Radikalisierungsprozeß zusammengezogen werden? Die Kräfte, die in Reformation und Bauernkrieg wirkten, waren viel zu heterogen, in ihrer sozialen Verankerung und ihrem programmatischen Wollen, als daß ein einheitlicher, auf ein und dasselbe Ziel ausgerichteter Bewegungsablauf konstruiert werden dürfte, so sehr man sich heute bemüht, die Heterogenität der reformerischen Kräfte mit ins historische Kalkül zu ziehen. Konvergenzen und Divergenzen müssen zueinander in Beziehung gesetzt werden, ihr jeweiliges Eigengewicht ist aber so schwer, daß sie sich dagegen sperren, in ein stringentes Verlaufsmodell von „frühbürgerlicher" Revolution eingefangen zu werden. Kann der Bauernkrieg beispielsweise gegen die subjektive Intention der Bauern, die sich gegen die Auswüchse des Feudalismus ebenso wandten wie gegen die Tendenz zur bürgerlich-kapitalistischen Gesellschaft, mit Hilfe des hegelschen Arguments von der List der Vernunft, die auch das Entgegengesetzte in ihren Dienst zu nehmen vermag, zur Spitze einer *bürgerlichen* Revolution stilisiert werden? Die Annahme einer bürgerlichen Revolution ohne das Bürgertum erweist sich als ein Argument, das aus der Verlegenheit der Theorie führen soll. Zu diesem Argument kann nur gegriffen werden, wenn von den Quellen her jeder Versuch scheitert, die subjektive Intention der Bauern mit dem objektiven Ertrag des Bauernkriegs so zu vermitteln, daß die Geschlagenen zwar als die Gescheiterten, nicht aber als die von der historischen Vernunft Düpierten erscheinen. Die Bauern sind an ihrer eigenen Sache, nicht an ihrem selbstlosen Einsatz für die Ziele der entstehenden bürgerlichen

Gesellschaft gescheitert. Waren die Produktivkräfte schon so stark entwickelt, daß nur noch eine revolutionäre Veränderung der Produktionsverhältnisse den Fortschritt der wirtschaftlichen Entwicklung sicherstellen konnte? Darüber herrscht selbst unter den Anhängern einer Theorie der frühbürgerlichen Revolution kein einhelliges Urteil mehr. Die Zweifel an dem wirtschaftlichen Reifegrad des Basiskonflikts sind gewachsen und beginnen, dieses Grundmerkmal der Theorie zu zerrütten.[17] Angesichts dieser Fragen, die den marxistischen Historikern nicht fremd sind, ist es ein erstaunlicher Vorgang, daß aus der „Theorie der frühbürgerlichen Revolution", einem Interpretament, inzwischen Wirklichkeit geworden ist: Es heißt nicht mehr, Reformation und Bauernkrieg könnten als frühbürgerliche Revolution begriffen werden, sondern: Reformation und Bauernkrieg waren die frühbürgerliche Revolution in Deutschland.

Die Aufgabe, die Reformationszeit zu rehistorisieren, nimmt auch die kurze Darstellung *Deutschland im Zeitalter der Reformation* auf, die der Kirchenhistoriker Bernd Moeller geschrieben hat.[18] Bereits ein flüchtiger Blick in dieses Buch zeigt, wie sehr Moeller sich bemüht, die Gestalt Martin Luthers zurücktreten zu lassen. Der Wittenberger erscheint erst auf dem berühmten Reichstag zu Worms 1521, und dort gleich eingespannt in die Politik im Reich, die sich von einer Gestalt allein nun gewiß nicht beherrschen ließ. Wie Luther seine Theologie ausbaute, wird auf wenigen Seiten dargestellt; und wie alles mit dem Thesenanschlag begann, wird nachträglich kurz skizziert, ein wenig überspitzt gesagt, nur um zu erklären, warum der Wittenberger nicht als unbekannter Mönch, sondern als Gebannter im Triumphzug nach Worms einzog. Dieses Arrangement weicht deutlich von jenen Darstellungen ab, die Luther in das Zentrum des Reformationszeitalters stellten und die Struktur seines theologischen Denkens zur Struktur dieses Zeitalters verallgemeinerten.

Für die Darstellung dieser Zeit wählt Moeller ein „nicht gewöhnliches Verfahren", wie er schreibt: „Die vier Kapitel orientieren sich an vier einzelnen Jahren, 1500, 1521, 1535 und 1551 – die geschichtlichen Abläufe sind aus der Perspektive dieser Jahre, die Entscheidungsmomente gewesen sein dürften, gesehen und wiedergegeben. Sie sind gerafft und konzentriert, und einzelne, besonders wirksame Ereignisse sind hervorgehoben."[19] So ist es ihm möglich, den Zustand eines Jahres zu beschreiben und im Übergang von einem Punkt zum andern auch die Veränderungen, die inzwischen eingetreten sind, in die Darstellung aufzunehmen. Aus der Perspektive einzelner Jahre betrachtet, weitet sich der Blick fast von selbst auf die Fülle verschiedener Zustände, Entwicklungen, Ereignisse, Personen und Ideen, auch wenn die Heterogenität reformatorischer

Kräfte, die Dynamik ihres Bewegungsreichtums nicht immer in Sicht kommt. Eine innere Spannkraft erhält diese Darstellung aus der geschichtstheoretisch bedeutsamen Tatsache, daß zwischen dem, was ein Historiker überblicken kann, und dem, was die Zeitgenossen in den jeweiligen Entscheidungsjahren wahrnahmen, ausgeglichen werden muß.

Moeller hat nicht eine Sozial-, sondern eine Politikgeschichte der Reformationszeit geschrieben. Er geht allerdings intensiver, als gewöhnlich von einem Kirchenhistoriker zu erwarten ist, auf die sozialen Probleme der Reformationszeit ein und dringt mit rezeptionsgeschichtlichem Interesse zu sozialgeschichtlichen Fragestellungen vor. Ihn interessiert das soziale Gefüge, das der Reformation den Boden für eine massenwirksame Aufnahme bereitet hat, vor allem die verfassungsmäßige Konstitution der spätmittelalterlichen Reichsstadt. Doch er orientiert sich an den gesellschaftlich harmonisierenden Tendenzen des städtischen Verfassungsideals und vernachlässigt die spannungsreichen sozialen Konflikte, in denen die reformatorischen Ideen Aufnahme fanden. Auch wird die soziale Problematik nicht deutlich herausgearbeitet, die den Reichtum und die Dynamik der religiösen und sozialen Bewegungen auf dem Land und zwischen Stadt und Land erklären könnte. Insgesamt befindet Moeller sich in Übereinstimmung mit der Anlage der von Joachim Leuschner herausgegebenen Reihe *Deutsche Geschichte,* in der seine Darstellung erschienen ist: „die politische Geschichte im weitesten Sinne hat den Vorrang."[20]

Ausgesprochen sozialgeschichtlich orientiert ist dagegen die kurze Gesamtdarstellung, die Peter Blickle vorgelegt hat: *Die Reformation im Reich.* Zweierlei bestimmt ihren Aufbau und ihre Argumentation, wie es im Vorwort heißt: „Die Reformation muß verstanden werden als die weitestgehende Verzahnung sozialer und ideeller Bewegungen, die es in der europäischen Geschichte gegeben hat, und die Reformation muß berücksichtigt werden bei Periodisierungskonzepten der Weltgeschichte."[21] Beides hebt die Bedeutung der Reformationszeit im Fluß der deutschen, ja, der europäisch-atlantischen Geschichte besonders stark hervor. Auf die Frage der weltgeschichtlichen Periodisierung, die Blickle am Schluß nur kurz beantwortet, ist noch zurückzukommen. Zunächst wird beschrieben, wie sich aus der „Verzahnung von sozialen und ideellen Bewegungen" der sozialgeschichtliche Charakter dieser Darstellung ergibt.

Was versteht Blickle unter „Verzahnung"? Offensichtlich steht hinter diesem Begriff nicht die bildliche Vorstellung von verschränkten oder ineinander verflochtenen Bewegungen, die in mühsamer historischer Arbeit je für sich in Gestalt, Entwurf und Entwicklung zur Kenntnis zu bringen sind, um sie in einem historisch abgehobenen Reflexionsgang aufeinander zu beziehen und auf diese Weise hinter die strukturellen Abläufe der Reformationszeit zu kommen. Hinter dem Begriff der „Verzahnung" steht vielmehr die Vorstellung von Prozessen, in denen reformatorische Ideen mit Bedürfnissen und Interessen, auch den Sozialisationsformen verschiedener sozialer Gruppierungen – im wesentlichen Adel, Stadtbürgertum und Bauern – ineinandergreifen. Die Betonung liegt ganz deutlich bei den Vorgängen, die für eine Aufnahme reformatorischer Ideen in der Gesellschaft sorgen. Blickle gibt also eine Antwort auf die Frage, wie sich die Wirkung reformatorischer Theologie und Ethik in der ständischen Gesellschaft erklären läßt. Seine sozialgeschichtliche Darstellung ist vor allem und zuerst Rezeptionsgeschichte. Daraus ergibt sich der Aufbau dieses Buches, das knapp, übersichtlich und anregend ist und stets in intensiver Auseinandersetzung mit der laufenden Forschung steht. Im *ersten* Abschnitt „Kirche und Reformation" wird die Ausgangslage der reformatorischen Bewegung skizziert und das Spektrum der Reformationstheologie, besonders der neuen Ethik, von Luther über Zwingli zu Müntzer, verdichtet und in sich geschlossen dargestellt. Im *zweiten* Abschnitt, dem Herzstück des Buchs, steht die Rezeption der Reformationstheologie zur Diskussion. Dieser Abschnitt ist überschrieben „Gesellschaft und Reformation". Der *dritte* Abschnitt behandelt unter der Überschrift „Staat und Reformation" in Form eines raschen Überblicks die Reichstage von Worms 1521 über Speyer 1529 bis Augsburg, wo es 1555 zu einem Religionsfrieden zwischen den protestantischen und den altgläubigen Ständen kam und mit dem sich das einst turbulente Reformationsgeschehen in einer politisch verfestigten und abgestützten Konfessionalisierung der deutschen Territorien und Reichsstädte vorläufig beruhigte. Es lohnt sich, diese Anordnung des Stoffes noch ein wenig genauer zu betrachten.

Erstens fällt auf, daß Blickle bewußt das chronologische Schema einer Darstellung der Geschichte verläßt und in drei getrennten Abschnitten jeweils – mit leichten Verschiebungen – dieselbe Zeit behandelt: einmal unter dem Gesichtspunkt der „ideellen Bewegung", dann unter dem Gesichtspunkt der „sozialen Bewegung" und schließlich unter dem Gesichtspunkt der Politik im Reich. So kommt es insgesamt zu einer systematisch strukturierten Durchdringung der Reformationszeit. Hier wird die Tradition narrativer Geschichtsschreibung verlassen und durch eine analysierend-argumentative Vorgehensweise ersetzt.

Zweitens fällt auf, daß der politikgeschichtliche Akzent abgeschwächt wird. Er wird von der gesellschaftlichen Verarbeitung der Reformation überlagert. Die Politik im Reich wird hauptsächlich in ihrer Reaktion auf die Problematik, von der die gesamte Gesellschaft in der einen oder anderen Form durch die Reformation erfaßt und bewegt wurde, wahrgenommen. Blickle weiß, daß die Trennung von Staat und Gesellschaft im 16. Jahrhundert noch nicht vollzogen war, doch in der vorsichtigen Art, wie er beide Bereiche schwerpunktmäßig auseinanderhält und aufeinander bezieht, ist das durchaus angemessen.

Drittens fällt auf, daß Blickle mit großer Selbstverständlichkeit Thomas Müntzer, den traditionell Geächteten, unter die reformatorischen Theologen aufnimmt, auch die Täufer, und auf diese Weise eine breite theologische Ausfächerung des reformatorischen Lagers erreicht. Auffallen muß freilich, daß Johannes Calvin, von dem weltweite Impulse ausgingen, fehlt. Die Erklärung ist einfach: Genf, wo Calvin vor allem wirkte, liegt schon außerhalb des Reiches; und die Wirkung Calvins auf das Reich setzte erst jenseits der von Blickle gezogenen Epochengrenze 1555 ein.

Viertens fällt auf, daß Blickle den Zusammenhang von Reformation und Bauernkrieg hier ein wenig enger sieht als in seinem Buch über *Die Revolution von 1525.*[22] Recht entschieden wehrt er sich gegen die traditionelle Annahme, die Bauern hätten die Reformation in ihrem Kern überhaupt nicht verstanden. „Die Religion auf wenige Grundkategorien zurückzuführen und sie aus ihnen zu begründen, machte sie zugänglich für die gesamte Gesellschaft – auch für die Bauern."[23] So vermag Blickle es noch deutlicher zu machen als Moeller, daß die Erhebung der Bauern eine reformatorische Bewegung war.

Anlage und Durchführung dieser knapp gehaltenen Reformationsgeschichte überzeugen und gewähren einen ausgezeichneten Einblick in das Zeitalter der Reformation. Dreierlei möchte ich aber doch anmerken.

1. Blickle hat recht, wenn er die Eigenständigkeit der reformatorischen Theologie als eines historischen Wirkfaktors gegenüber politischen und sozialen Faktoren herausstreicht und die Theologie nicht auf ein Produkt außertheologischer Faktoren reduziert, wie es gelegentlich geschieht. Doch muß die reformatorische Theologie deshalb vorweg als ein geschlossenes Gedankengebilde dargestellt werden? Auch die Reformatoren haben ihre theologischen Erkenntnisse in Lernprozessen, die unter allen möglichen Einflüssen standen, gewonnen. Diese Lernprozesse sind oft sogar von den Rezeptionsprozessen in den unterschiedlichsten sozialen Schichten beeinflußt worden, so daß noch unter dem Einfluß der Rezipienten Neues entstand. Auch wäre zu fragen, ob eine theologische Innovation, die so schnell und nachhaltig in die Gesellschaft hineinwirkte, nicht vor allem und zuerst selber aus den gesellschaftlichen Erfahrungen herausgearbeitet und erklärt werden müßte. Blickles Methode ist die Rezeptionsgeschichte. Er schließt zwar gelegentlich von den Rezeptionsbedingungen auf die Entstehungsbedingungen des Aufgenommenen zurück, mehr als hier ist das in seiner neuesten Veröffentli-

chung zur „Gemeindereformation" der Fall, in der die Eigenständigkeit der Reformation auf dem Lande und in der Stadt gegenüber den Reformatoren herausgearbeitet wird.[24] Es fehlt aber eine methodisch geschärfte Trennung von Entstehungs- und Wirkungszusammenhang.

2. Mit dieser Anmerkung hängt Weiteres zusammen. Blickle folgt in seiner Darstellung der reformatorischen Theologie und Ethik einer landläufigen, inzwischen aber angefochtenen Annahme, wenn er davon ausgeht, daß Zwingli und Müntzer je auf ihre Weise theologisch grundsätzlich von Luther ausgegangen seien. Beide theologischen „Systeme" werden zu Varianten lutherischer Theologie, so weit sie sich vom Wittenberger auch entfernt haben mögen. Allmächtig wirkt Luther in seine Zeit hinein. Hätte Blickle nicht alle Kraft auf den Rezeptionsvorgang verwandt, sondern auch den Entstehungszusammenhang des zwinglischen und müntzerischen Denkens rekonstruiert, wäre wohl deutlich geworden, daß beide sich zwar hier und da auf Luther stützten, prinzipiell aber aus anderen Quellen schöpften. Es müßte wohl zwischen kirchenpolitischer Solidarität in den ersten Jahren der Reformation und theologischer Eigenständigkeit unterschieden werden.

3. Auf den letzten Seiten versucht Blickle eine Gesamteinschätzung der Reformationszeit. Hat diese Zeit die politischen und sozialen Lebensbedingungen der Menschen verbessert? Einen Schritt zu dieser Verbesserung sieht er im Kommunalismus, der sich seit dem 14. Jahrhundert zu einer teilweise „aggressiven Sozialformation" ausgebildet hatte und sich im Bauernkrieg vollends durchsetzen wollte.[25] Die Reformation hatte der Gemeinde zwar zunächst eine tiefe theoretische Rechtfertigung gegeben, ihre Verwirklichung dann aber doch verhindert. Die Ansätze einer Gemeindereformation sind nach dem Bauernkrieg verkümmert. In seiner staatlichen Form hätte der Kommunalismus zur Republik führen und sich in einen Gegensatz zum Territorialismus des frühmodernen Staates stellen müssen. Nicht weil die Reformation die Entwicklung zum frühmodernen Staat beschleunigte, stellt sie eine epochale Zäsur dar, wie die politikgeschichtliche Sicht es nahelegt; eine epochale Zäsur ist sie vielmehr in ihrem gescheiterten Gegensatz zu den über das Mittelalter hinaus perpetuierten gesellschaftlichen Abhängigkeiten. Die Bedeutung der Reformation für eine welthistorische Periodisierung hat freilich noch andere Seiten, die Blickle nicht erwähnt und die den Ertrag der Reformationszeit in einem günstigeren Licht erscheinen lassen: die Erneuerung von Theologie und Kirche, die Beschleunigung des Säkularisierungsprozesses in Wissenschaft, Kunst und Politik, die Impulse zur Herausbildung neuzeitlicher Subjektivität, die Veränderung in der Einstellung zu Beruf, Arbeit und Wirtschaft.

Überlegungen zu einer Sozialgeschichte der Reformation

Die Reformationszeit ist nicht das klassische Zeitalter, an dem eine Sozialgeschichte entwickelt und erprobt wurde. Die Konzepte von Sozialgeschichte, die heute angeboten werden, beziehen sich vor allem auf die Probleme in industrialisierten Gesellschaften. Zugrunde liegt diesen Konzepten gewöhnlich die Erfahrung, daß sich die *societas civilis et res publica,* Staat und Gesellschaft, in zwei Bereiche mit eigenständiger Dynamik getrennt haben. So konnte Sozialgeschichte bestimmt werden als „history of the people with the politics left out" (G. M. Trevelyan), zu ergänzen wäre: and with the ideas left out. Für das 16. Jahrhundert dürfte es schwer sein, Sozialgeschichte dieser Art streng durchzuhalten, denn die neuzeitliche Dichotomie von Staat und Gesellschaft hat weder das Bewußtsein der Menschen erfaßt, noch hat sie die Lebensprobleme der Menschen gleichsam „hinter ihrem Rücken" bestimmt. Es sind zwar Anstrengungen unternommen worden, die mittelalterliche kirchlich-gesellschaftlich-politische Einheit des *Corpus christianum* aufzulösen, doch selbst diese Anstrengungen verblieben noch innerhalb des Vorstellungsrahmens, in dem jede Form menschlicher Vergesellschaftung für das weltliche *und* geistliche Wohlergehen des Menschen verantwortlich ist. Ein Symbol für diese Grundhaltung ist die von einer befestigten Mauer umgebene freie Stadt. Die Mauer trennt einen Bezirk ab, in dem Menschen vor feindlichen Übergriffen geschützt sind, in dem sie ihre politischen und wirtschaftlichen Angelegenheiten selber regeln und in dem für ihr seelisches und geistliches Heil gesorgt wird. Diese Stadt ist Lebens-, Wirtschafts-, Wehr- und Kultgemeinschaft. Ein anderes Symbol für eine wesenhafte Einheit menschlicher Sozialisation, das existentiell ebenso tief erfahren wird, ist die Familie, allerdings nicht im modernen Verständnis der verwandtschaftlich gebundenen bürgerlichen Familie, sondern als ein Personenverband, eine Lebens- und Wirtschaftsgemeinschaft. Otto Brunner hatte dafür den Begriff des „ganzen Hauses" geprägt.[26] Ohne die Zugehörigkeit zu einem „Haus" war es nicht möglich, sich außer durch Bettel oder „unehrliche" Berufe zu ernähren und zu erhalten. Zum „ganzen Haus" gehörten auch die in der Produktion tätigen Gesellen, Knechte, Mägde, das Gesinde. Alle standen sie unter der fürsorglichen Obhut und unter der Zucht des Hausvaters. Er stand dem Haus vor, er vertrat die Mitglieder des Hauses in politischen Angelegenheiten und im Rechtsstreit. Er sorgte auch für geistliche Zucht und Ordnung in der Familie. Ich habe dieses Beispiel angeführt, um zu verdeutlichen, wie sich in der Familie Funktionen vereinen und verdichten, die sich in moderner Zeit allmählich verselbständigt haben. Diese Funktionen wurden teilweise in eigene Bereiche ausgelagert (wie die berufliche Tätigkeit), privatisiert (wie der religiöse Kult) oder individualisiert (wie die politische Partizipation). Eine sozialgeschichtliche Betrachtungsweise, die in der Lage sein soll, die Gesellschaft der Reformationszeit zu rekonstruieren, muß ein Gespür dafür haben, daß menschliches Denken, Verhalten und Handeln nicht in ihren Funktionen aufgehen, sondern in tieferen Zusammenhängen stehen.

Diese beziehungsreichen Verflechtungen und Verankerungen müssen Gegenstand sozialgeschichtlicher Betrachtungsweise sein. Hugo von Hofmannsthal hat einmal geschrieben: „Nicht vieles zu erkennen, aber: vieles miteinander in Berührung zu bringen, ist eine Vorstufe des Schöpferischen."[27] Um es pointiert zu sagen: Wer die Reformationszeit erklären und verstehen will, darf sich nicht für die Ideen interessieren, nicht für die politischen Auseinandersetzungen, nicht für den Verfassungszustand, auch nicht einmal für die sozialen Strukturen und wirtschaftlichen Abläufe allein. Was ihn interessieren muß, ist die Konjunktion: Religion *und* Geist *und* Macht *und* Verfassung *und* soziale Struktur *und* Wirtschaft. Ihn muß interessieren, wie alles miteinander zusammenhängt, genauer noch: wie alles in-, mit- und aufeinander wirkt. In der Geschichte sind Dynamik und Prozeß, nicht Lage und Zustand. Darin liegt eine Schwierigkeit. Es ist nämlich nicht leicht, dieses interagierende Beziehungsgeflecht so aufzudecken und darzustellen, daß nicht alles ins Beliebige verläuft, da ja ohnehin alles mit allem zusammenwirkt. Wir müssen Struktur in dieses Geflecht bringen. Es gibt tatsächlich Beziehungen, die enger und kräftiger sind als andere. Es gibt Punkte in einem Geflecht, auf die vieles hinläuft; und es gibt Punkte, von denen vieles ausgeht. Es gibt verdichtete und aufgelockerte Wirkfelder. Darauf zu achten, ist eine vordringliche Aufgabe, denn nur auf diese Weise läßt sich die Tendenz der Beziehungen aufhalten, in Gestaltlosigkeit zu zerfließen.

In der marxistisch-leninistischen Geschichtsschreibung wird zu diesem Zweck die Theorie von Basis und Überbau eingesetzt. Auf der wirtschaftlich-sozialen Basis erhebt sich der gewaltige geistige, religiöse, politische und juristische Überbau. Dieser Überbau ist ein Spiegelbild der Basisverhältnisse; er vermag jedoch auch auf die Basis zurückzuwirken; „in letzter Instanz" (Friedrich Engels) beherrscht aber die ökonomische Basis den Überbau. So umsichtig die Widerspiegelungstheorie gegenwärtig angewandt wird, versucht die marxistische Forschung doch vor allem die wirtschaftlichen und sozialen Verhältnisse vor und während der Reformation zu erhellen und die Dynamik zu erfassen, die den Geschichtsverlauf bestimmt. Die reformatorischen Ideen und Bewegungen werden mit Hilfe einer gesellschaftlichen Entwicklungstheorie in den historischen Ablauf eingefügt: in den Übergang vom Feudalismus zum Kapitalismus. So wird ein historisch übergreifendes Raster über die Zeit der Reformation gelegt, der Stoff aus dem die Reformation ist, die noch ungeordnete, verwickelte und mehrdeutige Situation selber, aber nicht aus eigenem Recht erarbeitet, so bemerkenswert gegenwärtig die Versuche sind, diesem Eindruck entgegenzuwirken.

Einen anderen Weg schlug Peter Blickle ein, um die Reformation in ihrem religiösen, politischen und sozialen Beziehungsgeflecht zu deuten. Er konzentrierte sich auf die gesellschaftliche Wirkung der Reformation, auf Prozesse, in denen die Reformation Gestalt annahm, doch den Entstehungsprozeß des reformatorischen Denkens selbst, d.h. die Verarbeitung der gesellschaftlichen Erfahrung, die aufgenommen und weitergetragen wurde, ließ er, zumindest was den Ursprung dieses Denkens bei den Reformatoren betraf, in den Hintergrund treten. Sowohl die wirtschaftlich-sozialen Voraussetzungen in ihrem historischen Übergangscharakter als auch die gesellschaftliche Aufnahme des reformatorischen Gedankenguts müssen im Auge behalten werden. Es gilt aber zugleich, die Erfahrungen und Ideen, die eine so kräftige gesellschaftlich diversifizierte Wirkung entfalteten, aus ihrer sozialgeschichtlichen Verwurzelung zu erarbeiten. Ich möchte also versuchen, den Entstehungsprozeß reformatorischer Ideen und Bewegungen so zu erfassen, daß ich nach ihrem „Sitz im Leben" frage, nach den gesellschaftlichen Erfahrungen, Fronten und Schranken, die zu einer ganz bestimmten Art führten, die christliche Tradition zu verändern, die längst von einem geistlichen Erbe zu einem gesellschaftlichen Ordnungsprinzip fortgeschritten war. Die konkrete Erfahrungssituation läßt nur selten einmal ganz neue Ideen entstehen, sie gibt aber um so selbstverständlicher überlieferten Gedanken und Prinzipien eine neue Form – und erst in der neuen Form mag sich auch ihr Inhalt erneuern: mehr im Sinne einer Metamorphose als einer Innovation.

Hinter diesem Ansatz steht ein Gedanke, den ich aus der Wissenssoziologie Peter L. Bergers entlehnt habe. Ich gehe davon aus, daß es Ideen als *nudum factum* gar nicht gibt, sondern daß jede Idee von vornherein schon sozial gebunden ist. Berger erklärt das so: Der Mensch entwickelt sein Denken im Umgang mit der Natur und kommt auf diese Weise dazu, sich Gesetze und Institutionen zu schaffen, die ihm im Kampf ums Dasein behilflich sind. Er setzt aus seinem Bewußtsein einen „Nomos" heraus, der ihn vor den stets drohenden chaotischen und anomischen Mächten schützen soll. So errichtet er Welt. Diesen Prozeß nennt Berger „Externalisierung". Der Nomos, den der Mensch aus sich heraussetzt, tritt ihm nun objektiv entgegen und wirkt auf ihn und jeden zurück, der in diese Welt hineingeboren wird. Dieser Vorgang wird „Objektivierung" genannt. Wer in diese, so errichtete Welt hineinwächst, eignet sie sich mit ihrem Nomos an und verinnerlicht sie, er nimmt sie in sein Bewußtsein auf. Diesen Prozeß nennt Berger „Internalisierung". Daraus folgen wichtige Aussagen über das Verhältnis des Menschen zur Gesellschaft: „Aufgrund der Externalisierung ist die Gesellschaft Produkt des Menschen. Aufgrund von Objektivierung wird sie Wirklichkeit sui generis. Aufgrund von Internalisierung ist der Mensch Produkt der Gesellschaft."[28] Innerhalb dieses Verhältnisses erhält auch die Religion einen Platz zugewiesen. Sie verstärkt den Nomos, um die Bastion gegen die anomischen Kräfte zu stabilisieren. „Religion legitimiert gesellschaftliche Institutionen, indem sie ihnen einen ontologisch gültigen Status verleiht, d. h. sie stellt sie in einen heiligen kosmischen Bezugsrahmen."[29] Soziologisch betrachtet erscheint die Religion vor allem als „Medium der Legitimierung". Sie kann gelegentlich auch als Medium sozialen Wandels in Erscheinung treten. Wenn ein Ordnungssystem, wenn soziale Regelungen und Institutionen ihre Kraft verlieren, die Gesellschaft zu erhalten, wird nach Möglichkeiten ihrer bewußten Veränderung gesucht. Das Bild, das sich jemand von seiner Gesellschaft macht, ist übrigens nie identisch mit der ihm überlieferten Objektivation von Gesellschaft. Unterschiedliches Wahrnehmungsvermögen, andere Erfahrungen und eigenes Wunschdenken mischen sich in den Akt der Internalisierung und stellen die Weichen für Prozesse sozialen Wandels. Auch dabei kann die Religion eine bedeutende Funktion wahrnehmen: Sie legitimiert jetzt nicht mehr das Bestehende, sondern den Vorsatz, einen sozialen Wandel herbeizuführen. Besonders die christliche Religion eignet sich dafür, denn sie enthält Elemente starker Ordnungskraft ebenso wie verändernder Bewegung, der Herrschaftssicherung wie der Herrschaftskritik, gesellschaftlichen Quietismus' wie sozialer Aufsässigkeit. In der einen Situation wird dies Element wirksam, in einer anderen jenes, gelegentlich treten diese Elemente auch in einen Wettstreit miteinander und werden zum Medium gesellschaftlicher Auseinandersetzungen. Aus der Dialektik von Externalisierung und Internalisierung ergibt sich für unsere Überlegungen zum sozialgeschichtlichen Ansatz zweierlei: *zum einen*, daß Ideen als Bewußtseinsgrößen stets auf die gesellschaftliche Wirklichkeit bezogen, sowohl ihrer Herkunft als auch ihrer Wirkung nach also sozial gebunden sind. Berger sagt: „Internalisierung ist ... das Zurückholen der objektivierten Welt ins Bewußtsein, so daß ihre Strukturen schließlich bestimmend werden für die subjektiven Strukturen des Bewußtseins, d. h. nun wirkt die Gesellschaft als ‚Bildungsanstalt' auf das individuelle Bewußtsein."[30] Die „Bildungsanstalt" könnte ich durch den aus der Formgeschichte entlehnten Begriff „Sitz im Leben" ersetzen. Für die historische Arbeit heißt das: Die Ideen enthüllen ihren Sinn nur, wenn wir uns ihnen über ihre gesellschaftliche Verwurzelung, über die Kräfte, die ihnen Form geben, nähern. Die theologische Einsicht der Kirchenhistoriker kann dabei sehr nützlich sein – jedoch nicht, wenn sie den religiösen und theologischen Kern der Reformation allein meinen verstehen zu können, sondern nur, wenn sie die beschwerliche Arbeit nicht scheuen, die historisch-gesellschaftliche Gebundenheit theologischer Ideen aufklären zu helfen. Zum anderen ergibt sich daraus, daß alle gesellschaftlichen Objektivationen – beispielsweise Ehe, Familie, Wirtschaft, Staat und Kultus – auf bewußtes Handeln, das Wirklichkeit errichtet, zurückzuführen sind. So wird sich eine Sozialgeschichte, die eine historische Gesellschaft rekonstruiert, vor allem um dieses Handeln bemühen müssen. Zustände zu beschreiben, ohne ihre Handlungsdimension aufzudecken, ist eine Sozialgeschichte, die zwar Licht in wichtige Bereiche der Gesellschaft bringt, jedoch nicht eigentlich den Stoff bearbeitet, aus dem Gesellschaft ist.

Auf diese Weise wird der Blick auf zwei Vorhaben gelenkt: *Erstens* sind die Entstehungsbedingungen der Reformationszeit auf den „Sitz im Leben" der reformatorischen Erneuerung auszurichten; und *zweitens* ist das soziale Handeln, soweit es sich in Worten, Aktionen, Bewegungen und Institutionen zu erkennen gibt, eingehend als Interaktionszusammenhang darzustellen. Der „Sitz im Leben" reformatorischen Denkens ist da aufzusuchen, wo das Handeln am intensivsten ist – ob es ziellos auf die gesellschaftlichen Schwierigkeiten reagiert oder ob es bewußt auf eine Veränderung der gesellschaftlichen Verhältnisse drängt.

Zur Eingrenzung der frühen Reformationszeit

Dieses Buch beschreibt die frühen Jahre der Reformation in Deutschland: von der Kirchenkritik der Humanisten und dem Ablaßstreit, den Martin Luther entfachte, bis zum Zweiten Reichstag zu Speyer und dem Marburger Religionsgespräch von 1529. Die Spanne umfaßt ein Jahrzehnt deutscher Geschichte und steht im Zeichen vielfältiger, heterogener Versuche, den Verfall der Christenheit aufzuhalten und eine Erneuerung von Kirche und Gesellschaft, Politik, Wirtschaft und Kultur zu erreichen. Fürsten und Ritter beteiligten sich daran, Bürger und Bauern, Gelehrte, Mönche und Priester. Den Vorsatz, etwas zum Besseren zu wenden, hatten sie alle; und der Anspruch, die römische Hierarchie zurückzudrängen oder zu überwinden, verband sie miteinander. Doch genau betrachtet, war das keine geschlossene Reformbewegung, sondern eine Bewegung, die in mehrere einzelne Bewegungen zerfiel. Interessen, aus verschiedenen Lebensbereichen erwachsen, verbanden sich mit unterschiedlichem geistigen Hintergrund zu eigenwilligen, nicht aufeinander abgestimmten Initiativen für eine Reform der Christenheit. In der allgemeinen Bewegung, im Sinne von Stimmung und Kampfstellung, entstanden einzelne Bewegungen, die den Charakter religiöser, politischer und sozialer Bewegungen annahmen, d.h. gruppenspezifisches Profil zeigten. Sie hatten zwar einen ideologischen Kern ausgebildet, der den Äußerungen und Aktivitäten ihrer Anhänger ein deutliches Gepräge gab, ihre Ränder waren aber noch nicht scharf umrissen. Diese Bewegungen entstanden nebeneinander oder nacheinander, eine aus der anderen, oder sie gerieten miteinander in Berührung und regten einander an, sie verbanden sich untereinander und kämpften auch gegeneinander. Dieser Bewegungsreichtum machte die Bewegtheit der frühen Reformationsjahre aus. Die Dynamik dieses Bewegungsreichtums reichte über die „Sturmjahre der Reformation", die „frühbürgerliche Revolution" oder die „Gemeindereformation", gewöhnlich zwischen Thesenanschlag (1517) und Bauernkrieg (1525) datiert, hinaus und ließ erst gegen Ende der zwanziger Jahre nach. Der Protest, den die evangelischen Reichsstände auf dem Zweiten Reichstag zu Speyer 1529 gegen den Gewissenszwang einlegten, hat den religiösen Riß, der im Reich entstanden war, politisch auf der höchsten Ebene des Reichs nachvollzogen und die Fronten, die vorher noch durchlässig waren, endgültig verfestigt. Das Mandat gegen die Täufer, das von altgläubigen und evangelischen Ständen einmütig beschlossen wurde, hat dafür gesorgt, daß die täuferischen Bewegungen – bis auf das niederdeutsche Täufertum vorerst – ihre Kraft zu verlieren begannen. Der Streit zwischen Luther und Zwingli um das biblische Verständnis des Abendmahls in Marburg 1529 hat ihre beiden großen reformatorischen Bewegungen nicht nur theologisch, sondern auch politisch endgültig voneinander getrennt. Ein militärisches Bündnis zwischen dem zwinglischen und lutherischen Lager der Reichsstände gegen den Kaiser und die altgläubigen Territorien kam für absehbare Zeit nicht zustande. Die Reformation trat in das Stadium der Bekenntnisbildung ein, wo sich jede Seite auf ihre Orthodoxie versteifte und hohe Konfessionsschranken aufrichtete. Die Reformation mündete in das landesherrliche Kirchenregiment ein. In den frühen Jahren war obrigkeitliche Politik nicht die einzige, nicht einmal die vornehmlichste Kraft, die eine Erneuerung der Christenheit vorantrieb, jetzt hatte sich die Politik ihre beherrschende Stellung zurückerobert und begann, das Geschick der Reformation stärker als bisher zu bestimmen. Die Ursprünglichkeit und Vitalität reformatorischer Bewegungen war gebrochen, ihre Dynamik erlahmt. 1517 bis 1529: das waren die frühen Jahre der Reformation.

Wer das Augenmerk auf die Dynamik dieses Bewegungsreichtums lenkt, muß Prozesse beschreiben, in denen Ideen, institutionelle und soziale Strukturen und politische Ereignisse gleichermaßen eine Rolle spielten. So bestimmt die Dynamik religiöser und sozialer Bewegungen das Konzept dieser Gesamtdarstellung der frühen Reformationsjahre, und das wird einen heilsamen Zwang ausüben, die schroffen Alternativen von Struktur- oder Ereignisgeschichte, Sozial-, Geistes- oder Kirchengeschichte zu vermeiden und nach einer Vermittlung dieser historiographischen Aspekte zu suchen.

I.

Krisen und Reformen im späten Mittelalter

Es ist nicht leicht, die Ursachen der Reformation in Deutschland zu bestimmen. Eigentlich müßte man schon wissen, was die Reformation war, um eine Analyse ihrer Ursachen vornehmen zu können. Die Ursache ist nämlich das Verborgene, die Wirkung hingegen ihre sichtbare Gestalt. Nach der Ursache wird gesucht, die Wirkung liegt offen zutage. Ich möchte die Ursachendiskussion hier nicht mit geschichtstheoretischer Präzision führen, sondern nur einige Entwicklungen beschreiben, die eine Situation geschaffen haben, in der die Reformbedürftigkeit der Gesellschaft in mancherlei Krisen offenkundig wurde und Vorschläge zu einer Erneuerung der Christenheit immer weitere Kreise zogen.

Krisen und Reformen sind in den verschiedensten Bereichen zu beobachten: dem wirtschaftlichen, sozialen, politischen, kirchlichen und kulturellen Bereich. Überall traten Veränderungen von lang anhaltender Wirkung ein. Johan Huizinga sprach vom *Herbst des Mittelalters* und deutete an, daß eine große Kultur zur Neige gegangen war.[1] Hellmut Diwald überschrieb seine Darstellung der Zeit von 1400 bis 1555 programmatisch *Anspruch auf Mündigkeit* und betonte den politischen und geistigen Aufbruch, der im späten Mittelalter einsetzte.[2] Ich will mich nicht zwischen Aufbruch und Niedergang entscheiden, sondern die Spannung erhalten, die zwischen beiden Deutungen grundsätzlich besteht. So läßt sich das Widersprüchliche dieser Zeit herausarbeiten.

1. Von der Agrarkrise zur Feudalkrise

Die meisten Menschen lebten im Mittelalter auf dem Lande. Die Angaben schwanken, aber es dürften zwischen 80 und 90 Prozent der Gesamtbevölkerung gewesen sein. Bis an die Schwelle des 14. Jahrhunderts reichte eine Phase demographischer und wirtschaftlicher Expansion. Die Bevölkerung nahm rasch zu. Auch hier schwanken die Zahlen. Hartmut Boockmann schätzt für Deutschland und Skandinavien 11,5 Millionen Einwohner, Hermann Kellenbenz für das deutsche Gebiet eine Gesamtbevölkerung von 13 bis 15 Millionen.[3] Der Boden wurde durch den schollenbrechenden Pflug und die Einführung der Dreifelderwirtschaft (im ersten Jahr Sommergetreide, im zweiten Jahr Wintergetreide und im dritten Jahr Brache) intensiver als vorher genutzt, und neue Anbauflächen wurden durch Rodung und Neusiedlung hinzugewonnen. Deutschland war damals ein weites, unwegsames Waldgebiet. Hier lebten Wölfe und Bären, gingen Wegelagerer und Räuber ihren finsteren Geschäften nach, ‚trieben Elfen und Kobolde ihr Unwesen'. Die Anbauflächen nahmen sich wie eingestreute Enklaven aus. Die landwirtschaftliche Expansion ging zwar mühsam voran, Land aber war in ausreichendem Maße vorhanden. Erste Einbrüche in diese expandierende Entwicklung brachten die schweren Hungersnöte von 1313 bis 1317. Mißernten, Hunger und Seuchen begannen die Menschen zu schwächen und den demographischen Aufschwung allmählich zu beenden. Das war ein Prozeß, der bei hoher Kindersterblichkeit und niedriger Lebenserwartung schnell Wirkung zeigte. So traf der „Schwarze Tod", eine 1347 aus der Levante eingeschleppte Beulenpest, die Bevölkerung in einem angeschlagenen Zustand und raffte ungefähr ein Viertel oder ein Drittel des deutschen Volkes dahin. Vier Jahre lang hatte die Pest Europa in Angst und Schrecken versetzt und flackerte noch später hier und da auf. Ein solcher demographischer Einbruch konnte nicht ohne wirtschaftliche und gesellschaftliche Folgen bleiben. In der Landwirtschaft wirkte sich der „Schwarze Tod" unmittelbar aus: *Erstens* verfielen die Getreidepreise, da ein Überangebot an Getreide vorhanden war, und *zweitens* stiegen die Reallöhne, vor allem in den Städten, da ein Mangel an Arbeitskräften herrschte. Die Lohn-Preis-Schere begann weit auseinander zu klaffen. *Drittens* kletterten die Preise für Gewerbeerzeugnisse als Folge hoher Lohnkosten in die Höhe, und *viertens* kam es zu einer großen Welle von Landflucht, da die ländliche Arbeit die Familien kaum noch ernähren konnte und in den Städten, wo die Pest besonders stark gewütet hatte, Arbeitskräfte fehlten. Und *fünftens* blieben anbaufähige Böden brach liegen, weil sich niemand mehr fand, sie zu bearbeiten, oder weil sich ein Anbau nicht mehr lohnte. Es entstanden Wüstungen, Gehöfte und Ländereien lagen verlassen da – besonders in Württemberg und Thüringen, auch im Elsaß. Doch es ging *sechstens* nicht nur den Bauern schlecht, sondern auch den Grundherren. Wenn niemand ihr Land bebaute oder wenn es auch nur teilweise verlassen wurde, mußten die Einnahmen schrumpfen. Wilhelm Abel hat diese Auswirkungen der demographischen Krise nach dem „Schwarzen Tod" eine Agrarkrise genannt.[4]

Auf der Suche nach widersprüchlichen Entwicklungen können wir hier schon eines festhalten: *Einerseits* war den Bauern, die grundherrschaftliches Land bewirtschafteten, mehr Freiheit zugewachsen, da die Grundherren sich scheuten, durch erhöhte Belastung noch diejenigen zu verlieren, die ihnen in harter Arbeit wenigstens den Rest ihrer Einkünfte sicherten. Diese Freiheit zeigte sich auf verschiedene Weise: Die Leibeigenschaft begann ihre lästigen personalen Bindungen zu verlieren oder erlosch ganz; die Bauern konnten ihre Selbstverwaltung in der Form gemeindlichen Zusammenschlusses ausbauen und sich, nachdem die Organisationsform des Fronhofs zerfallen war, einen kommunalen Schutz gegenüber grundherrlichen Eingriffen schaffen: Die Bauern gingen dazu über, ihre Produkte auf den Markt zu bringen und ihre Abgaben, was im Interesse der Grundherren lag, in der Form von Geld und nicht mehr von Naturalien abzuführen. Mit dem Anschluß an das lokale Marktgeschehen erschlossen die Bauern sich einen neuen Aktionsraum. *Andererseits* konnten sie in der krisenhaften Situation diese Freiheit überhaupt nicht nutzen, um die eigene Lage auch wirklich zu verbessern. Ihr Handlungsspielraum war eingeschränkt.

Eine Verbesserung trat erst ein Jahrhundert später ein, gegen Ende des 15. Jahrhunderts, als der demographische Tiefstand überwunden war und die Getreidepreise kräftig anzogen. Mancher Bauer konnte jetzt, da die Abgabensumme festgeschrieben war und der Erlös auf dem Markt, konjunkturell bedingt, zunahm, einen Mehrwert erwirtschaften und zu relativem Wohlstand gelangen. Das gilt aber nicht für die ländliche Bevölkerung allgemein. Es kam vielmehr zu einem sozialen Differenzierungsprozeß im Dorf, so daß einer Schicht wirtschaftlich relativ gesicherter Bauern eine andere Schicht gegenüberstand, die es aus verschiedenen Gründen nicht geschafft hatte, sich wirtschaftlich zu festigen: Häusler, Landlose und Tagelöhner, die sich als Saisonarbeiter verdingten, von der Allmende lebten, wenn sie ihnen zugänglich war, oder von der Nachlese. Auf jeden Fall bewegte sich diese unterbäuerliche Schicht stets am Rande des Existenzminimums.

In dieser Situation nahmen die Spannungen zwischen Grundherren und Hintersassen wieder zu. Der Grund lag darin, daß die Grundherren unter einen enormen wirtschaftlichen Druck geraten waren. Ihnen machte die konjunkturelle Entwicklung des Marktes zu schaffen, an der sie mit ihren Einkünften nicht teilnahmen. Die Schere zwischen Einkünften aus feudalen Abgaben und Ausgaben für gewerbliche Erzeugnisse aller Art öffnete sich für sie immer weiter. Außerdem bekamen sie die inflationäre Tendenz, die allenthalben Platz griff, zu spüren. Die Höhe der Abgabe war auf der Berechnungsgrundlage der Naturalien zu einer bestimmten Zeit festgesetzt worden und konnte nicht ohne weiteres gesteigert oder der konjunkturellen Lage angepaßt werden. Während die Bauern streckenweise von der Marktkonjunktur profitierten, gingen die Grundherren leer aus.

Außerdem waren die Grundherren dem Druck der Landesherren ausgesetzt, die ihr Territorium durch Zentralisierung der Verwaltung,

Angleichung der verschiedenen Rechtskreise und die Absicht, einen nivellierten Untertanenverband aufzubauen, vereinheitlichen wollten. Das mußte zunächst zu Lasten des niederen Adels gehen, der nicht mehr allein Herr über Abgaben und Steuern blieb. Auch waren die Grundherren beim städtischen Handelsbürgertum oft hoch verschuldet. Diesen Druck gaben sie jetzt an ihre Hintersassen weiter, indem sie versuchten, die Abgaben neu festzusetzen, sich häufig in den Besitz der dörflichen Allmende zu bringen und dort zu ihrem eigenen Vorteil Häusler und Kleingewerbetreibende anzusiedeln. Dadurch vertieften sie den sozialen Differenzierungsprozeß und erhöhten die sozialen Spannungen im Dorf. Die Grundherren regelten die Abgaben nach dem Todfall neu oder vergaben die Lehen, die vorher oft Erblehen waren, an andere Bauern. Die Grundherren erfanden auch neue Anlässe, um weitere Abgaben zu erheben, und reaktivierten die vielerorts schon lange ruhende Leibeigenschaft, um die Hintersassen wirtschaftlich noch enger an sich zu ziehen und erneute Versuche der Landflucht zu unterbinden. Es entstand die „zweite Leibeigenschaft" im dichtbesiedelten Südwesten Deutschlands. Auch verpflichteten die Grundherren ihre Hintersassen, das Getreide nur noch in grundherrlichen Mühlen mahlen zu lassen, und auch sonst ausschließlich Betriebe der Grundherren in Anspruch zu nehmen. Das sind nur einige Beispiele grundherrschaftlicher Phantasie, wie sie eingesetzt wurde, um die eigene finanzielle Situation zu verbessern. Doch selbst um 1470, als die Agrardepression abflaute und ein Aufschwung einsetzte, mußte noch mit Mißernten und Teuerungen gerechnet werden. Einige Bauern konnten damit aber besser fertig werden als andere. David Sabean hat für die Dörfer der Reichsstadt Ravensburg am Vorabend der Reformation herausgefunden, daß 40 Prozent der Bauern für den Markt produzierten, 30 Prozent gerade genug zur eigenen Ernährung hatten, also nur wenig auf den Markt brachten, und über 30 Prozent sich von ihren Ernteerträgen nicht mehr ernähren konnten und auf einen Nebenerwerb ausweichen mußten.[5]

So stand den Grundherren jetzt eine differenzierte bäuerliche Gesellschaft gegenüber; und es wird verständlich, daß der grundherrschaftliche Druck auf die Hintersassen nicht nur das Sozialprestige der Bauern, sondern teilweise auch die materielle Grundlage ihrer Existenz empfindlich traf. Das verschärfte die soziale Situation auf dem Lande und führte hier und da zu Protest und lokaler Erhebung. Ändern konnten die Bauern an ihrer Situation jedoch nichts.

Das Widersprüchliche dieser Entwicklung liegt darin: Als die Bauern in relativer Freiheit lebten, konnten sie diese Freiheit nicht nutzen, weil die allgemeine wirtschaftliche Lage ihnen dafür keinen Spielraum ließ; und als sich ihre wirtschaftliche Situation zu bessern begann, konnten sie diese Freiheit wiederum nicht nutzen, weil die Grundherren jetzt die bäuerlichen Rechte rigoros beschnitten und alle Freiräume mit Macht einschränkten. So entwickelte sich aus der Agrarkrise im 14. Jahrhundert allmählich eine grundsätzliche Krise zwischen Grundherr und Bauern im 15. Jahrhundert. Die Bauern begannen, den Unrechtscharakter der geltenden Ständeordnung zu erkennen. Auch in den deutschen Landen kursierte nun der Slogan, der im englischen Bauernaufstand des 14. Jahrhunderts aufgekommen war: „Als Adam grub und Eva spann, wo war denn da der Edelmann?" Aus der Agrarkrise wurde eine Feudalkrise.

2. Wirtschaftlicher Aufschwung und soziale Belastung

Über die entstehenden Märkte war die ländliche Gesellschaft an die konjunkturelle Entwicklung der Wirtschaft insgesamt, Handel, Gewerbe und Bergbau, gebunden. Veränderungen in der wirtschaftlichen Gesamtlage mußten also Einfluß auf die Agrar- und Feudalkrise ausgeübt haben. Gewerbe und Handel waren hauptsächlich in den Städten zu Hause. Das Gewerbe wurde zünftlerisch organisiert, d.h. die Zunftverfassung regelte die Anzahl und Größe der Handwerksbetriebe in einer Stadt ebenso wie das Maß der Produktion. Es durfte nur soviel produziert werden, wie verbraucht wurde. Die Zunftordnung, die eine Gliederung der Handwerksbetriebe nach einzelnen Gewerbearten vornahm und die kleinste wirtschaftliche Einheit im „Haus" eines Handwerksmeisters sah, war das städtische Gegenstück zur ländlichen Feudalordnung. In der zweiten Häfte des 15. Jahrhunderts nahm das Handwerk einen großen Aufschwung, bedeutsamer ist aber noch der Aufschwung des Großgewerbes: Textil- und Waffenherstellung, Seidenproduktion und Glasindustrie, Metallverarbeitung und Bergbau. Die Erfindung neuer technischer Geräte und Verfahren (z.B. Schmelzverfahren) hat den Ausbau vieler Handwerksbetriebe zum Großgewerbe gefördert. Wolfgang v. Stromer spricht sogar von einer „industriellen Revolution des Spätmittelalters" und beschreibt die Neuerung so: „Das Hauptkennzeichen der neuen Wirtschaftsweise war der Übergang von individueller Handarbeit auf organisierte und arbeitsteilige Produktion mit zunehmendem Einsatz von (hydraulischen) Kraft- und (mechanischen) Arbeitsmaschinen und anspruchsvollen Verfahren zur Massenproduktion standardisierter Fernhandelsgüter."[6] Damit ging allerdings oft auch eine Qualitätsveränderung oder -minderung der Produkte einher. Neben dem Gewerbe nahm der Handel gewaltig zu, nicht allein der Fernhandel, sondern vor allem der innereuropäische Handel. Große Handelshäuser und Handelsgesellschaften entstanden und ließen sich mit ihren Kontoren in den wichtigsten Wirtschaftsgebieten nieder. Im 15. Jahrhundert verlagerte sich der Handel sehr deutlich vom Mittelmeerraum an die Küsten Nordwesteuropas. Die großen deutschen Städte, die an den Handelswegen lagen, konnten sich ihre Bedeutung für den Handel allerdings erhalten: Nürnberg, Augsburg, Frankfurt, Köln, Hamburg und Danzig. Das Handelsnetz wurde dichter, und die Wirtschaftszentren wurden enger miteinander verbunden. Die Konzentration des Handels ist geradezu ein Kennzeichen des 15. Jahrhunderts.[7] Im Handel wurde Kapital erwirtschaftet, das teilweise wieder in die Produktion investiert wurde. Auf diese Weise begannen Handelsherren und Kaufleute, Einfluß auf das Handwerk und Gewerbe zu nehmen. Sie gaben die Herstellung von Produkten in Auftrag, so daß viele Handwerksbetriebe mit der Zunftordnung, die genau fixierte Produktionsmengen vorschrieb, in Konflikt gerieten. Die Zunftordnung wurde, wie Karl Marx meinte, zu einer Fessel der Produktivkräfte. Handelsherren und Kaufleute gründeten auch Verlage, d.h. sie lieferten Rohprodukte an Handwerksbetriebe, ließen diese Produkte zu Fertigwaren verarbeiten, bezahlten die Arbeit und brachten das Fertigprodukt auf den Markt. So gerieten viele Handwerksbetriebe in die Abhängigkeit vom Handel und konnten selber nicht mehr direkt am Marktgeschehen teilnehmen. Auch gingen die Verlagsherren dazu über, Handelsware in Heimarbeit an nichtzünftlerische Betriebe oder Häusler, Tagelöhner und in Not geratene Bauern zu vergeben. Sie wichen aufs Land aus. Die Verleger stellten dann neben dem Rohprodukt oft auch das Werkzeug. Diese Entwicklung mußte das Handwerk allmählich in Schwierigkeiten bringen, das bisher auf den Schutz durch die Zunftordnung, die seine Existenz sicherte, angewiesen war. So drangen also frühkapitalistische Wirtschaftsweisen nach und nach in die traditionelle Zunftverfassung der Stadt ein und begannen, die alte Wirtschafts- und Sozialordnung zu stören oder aus dem Gleichgewicht zu bringen. Der Druck, dem die Grundherren sich auf dem Lande ausgesetzt sahen, ist in erheblichem Maße auf den vom Handelskapital beherrschten Markt zurückzuführen. Auch die Anfälligkeit des Handwerks für vorher nicht gekannte überregionale Krisen, die sich aus weiten Marktverflechtungen ergeben konnten, hat darin ihre Wurzel. Die epochale Veränderung, die die feudale Grundstruktur des Zunfthandwerks berührte, hat Wolfgang von Stromer so zusammengefaßt: „Wenigstens im Grundsatz beruhten die Korporationen der Handwerker, die Zünfte, auf Gleichheit ihrer Mitglieder und ihrer „gerechten Nahrung", an der auch Gesellen und Lehrlinge in der patriarchalischen *familia* der Meisterwerkstatt teilhatten. Die für die neuen Industrien benötigten Geld- und Sachkapitalien und anspruchsvolle Produktionsverfahren erforderten dagegen zunehmend kapitalistische Organisationsformen und betriebliche Hierarchien."[8] Mit dieser Entwicklung setzte auch ein, was Marx die Trennung von Arbeit und Kapital nannte: Es entstand eine immer breiter werdende Schicht von Lohnarbeitern. Lohnarbeit hat es schon früher gegeben, aber in dieser massierten Form mußte sie allmählich die feudalbestimmte Arbeit unterminieren und die Feudalverfassung ins Wanken bringen. Lohnarbeiter waren nicht mehr herrschaftlich oder meisterlich gebunden; sie waren mobil und konnten den Arbeitsplatz wechseln. Ungebundenheit und Mobilität entsprachen den Forderungen einer frühkapitalistisch strukturierten Wirtschaft.

Diese Veränderungen im Gewerbe brachten viel Unruhe in die Stadt. Die Zünfte versuchten, sich mehr als bisher in die Politik der Städte einzubringen und erkämpften sich politisches Mitspracherecht durch Straßenaufläufe und Bürgerkämpfe. Das Patriziat mußte sich die Herrschaft mit dem Zunftbürgertum teilen oder gelegentlich ganz weichen. Die Gesellen, die oft keine Chance mehr sahen, zu Meistern aufzusteigen, weil die Zahl der Handwerksbetriebe streng begrenzt blieb, und einen Abstieg zu lebenslanger Lohnarbeit befürchteten, schlossen sich in Gesellenbruderschaften zusammen und setzten Zünfte und Magistrate in Alarm. Zu einem ebenfalls bedrohlichen Problem wurden die sich vermehrenden Unterschichten.[9] Immer mehr mußte für die Armenpflege aufgewandt werden, ohne daß ein Ende des Elends abzusehen gewesen wäre. Der wirtschaftliche Aufschwung wurde mit sozialem Konfliktstoff bezahlt.

Vielen Handwerkern ist auch die wirtschaftliche Konzentration in den Händen weniger Handelshäuser als krisenhafte Belastung erschienen. Monopole kamen auf und ließen als Reaktion bald eine Antimonopolbewegung entstehen. Es kam auf den Reichstagen um 1500 sogar zu einer Antimonopolgesetzgebung; sie blieb aber weitgehend wirkungslos. Vielfach befanden sich die Stände, vor allem der Adel, durch Schuldverschreibungen fest in der Hand der Handelshäuser, Kapitalgesellschaften und Monopolherren.

Belastend wirkte sich auch aus, daß Handels- und Monopolherren sich in den Besitz der Bergbauregalien, d.h. der Abbaurechte von Metallen und Erzen, brachten. Ebenso schnell wie neue Bergwerke geschaffen und Lohnarbeiter in diesen Gebieten angesiedelt wurden, konnten Bergwerke wieder geschlossen werden, wenn sie zu wenig abwarfen. Menschen wurden im Elend zurückgelassen. Die Löhne waren niedrig, oft wurde mit Naturalien entlohnt, die sonst auf den Märkten schlecht abzusetzen waren. Der Gewinn, der aus den Bergwerken gezogen wurde, stand in keinem Verhältnis zum Elend, das in diesen Gegenden herrschte. So hatte der wirtschaftliche Aufschwung überall seinen Preis. Der Profit des einen wurde zur Belastung des andern.

Oft wird in der Forschung säuberlich zwischen der traditionellen und der frühkapitalistischen Wirtschaftsweise unterschieden; und es wird angenommen, daß die eine ein unversöhnlicher Fremdkörper im Fleisch der anderen gewesen sei. Doch das war keineswegs so. Es kam vielmehr zu wirtschaftlichen Mischformen. Ein Handelsherr konnte auf frühkapitalistische Weise produzieren und investieren, er konnte das Erwirtschaftete aber zugleich auch auf dem Land in Grundeigentum anlegen und sich alle herrschaftlichen Rechte erwerben, die ans Grundeigentum gebunden waren, und sein Kapital so – im Widerspruch zum Gesetz des Kapitalismus – dem frühkapitalistischen Wirtschaftskreislauf entziehen. Er konnte sich Privilegien und Prädikate einer Ständeordnung erwerben, die im Grunde einer Ausbreitung des kapitalistischen Wirtschaftssystems im Wege stehen mußte. Auf die Bevölkerung wirkte nicht die feudale oder die kapitalistische Wirtschaftsweise, sondern eine Mischform aus beiden. Und selbst wo die Veränderungen dominierten, die sich aus dem Übergang zum Frühkapitalismus ergaben, wurde der davon ausgelöste wirtschaftliche Druck hauptsächlich den typischen Repräsentanten des Feudalsystems und weniger den frühkapitalistischen Unternehmern angelastet.

3. Die Schwäche des Reiches und die Stärke der Territorien

„Die Mitte des 14. Jahrhunderts stellt einen gewissen Einschnitt in der politischen Geschichte des Reiches dar. Der Höhepunkt der kaiserlichen Gewalt war mit Friedrich Barbarossa und Heinrich VI. überschritten. Mit dem Welfen Otto IV. und dem Staufer Friedrich II. begann der ‚Ausverkauf der Regalien', nach dem Sturz der Staufer folgte die ‚kaiserlose Zeit', die man wohl übertreibend auch die *schreckliche* genannt hat, und es kamen dann Herrscher aus verschiedenen Häusern, die mit mehr oder weniger Geschick bemüht waren, das, was der Krone noch an Ansehen und Reichsgut geblieben war, zu sammeln."[10] So beschreibt Hermann Kellenbenz die Krise der kaiserlichen Macht im Reich um 1350. Diese Schwäche der Zentralgewalt wußten die Landesfürsten zu nutzen, indem sie dazu übergingen, ihre Territorien immer zielstrebiger rechtlich, militärisch und wirtschaftlich auszubauen. Diese weltlichen und geistlichen Herrschaften bestimmten das kleingescheckte Bild der Landkarte, das bis zum Ende des Reiches bestand. Während sich in Frankreich und England Nationalstaaten ausbildeten und die eidgenössischen Stände sich vom Reich lösten, entstand in Deutschland ein territorialer Partikularismus. Das Instrument zum Ausbau der Partikularterritorien auf Kosten der Zentralgewalt waren merkwürdigerweise die Reichstage. Dort wurden zwar immer wieder, besonders in der zweiten Hälfte des 15. Jahrhunderts, Reformen des Reiches vorgeschlagen und beschlossen, letztlich lief aber alles auf eine Schwächung der Krone und eine Stärkung der Territorien hinaus. Der Reichstag wurde zur „Repräsentation der Nation in der Form der Repräsentation ihrer regionalen Machtträger".[11]

Der Reichstag trat in drei Kurien zusammen, der Kurie der Kurfürsten und der Kurie der Fürsten; als mitwirkende, jedoch nicht mitbeschließende Kurie wurden seit 1489 die Vertreter der freien Reichsstädte regelmäßig hinzugezogen. Das wirtschaftliche und politische Gewicht der Reichsstädte war inzwischen so gewachsen, daß sie nicht mehr übergangen werden konnten. Schon ein flüchtiger Blick auf die Reichsreformen zeigt, daß sie nur selten zum Erfolg führten. Das Reichsregiment sollte den Kaiser in seiner Außen- und Kriegspolitik unterstützen, in Wirklichkeit hat es ihn kontrolliert und behindert. Auf lange Sicht ging es bei den Reichsreformen um einen Machtkampf zwischen dem Reich und den Territorien. Weiter: das Reichskammergericht, das eingesetzt wurde, um den Landfrieden zu wahren, war finanziell vom Wohlwollen der Reichsstände abhängig. Es konnte jedoch für die Krone wenig ausrichten, ebenso wenig allerdings für einen großen Teil der Territorien. Je unangenehmer diese oberste Rechtssprechung sich für die Landesfürsten auswirkte (kleinere Herrschaften konnten oft ihr Recht erwirken), desto weniger waren die Landesherren bereit, für dieses Reforminstrument auch finanziell einzustehen. Doch ging von ihm der Impuls aus, auch die territoriale Gerichtsbarkeit auszubauen und mit dem römischen Recht ein einheitliches, den herkömmlich zersplitterten Rechten entgegenstehendes Recht durchzusetzen. Freilich gelang es, weder den „ewigen Landfrieden", den der Reichstag zu Worms 1495 beschlossen hatte, gegen das Fehderecht zu erreichen, noch die Rechtsunsicherheit selber einzudämmen. Das macht eine typische Widersprüchlichkeit in der Politik des Reiches aus: Die Reformen, die zur Stärkung des Reiches eingeleitet wurden, haben die Macht des Kaisers nicht gestärkt, sondern geschwächt. Politisch wurde der Kaiser von den Territorialherren im Zaum gehalten, finanziell war er oft hoch verschuldet und am Ende. Amüsant ist immer wieder die Erinnerung daran, daß der Kaiser nach dem Reichstag seine Gemahlin mit Anhang den Wirten der Stadt Worms als Pfand zurücklassen mußte, weil er die Logier- und Zehrkosten nicht begleichen konnte. Ein Kaiser ohne Geld und Heer war ein schwacher Kaiser. Um ein Fazit zu ziehen: An vielen Beispielen könnte gezeigt werden, wie die politische Praxis der Reichsstände die selbst beschlossenen politischen Absichten konterkarierten. Dieses gleichsam eingefahrene politische Ritual wird später zugunsten der Reformation genutzt werden. Andererseits haben die Reformen ein Klima geschaffen, in dem die Reichsstände gelernt haben, Konflikte untereinander gemeinsam zu regeln. Auch dieser Anspruch, Konflikte gemeinsam auszutragen und nicht von der Krone allein entscheiden zu lassen, hat viel dazu beigetragen, daß die Reformation sich durchsetzen konnte.

Schließlich wird auch die innere Festigung der Territorien die Reformation begünstigen. An zweierlei ist dabei zu denken: *Einmal* bemühten sich die Landesherren in den Territorien und die Magistrate in den Reichsstädten darum, die geistliche Gerichtsbarkeit und das Recht, Bischöfe und Pfarrer einzusetzen, an sich zu ziehen.

Die Kirche Roms mußte territorial oder reichsstädtisch eingebunden werden, um die angestrebte Vereinheitlichung der Territorien und das verfassungsmäßige kommunale Selbstverständnis der freien Städte nicht zu stören. Hier begann eine Tendenz, die sich im Zuge der Reformation verstärkte und im Protestantismus schließlich zum Landeskirchentum führte. *Zum andern* formierte sich in der zweiten Hälfte des 15. Jahrhunderts auf den Reichstagen eine Bewegung, die den Geldabfluß aus den deutschen Landen nach Rom zu verhindern suchte. Pikanterweise sind die Beschwerden, unter dem Namen „Gravamina nationis germanicae" („Beschwerden der deutschen Nation gegen den Stuhl zu Rom und die Geistlichkeit" hießen sie auf dem Reichstag zu Worms 1521) bekannt, vom Kanzler des Kurfürsten zu Mainz formuliert worden. Der Erzbischof von Mainz war der Vorsitzende des mächtigen Kurfürstenkollegiums. Diese Gravamina sind im Laufe des 15. Jahrhunderts bis zum Wormser Reichstag von 1521 auf über einhundert Beschwerdepunkte angewachsen. Sie gewähren einen tiefen Einblick in das komplizierte und raffiniert ausgedachte Pfründen-, Abgaben- und Ablaßwesen, mit dem die Kurie einen großen Teil der Finanzen aus den Ländern nach Rom zog. Diese Anti-Rom-Bewegung der Reichsstände hat ein Klima vorbereitet, das den reformatorischen Initiativen später sehr nützlich wurde.

Es kam nicht nur zu Konflikten zwischen dem Reich und den Territorien, nicht nur zwischen den Territorien und den Reichsstädten einerseits und der Kirche andererseits, sondern auch, wenngleich nicht so heftig, zwischen den Landesherren und den in den Landtagen vertretenen Landständen, schließlich auch zwischen den Territorien und den freien Reichsstädten.

Seit dem Ende des 15. Jahrhunderts wurden die Landtage, analog zu den Reichstagen, einberufen. Die Landstände bemühten sich um politische Mitbestimmung in den Territorien, gelegentlich gelang es sogar den Bauern, auf den Landtagen vertreten zu sein. Die Landesherren verstanden es in der Regel besser, mit den Landständen umzugehen, als der Kaiser mit den Reichsständen. Es gelang ihnen, die Landstände in das Bemühen einzubinden, geschlossene, starke Territorien zu schaffen, die jedermann Schutz gewährten. In Zeiten kriegerischer Auseinandersetzungen und Fehden waren die Landstände auf diesen Schutz angewiesen. Umgekehrt waren auch die Herren auf die Landstände angewiesen, wenn es galt, Steuern zu erheben und einzutreiben: für den Ausbau der Verwaltung, der Wirtschaft und des Heeres. Doch am Vorabend der Reformation kam es auch hier zu ernsthaften Konflikten, vor allem in den Gebieten, in denen die Lasten für die Bauern immer größer und unerträglicher wurden, in Württemberg, in Vorderösterreich und in Tirol.

Die Reichsstädte waren der Landesherrschaft oft ein Dorn im Auge. Diese Städte waren autonomes Gebiet und machtvolles Wirtschaftszentrum. Im Zuge territorialstaatlichen Ausbaus mußten sie als Störung empfunden werden. Einige Reichsstädte verloren ihre Reichsunmittelbarkeit (Mainz, Erfurt, Regensburg, nach der Niederlage der Bauern 1525 auch Mühlhausen am Harz). In der Regel konnten die Reichsstädte sich behaupten, gelegentlich sogar noch ihr ländliches Herrschaftsgebiet erweitern. Der Niedergang der Städte beginnt erst in der Mitte des 16. Jahrhunderts. Vorher noch sollten sie eine wichtige Rolle im Durchsetzungsprozeß der Reformation spielen.

Insgesamt war die politische Krise am Vorabend der Reformation eine Krise der Reichsgewalt. Die staatliche Macht aber lag bei den nachgeordneten Gewalten, den Territorialherren und den Magistraten in den Reichsstädten. Sie hatten das Zepter fest in der Hand.

4. Verfall der Kirche und Reform der Christenheit

Das Mittelalter war die große Zeit der Kirche. Es gab zwar Auseinandersetzungen zwischen Kaiser und Papst um die Oberherrschaft im Reich, unangefochten war aber die Autorität der Kirche als einer Institution, die dem Abendland Sinn und Ordnung zu geben vermochte: „Die größte Leistung der auf dem Zenit ihres Einflusses stehenden Kirche äußerte sich darin, daß sie dem brodelnden Hexenkessel Europa ein übernationales Moralgesetz und eine übernationale Obrigkeit gab."[12] Diese Ordnung, in der geistliches und weltliches Reich zu einer Einheit verschmolzen, war das „Corpus christianum": ein klerikal durchwirkter Gesellschaftsverband. Wer getauft wurde, fand nicht nur Eingang in die Kirche, sondern auch in das Reich. Die Taufe war kirchlicher Initiationsritus und gesellschaftlicher Aufnahmeakt. Die Juden beispielsweise, die sich der christlichen Taufe nicht unterzogen, waren auch nicht Glieder des Reichs, obwohl sie seit Jahrhunderten in seinen Grenzen lebten. Sie waren Fremde und mußten schließlich als „Kammerknechte des Königs" privilegiert werden, um dem Zorn des Volkes, Vertreibung und Pogrom nicht ganz anheimzufallen. Sie wurden über die königliche *familia* notdürftig in die Sozialordnung des Mittelalters eingebunden. Diese Ausnahme bestätigte die Regel: Im Begriff „Christenheit" fanden Kirche, Obrigkeit und Gesellschaft zur Einheit.

Reich und Kirche waren universale Institutionen, die Kirche reichte allerdings weiter als das Reich, das im ausgehenden Mittelalter auf das „Heilige Römische Reich Deutscher Nation" geschrumpft war. Außerdem war die Präsenz der Kirche im Volke stärker. Im lokalen Bereich wurde trotz gelegentlicher Spannungen die Bauern- oder Bürgergemeinde mit der Kirchengemeinde identifiziert. Die beherrschende Präsenz der Kirche zeigte sich, das gilt vor allem für die Stadt, in den sakralen Bauten, Klöstern, Stiften, Spitälern und im hohen Anteil der Kleriker an der Bevölkerung. Präsent war die Kirche in Festen, Wallfahrten und Pilgerzügen.

Die Einheit von Geistlichem und Weltlichem gab dem Verhältnis von Kirche und Gesellschaft ihr besonderes Gepräge. Es blieb nicht aus, daß sich die Funktionen der geistlichen und weltlichen Obrigkeit miteinander vermischten. Bischöfe, Stifte und Klöster waren Eigentümer weiter Ländereien und führten ein grund- oder landesherrliches Amt. Oft waren diese weltlichen Tätigkeiten für einen Bischof attraktiver und einträglicher als die geistlichen Pflichten. Umgekehrt drängten auch nachgeborene Söhne des Adels in die hohen Ämter und Würden der Kirche, um sich eine standesgemäße Versorgung und Repräsentation zu sichern. Die Ämter des höheren Klerus blieben in der Regel dem Adel vorbehalten. Der geistliche Habitus wurde von adligem Lebensstil überlagert. Thomas Müntzer hat diese Verfilzung von geistlicher und weltlicher Macht später in einem drastischen Bild beschrieben: „Man sieht jetzt hübsch, wie sich die Aale und Schlangen zusammen verunkeuschen auf einem Haufen. Die Pfaffen und alle bösen Geistlichen sind Schlangen und die weltlichen Herren und Regenten sind Aale."[13] Andererseits macht die Einheit von geistlichem und weltlichem Reich verständlich, warum die Reform der Kirchengemeinde im 16. Jahrhundert gleichzeitig eine Reform der Bürgergemeinde war, warum umgekehrt die bäuerliche und stadtbürgerliche Gemeinde einen wesentlichen Anteil am Durchsetzungsprozeß der Reformation hatte, so daß die frühen reformatorischen Bewegungen auf den Begriff der „Gemeindereformation" gebracht werden konnten, und warum die Diskussion um eine Reform der Gesellschaft damals in theologischer Sprache geführt wurde. Diese Sprache war nicht nur taktischer Notbehelf oder „Deckmantel" für die sozialen Absichten der Reformer, wie Friedrich Engels meinte,[14] sondern Ausdruck der erfahrenen Identifikation von Kirche und Gesellschaft.

Auch das späte Mittelalter war noch die Zeit der Kirche, obwohl sich jetzt die Zeichen eines allmählichen Verfalls der kirchlichen Hierarchie anzudeuten begannen. Paradoxerweise setzte dieser Verfall auf einem Höhepunkt päpstlichen Machtanspruchs ein. Papst Bonifaz VIII. wollte mit der berühmten Bulle „Unam Sanctam" von 1302 das Kaisertum noch einmal unter die Herrschaft Roms zwingen: „Eine heilige katholisch apostolische Kirche müssen wir im Gehorsam des Glaubens annehmen und festhalten. Von dieser einen und einzigen Kirche gibt es nur einen Leib und ein Haupt, Christus nämlich und Christi Stellvertreter, Petrus und Petri Nachfolger. Daß dieser über zwei Schwerter zu verfügen hat, ein geistliches und ein weltliches, das lehren uns die Worte des Evangeliums. Beide Schwerter hat die Kirche in ihrer Gewalt, das geistliche und das weltliche. Dieses aber ist für die Kirche zu führen, jenes von ihr. Ein Schwert aber muß dem anderen untergeordnet sein, die weltliche Macht (muß sich der geistlichen fügen. Daß aber die geistliche Macht an Würde und Adel jede weltliche überragt, müssen wir um so freier bekennen, als überhaupt das Geistliche mehr wert ist als das Weltliche. Das ersehen wir auch deutlich aus dem Regiment der Welt. Denn in Wahrheit: Die geistliche Macht hat die weltliche einzusetzen und ist Richterin über sie, wenn sie nicht gut ist. Es ist aber diese Macht, auch wenn sie einem Menschen gegeben ist, und von einem Menschen ausgeübt wird, keine menschliche, sondern eine göttliche, nach Gottes Wort dem Petrus gegeben, ihm und seinen Nachfolgern von Christus selbst. Somit erklären wir denn, daß alle menschliche Kreatur dem Papst in Rom untertan sein muß, wenn sie nicht die Seligkeit ihrer Seelen verlieren will, und wir sagen es ihr und bestimmen es."[15] Aus dieser Bulle wurde so ausführlich zitiert, um den beherrschenden *kirchlichen* Wurzelboden aufzudecken, aus dem die Funktionsverteilung von geistlicher und weltlicher Macht wuchs. Das weltliche Schwert war ein geliehenes Schwert. Bonifaz VIII. hatte bestimmt und verfügt, doch das weltliche Schwert kehrte sich gegen ihn. Der französische König Philipp IV. beschuldigte ihn der Gotteslästerung und entsandte Truppen nach Rom. Der Papst floh nach Anagni, wo er, ohne nachgegeben zu haben, bald starb. Hellmut Diwald kommentiert diesen Anschlag auf den Papst so: hier „wurde erstmals eine politisch motivierte Gewalttätigkeit sichtbar, die keine Immunität des Stellvertreters Gottes auf Erden anerkannte. Hier hatte nicht nur der säkulare Staat sein Debüt, hier war auch der erste Akt eines Aufbegehrens, dessen Summe zweihundert Jahre später Luther mit der reformatorischen Forderung und ihrer gewaltsamen Verwirklichung zog."[16] Die Autorität des Papstes war geschwächt. Gelitten hat sie weiter, als der Sitz der Päpste, fest in der Hand des französischen Königs, nach Avignon verlegt wurde und Marsilius von Padua mit seinem *Defensor Pacis* zu einer beißenden Kritik ausholte: „Das Papsttum trägt Schuld an Unruhe und Zwietracht in Stadt und Land und hat seinen apostolischen Auftrag verfehlt, wenn es die weltlichen Gemeinwesen seiner Herrschaft und Rechtsprechung unterwirft."[17] So kam es zwischen 1378 und 1415 schließlich zum Schisma in der Christenheit, Rom auf der einen, Avignon auf der andern Seite. Zuletzt machten sich sogar drei Päpste die Tiara streitig. Das monarchische Prinzip der Kirche verlor an Überzeugungskraft und das konziliare Prinzip der Alten Kirche wurde wiederentdeckt, um einen politischen Ausweg aus diesen Wirren zu finden; d.h. nicht der Papst, sondern das Konzil, die Versammlung von Vertretern aller Kirchenprovinzen, beanspruchte die oberste Autorität in der Kirche. Mit Hilfe der Vertreter, die auf dem Konzil nach Nationen berieten, konnte der Kaiser jetzt umgekehrt seine Macht im Zentrum der Kirche geltend machen. Vom Konziliarismus ging eine Reformbewegung in der Christenheit aus, die in den Ruf nach einer Reform der Kirche „an Haupt und Gliedern" mündete. Der Konziliarismus hat die Autorität des Papstes schwer erschüttert, auch wenn das Renaissancepapsttum sich mit der Entfaltung weltlichen Prunks, gigantischer Bautätigkeit am Petersdom und kulturellen Engagements in ungebrochenem Selbstbewußtsein darstellte; es gelang ihm, die Attraktivität des Konziliarismus zu schmälern, so daß er in der zweiten Hälfte des 15. Jahrhunderts keine wesentliche Rolle mehr spielte. Luther knüpfte später an den Konziliarismus an, ließ aber keinen Zweifel daran, daß nicht nur der Papst, sondern auch die Konzilien irren könnten. Über beide stellte er das Wort der Heiligen Schrift.

Die „Gefangenschaft der Päpste" in Avignon hatte die Politik der Kurie jedoch nicht gelähmt. Ganz im Gegenteil, von Avignon aus wurden die päpstliche Verwaltung gestrafft, die finanzielle Ausrüstung des Heiligen Stuhls konsolidiert und allmählich ein gesamteuropäisches „Bankensystem" entwickelt. Die Fundamente für das spätere, prachtvoll sich entfaltende Renaissancepapsttum wurden nicht in Rom, sondern in Avignon gelegt. In dieser Phase begann die kirchliche Hierarchie, sich vom Kirchenvolk abzuheben, und sorgte für eine reibungslose, effiziente Verwaltung und Finanzpolitik. Die Beziehungen zum Volk nahmen fiskalische Formen an: Bußen, Strafen, Ablässe und Dienste wurden finanziell verrechnet. Die Religion war, überspitzt gesagt, käuflich geworden. Auch die Ämter wurden unter finanziellen Gesichtspunkten besetzt und wahrgenommen. Pfründen, d.h. Stellen aus denen regelmäßige Einkünfte flossen, wurden akkumuliert, andere Stellen inkorporiert, d.h. Klöstern, Stiften und Domkapiteln zur Verwaltung übertragen und meistens mit minderqualifizierten Amtsträgern besetzt, die sich mit geringem Lohn begnügen mußten. Zunehmend entstand geradezu ein „klerikales Proletariat" unzureichend ausgebildeter Vikare und Kapläne. Bernd Moeller erwähnt das Beispiel eines Kaplans, der weniger verdiente als ein Maurer.[18] Schuld an diesem Zustand des niederen Klerus war nicht der Geiz der Bürger und Bauern, sondern die rücksichtslose finanzielle Ausbeutung und die erbarmungslose Disziplinierung der untergebenen Geistlichen durch den höheren Klerus. Sie wurden „von oben" her regelrecht demoralisiert. In einer hierarchisch abgestuften Institution mußte sich die wenig vorbildhafte Praxis des höheren Klerus auf Lebenswandel, Dienstbereitschaft und Amtspflicht des niederen Klerus verheerend auswirken. Er stand unter einem massiven Druck der vorgesetzten Behörden und konnte nur wenig Sympathie von der Bevölkerung erwarten, da er die religiösen und fiskalischen Forderungen der kirchlichen Bürokratie „nach unten" weiterleiten mußte, sich manche Amtshandlungen direkt vergüten ließ und dem Leitbild eines „homo spiritualis" nur wenig entsprach. Der niedere Klerus war ein armer, einsamer und verhaßter Stand, nicht überall, aber doch an vielen Orten. Besonders verhaßt waren die Mönche, die scharenweise über Land zogen oder in die Städte einfielen, um im Zeichen persönlicher Armut den Reichtum der Kirche zu mehren – und das in einer Zeit, die sich gerade anschickte, Armut und Bettel zu überwinden. Insgesamt ist also zu beobachten, daß der Klerus seine eigentlichen Pflichten nur nachlässig wahrnahm, die Religiosität fiskalisiert wurde und ein tiefes Bedürfnis des Volkes nach religiöser Betreuung nicht mehr befriedigt wurde.[19] In ein problematisches Licht setzte der Klerus sich dem Volk gegenüber auch durch seine rigide Art, grundherrschaftliche Rechte geltend zu machen und Forderungen auf unerbittliche Weise einzutreiben, die geistliche Gerichtsbarkeit, worunter auch die Ehegerichtsbarkeit fiel, mit großer Strenge, zunehmend auch in weltlichen Angelegenheiten, als finanzielle Einnahmequelle zu nutzen und das klösterliche Gewerbe an vielen Orten so zu betreiben, daß es zu einer Bedrohung des Zunfthandwerks in der Stadt wurde.

In dieses Bild fügt sich noch die andere Beobachtung, daß der Klerus schon seit langer Zeit unter sich zerstritten war und es mit seiner Lebensführung nicht sonderlich genau nahm. Habsucht, Geiz, Trunksucht und Hurerei waren die häufigsten Vorwürfe. „Die, welche die Versorger der Armen sein sollten, sind lüstern nach köstlicher Speise und schlafen in den Tag hinein ... Nur ganz wenige bequemen sich, der Matutin oder der Messe beizuwohnen ... Sie sind der Völlerei und Trunksucht ergeben ... wenn nicht sogar der Unzucht, so daß die Klöster heutzutage für Bordelle und Sammelplätze von liederlichem Volk und Gauklern gelten."[20] Die Quellen berichten oft davon, so daß es nicht falsch sein dürfte, im moralischen Verfall des Klerus das Erscheinungsbild der Kirche allgemein zu sehen. Daran konnte sich sehr schnell moralische Entrüstung entzünden und wie ein Lauffeuer verbreiten: ein latenter oder vehementer Antiklerikalismus.

Kritik an der Kirche und am Klerus war am Vorabend der Reformation nichts Neues. Arnold von Brescia hatte die Kirche zur Armut der Urchristenheit zurückgerufen und den Aufstand der „römischen Republik" gegen den Papst in der Mitte des 12. Jahrhunderts auf die Spitze getrieben. Er starb auf dem Scheiterhaufen. Seither verstummte die Kritik am Reichtum der Kirche, an der politischen Macht der Kurie und am Wohlleben des Klerus nicht mehr. Daran entzündeten sich die großen Bewegungen des Mittelalters, die verketzert und, grausam verfolgt, aus der Gemeinschaft der Kirche ausgeschieden wurden: die Katharer, Waldenser und Hussiten. Je unerbittlicher die Inquisition gegen sie vorging, um so kräftiger wuchsen allerdings die Aversionen gegen Ketzermeister und denunzierende Priester oder Mönche. Diese Aversionen steigerten sich in einigen Gegenden zu einer breiten antiklerikalen Stimmung, die nicht nur Sympathisanten der Ketzer, sondern auch weite Teile der Bevölkerung umschloß. Gelegentlich berichten die Quellen, daß Inquisitoren und Priester, die Ketzern nachspürten, irgendwo erschlagen aufgefunden wurden. Andere Bewegungen blieben im Schoß der Kirche: die Bettelorden und die laienklösterlichen Gemeinschaften der Beginen, Begarden und der „Brüder vom gemeinsamen Leben". Auch sie setzten kritisch beim Reichtum des Klerus an, schürten antiklerikale Affekte und hielten ein Bewußtsein für die Reformbedürftigkeit der Kirche wach. Impulse zur Reform klösterlichen Lebens hatten im 15. Jahrhundert schließlich auch die großen Orden erfaßt, allen voran die Franziskaner, Augustiner und Benediktiner.

Der „Schwarze Tod" hatte tiefe Spuren im Seelenleben und Selbstwertgefühl der Menschen hinterlassen. Hellmut Diwald hat die Ambivalenz dieses Gefühls so beschrieben: „Der Ekel vor dem zerstörten, verseuchten Körper" einerseits und der „Genuß der lebendigen Fleischlichkeit" andererseits: „Totentanz" und „Decamerone" zur selben Zeit.[21] Eine ähnliche Ambivalenz ist auch auf einem anderen Gebiet zu beobachten: Ein erwachendes Bewußtsein des Menschen für sein unverwechselbar eigenes Gesicht, die ingeniöse Erforschung und zunehmende Beherrschung der Natur auf der einen Seite und das Erschrecken vor schicksalhafter Bedrohung durch unheilvolle Konstellationen der Gestirne und die Angst vor dem Jüngsten Gericht, die jeder Individualität das Gesicht zerstört, auf der anderen Seite. In solchen ambivalenten Situationen ohne starke geistliche Führung leben zu müssen, hatte den spätmittelalterlichen Menschen überfordert. Die Affekte gegen den Klerus entsprangen letztlich einer tiefen Sehnsucht nach geistlicher Autorität.

5. Die Zeit vor der Reformation: Krisen und Reformen

Krisen und Reformen sind die wichtigsten Merkmale der vorreformatorischen Zeit. Von krisenhaften Einbrüchen und Entwicklungen war zunächst die Rede. Die folgenreichste Zäsur war der „Schwarze Tod". Ihm folgte eine schwere Agrarkrise, die den Bauern stark belastete und allmählich eine Krise des Verhältnisses zwischen Grundherr und Hintersasse nach sich zog, eine Krise, die bis in die Reformationszeit andauerte. Auf politischem Gebiet kommt es zu einer Schwächung der kaiserlichen Macht und auf kirchlichem zu einem Autoritätsverlust des Papstes. In Schwierigkeiten gerät teilweise das Zunfthandwerk, in eine schwere Krise der Klerus. „Kleriker, Priester und Mönche" sind, wie Erasmus von Rotterdam bemerkte, zu einem „wütenden Schimpfwort" geworden.[22] Diese Beobachtungen genügen, um den Eindruck zu erwecken, das ausgehende Mittelalter hätte sich in einer tiefgreifenden Krise befunden. Die marxistisch-leninistische Forschung spricht von einer „gesamtgesellschaftlichen Krise". Eine solche Feststellung ergibt sich jedoch nicht aus einzelnen Beobachtungen; sie muß auch von vornherein gefordert werden, wenn die frühe Reformation als eine „frühbürgerliche Revolution" gedeutet wird. Ohne eine gesamtgesellschaftliche Krise kann nach marxistischer Theorie keine Revolution ausbrechen.

Ist es möglich, von einer solchen Krise tatsächlich auch zu sprechen? Nach Lenins berühmter Definition ist eine gesellschaftliche Krise dadurch gekennzeichnet, daß die Herrschenden nicht mehr können, was sie wollen, und die Beherrschten noch nicht können, was sie wollen.[23] Krise ist die Blockade von Klasseninteressen und berührt das Grundgefüge der Gesellschaft; sie beeinträchtigt auch den sogenannten Überbau. Diese tiefgreifende Wirkung läßt sie zu einer gesamtgesellschaftlichen Krise werden.

Vier Einwände sprechen jedoch dagegen, die krisenhaften Erscheinungen des späten Mittelalters zu einer „gesamtgesellschaftlichen Krise" zusammenzuziehen. *Erstens* sind nicht nur krisenhafte Einbrüche und Entwicklungen zu beobachten, sondern zugleich Aufbrüche zu verbesserten Verhältnissen oder wirtschaftliche Aufschwünge, nicht zuletzt auch Ansätze zu Reformen und bereits in Angriff genommene Reformen: Reformkonzile, Reformreichstage, Reformschriften, Reformen auf dem Gebiet territorialer Politik. Daß jede Reform ihren Preis hat, galt damals wie heute. Der Nutzen des einen war oft die Last des andern. Beides lag eng beieinander, so daß Krise ebenso die Signatur des ausgehenden Mittelalters war wie Aufschwung und Reform. *Zweitens* setzt der Begriff einer gesamtgesellschaftlichen Krise eine innere Kohärenz und Konsistenz der Krise voraus, einen Zusammenhang und eine Festigkeit der Krise auf allen Gebieten oder auf allen Ebenen. Doch das ist gerade nicht der Fall. Wie bereits das Nebeneinander von Krise und Reform gezeigt hat, kann es *hier* Krisen geben und *dort* Aufschwünge. *Hier* funktionierte manches schlecht oder gar nicht mehr und *dort* ausgesprochen gut, so daß sich vielen Menschen verheißungsvolle Perspektiven öffneten. Solche Spannungen lassen sich nicht in den Begriff einer „gesamtgesellschaftlichen" Krise einfangen. *Drittens* sind kaum Anzeichen dafür vorhanden, daß die krisenhaften Erscheinungen, die aufgezählt wurden, das Grundgefüge des gesellschaftlichen Lebens stark beschädigten. Die alten gesellschaftlichen Ordnungen waren immer noch in der Lage, das Leben auf dem Lande und in der Stadt zu regeln. Von einer gegenseitigen Blockade der Herrschenden und Beherrschten zu sprechen, wäre übertrieben. Und *viertens* ergibt sich eine Schwierigkeit innerhalb der marxistisch-leninistischen Theorie von der Ablösung der Gesellschaftsformationen. Nach dieser Theorie steht zwischen den Gesellschaftsformationen jeweils eine Revolution, die aus einer gesamtgesellschaftlichen Krise erwächst. Doch auch die marxistischen Historiker geben zu, daß weder Reformation noch Bauernkrieg eine neue Gesellschaftsformation heraufgeführt haben; sie haben allenfalls die Krise der feudalen Ordnung sichtbar gemacht und verstärkt, oder, wie Engels schrieb, den ersten Schlag gegen die feudale Ordnung geführt.[24] Außerdem nimmt Karl Marx für den Übergang vom Feudalismus zum Kapitalismus nur *eine* Krise an, die sich in einer Revolution zuspitzt und überwunden wird, während im Kapitalismus dann mehrere, immer wieder neue Krisen auftreten, bis die bürgerlich-kapitalistische Gesellschaft in einer sozialistischen Revolution zusammenbricht. Wollte man also bereits vor der Reformationszeit von einer gesamtgesellschaftlichen Krise sprechen, müßte diese Krise bis an den Vorabend der Französischen Revolution dauern, mit der nach marxistischer Auffassung gewöhnlich die feudalistische Gesellschaft beseitigt und die bürgerliche endgültig durchgesetzt wird. Dann aber können Reformation und Bauernkrieg noch keine Revolution gewesen sein, zumindest nicht im marxistischen Verständnis von Revolution. Das ist die eine Konsequenz. Die andere ist, daß die „gesamtgesellschaftliche Krise" mehrere Jahrhunderte dauern müßte und für den Historiker, der große Entwicklungslinien aus den Details rekonstruiert, kaum oder nur sehr wenig Erklärungskraft besäße.

Auch die reformerischen Tendenzen, die beobachtet wurden, schlugen nicht auf die gesamte Gesellschaft durch. Die Reformen des Reiches bewegten sich nur auf der höchsten politischen Ebene, sie beeinflußten auch die Territorialpolitik, strebten aber nicht eine grundsätzliche Reform der Ständegesellschaft an. Ähnliches gilt für die konziliare Bewegung. Sie wollte den päpstlichen Autoritätsverfall auffangen, die kirchlichen Entscheidungswege neu regeln und das kirchliche Mitspracherecht weltlicher Obrigkeiten erhöhen. Obwohl die Formel von der Reform der Kirche „an Haupt und Gliedern" ausgegeben wurde, blieb sie weitgehend wirkungslos. Der Klerus ließ sich nicht reformieren; und das Kirchenvolk wurde nicht erreicht. Auf der unteren Ebene kam es zu Äußerungen der Unzufriedenheit in einem teilweise heftigen Antiklerikalismus, jedoch nicht zu einer reformerischen Bewegung größeren Stils. Und schließlich waren die Reformschriften, die als einzige ein umfassendes Reformziel verfolgten, nämlich die Erneuerung der gesamten Christenheit, von begrenzter Bedeutung. Sie wandten sich nur an einen kleinen Kreis. Das gilt für die „Reformatio Sigismundi", mehr noch für den „Oberrheinischen Revolutionär", der damals überhaupt nicht im Druck erschienen war. Wichtig an den Reformschriften ist jedoch, daß sie den Begriff „reformatio" in Umlauf brachten, der bald einer großen Bewegung und einer ganzen Zeit den Namen geben wird. „Reformatio" war ein Begriff, der sich nicht auf den kirchlichen oder auf den politischen Bereich beschränken ließ. Er umfaßte alle Bereiche, da er auf die Christenheit insgesamt bezogen war. Dieser Begriff wird erst in der Reformationszeit von Martin Luther eingeschränkt, paradoxerweise in jener Zeit, in der er die breiteste gesamtgesellschaftliche Wirkung entfaltet. Krisen *und* Reformen signalisieren die Reformbedürftigkeit der Gesellschaft im späten Mittelalter und deuten Veränderungen auf ganz verschiedenen Gebieten an. Sie schaffen eine ambivalente Situation, ohne deren Berücksichtigung es unmöglich wäre, die Reformationszeit zu verstehen. Allmählich erst wird sich eine neue Qualität von Krisen und Reformen einstellen, die zur Signatur der Reformationszeit selber wird.

II.

Die Anfänge der Reformation im Antiklerikalismus

Die „alles verklärende Sonne", die Georg W. F. Hegel über der deutschen Geschichte aufgehen sah, war schon in den frühen Jahren der Reformation selbst zur Metapher für diese Zeit geworden. So sang Hans Sachs 1523 von der „Wittenbergisch Nachtigall, die man jetzt höret überall"; Martin Luther war gemeint, der den kommenden Tag mit wunderbar beglückendem Gesang angekündigt hatte.

Mit der Reformation zog eine neue, helle Zeit auf. Diese Vorstellung drang tief in das Bewußtsein der Zeitgenossen ein und spiegelte sich in mancher Flugschrift wider. Das Dunkel und die Ängste der vergangenen Jahrhunderte verflogen, Pesthauch und Todesfurcht; Sehnsüchte und Hoffnungen, die sich auf eine erneuerte Christenheit richteten, begannen sich zu erfüllen:

> „Die rotbrünstige Morgenröt
> her durch die trüben Wolken geht,
> daraus die lichte Sunn tut blicken."[1]

Interessant ist, wie Hans Sachs das Bild vom Sonnenaufgang mit einem anderen kontrastiert: dem Mondschein, der die Schafe in die gefahrvolle Finsternis der Nacht geführt hatte. Das wird mit Freude an der großen Geste gegen den Klerus vorgetragen. Im Anbruch des Tages kommt die Bosheit des Klerus, der das Licht scheut und die Menschen verführt, zum Vorschein. Mit dem Bewußtsein der neuen Zeit verbindet sich ein unbändiger, gelegentlich berauschender Antiklerikalismus. Er ist das Kernstück der reformatorischen Propaganda, die das Volk auch wirklich erreichte. Meistens waren es haßerfüllte, militante Worte, mit denen Mönche und Priester beschimpft wurden. Hans Sachs gewann dem Antiklerikalismus auch humorvolle Pointen ab. Die Kleriker werden verspottet und verlacht.

> „Der Mondschein deut die Menschenlehre
> der Sophisten hin unde here,
> innerhalb der vierhundert Jahren.
> Die seind nach ihr Vernunft gefahren
> und hant uns abgeführet ferr

von der evangelischen Lehr
unseres Hirten Jesu Christ
hin zu dem Leuen in die Wüst.
Der Leo wird der Papst genennt,
die Wüst das geistlich Regiment,
darin er uns hat weit verführt
auf Menschenlist, als man jetzt spürt.
Darmit er uns geweidet hat,
deut den Gottesdienst, der jetzund gaht
in vollem Schwang auf ganzer Erden:
mit Münnich-, Nonnen-, Pfaffenwerden,
mit Kuttentragen, Kopfbescheren,
Tag-unde-Nacht-in-Kirchen-Plärren,
Metten, Prim, Terz, Vesper, Komplet,
mit Wachen, Fasten, langen Bet,
mit Gertenhauen, Kreuzweisliegen,
mit Knien, Neigen, Bücken, Biegen,
mit Glockenläuten, Orgelschlagen,
mit Heiltum-, Kerzen-, Fahnentragen,
mit Räuchern und mit Glockentaufen,
mit Lampenschüren, Gnadverkaufen,
mit Kirchen-, Wachs-, Salz-, Wasserweihen;
und desgleichen auch die Laien:
mit Opfern und den Lichtleinbrennen,
mit Wallfahrt und den Heiligen dienen,
den Abend fasten, den Tag feiern
und beichten nach der alten Leiern,
mit Bruderschaft und Rosenkränzen,
mit Ablaßlesen, Kirchenschwenzen,
mit Pacemküssen, Heiltumschauen,
mit Meßstiften und Kirchenbauen,
mit großen Kost' die Altar zieren,
Tafel auf die welschen Manieren,
sammete Meßgwand, Kellich gülden,
mit Monstranzen und silbern Bilden,
in Klöstern schaffen Rent und Zins –
dies alles heißt der Papst Gottesdienst,
spricht, man verdient' damit den Himmel
und löst' mit ab der Sünden Schimmel.
Ist doch alls in der Schrift ungründt,
eitel Gedicht und Menschenfünd,
darin Gott kein Gefallen hat . . .

Darum, ihr Christen, wo ihr seid,
kehrt wieder aus des Papstes Wüste
zu unserm Hirten Jesu Christe!"[2]

Die „Wittenbergisch Nachtigall" ist nicht das einzige Zeugnis, das uns einen Eindruck von der antiklerikalen Stimmung in den frühen Jahren der Reformation vermittelt. Auch der „Neu-Karsthans", 1521 erschienen, beginnt mit der Klage über den Klerus: „Junker, die pfaffen plagen mich für und für, das ich schier nicht weiß, wie ich meinen Sachen tun soll. Und sollt es länger wären, ich würd mich einmal gröblich vergessen, denn sie übermachen (übertreiben) das Spiel."[3] Mit diesem Dialog zwischen einem Bauern und Franz von Sickingen wird eine Allianz zwischen Bauer und Ritter gegen den Klerus angestrebt. Antiklerikale Glut entfachten auch die zahlreichen Pamphlete Ulrich von Huttens und die „Dunkelmännerbriefe", die gegen die geistige Ignoranz und geistliche Verwahrlosung des Klerus anonym herausgebracht wurden, um die klerikale Fehde gegen den Tübinger Hebraisten Johannes Reuchlin zu rächen. Franz Rueb nannte diese Briefe „eine der raffiniertesten Satiren, die deutscher Geist sich je ausgedacht hat", und fügte hinzu: „sie hat bis Rabelais, Heine, Ludwig Thoma und Tucholsky nachgewirkt."[4] Antiklerikale Elemente, einmal grundsätzlicher, das andere Mal beiläufiger Art, enthalten die Schriften Martin Luthers, Andreas Karlstadts, Thomas Müntzers. Doch im Grunde lebt die ganze Flut der Flugschriften, die zu Beginn der Reformationszeit einsetzt und für die schnelle Verbreitung reformerischer Ideen sorgt, vom Ressentiment gegen den Klerus und überschwemmt Stadt und Land mit antiklerikaler Polemik.

1. Antiklerikale Propaganda und Agitation

Die antiklerikale Propaganda ist einfach und eindrucksvoll: Christus ist der gute Hirte, der Papst der reißende Löwe. In zahllosen Variationen wird das biblische Bild vom guten Hirten, der sich für seine Schafe opfert, gegen die falschen Hirten gesetzt, die nur auf ihren eigenen Vorteil bedacht sind, Schafe und Lämmer schinden und schaben, in die Irre führen und verkommen lassen. Die Quelle, aus der die antiklerikale Propaganda Argumente und Bilder bezieht, ist gewöhnlich die Heilige Schrift. Sebastian Brant dichtete in seinem *Narrenschiff:* „Sankt Peters Schifflein schwanket sehr / Ich sorg den Untergang im Meer / . . . Gar wenig Wahrheit man jetzt hört / Die Heilige Schrift wird ganz verkehrt."[5] An der Heiligen Schrift werden Papst, Priester und Mönche gemessen; an ihr zeigt sich der Kontrast: der gute Hirte einst – die falschen Hirten jetzt. Auch das andere Kontrastbild ist biblischen Ursprungs: Der rechte Hirte, der durch das Tor in den Schafstall gelangt und den die Schafe an seiner Stimme erkennen – die falschen Hirten, die wie Diebe durch Fenster und Luken in den Stall eindringen und in böser Absicht unter die Herde fahren. Anders wird das Bild vom Hirten im „Neu-Karsthans“ verwendet: die Pfaffen „weiden sich selbst, das sieht man wohl an ihren feisten Bäuchen und glatten Bälgen . . . Aber uns Arme weiden sie gar nicht, denn wir haben großen Hunger nach dem göttlichen Wort.“[6] Bestehen kann nur, was sich mit der Schrift begründen läßt, was „in der Schrift ungründ“ ist, wie Hans Sachs singt, ist „eitel Gedicht und Menschenfünd, darin Gott kein Gefallen hat.“[7] Unerbittlich und hartnäckig wird die Heilige Schrift gegen die „Menschensatzungen“, das kanonische Recht im besonderen und die Lehren und Meinungen, Forderungen und Regelungen des Klerus im allgemeinen gesetzt. Die Form der antiklerikalen Propaganda ist der Kontrast, ihr Instrument vor allem und zuerst die Heilige Schrift.

Solcher Kontrast beschränkt sich nicht auf verbale Metaphern. Vielfach werden Holzschnitte oder Stiche als Flugblätter eingesetzt. Am bekanntesten ist das *Passional Christi und Antichristi,* das Lucas Cranach d. Ä. 1521 in Umlauf brachte. Um nur einige Bilder zu beschreiben: Auf der einen Seite werden Taler und Dukaten in den Petersdom nach Rom, die „weitberüchtigte Scheuer der Welt“,[8] getragen und auf einen Altartisch vor dem Thron des Papstes aufgestapelt, während der Heilige Vater Pfründen- und Ablaßbriefe unterzeichnet und gegen bare Münze austeilt. Auf der anderen Seite schwingt Jesus in heiligem Zorn die Peitsche und treibt Händler und Wechsler aus dem Tempel zu Jerusalem. Einerseits wird dargestellt, wie Kaiser, Könige und Fürsten in andächtiger Haltung vor dem Papst auf die Knie fallen und ihm ehrfurchtsvoll die Füße küssen, und andererseits, wie Jesus vor seinen Jüngern kniet, ihnen die staubigen Füße wäscht und küßt. Auf der einen Seite leiten Bischöfe und Kardinäle dem erhöht thronenden Papst durch ein hochgehaltenes Rohr die Abendmahlselemente Brot und Wein zu – sie müssen das Rohr hochhalten, um nicht selber über dem Heiligen Vater zu stehen –, auf der anderen Seite sitzt Jesus am Abend vor seiner Kreuzigung mit seinen Jüngern zu Tisch und teilt Brot und Wein mit ihnen. Diese Kontrastbilder sollten den Menschen die Augen für die Mißstände im Klerus öffnen. Nach diesem Muster haben auch andere Künstler, wie Albrecht Dürer, Sebald Beham, Georg Pencz, Hans Greiffenberger, zur Verbreitung antiklerikal-reformatorischer Ideen beigetragen. Solche Kontrastbilder zündeten. Sie haben den Argwohn gegen Priester, Nonnen, Mönche, Prälaten, Bischöfe, Kardinäle und den Papst kräftig geschürt und verstärkt, auch die antipfäffischen Affekte gesteigert und die antiklerikale Stimmung angeheizt.

Robert W. Scribner hat die reformatorische Bildpropaganda untersucht und den antiklerikalen Aspekt der Kontrastbilder und anderer Bildformen herausgearbeitet.[9] Abgesehen von dem Hinweis auf den hohen Mobilisierungsgrad, der dieser Bildpropaganda in einer Zeit zukam, da nur wenige lesen konnten, ist auch die Beobachtung wichtig, daß die Bildmotive oft ohne grundlegende Veränderung aus dem späten Mittelalter übernommen wurden und Zeugnis für die Kontinuität mit den Reformbemühungen im 15. Jahrhundert ablegen. Scribner hat zu recht darauf hingewiesen, daß die Reformationsgeschichtsschreibung sich bisher zu ausschließlich an die Wortquellen gehalten und die Bildquellen vernachlässigt habe. Er hat die Bilder jedoch zu stark von den Argumenten der Wortpropaganda isoliert. Die Bildquellen sind dem späten Mittelalter nahe und bestätigen die Vermutung, daß der schon vor 1500 anschwellende Antiklerikalismus das Milieu ist, das die Reformation vorbereitet und in dem sie ihre erste Artikulation gefunden hat. Vorübergehend konnten Antiklerikalismus und Reformation sogar gleichgesetzt werden. Aber der Zusammenhang von Wort und Bild verändert auch die theologische Aussage der Bilder, so grobschlächtig man sich im Kontrastbild freilich auch nur äußern konnte. Das Wort füllte diese Bildmotive mit neuen Inhalten. Es veränderte auch den graphisch dargestellten Antiklerikalismus. Die Bildkritik am Papst zu Rom war im 15. Jahrhundert beispielsweise schon recht massiv, ging aber doch nur so weit, daß die Mißstände und klerikalen Auswüchse angeprangert wurden. Die Institution des Papsttums selbst wurde noch nicht grundsätzlich in Frage gestellt. Erst als mit viel Erfolg die Losung ausgegeben wurde, der Papst sei nicht der „Stellvertreter Christi" auf Erden, sondern der „Antichrist" vor dem Ende aller Tage, verschärfte sich die Kritik. Sie erhielt jetzt – mehr als zuvor – eine apokalyptische, kosmische Dimension; und die papst- bzw. romkritischen Bilder wurden nicht mehr mit den Augen derjenigen betrachtet, die noch Hoffnung auf eine Reform der römischen Kurie hegten, sondern mit den Augen derer, die nur in einer grundsätzlichen Scheidung von Rom eine Chance für die Erneuerung der Christenheit sahen.

Zur antiklerikalen Wort- und Bildpropaganda gesellte sich schließlich militante Agitation. Predigten wurden unterbrochen, Gottesdienste mit Trommeln und Pfeifen gestört, Priester mit Messern bedroht und von den Altären vertrieben, Bilder wurden gestürmt. Wie Martin Warnke für die Täufer in Münster gezeigt hat, geschah das nicht in blindwütigem Vandalismus, sondern mit antiklerikalem Konzept und pädagogischer Absicht:[10] vielleicht nicht immer und überall, aber doch grundsätzlich. Kapellen wurden in Brand gesteckt, Hostien und Reliquien geschändet, Häuser des Klerus besetzt, Mönche und Nonnen aus den Klöstern und

Stiften vertrieben, der Kirchenzehnt wurde verweigert und die Geistlichkeit durch das Brechen der Fastengebote und karnevaleske Umtriebe provoziert.[11] Noch 1535 mußte ein päpstlicher Legat einem Abt die Erlaubnis erteilen, ein anständiges weltliches Kleid zu tragen und an Fastentagen zu essen, denn „es habe die Bosheit der Ketzerei dermaßen überhand genommen, daß Ordensgeistliche, welche in Mönchskleidung einherschreiten, nicht nur dessen Gelächter und der Verachtung eines Jeden, sondern auch Unbilden und Beleidigungen ausgesetzt seien, welche es ihnen unmöglich machen, ohne Leibesgefahr durch Städte und Länder zu reisen."[12] Sogar zum Pfaffenmord wurde aufgerufen; doch es gibt kaum Nachrichten über Priester, die erschlagen oder erhängt wurden. Der Pfaffenhaß aber war weit verbreitet und saß tief im Volk.

2. Ursachen des Antiklerikalismus

Bereits im Abschnitt über die Zeit des ausgehenden Mittelalters wurde auf verschiedene Ursachen des Antiklerikalismus hingewiesen. Eine der wichtigsten Ursachen dürfte die zunehmende Fiskalisierung der kirchlichen Stellenbesetzung, des Kultus und des Glaubens gewesen sein. „Mit drei Dingen handeln die Römer: mit Christo, geistlichen Lehren und Weibern", spottete Ulrich von Hutten.[13] Was in der Gravamina-Bewegung auf den Reichstagen ins Gespräch gebracht wurde, ging auf Erfahrungen in den Territorien und in den Städten zurück, besonders in den Städten, wie denn auch zur Zeit der Reformation der antiklerikale Kampf vor allem ernst und wirkungsvoll in den oberdeutschen Städten geführt wurde. Über die Fiskalisierung der Religion, den Einfallsreichtum der Kurie und bischöflicher Ordinariate, finanzielle Mittel an sich zu ziehen, und die Reaktion der Obrigkeiten und Bevölkerung auf diese Maßnahmen informiert immer noch am anschaulichsten Anton Störmann in seinem Buch über *Die städtischen Gravamina gegen den Klerus am Ausgang des Mittelalters und in der Reformationszeit.*[14] Ähnlich wie bei Scribner werden auch hier die gleitenden Übergänge zwischen dem späten Mittelalter und der Reformationszeit deutlich. Weiter weist Störmann darauf hin, daß das Bild, das die Reformatoren vom Klerus zeichneten, übertrieben gewesen sei, und die Städte gegen kirchliche Ablässe selten etwas einzuwenden hatten, wenn sie den Einrichtungen in ihren eigenen Mauern zugute kamen und nicht nach Rom oder an den Bischofssitz flossen. Andererseits sind die Beispiele, die er für die Fiskalisierung der Religion anführt, so erdrückend, daß sie ausreichen, um eine antiklerikale Stimmung im Volk und den antiklerikalen Kampf der Reformatoren plausibel erscheinen zu lassen.

Die Fiskalisierung der Religion ist eine Ursache für die Entstehung und das Anschwellen des Antiklerikalismus. Eine andere Ursache ist die wirtschaftliche Konkurrenz, der sich das Zunfthandwerk von seiten des klösterlichen Gewerbes ausgesetzt sah. Oft wurde in den städtischen Beschwerdeartikeln gegen die Steuerfreiheit und die wirtschaftlichen Vorrechte von Klöstern und Stiften Protest eingelegt. Gelegentlich wurden die Klöster aus diesem Grunde auch gestürmt und geplündert. Die antiklerikale Energie beschränkte sich nicht nur auf die Stadt, obwohl sie hier besonders ausgeprägt war. Der wirtschaftlich motivierte Antiklerikalismus spielte auch auf dem Lande eine bedeutende Rolle – besonders in den geistlichen Grundherrschaften – und muß zu den auslösenden Momenten des Bauernkriegs gezählt werden.[15] Eine dritte Ursache ist die rechtliche Sonderstellung des Klerus gewesen. Er konnte sich der städtischen Gerichtsbarkeit entziehen, wie er umgekehrt in bestimmten Angelegenheiten, z.B. dem Eherecht, selber über die Bürger zu Gericht saß. Das war eine nicht zu unterschätzende Quelle von Unmut und Ärger im Volk. Empört haben sich die Bürger oft auch über die Rücksichtslosigkeit, mit der Geistliche versuchten, den letzten Willen der Mitbürger auf dem Sterbebett zugunsten kirchlicher Stiftungen zu beeinflussen. Mancher Familie wurde auf diese Weise die wirtschaftliche Grundlage für Handwerk und Gewerbe entzogen. Das war eine vierte Ursache antiklerikalen Protests. Schnell konnte sich die augenblickliche Erbitterung über einen Priester in einem permanenten Argwohn gegen den Klerus verfestigen. Eine fünfte Ursache ist die Vernachlässigung der geistlichen Amtspflichten, der Anspruch auf luxuriöses Leben und der weitverbreitete Verfall der Moral im Klerus. „Noch andere rühren an Geld sowenig wie an Gift", schreibt Erasmus von Rotterdam in seinem *Lob der Torheit* über Mönche und Priester, „nur an den Becher und an ein Weib zu rühren, versagen sie sich mitnichten."[16] Unzählige Beispiele ließen sich für das behagliche Leben der Kleriker anführen. Ebenso viele Beispiele, um noch einmal Störmann zu zitieren, für die „Verweltlichung im Auftreten, z.B. laienhafte Kleidung und Waffentragen, ferner unpriesterliche Lebensart, im einzelnen Selbstsucht, Habgier, Stolz, Trunksucht, Wirtshausbesuch, Schmausereien, Trinkgelage, Spielwut, Neigung zu Streit und Tätlichkeiten, endlich Unsittlichkeit".[17] Besonders ausgeprägt und verbreitet war der Vorwurf eines unsittlichen und liederlichen Lebenswandels. Sicherlich wurde den Klerikern auch manches angehängt, nicht zuletzt in den „Dunkelmännerbriefen". Die negativen Auswirkungen des Zölibats und der Ausweg des Konkubinats, das bischöfliche Vorgesetzte vielfach gegen die Zahlung einer besonderen Gebühr duldeten, entsprachen nicht gerade dem offiziellen asketischen Ideal des „homo religiosus". Mönche und Priester besuchten Bordelle und Badehäuser,

Nonnen ließen Mönche heimlich in ihre Zellen, Hausfrauen vertrieben, wie auf einer künstlerischen Darstellung zu sehen ist, Mönche mit Pfannen, Kellen und Forken aus ihren Häusern; Würzburger Bauern weigerten sich, in den Krieg zu ziehen, weil sie ihre Frauen vor der sexuellen Zudringlichkeit der daheim bleibenden Priester nicht sicher wähnten.

Diese Beispiele genügen, um zu zeigen, daß der Klerus im allgemeinen als eine schwere und unzumutbare Belastung empfunden wurde – und der Anteil des Klerus an der Bevölkerung war damals nicht unerheblich. Wer sich die Silhouetten der mittelalterlichen Städte ansieht, wird die verwirrende Vielzahl der Kirchturmspitzen und Kapellentürmchen bemerken, ganz zu schweigen von den zahllosen Altären in den Kirchen selbst. Die Kirche war – modern gesprochen – ein personalintensiver Dienstleistungsbetrieb. Diese Beispiele zeigen auch, daß die antiklerikale Atmosphäre keine periphere oder belanglose Erscheinung war, sondern das konkrete Erfahrungsmilieu in Stadt und Land, von dem kaum jemand unberührt blieb. Der Klerus war ins Gerede gekommen; nicht erst die reformatorische Verkündigung stellte „Öffentlichkeit" her,[18] sondern bereits der spätmittelalterliche Antiklerikalismus. Vielen scheint der „Neu-Karsthans" aus der Seele gesprochen zu haben: „Ich glaub, es sei möglicher, daß mein apfelgraues Pferd schreiben und lesen lerne, denn daß unsere Pfaffen und Bischöfe ... selig werden."[19] Sicherlich müßte eine genaue Analyse des Antiklerikalismus, die noch aussteht, darauf achten, welche Kleriker mehr und welche weniger den Argwohn und den Haß der Bevölkerung auf sich zogen – Prälaten und Bettelmönche mehr, Weltpriester weniger – aber „Pfaffen und Bischöfe" stehen für den Klerus allgemein und stellen eine Verallgemeinerung dar, die den Erfahrungen des gemeinen Mannes grundsätzlich entspricht.

3. Humanistische Kleruskritik

Der Abschnitt über die Ursachen des Antiklerikalismus hat gezeigt, wie weitverbreitet und tiefverwurzelt die antiklerikale Atmosphäre war. Zu klären ist nun, in welcher Weise dieses Phänomen zu Beginn des 16. Jahrhunderts einen inneren Zusammenhang erhielt und zu einer Konsequenz gesteigert wurde, die als reformatorischer Durchbruch beschrieben werden kann.

Bedeutsam ist zunächst die Kirchen- und Kleruskritik der humanistischen Bildungsbewegung. Diese Bewegung geht auf die Renaissance in den oberitalienischen Städten zurück, wo es zu einer der Kirche und Theologie gegenüber freieren Entwicklung der Künste und der Wissenschaft kam, und griff gegen Ende des 15. Jahrhunderts auch auf die Niederlande, auf England, Frankreich und schließlich auf wichtige Städte in Deutschland über. Der bedeutendste Vertreter des nördlichen Humanismus, mit weiter europäischer Ausstrahlung, war Erasmus von Rotterdam. Er war der „Fürst der Humanisten". Daneben wirkten Ulrich von Hutten, 1517 von Kaiser Maximilian in Augsburg zum Dichter gekrönt, in Nürnberg Willibald Pirckheimer, an der Universität Tübingen Johannes Reuchlin, in Augsburg der Jurist Conrad Peutinger, an der Universität Erfurt fand sich ein Humanistenkreis um Crotus Rubeanus und Conradus Mutianus Rufus zusammen, Humanistenzirkel entstanden an den Universitäten Wien und Freiburg.

Humanisten lehrten auch in Heidelberg. Am berühmtesten wurde die Universität Basel, wo Erasmus residierte und wohin es viele Gelehrte und Scholaren zog. Interessant ist, daß sich Theologen, Adelige, Patrizier, Juristen, Mediziner und Künstler in dieser Bewegung trafen. Sie war eine Bewegung von Intellektuellen aus den Oberschichten und dem gehobenen Stadtbürgertum, mit einem ausgeprägten elitären Bewußtsein zwar, aber einer nicht minder ausgeprägten Absicht, tief ins Bürgertum hineinzuwirken. Das *Lob der Torheit* und das *Handbüchlein eines christlichen Streiters,* beide von Erasmus, waren damals populär und verbreitet. Ebenso bekannt waren die Schriften, Gedichte und Pamphlete Ulrich von Huttens. Einen sensationellen Erfolg hatten schließlich die *Dunkelmännerbriefe,* die sowohl den Sinn der Intellektuellen für hintergründig-geistreichen Humor als auch das Bedürfnis des Volkes nach grobem Scherz, nach zwerchfellerschütternder Belustigung und beißendem Spott über den Klerus zu befriedigen wußten.

Über den Humanismus ist viel geschrieben worden: Über sein Verhältnis zur Antike und zur Reformation, über seinen Beitrag zur Entstehung der bürgerlichen Gesellschaft und zur Philosophie der Aufklärung. Ich kann hier nur einige Merkmale zusammenstellen, die für die Herausbildung reformerischer Elemente aus der antiklerikalen Situation wichtig sind.

1. Der Humanismus ist keine homogene Bewegung. Hier werden säkulare Interessen verfolgt und dort religiöse, hier gesellschaftliche und dort künstlerische oder wissenschaftliche. Auch die Charaktere und Temperamente der großen Humanisten sind verschieden. Erasmus steht für Mäßigung und Ausgleich, für Kompromißbereitschaft und abgeklärte Ausgewogenheit. Ulrich von Hutten ist dagegen aggressiv und polemisch, einseitig und radikal, militant und rücksichtslos. Erst kürzlich wurde wieder an eine treffende Beobachtung Jacob Burckhardts erinnert: „Es ist eine hundertgestaltige Schar, die heute dies, morgen jenes Antlitz zeigt; so viel aber wußte die Zeit und wußten sie selbst, daß sie

ein neues Element der bürgerlichen Gesellschaft seien."[20] Je diffuser diese Bewegung war, um so größer waren ihre Möglichkeiten, eine breite Wirkung in einer krisenbedrohten und aufgewühlten Gesellschaft zu entfalten.

2. Der Humanismus ist eine paradoxe Bewegung. Einerseits kann man ihn als eine europäische Erscheinung darstellen. Italien, die Niederlande, das oberrheinische Gebiet, Frankreich und England: das sind seine regionalen Schwerpunkte – und seine Ausstrahlungskraft in abgelegene Gebiete ist stark. Andererseits trägt er dazu bei, nationalstaatliche Tendenzen zu fördern und zu verstärken. Deutschland war territorial zerstückelt, und doch hat der Humanismus hier in ersten Anläufen einen nationalen Geist geschaffen. Einerseits entstand ein übernationales intellektuelles Kommunikationsnetz, das sich bald der reformatorischen Propaganda nützlich erweisen wird; und andererseits half der Humanismus, ein nationales Selbstbewußtsein gegen Fremdbedrohung aufzubauen. Max Steinmetz spricht von einem „ritterlich-humanistischen Nationalgefühl".[21]

3. Der Humanismus versucht, Antike und Christentum miteinander zu verbinden. Unter Antike wurde nicht der theologisch vereinnahmte Aristotelismus der hochmittelalterlichen Scholastik verstanden, sondern die genuine, in den Quellen sich darstellende Gräzität und Latinität des klassischen Altertums. Die bekannte Forderung der Humanisten war, *ad fontes* zu gehen. In einer Zeit, in der die ursprünglichen Quellen verdeckt waren, mußte sich in dieser Forderung eine Kritik am Wissenschaftsbetrieb und an den Quellen, aus denen die Institutionen ihre Legitimation zogen, ausdrücken. Um zwei wichtige Beispiele zu nennen: Erasmus gab 1516 den griechischen Urtext des Neuen Testaments in Druck, und Ulrich von Hutten veröffentlichte 1517 die Entdeckung Lorenzo Vallas, daß die „konstantinische Schenkung", also die Übertragung der Herrschaftsrechte vom römischen Kaiser auf den Papst in Rom, eine Fälschung sei: *Über die fälschlich geglaubte und erlogene Schenkung Konstantins.* Die Sensibilität für eine gute griechische und lateinische Sprache im Gegensatz zum „recht häßlichen Kauderwelsch", wie Erasmus sich über das „Küchenlatein" mokierte, wurde gepflegt und verschüttetes Wissen im Umgang mit den Originalquellen freigelegt. So entstand ein neues Selbstverständnis des Gelehrten, der sich vom forschenden und lehrenden Kleriker absetzte. „O Jahrhundert! O Wissenschaft! Es ist eine Lust zu leben ... die Studien blühen auf, die Geister regen sich", schrieb Ulrich von Hutten 1518 in großer Emphase an Willibald Pirckheimer nach Nürnberg.[22] Die Vermittlung von Antike und Christentum wurde nicht auf dem Felde theologischer Glaubenssätze vollzogen, sondern im Bereich der Moralität, d.h. einer Ethisierung des Glaubens. Von allem dogmati-

schen und rituellen Ballast befreit, sollte der Mensch danach streben, seine natürlichen Anlagen zum Guten zu entfalten und die Neigungen zu Bösem zu überwinden, sich zu bessern und zu vervollkommnen. Die „Perfektibilität" des Menschen, später ein Schlagwort der Aufklärung, wurde hier in frühaufklärerischer Absicht ins Auge gefaßt. Wer die Praxis des Glaubens so stark betont, wie die Humanisten es taten, muß das Selbstwertgefühl des Individuums stärken und die Tendenz unterstützen, die Kluft zwischen dem Laien und dem Geistlichen zu schließen. Der Humanismus hat die ontologische Schranke, die den Priester von dem Laien trennte, zwar nicht durchbrochen, oder anders ausgedrückt, er hat nicht an dem Dogma gerüttelt, daß es Menschen höherer und niederer Dignität gibt, die Gott näher und Gott ferner stehen, aber der Humanismus hat dennoch die Tendenz zur Auflösung der „Klerikerkultur" in die „Laienkultur" verstärkt, wie Otto Brunner diesen sozialgeschichtlich bedeutsamen Prozeß beschrieb, der im späten Mittelalter einsetzte und zur Neuzeit führte.[23]

4. Das elitäre Selbstverständnis des Gelehrten konnte sich im allgemeinen antiklerikalen Klima mühelos zur Verachtung geistiger Verwahrlosung unter dem Klerus steigern; und die Ethisierung des Glaubens konnte zur allgemeinen Entrüstung über den liederlichen Lebenswandel des Klerus führen. Erasmus hat den Klerus heftig kritisiert. Konfrontiert mit dem Liebesgebot Christi würden die einen auf ihren Schmierbauch weisen, ihre hundert Scheffel Psalmen, Myriaden von Festtagen, die andern auf einen Berg von Zeremonien, auf ihre Heiserkeit vom ausdauernden Singen, auf ihr ewiges Schweigen. Er hat die Geistlichkeit dafür verantwortlich gemacht, daß die Begriffe „Kleriker, Priester und Mönche" zu Schimpfwörtern verkommen seien, und er hat auch nicht vor der Kritik am Papst zurückgeschreckt. Noch heftiger hat Ulrich von Hutten den Papst und die Geistlichen beschimpft. Seinen Eindruck von Rom faßte er so zusammen: „In Rom ist alles käuflich. Das ist die Stadt, um deretwillen wir in Deutschland in Hader und Unfrieden leben, um deretwillen wir uns das Geschwärm der Mönche und die Grausamkeiten der Inquisitoren gefallen lassen. Das ist die Stadt, wohin deutsches Blut und deutsches Geld in Strömen fließen, das ist die Stadt, die uns arm gemacht hat und immer ärmer machen wird. – Die Herrschaften in Rom sitzen auf den Tränen des deutschen Bauern und lachen über des Deutschen Blödheit."[24] Er bemühte sich um eine Reform der Kirche oder eine „Besserung der Christenheit". Hier mischt sich Antiklerikalismus mit Nationalgefühl. Hutten konnte noch ausfallender oder militanter werden: „Jetzt ist die Zeit, zu heben an um Freiheit kriegen. Gott will's han ... Vor hat es an Vermahnung g'fehlt, und einem, der euch sägt den Grund / kein Lai euch damals weisen kunnt, und waren nur die Pfaffen g'lehrt. / Jetzt hat

uns Gott die Kunst b'schert, daß wir die Bücher auch verstahn. Wohlauf, ist Zeit, wir müssen dran ... Wohlauf, ihr frommen Deutschen nun, viel Harnisch han wir und viel Pferd, viel Hellebarden und auch Schwert. Und so hilft freundlich Mahnung nit, wo wöllen wir die brauchen mit."[25] Hutten war in einen erbitterten „Pfaffenkrieg" verwickelt. Aber die Humanisten blieben im allgemeinen mit ihrer Kritik im Rahmen der Kirche, sie sprengten ihn nicht. Auch Taktik spielte dabei eine Rolle: „wie so mancher Gedanke mit dem Seitenblick auf den Ketzerrichter höchst vorsichtig in äsopischer Sprache formuliert und in Nebensätzen versteckt wurde, mit vielen Verbeugungen vor den kirchlich sanktionierten Autoritäten."[26] Der Humanismus hat die antiklerikale Stimmung verstärkt und angeheizt, ihr Sprache und Zusammenhang verliehen, umgekehrt aus ihr auch Reformimpulse empfangen. Der Klerus wurde jedoch nicht in seinen Grundfesten erschüttert. Dazu bedurfte es einer tieferreichenden theologischen Einsicht und Argumentation.

4. Die „Abschaffung" des Klerus

Diese Einsicht wurde in einsamem Bibelstudium gewonnen; und diese Argumentation wurde nach dem 31. Oktober 1517 das erste Mal weit über den engen Kreis einer Universität hinaus bekannt: Auf der Bühne der Geschichte erscheint Martin Luther, Professor der *„lectura in biblia"* an der jungen, noch unbedeutenden Universität zu Wittenberg; und der Streit, den er vom Zaune bricht, richtet sich gegen den Ablaß.

An Luther interessiert zunächst nur, ob und wie sich seine ersten spektakulären Auftritte – der Thesenanschlag gegen den Ablaß und die Rechtfertigung vor Kaiser und Reich auf dem Reichstag zu Worms 1521 – in die allgemeine antiklerikale Atmosphäre einfügten; wie Luther diese Atmosphäre aufnahm und bis zur „Abschaffung" des Klerus radikalisierte.

Auf die Frage, was der Ablaß sei, gibt Bernhard Lohse folgende Auskunft: „Der Ablaß stand im Zusammenhang mit dem Bußsakrament. Zur Buße gehörte zunächst die Reue des Sünders, sodann dessen Beichte vor dem Priester sowie die Absolution, schließlich die auferlegte Satisfaktion, durch welche der Sünder für die noch ausstehende Sündenstrafe Wiedergutmachung leisten sollte; hierbei lag die Vorstellung zugrunde, daß eine sündige Tat neben der Schuld auch eine Strafe verwirkt, welche entweder schon hier auf Erden oder im Fegefeuer abgebüßt werden muß."[27] Die Ablässe kamen erst im 11. Jahrhundert auf und dienten dazu, zunächst nur die zeitlichen Kirchenstrafen abzugelten, später auch die Fegefeuerstrafen für Lebende und Verstorbene. Da es in der Kirche noch keine amtlich verordnete Ablaßlehre gab, war der Ermessensspielraum für den Anlaß, den Zweck und die theologische Begründung des Ablasses noch recht weit; den Zweck insofern, als der finanzielle Erlös aus dem Ablaß unterschiedlich verwendet werden konnte: zum Bau von Kirchen, Krankenhäusern und Stiften, gelegentlich auch anderen Gebäuden und Brücken.

So blieb das Geld in der eigenen Stadt oder im eigenen Territorium. Es konnte auch zur Finanzierung der Kredite aufgelegt werden, die ein Bischof oder Erzbischof aufnehmen mußte, um die Verleihung seiner geistlichen Würde in Rom zu begleichen. Der Erlös konnte schließlich direkt an die römische Kurie fließen. Der Neubau des Petersdoms verschlang Unsummen, die Künste wurden gefördert, das kulturelle und gesellschaftliche Leben, die luxuriöse Repräsentation des Papsttums mußten teuer bezahlt werden. Bedenkt man, daß die Angst vor ewiger Verdammnis wie eine Urangst in der Brust des mittelalterlichen Menschen nistete und dieser Mensch viel dafür gab, sich davon zu befreien, wird verständlich, wenn Lohse schreibt: „so kam das Heilsverlangen des Volkes dem Finanzbedarf der Kurie entgegen und führte zur Weiterentwicklung des Geschäftes mit der ‚heiligen Ware'."[28]

Dem Ablaß hat ursprünglich eine gute Absicht zugrunde gelegen. Nach Störmann förderten die Ablaßpredigten „Bekehrung, Buße und Sakramentsempfang und trugen zur sittlichen Erneuerung der Gesellschaft bei". In Bern sei um 1480 beispielsweise der „Andrang zum Sakramentsempfang so stark gewesen, daß 50, 80 bis 100 Beichtväter tagelang angestrengt tätig waren"[29] und zahlreiche Bekehrungen stattfanden. Störmann will die Mißbräuche, die mit dem Ablaß getrieben wurden, nicht herunterspielen – gelegentlich sollen die Rechnungen der Ablaßhändler in Wirtshäusern und Bordellen mit Ablaßscheinen statt in barer Münze bezahlt worden sein; er will nur die im Protestantismus übersehene Funktion des Ablaßwesens als Volksmission und moralische Aufrüstung in Erinnerung rufen. Daß die Kirche ein Geschäft mit derAngst des Menschen machte, kann allerdings nicht geleugnet werden – ein nicht gerade faires Geschäft, wenn man bedenkt, daß die Kirche das Monopol für die Vermittlung des Heils besaß: „Extra ecclesiam nulla salus est." Konkret wahrgenommen wird die Funktion der Vermittlung durch den Priester. Er nimmt die Beichte ab und erteilt die Absolution; vor allem aber vollzieht er die Wandlung von Brot und Wein in Fleisch und Blut Christi und teilt das Brot, nicht den Wein, an die Gläubigen aus. Durch die substantiell immer wieder vollzogene Wandlung (Transsubstantiation) ereignet sich das Opfer Christi für die Menschheit stets aufs neue. Von diesem Herzstück der göttlichen Heilstat erhält der Priester seine Funktion und seine besondere Dignität. Ihm wird in der Weihe eine

Seinsqualität übertragen, ein *„character indelebilis"* (ein unverlierbarer Charakter), der ihn ontologisch vom Laien unterscheidet. So wird der Klerus als Heilsvermittler ein besonderer Stand, der erste in der mittelalterlichen Gesellschaftspyramide. Er steht Gott am nächsten. Wenn der Zusammenhang zwischen Ablaß, Buße, Sakrament und Klerus gesehen wird, leuchtet ein, daß eine grundsätzlich geführte Kritik am Ablaß an den Grundlagen der römisch-katholischen Kirche rütteln mußte und ein antiklerikaler Akt war.

Der konkrete Anlaß, der Luther das Wort gegen den Ablaßhandel öffentlich erheben ließ, war der Ablaß, mit dem Erzbischof Albrecht von Mainz die Verleihung seines erzbischöflichen Palliums bezahlen mußte. Um diesen „Petersablaß" zu rechtfertigen, der zur einen Hälfte dazu diente, die Kredite beim Handelshaus der Fugger zu tilgen, zur andern aber direkt nach Rom floß, gab der Erzbischof eine Instruktion für die Ablaßhändler heraus. Als Luther diese Schrift las, die in vielem die übliche Ablaßpraxis ins Mißbräuchliche überhöhte, und mit ansehen mußte, wie die Wittenberger Bürger in großen Scharen zu dem berüchtigt-erfolgreichen Ablaßhändler Johannes Tetzel nach Jüterbog, an der Grenze zu Kursachsen, hinüberliefen und mit den sonderbarsten Eindrücken von der Ablaßpredigt zurückkehrten, beschloß er, mit einer thesenartigen Schrift gegen den Ablaß vorzugehen.

Es ist umstritten, ob Luther diese Thesen tatsächlich mit schicksalsschweren Hammerschlägen an die Schloßkirche zu Wittenberg geschlagen oder ob er sie nur als Einladung zu einer Disputation verschickt hatte. Friedrich Myconius, ein Freund Luthers, schildert die Anfänge der Reformation so: „... und wollt nur mit den Gelehrten der hohen Schule Wittenberg davon disputieren, was doch Ablaß wäre, was er vermöcht, wo er herkäme, und wie viel er gülte usw. Aber ehe vierzehn Tage vergingen, hatten diese Propositiones das ganze Deutschland, und in vier Wochen schier die ganze Christenheit durchlaufen, als wären die Engel selbst Botenläufer und trügen's vor aller Menschen Augen. Es glaubt kein Mensch, wie ein Gered da von ward."[30]

Dies „groß Geschrei" läßt Rückschlüsse auf das hohe Maß an antiklerikaler Entrüstung über den Ablaß zu, ebenso aber auf die Faszination, die Ablaßhändler mit ihren Predigten auf das Volk ausübten. Das Volk war dem drohenden Drängen der Ablaßhändler ausgeliefert und vermochte nicht der verheißungsvollen Aussicht zu widerstehen, sich auf bequeme, wenn auch teure Weise von der Sorge um das Heil der Seele zu entlasten; Luther hatte nun diesen Bann gebrochen und die Menschen aus dem Zwiespalt zwischen der Entrüstung über das Geschäft mit ihrer Seele und der Faszination von einem angst- und sorgenfreien Leben herausgeführt.

Bereits die 1. These zielt auf das theologische Zentrum des Problems und enthält den gesamten Inhalt der neuen Ablaßkritik: „Da unser Herr und Meister Jesus Christus sagt: ‚Tut Buße', wollte er, daß das ganze Leben der Gläubigen Buße sein sollte."[31] Darin steckt folgendes: Buße läßt sich nicht durch den Erwerb eines Ablaßbriefes verkürzen oder ersetzen. Buße ist nicht ein kurzer, einmaliger Akt, sondern das Leben selbst. „Wahre Buße führt aber durch Anfechtung, Tod und Hölle, weil das der Weg in die Nachfolge Christi ist, dem niemand sich mit Hilfe von Geld entziehen darf. ‚Bußstrafe' ist ein unzutreffendes Wort, denn echte Buße wird nicht auferlegt", kommentiert Heiko A. Oberman diese These, „sondern geschenkt".[32] Reue und Buße haben kein heilsegoistisches Gesicht, wie es im Ablaßkauf sichtbar wird, sie zeigen sich ganz anders: „Man soll die Christen lehren, daß es besser sei, den Armen etwas zu schenken und den Bedürftigen zu leihen, als Ablaß zu kaufen."[33] Nicht mein Heil, sondern das Wohl des andern steht auf dem Spiel. So wird die theologische Frage der Buße schnell zu einer moralischen, sogar sozialen Frage. Sozialkritik äußert Luther auch in der 50. These, in der mit seelsorgerlicher Rücksicht auf das Oberhaupt der Kirche oder mit feiner Ironie zwischen dem Papst und dem Klerus unterschieden wird: „Man soll die Christen lehren: wenn der Papst wüßte, wie die Ablaßprediger Geld erpressen, würde er die Peterskirche lieber zu Asche verbrennen, als sie mit Haut, Fleisch und Knochen seiner Schafe aufzubauen."[34] So mischt sich theologischer Angriff mit moralischer und sozialer Kritik. Ganz deutlich ist, daß in Luthers Ablaßthesen bereits anklingt, was bald zum Bruch mit der römischen Kirche führen wird: Die Kirche teilt nicht aus dem Schatz der guten Werke aus, die Christus und die Heiligen in ihr angesammelt haben, wie die Möglichkeit des Ablasses begründet wurde. Das ist nicht der wahre Schatz der Kirche; der wahre Schatz ist „das allerheiligste Evangelium von der Herrlichkeit und Gnade Gottes".[35] Er teilt sich selber mit; jede klerikale Vermittlung zwischen Gott und dem Menschen wird hinfällig. Für das Heil des Menschen ist der Priester überflüssig. Im Streit, der sich nach den Ablaßthesen entwickelt und heftige Formen annimmt, stellt sich die Heilige Schrift für die breite Öffentlichkeit noch klarer als Maßstab dar, an dem die Praxis der Kirche gemessen wird. In diesem Streit und in den volkstümlichen Reformschriften des Jahres 1520, in denen Luther die Lehre vom „Priestertum aller Gläubigen" entwickelt, wird die Abschaffung des Klerus theologisch vollzogen. Ist jeder Gläubige durch die Taufe Priester, Bischof und Papst, wozu bedarf es dann noch eigens eines priesterlichen Standes? So wird der Ablaßstreit zum Anlaß und zum Mittel, dem schwelenden und wieder aufbrechenden Antiklerikalismus eine neue Spitze zu geben: Die Autorität des Papstes bedeutet nichts mehr. Luther wird bald die Bannandrohungsbulle und das „Kanonische Recht“ vor dem Elstertor in Wittenberg im Beisein seiner Studenten und Kollegen verbrennen; der Stand des Priesters wird abgeschafft, nichts begründet mehr seine gesellschaftlich privilegierte Sonderstellung; Mönche und Nonnen verlassen die Klöster, und die ersten Kirchengüter werden säkularisiert. Viel kirchliches Eigentum geht bald in weltliche Hände über. Luther hat den Aufstand gegen den Priester auf den Höhepunkt getrieben.

Der reformatorische Aufstieg Luthers war nicht nur das Produkt der antiklerikalen Stimmung im Volke. Der Reformator zog dem Antiklerikalismus selber ein theologisches Gerüst ein, das ihm die notwendige Stoßkraft gab, um die Kirche und mit ihr die gesamte Christenheit von Grund auf zu erneuern. So hat Luther selber die Chancen, aber auch die Grenzen des allgemeinen Antiklerikalismus seiner Tage gesehen. Nirgends wird das deutlicher als auf dem Reichstag zu Worms, wohin der Verketzerte und Gebannte geladen wurde. Heinz Scheible hat gezeigt, wie tief Luther in die Politik des Reiches hineingezogen wurde, ja, daß die Gravamina-Politik der Reichsstände für eine Weile mit der reformatorischen Kritik zusammenging.[36] Schon daß der Ketzer überhaupt nach Worms reisen durfte, ist vor allem den Gravamina zu verdanken, die auf diesem Reichstag ein eigenes schweres politisches Gewicht gewannen. Unter dem Eindruck der Beschwerden gegen den römischen Stuhl und die Geistlichkeit konnte der Kaiser nämlich gezwungen werden, den gebannten Augustinermönch anzuhören. Die Reichsstände argumentierten mit einem drohenden öffentlichen Aufruhr; angesichts der so schwerwiegenden Gravamina würde man kein Verständnis dafür aufbringen, wenn die „Luthersache“ nicht vor dem Reich zur Verhandlung käme. Die Reichsstände versprachen sich vom Auftreten Luthers in Worms einen Erfolg ihrer Gravamina-Politik, zumal ja Luther in seiner Schrift „An den christlichen Adel deutscher Nation“ selbst die Gravamina aufgenommen hatte. Luther sollte jedoch, so war es die Absicht der Reichsstände, seine theologischen Irrtümer widerrufen und auf diese Weise dem gemeinsamen Anliegen der Kirchenkritik ein um so größeres Gewicht verleihen. Luther verband seine Rechtfertigung in der Rede vor dem Kaiser zwar geschickt mit den Gravamina und überging die fundamentalen Vorwürfe, die er in seiner Schrift von der „babylonischen Gefangenschaft der Kirche“ gegen Papst, Konzilien und Kirche erhoben hatte; er war jedoch nicht bereit, die ihm vorgeworfenen dogmatischen Häresien zu widerrufen. Er wies diese Zumutung zurück. Offensichtlich sah er, daß seine theologisch geführte Kritik die Grundfesten der römischen Kirche empfindlicher treffen mußte als ein reichsständischer Gravamina-Beschluß. Sein Antiklerikalismus griff tiefer und eröffnete eine weitere Perspektive für eine Erneuerung der Christenheit als jede politische Reformpolitik, die an den Symptomen des kirchlichen Verfalls, nicht aber an seiner Ursache kurieren wollte.

Es kam in Worms zu keinem Reichsabschied in der Gravamina-Sache, die Stände mußten dem Verbot reformatorischer Maßnahmen zustimmen, dem „Wormser Edikt“. Über Luther wurde die Reichsacht verhängt. Doch selbst Kaiser und Reich konnten die reformatorische Bewegung nicht mehr aufhalten.

Die Anfänge der Reformation liegen nicht nur in dem einsamen Ringen Martin Luthers um das Heil der Seele. Sie liegen auch nicht nur in einer, die Persönlichkeit Luthers übergreifenden und umfassenden geistesgeschichtlichen und politischen Bewegung. Sie liegen schließlich nicht nur in einer wirtschaftlichen Umbruchsituation und einer sozialen Krise. Das Phänomen des Antiklerikalismus deutet vielmehr darauf hin, daß diese Anfänge in allen Bereichen zugleich liegen. Mit diesem Antiklerikalismus bietet sich ein Erklärungsmodell für die frühen Jahre der Reformation an, das die eingangs geforderte sozialgeschichtliche Betrachtungsweise einlöst: die Verschränkung theologischer, politischer, wirtschaftlicher und sozialer Gesichtspunkte zu untersuchen und darzustellen.

III.

Der Kampf eines „Riesen" oder der „junge Luther"

Friedrich Engels hatte Renaissance und Reformation die „größte progressive Umwälzung" genannt, „die die Menschheit bis dahin erlebt hatte, eine Zeit, die Riesen brauchte und Riesen zeugte, Riesen an Denkkraft, Leidenschaft und Charakter, an Vielseitigkeit durch Gelehrsamkeit".[1] Ein solcher Riese war allen voran Martin Luther (1483–1546).

1. Repräsentant und Exponent seiner Zeit

Es ist müßig, darüber zu streiten, ob die Reformation das Werk eines einzelnen gewesen sei oder ob es in Deutschland, verursacht von gesellschaftlichen Konflikten, auch eine Reformation ohne den aufmüpfigen Augustinermönch gegeben hätte. Je stärker Luther aus dem „Ensemble der gesellschaftlichen Verhältnisse" heraus gedeutet wird oder aus der antiklerikalen Atmosphäre, die Stadt und Land ergriffen hatte, um so mehr verliert er seine Originalität. Er wird zu einem Zeitgenossen unter Zeitgenossen, bedeutender als die meisten, aber ebenso abhängig von den Ängsten, Sehnsüchten, den Belastungen und Zwängen der Gesellschaft seiner Tage, abhängig auch von den geistigen Traditionen und dem kirchlichen Milieu. So ist Martin Luther ein Repräsentant seiner Zeit. Und möglicherweise hätte es eine Reformation, eine andere höchstwahrscheinlich, auch ohne ihn gegeben. Doch es hat sie nicht ohne ihn gegeben, nicht ohne seinen Gedanken, sein Wort und seine Tat, nicht ohne das Licht, das er seiner Zeit aufsteckte. Zu achten ist also auch darauf, was ihn von seinen Zeitgenossen unterschied: wie er auf die Herausforderung von Kirche und Gesellschaft reagierte, wie er den Antiklerikalismus aufnahm, wie er ihm Sprache verlieh und wie er der antiklerikal-revolutionären Situation etwas unverwechselbar Eigenes hinzufügte. Er war nicht nur Repräsentant, er war, wenn man den feinen Unterschied wahrnimmt, auch Exponent seiner Zeit. Er spürte Möglichkeiten auf, die in der Luft lagen, von niemandem sonst aber so prägnant, so tief und so konsequenzenreich dargestellt wurden.

In jeder großen Persönlichkeit findet Überindividuelles eine individuelle Gestalt und geht Individuelles ins Allgemeine ein, trifft sich außerdem Vergangenes mit Zukünftigem: „noch die einsamste Erfahrung unseres Herzens ist die Vorwegnahme oder das Echo vergangener oder kommender Passionen".[2] Das löst die Alternative auf, die bis zum Überdruß erörtert wurde: ob die Reformation eine Konsequenz der gesellschaftlichen Verhältnisse *oder* letztlich von ihnen doch unabhängig sei. Die religiöse Denkkraft Luthers ist von den kirchlich-gesellschaftlichen Verhältnissen und geistigen Traditionen abhängig, aber sie wirkt auch auf beide umgestaltend ein. „Martin Luther war nicht nur Echo seiner Zeit", schrieb Gerhard Brendler, „er trat ihr mit eigener Stimme entgegen und brachte sie eben dadurch voran".[3]

Die Gedanken, die der Reformation zugrunde lagen, entsprangen nicht nur individuellem Erleben und Denken, sondern auch einer kollektiven Situation und Tradition. Diese Gedanken wurden zwar nicht immer und überall zu „materieller Gewalt", in Unruhen, Aufläufen und Aufständen, bildeten aber doch erstaunlich schnell eine soziale Gestalt aus. Einiges wurde bereits erwähnt: Nonnen und Mönche verließen die Klöster und heirateten; aus Klöstern wurden Schulen und Hospitäler; kirchlicher Grundbesitz ging in weltliche Hände über. Die kirchlichen Gerichte verloren in zahlreichen Reichsstädten und Territorien ihre Funktion, die Geistlichen büßten ihre privilegierte Stellung ein, das Selbstwertgefühl der Laien wuchs. Der Bauer wurde, wie Eberlin von Günzburg schrieb, „witzig", d. h. gewitzt. Das negative Image des Bauern, einst der Prototyp des Tölpels und Tumben, hellte sich auf; und der „gemeine Mann", der in politische Bedrängnis und wirtschaftliche Not geraten war, nahm die evangelische Predigt auf und verhalf ihr in der Mitte der zwanziger Jahre zu revolutionärer Wirkung. Der Ruf nach der Predigt des „Evangeliums", der allenthalben erscholl, bedeutete vielfach eine revolutionäre Kampfansage an geistliche und weltliche Autoritäten. Die Reformation nahm eine radikale Gestalt an, nicht erst in der Tat des „gemeinen Mannes", sondern bereits im Wort des Reformators selbst. Sie war, was Karl Marx nur dem deutschen Bauernkrieg von 1525 zuschrieb, eine „radikale Tatsache". Radikalität liegt im Evangelium, das Luther als „Tatwort"[4] versteht, sofern diese neuentstehende „Wirklichkeit" mit dem kanonischen oder weltlichen Recht in Konflikt gerät oder die rechtlich geschützten Normen und Institutionen angreift, verändert oder beseitigt. Diese Deutung folgt allerdings nicht der Selbsteinschätzung des Reformators; er nahm diese Seite seines Wirkens anders wahr. Recht zu brechen wäre theologisch nur legitim, wenn Gott selber einen solchen Bruch auf wunderbare Weise beglaubigte – in den Taten der sogenannten *viri heroici*. Solche „Wundermänner" waren jedoch selten, wie Luther versicherte, und nirgends in seiner Zeit zu erkennen.[5] Spätestens seit dem Wormser Edikt hätte er den radikalen Angriff auf die geltende Rechtsordnung theologisch bedenken müssen, den sein reformatorisches Wirken bedeutete.

2. Der Weg zur reformatorischen Erkenntnis

Die Forschung hat sich lange um die Frage bemüht, wann und wie Luther zu jenen Erkenntnissen durchgedrungen sei, die Quelle der Reformation wurden. Sie suchte nach dem „reformatorischen Durchbruch".[6] War Luther vor oder nach dem Ablaßstreit zur reformatorischen Erkenntnis gelangt? Für die einen ist der Ablaßstreit, den Luther vom Zaune brach, bereits die erste Konsequenz aus einer theologischen Einsicht, die in einem tiefen Gegensatz zur herrschenden Lehre der römischen Kirche stand; und für die andern ist Luther erst in diesem Streit selbst allmählich zu der Erkenntnis durchgedrungen, die an den Pfeilern der römischen Kirche zu rütteln begann.

Luther erinnerte sich in der Vorrede zum ersten Band seiner Wittenberger Ausgabe der „Opera Latina" (1545) so: Er habe in dem Turmstübchen des Augustinerklosters zu Wittenberg gesessen und über den Sinn von Röm. 1,17 nachgedacht: „Denn darin wird offenbart die Gerechtigkeit, die vor Gott gilt, welche kommt aus Glauben in Glauben, wie denn geschrieben steht: ‚Der Gerechte wird aus Glauben leben'."[7] Mit der kirchlichen Tradition hatte der Exeget diese Gerechtigkeit bisher als richtende und fordernde Gerechtigkeit verstanden. Gott fordert vom Menschen gute Werke und richtet den Menschen nach den Werken. Mit dieser Vorstellung vom fordernden, richtenden, zürnenden Gott lebte der Mönch im Kloster; diesem Gott wollte er durch Selbstzucht, Askese und fromme Leistung gerecht werden. Anfechtungen, Depressionen und schwankende Gefühle bereiteten ihm schlaflose Nächte. Sie trieben ihn an die Grenze physischer Belastbarkeit. „Wie kriege ich einen gnädigen Gott?" – das war die Frage, die ihn quälte. Und auf einmal sei er erleuchtet worden: die Gerechtigkeit Gottes fordert nicht Unerfüllbares vom Menschen, sie ist keine „iustitia activa", wie die Theologen sagen, sondern eine „iustitia passiva", ein Geschenk, das Gott für den Menschen bereithält und das nur in Glauben und Vertrauen ergriffen werden kann. Die „iustitia Dei" ist nicht mehr fordernde und richtende, sondern schenkende Gerechtigkeit. „Da fühlte ich mich völlig neugeboren", schrieb Luther, „als wäre ich durch die geöffneten Pforten ins Paradies eingetreten."[8] So war in der autobiographischen Rückschau das „Turmerlebnis" entstanden.

Luther hat die Erkenntnis, die zum Kernstück der Reformation geworden war, nachträglich als plötzlichen Durchbruch begriffen; und das hat die Kirchenhistoriker angeregt, mit der Erleuchtung des Reformators die Sonne über der heillos finsteren Welt des Mittelalters plötzlich aufgehen zu lassen. Die Erkenntnisgeschichte einer großen Persönlichkeit wurde zur geistesgeschichtlichen Zäsur des christlichen Abendlandes, die Frage eines einsamen und unglücklichen Klosterbruders zur existentiellen Grundfrage eines ganzen Zeitalters: „Wie kriege ich einen gnädigen Gott?“ Im Turmerlebnis also hat die berüchtigte Personalisierung der Reformationsgeschichte ihren Ursprung; und das Turmerlebnis begründet eine lange Tradition reformationsgeschichtlicher Deutung, als ob eine exegetische Erleuchtung allein schon eine weltgeschichtliche Entwicklung eingeleitet hätte. Etwas Bedenkliches hinge allerdings über dieser Deutungsgeschichte, wenn es stimmen sollte, daß Luther mit der Geschichte vom Turmerlebnis seinen Genossen, denen er sie bei Tische erzählte, nur einen Streich spielen wollte, er selber dieses Erlebnis über der Kloake im Turm historisch gar nicht ernst nahm. Er habe den Einfall vom Turmerlebnis benutzt, meinte Jean Wirth, um zu betonen, daß ihm Rechtfertigung durch den Glauben als Werk des Heiligen Geistes an einem Ort widerfahren sei, wo gewöhnlich der Teufel seinen Spuk treibt – teils als Parodie auf seine prophetischen Gegner, die sich auf exklusive Weise im Besitz des Heiligen Geistes wähnten, teils als Ausdruck seiner ambivalenten Selbsteinschätzung als Begründer einer neuen Religion. Sein Horoskop und die volkstümlichen Prophezeiungen sind von seinen altgläubigen Gegnern nämlich benutzt worden, ihn als einen falschen Propheten und Zerstörer der Religion anzuklagen. Luther meinte, daß auch der Teufel oft die Wahrheit spräche, und kehrte die Anschuldigungen seiner Gegner, die in ihm den Satan sahen, zu seinem besten. Er wollte sagen: Selbst wenn ich der falsche Prophet bin, für den ihr mich haltet, vollziehe ich doch nur den Willen Gottes. Auch dem Teufel kann die Wahrheit in den Mund gelegt werden.[9] Sollten die Reformationshistoriker einem hintergründigen Scherz des Reformators mit dem „Turmerlebnis“ aufgesessen sein, wäre das mehr als amüsant. Es spräche für die geniale Überzeugungskraft Luthers.

Inzwischen scheint es sich durchzusetzen, der Selbststilisierung Luthers zu mißtrauen. Und doch wird so viel richtig sein, daß Luther im alltäglichen Umgang mit der Heiligen Schrift allmählich zu einer Erkenntnis geführt wurde, die das „Paradigma“ traditioneller Theologie veränderte und notwendigerweise auf einen Konflikt mit Rom zusteuerte. Bernhard Lohse schreibt: „Theologisch hatte Luther zwar im ganzen (vor den Ablaßthesen) noch nicht den Boden der mittelalterlichen Kirche verlassen; aber seine Theologie war so stark vom Neuen Testament bestimmt, daß es eigentlich nur eine Frage der Zeit war, wann der Streit ausbrechen würde.“[10] Ausgebrochen ist er mit den Ablaßthesen, auf die

Luther zunächst überhaupt keine offizielle Reaktion erhielt, wie auch niemand der Einladung zur Disputation über diese Thesen gefolgt war. Erst das schroffe Vorgehen des Mainzer Kurfürsten und der Dominikaner gegen den Augustiner zu Wittenberg, erst die Resonanz in der Öffentlichkeit brachten einen Prozeß der Auseinandersetzung in Gang, in dem sich die theologische Erkenntnis von der Gerechtigkeit Gottes, die allein im Glauben zu erfassen sei, zur vollen Klarheit und zu einer Kritik entwickelte, die weder die Theologie der Scholastik noch die Institution der Kirche schonte und die dem Antiklerikalismus neue Kraft und grundstürzende Bedeutung verlieh, zur Quelle von Radikalität in der Reformation wurde.

Eine wichtige Station auf diesem Weg war nach den Ablaßthesen die Disputation Luthers 1518 in Heidelberg, wo sich das Kapitel der Augustinerkongregation hinter seinen Ordensmann stellte und die These von der „theologia crucis", gegen die „theologia gloriae" der Scholastik gewandt, viele Anhänger fand. Für Martin Bucer und Martin Frecht, vielleicht auch für Sebastian Franck wurde diese Disputation zu einem Schlüsselerlebnis und Beginn ihres reformatorischen Wirkens. Im selben Jahr mußte sich Luther auch vor dem päpstlichen Legaten Kardinal Cajetan in Augsburg verantworten. Luther wurde im Palais der Fugger verhört und aufgefordert, seine Irrlehren, insbesondere seinen Angriff auf die Lehrautorität des Papstes, zu widerrufen. Doch der Mönch weigerte sich. „Es lebe Christus, es sterbe Martinus."[11] So hatte Luther sich selber Mut zugesprochen und blieb hart. Cajetan konnte allerdings auch nicht scharf vorgehen. Ihm waren die Hände gebunden, solange die römische Diplomatie noch auf den sächsischen Kurfürsten setzte, um die bevorstehende Wahl eines Habsburgers zum Nachfolger Kaiser Maximilians I. zu verhindern. Nachdem das Königreich Neapel an die spanische Krone gefallen war, fürchtete Rom nämlich eine militärische Umklammerung und versuchte, die Wahl zugunsten des französischen Königs zu beeinflussen. Harte Maßnahmen gegen Luther hätten den Kurfürsten verstimmt und die Mission des Kardinals auf dem Augsburger Reichstag von vornherein erschwert. Der Wittenberger Mönch trat, ohne es zu wissen, in den Bannkreis der hohen Politik. Und diese Politik hat seiner Sache nicht geschadet – ganz im Gegenteil. Luther konnte seinen Kampf fortsetzen.

Eine weitere Station war die Disputation mit dem bekannten Ingolstädter Theologen Johann Eck in Leipzig. Eck gelang es, den Wittenberger Kollegen, der in Begleitung von Karlstadt und Melanchthon unter studentischem Schutz in Leipzig eingezogen war, aus der Reserve zu lokken: Luther bestritt vor einer breiten Öffentlichkeit die Autorität des Papstes und der Konzilien über die Auslegung der Heiligen Schrift und sorgte für klare Fronten. Eck reiste nach Rom und trieb den Ketzerprozeß gegen Luther voran. Die Leipziger Disputation fand im Juni 1519 statt. Bereits im Winter 1518, spätestens aber im darauffolgenden Frühjahr, hatte Luther in böser apokalyptischer Vorahnung die Frage bewegt, ob der Papst zu Rom nicht vielleicht selber sogar der Antichrist sei. Und bald wurde seine Ahnung zur Gewißheit. Ein Jahr später erreichte ihn die Bannandrohungsbulle „Exurge Domine". Doch er ließ sich nicht schrekken, sondern verbrannte sie vor dem Elstertor zu Wittenberg. Seine Kollegen und Studenten schauten dieser Provokation zu. Ins Feuer warf er auch das *Corpus iuris Canonici,* das nicht nur Kirchenrecht war, sondern zugleich Recht, das Kirche und Gesellschaft aufs engste miteinander verklammerte: eine „vorgifft vnd greulich lere", schrieb Luther in der kurzen Rechtfertigungsschrift *Warum des Papstes und seiner Jünger Bücher verbrannt sind* (1520).[12]

Ausgeformt und unters Volk gebracht wurden die neuen Einsichten schließlich in einigen gedruckten Predigten und in den berühmten Schriften von 1520: *An den christlichen Adel deutscher Nation von des christlichen Standes Besserung, Von der babylonischen Gefangenschaft der Kirche* und *Von der Freiheit eines Christenmenschen.* Zu Beginn der „Babylonica" verschärfte Luther seine früheren Positionen. Er bedauerte, dem Ablaß vorher noch ein Stück Rechtmäßigkeit zugestanden zu haben. Jetzt schrieb er: „Der Ablaß ist der römischen Heuchler Nichtsnutzigkeit." In Leipzig hatte er nur den göttlichen Ursprung des Papsttums bestritten, nicht aber, „daß es aus menschlichem Recht stammt". Jetzt gab er auch diese Illusion preis. In Rom herrsche nicht das Recht, sondern bloße Willkür: „Das Papsttum ist die wilde Jagd des römischen Bischofs."[13]

Mit diesen Schriften setzte das massenwirksame Schaffen des Reformators ein, dem nicht zuletzt Drucker und Buchführer sowie das Bedürfnis der Menschen nach „neuer Lehre" zum Durchbruch verhalfen. Der Schritt von der reformatorischen Erkenntnis zu ihrer praktischen Umsetzung war getan. Reformatorische Ideen verbreiteten sich wie ein Lauffeuer über die Grenzen des deutschen Reichs hinaus. Vor den Reformschriften wäre es vielleicht noch möglich gewesen, den Streit um Luther als Theologengezänk beizulegen. Jetzt aber, vor allem mit der evangelischen Deutung der Sakramente in der „Babylonica", waren die Gräben so tief aufgerissen, daß ein Bekenntnis zu Luther entweder ein Bekenntnis zu Aufruhr und Empörung oder fast schon ein Bekenntnis zu einer neuen Kirche war.

3. Der „Hauptartikel" und seine Konsequenzen

Was bedeutete eigentlich die neue Interpretation der „Gerechtigkeit Gottes", der „Hauptartikel" der Reformation, für das Individuum, für die Kirche und für das gesellschaftliche Leben?

Erstens für das Individuum: Der Heilsweg des Menschen zu Gott hat sich total geändert. In der mittelalterlichen Theologie gab es zwei theologische Schulen, die diesen Weg unterschiedlich beschrieben: Die *via antiqua* im Anschluß an Thomas von Aquin und die *via moderna* im Anschluß an Wilhelm Occam, eine Richtung, in der auch Luther in Erfurt erzogen worden war. Die *via antiqua* lehrte, um es kurz zu sagen, daß der Mensch nach dem Sündenfall Adams alle Rechtschaffenheit vor Gott verloren hatte und von sich aus nicht mehr zu Gott zurückfinden könne. Um dem Menschen aber seine Gnade zu erweisen, tilgte Gott die Erbsünde im Menschen durch das Sakrament der Taufe und pflanzte in ihn eine Qualität, die den Menschen, unterstützt von den übrigen Sakramenten der Kirche, befähigte, durch fromme Übungen und gute Werke, durch geistliche Leistung, wieder in die ursprüngliche Stellung zu Gott zu gelangen. Ohne die Gnade Gottes ging das nicht, aber ohne die Mitwirkung des Menschen auch nicht. Gott war nicht so frei, den Menschen, wenn er gute Werke vorweisen konnte, in die ewige Verdammnis zu stoßen. Gott mußte ihn annehmen. Die *via moderna* lehrte, daß der Mensch von sich aus sehr wohl in der Lage sei, seinen verlorenen Zustand vor Gott wiederherzustellen; er mußte es nur wollen. Interessant ist nun, daß die Betonung des menschlichen Willens Gott nicht bindet, sondern Gottes Freiheit dem Menschen gegenüber herausstreicht. Gott ist so frei, daß er sich von den Bemühungen des menschlichen Willens nicht beeindrucken zu lassen braucht; er ist aber ebenso frei, daß er sich gerade davon beeindrucken läßt. Der Mensch wird nun alles daran setzen, es Gott recht zu tun, denn nur dann kann er damit rechnen, daß Gott sich in seiner Freiheit ihm gnädig zuwendet. Im Grunde steigert diese Auffassung, die mit der Betonung des menschlichen Voluntarismus dem neuen Selbstwertgefühl des aufstrebenden Stadtbürgers mehr entspricht als die Lehre des Aquinaten, das religiöse Leistungsstreben des Menschen und läßt ihn nicht zur Ruhe kommen. Nie kann der Mensch sich dessen sicher sein, ob er denn schon alles getan habe, um mit Gottes gnädiger Zuwendung auch wirklich rechnen zu können.

Ob *via antiqua* oder *via moderna* – beide Wege machen das Heil des Menschen von religiöser Leistung abhängig. Dagegen eröffnet die lutherische Deutung der „Gerechtigkeit Gottes" eine ganz andere Möglichkeit. Gott nimmt den Menschen, wie er ist, und spricht ihn gerecht, obwohl der Mensch in Sünde vor ihm steht. Grund für diese Rechtfertigung ist allein Jesus Christus, der die Sünde des Menschen ans Kreuz von Golgatha getragen hat. So sehen wir auf einem berühmten Gemälde Lucas Cranachs den Reformator auf der Wittenberger Kanzel stehen, wie er auf den Crucifixus zeigt, der zwischen der Kanzel und der andächtig lauschenden Gemeinde hängt. Dem Menschen bleibt nur, dieser barmherzigen Tat Gottes für den Sünder zu glauben und zu vertrauen. Nur so, in dieser frei schenkenden Gnade, mit der Gott dem Menschen begegnet, bleibt die göttliche Freiheit gewahrt; und nur so, aufgrund dieser allein im Glauben ergriffenen Gerechtigkeit Gottes, eröffnet sich dem Menschen der Verkehr mit Gott. Auf diese Weise steht Glaubensgerechtigkeit gegen Werkgerechtigkeit oder, wie es in der Öffentlichkeit oft verkürzt aufgenommen wurde: Glaube gegen Werke, als spielten die guten Werke in der lutherischen Reformation fortan überhaupt keine Rolle mehr. Mit dieser Konsequenz ist dies freilich ein Mißverständnis: aus dem Heilsgeschehen sind die guten Werke zwar verbannt, nicht aber aus dem Bereich privater und öffentlicher Moral. Das ist, kurz erläutert, das Kernstück der Reformation: Die Rechtfertigung des Sünders aus Gnade allein *(sola gratia)*, die im Glauben allein *(sola fide)* aufgrund des Kreuzestodes Christi allein *(solus Christus)* ergriffen wird. Das Wörtchen „allein" ist wichtig. Und es müßte zu denken geben, daß die Kirche, die den Menschen zu frommen Leistungen anhielt und selbst zu einer religiösen Leistungsanstalt geworden war, nicht durch die Predigt der „iustitia Dei activa", der fordernd-richtenden Gerechtigkeit Gottes, reformiert wird, sondern umgekehrt durch die Predigt der „iustitia Dei passiva", der barmherzig-schenkenden Gerechtigkeit Gottes, nicht durch den drohenden Hinweis auf den allmächtigen Weltenrichter am Ende der Tage, sondern durch den Fingerzeig auf den ohnmächtigen Jesus Christus am Kreuz vor den Toren Jerusalems. „Alßo sehen wir, das an dem glaubenn eyn Christen mensch gnug hatt, darff keynis wercks, das er frum sey; darff er den keynis wercks mehr, ßo ist er gewißlich empunden von allen gepotten und gesetzen: ist er empunden, ßo ist er gewißlich frey. Das ist die Christlich freiheit, der eynige glaub, der do macht, ... das wir keynis wercks bedurffen zur frumkeyt unnd seligkeyt zu erlangen."[14] Mit dieser Erkenntnis hat Luther den einzelnen Menschen, der sich besorgt um sein Heil mühte, von sich selber, seiner religiösen Leistungsfähigkeit, befreit und Gott anvertraut. Nicht nur in der Renaissance und im Humanismus, wo der Mensch sein eigenes, unverwechselbares Gesicht erkannte, sondern vor allem auch hier, paradoxerweise, wo der Mensch davon befreit wurde, sorgsam auf sich selber zu achten, wurzelt zu einem guten Teil der neuzeitliche Individualismus bzw. die neuzeitliche Subjektivität. Mit sozialer Erfahrung wird anders umgegangen als vorher, und zu sozialem

Handeln wird eine neue Einstellung gefunden. Die äußerste Konsequenz der Radikalität zieht Luther allerdings nicht. Die christliche Freiheit könne dem gesellschaftlich Freien genauso geschenkt werden, meinte Luther, wie dem Leibeigenen. Der Reformator begrenzt diese Freiheit im Grunde auf den Bereich der inneren Einstellung, wenn er formuliert: „Eyn christen mensch ist ein freyer herr über alle ding und niemandt untertan. Eyn Christen mensch ist eyn dienstper knecht aller ding und yederman unterthan."[15] Luther wollte die Freiheit nur geistlich, nicht auch „fleischlich" verstehen. Daß „innere" Freiheit nicht ohne Konsequenzen für „äußere" Unfreiheit sein durfte, wollte Luther nicht gelten lassen, jedenfalls nicht in der Art und Weise, wie der „gemeine Mann" das verstand.

Zweitens: Was bedeutet die neue Interpretation der „Gerechtigkeit Gottes" *für die Kirche?* Die Kirche verstand sich als eine Institution, die den Menschen auf dem beschwerlichen Weg zum Heil behilflich war. Sie hat ihnen die Teilnahme am göttlichen Sein ermöglicht, indem sie sie in ihre hierarchische Struktur, d.h. in die vom Klerus verwaltete Institution des Sakraments, einordnete. Das Abendmahl, die Wandlung von Brot und Wein in Leib und Blut Jesu Christi, ist nach katholischem Verständnis die Wiederholung des Opfertodes Christi für den Menschen in der Messe. Sie ist das Herzstück der katholischen Kirche. Vollziehen kann die Messe nur der geweihte Priester. Er vermittelt zwischen dem Gläubigen, der an der Messe teilnimmt, und Gott. Als Vermittler des göttlichen Heils auf Erden ist der Priester unentbehrlich und erhält als solcher seine besondere Dignität, der Klerus als ganzer auch seine herausgehobene gesellschaftliche Stellung. Durch die Teilnahme am Sakrament der Kirche, dem Opfertod Christi, den der Priester stets aufs neue vollzieht, findet der Mensch in der Kirche Geborgenheit und Orientierung. Die Kirche ist es auch, die ihm hilft, die Rückschläge auf dem beschwerlichen Weg zum Heil, den Rückfall in die Sünde, zu sühnen und zu überwinden. Die Teilnahme an der Eucharistie bewirkte stets aufs neue eine Entlastung von der sich anhäufenden Sünde, wenn Beichte, Buße und Absolution durch den Priester vorangegangen waren. In diesen, den Menschen entlastenden Wirkungszusammenhang gehörte auch der Ablaß. Mit dem Angriff Luthers auf den meritorischen Weg zum Heil, der es dem Menschen erlaubt, sich das Heil teilweise selber zu erarbeiten, wurde nun die römische Kirche an ihrer empfindlichsten Stelle getroffen: in ihrem Selbstverständnis als sakramentale, den Menschen ganz bestimmende Anstalt. Diese Kirche wurde als eine Institution, die fromme Leistungen forderte und zu vollbringen half, überflüssig – und mit ihr der Klerus als Vermittler des Heils. Die Gelübde der Priester und Mönche waren nichts mehr wert: „Darum sollte man solche Gelübde nicht allein brechen, sondern auch streng bestrafen“, forderte Luther 1521, „und solche Klöster, als des Teufels Schlammpfützen und Hurenhäuser, dem Boden gleichmachen“.[16] Radikalität zeigte sich hier in der Aufforderung zum Rechtsbruch. Kirche war fortan ihrem Wesen nach „Gemeinschaft der Gläubigen“ (*communio* oder *congregatio* fidelium), eine Gemeinschaft, in der jeder Gläubige ein unmittelbares, unvermitteltes Verhältnis zu Gott hatte. Priester im traditionellen Sinn waren nicht mehr nötig, denn „was aus der Taufe gekrochen ist, das kann sich rühmen, daß es schon zum Priester, Bischof und Papst geweihet sei“.[17] Es ist nicht schwer, gerade in dieser Lehre vom „allgemeinen Priestertum der Gläubigen“ das antiklerikale Gegenbild zum altgläubigen Priester zu erkennen. Nicht der hierarchische Aufbau und die klerikale Leistung der Kirche zählten, sondern ihr kommunaler Charakter. Priester ist, wer das Evangelium kennt und verkündet; grundsätzlich ist das jeder Christ, aus praktischen Gründen, damit alles in geordneten Bahnen verläuft, derjenige, den die Gemeinde zu diesem Dienst bestellt. „Darum sollte ein Priesterstand in der Christenheit nicht anders sein als ein Amtmann“,[18] ohne Weihe und besondere Dignität. Die Heiligkeit der Kirche, schrieb Luther später, „besteht nicht in Chorhemden, Platten (Tonsuren), langen Röcken und anderen ihren Zeremonien, durch sie über die heilige Schrift erdichtet, sondern im Wort Gottes und rechten Glauben“.[19] Den kommunalen Charakter von Kirche umweht beim jungen Luther allerdings ein Hauch von Spiritualismus. Wahre Kirche ist eigentlich jenseits ihrer Sichtbarkeit. Eines ist aber deutlich: So zieht die neue Rechtfertigungslehre ein neues, alternatives Verständnis von Kirche nach sich. Auf die Spitze getrieben: Einer Kirche, in der Papst, Bischöfe und Priester herrschen, beginnt sich eine Kirche entgegenzustellen, in der die Gläubigen auf das Wort Gottes hören und einander dienen. Diese neue Kirche ist noch nicht Realität, aber sie beginnt als Gegenbild allmählich deutliche Umrisse anzunehmen. Die wichtigste Schrift, in der das neue Kirchen- bzw. Gemeindeverständnis zum Ausdruck gebracht wird, ist der Traktat *Daß eine christliche Versammlung oder Gemeine Recht und Macht habe, alle Lehre zu beurteilen und Lehrer zu berufen, ein- und abzusetzen: Grund und Ursache aus der Schrift* von 1523. Es ist in der lutherischen Reformation aber nicht bei diesem egalitär-freiheitlichen Kirchenverständnis geblieben. Bald wurde es notwendig, ein Kirchenwesen mit Amt und Ordnung aufzubauen, um die Errungenschaften der Reformation gegen die Bedrohung durch Altgläubige auf der einen und die sogenannten „Schwärmer“ und „Winkelprediger“ auf der anderen Seite zu verteidigen. Die Notwendigkeit, das Amt obrigkeitlich zu legitimieren, ließ ein neues Gegenüber von Laien und Amtsträgern entstehen, das schließlich zur typisch lutherischen „Amts“- oder „Pastorenkirche“ führte. Kirche als brüderliche Gemeinschaft aufzubauen versuchten Andreas Karlstadt und die Täufer.

Bevor sich die Konturen einer reformatorischen Kirche so deutlich zeigten, stand aber das Thema der päpstlichen Autorität zur Disposition. Beides hing eng miteinander zusammen: Wenn die Autorität des Papstes fällt, fällt auch die gnadenvermittelnde Autorität des Priesters, es zerbricht der ganze sakramental-hierarchische Bau der Kirche. Bereits im Verhör mit Cajetan, vollends dann in der Disputation mit Eck bestritt Luther dem Papst die höchste Autorität in der Auslegung der Heiligen Schrift. Nicht der Papst steht über der Schrift, sondern die Schrift, deren Mitte die Rechtfertigung des Sünders im Glauben an den gekreuzigten Christus ist, steht über dem Papst. Die Schrift bedarf keines Lehramtes, sie legt sich selber aus. So rückt in Auseinandersetzung um die päpstliche Lehrautorität immer mehr das berühmte „sola scriptura" in den Vordergrund der reformatorischen Argumentation und Propaganda. Treffend hat Karl Marx das Ringen um die Autoritätsfrage beschrieben: „Luther zerstörte den Glauben an die Autorität und setzte dagegen die Autorität des Glaubens."[20] Wie gründlich der Reformator die Autorität des Papstes zerstörte, zeigt er mit seiner Reaktion auf die Streitschrift des Dominikaners Silvester Prierias, die sich gegen die Papstkritik des Reformators richtete. Prierias schrieb: „daß ein unbezweifelter Pabst nicht von der ganzen Welt, geschweige denn von einem Concil könne rechtlich abgesetzt oder gerichtet werden, auch wenn er so ärgerlich wäre, daß er Völker schaarenweise mit sich dem ersten Sclaven der Hölle, das heißt, dem Teufel, zuführte ..."[21] Diese Behauptung hatte Luther so sehr in Rage gebracht, daß er die Schrift des Gegners veröffentlichte, um sie dem Gelächter preiszugeben. Im Nachwort ließ Luther seiner Wut freien Lauf: „Wenn man in Rom mit Wissen des Pabstes und der Cardinäle (was ich nicht hoffe) so denkt und lehrt, dann erkläre ich frei mit dieser Schrift, daß der wahre Antichrist im Tempel Gottes sitze und herrsche in jenem Babel, das mit Purpur bekleidet ist (Offenb. 18, 16), in Rom, und daß der römische Hof die Schule des Satans sei (Offenb. 13, 6)."[22] Mit der Kritik am Papst kommt das Herrschaftsgefüge der römischen Kirche zum Einsturz. Der Laie wird befreit, die Losung von der „Freiheit eines Christenmenschen" dringt in alle Schichten des Volkes ein, die Kirche wird zur „creatura verbi".

Mit diesen Andeutungen ist die weitere Entwicklung des lutherischen Kirchenverständnisses vorgezeichnet. Das Wesen der Kirche wird von ihrer Gestalt unterschieden. Die „wahre" Kirche ist jedem Einfluß der Menschen entzogen, ist auch von dem Willen der Menschen, eine kirchliche Gemeinschaft zu bilden, unabhängig. Sie ist eine Schöpfung Gottes. Gott allein weiß, wer zu ihr gehört. Diese Kirche wurde bald „ecclesia invisibilis" genannt. Die äußere Gestalt der Kirche hingegen ist von Menschen geschaffen und unterliegt den Gesetzen menschlicher Führung und Organisation. Für diese Kirche kann sogar die weltliche Obrigkeit in die Pflicht genommen werden, wenn es dem Wohl der öffentlichen Ordnung dient. Eine solche Kirche, „ecclesia visibilis" genannt, besteht aus Gläubigen und Ungläubigen, Guten und Bösen. In ihr wachsen, mit den Worten eines biblischen Gleichnisses, Unkraut und Weizen gemeinsam hoch. Eine Säuberung der Kirche erfolgt erst im Endgericht. Diese Unterscheidung im Kirchenbegriff führte dazu, daß die Ordnung oder Struktur der Kirche theologisch abgewertet wurde. Sie wurde allerdings nicht der Beliebigkeit menschlichen Gestaltungswillens preisgegeben, aber auch gegen jeden Versuch verteidigt, sie nach dem biblischen Muster der Urgemeinde zu reformieren. Die Begründung war einfach: Weil an der äußeren Gestalt theologisch nichts hängt, braucht sie auch nicht verändert zu werden, auf keinen Fall von denen, die in dieser Welt nicht zu herrschen, sondern zu gehorchen haben. Damit wurde die Kirche letztlich den Laien entzogen und den gestaltenden Kräften im politischen Bereich ausgeliefert. So entstanden das landesherrliche Kirchenregiment, später die Staatskirche und schließlich die Volkskirche. Die Ansätze eines kommunalen und brüderlichen Kirchenverständnisses, die sich zunächst geregt hatten, wurden im Keim erstickt.

Drittens: Was bedeutet die neue Interpretation der „Gerechtigkeit Gottes" *für die Gesellschaft?* Zunächst wird der Laie aus der Abhängigkeit von klerikaler Bevormundung gelöst und in seiner kirchlichen und gesellschaftlichen Stellung aufgewertet. Die Lehre vom Priestertum aller Gläubigen ist ein heftiger Angriff auf die mittelalterliche Gesellschaftsordnung, sofern sie aus einer von oben nach unten abgestuften Teilnahme der Stände am göttlichen Sein bestand. Der geistliche Stand hatte eine höhere Seinsqualität als der weltliche. Der Priester war gegenüber dem Laien der vollkommenere Mensch. Dazu sagte Luther in seiner Adelsschrift: „Man hats erfunden, daß Papst, Bischöfe, Priester und Klostervolk der geistliche Stand genannt wird, Fürsten, Handwerker- und Ackerleute der weltliche Stand. Das ist eine sehr feine Erdichtung und Trug."[23] Luther hat der mittelalterlichen Gesellschaftspyramide die Spitze gebrochen und dem Laien ein Handlungsfeld eröffnet, in dem er sich unbefangener betätigen konnte als vorher. Der Mensch mußte sein Handeln nicht mehr auf Gott hin ausrichten; er konnte es nun von Gott her begreifen, d. h. er brauchte nur die Konsequenz aus seiner Rechtfertigung zu ziehen. Damit lehrt Luther, den weltlichen Bereich „vernünftig" zu betrachten und die Berufsarbeit als einen Dienst an Gott zu begreifen. Der Mensch bewährt seinen Stand vor Gott, indem er sich im weltlichen Beruf bewährt. Das bedeutet eine Aufwertung der täglichen Berufsarbeit und begründet ein Arbeitsethos, das von der wirtschaftlichen Entwicklung zum Frühkapitalismus mit konkretem Inhalt gefüllt werden konnte.

Auch in diesen beruflichen Bewährungsprozeß führt Luther eine religiöse Bindung ein. Es ist die Aufforderung zum Gehorsam gegenüber dem Gott, der ihn gerecht spricht. Dieses Gehorsamsverständnis meint keine abstrakte oder private Beziehung zwischen Gott und Mensch, nicht einmal eine Gesinnung. Der Gehorsam ist vielmehr gesellschaftlich vermittelt und bewährt sich in der Liebe zum Nächsten. Was der Mensch in seinem Beruf tut, soll zum Nutzen für den Nächsten oder zum Schutz des Nächsten vollbracht werden. Gottesdienst in diesem Sinne ist das Tagewerk des Bauern genauso wie die berufliche Betätigung des Söldners, Henkers oder der Dirne. Die Frömmigkeitsübungen des Klerikers und die religiösen Anstrengungen des altgläubigen Laien drehen sich auf egoistische Weise um das eigene Heil, während sich der Gehorsam des Gerechtfertigten ganz dem Nächsten zuwendet. Die Aufwertung der Berufsarbeit fördert die Tugenden, die einem bürgerlich-kapitalistischen Ethos entgegenkommen: Fleiß, Zuverlässigkeit, Pünktlichkeit, rastloses Gewinnstreben. Daß der Nächste im Grunde auf der Strecke bleiben muß, wenn sich das kapitalistische Berufs- und Arbeitsethos in einer entwickelten Konkurrenzgesellschaft voll entfaltete, konnte Luther noch nicht erkennen. Ihm ging es auch gar nicht darum, die Arbeitsleistung des Menschen zu steigern,[24] er wollte vielmehr den Egoismus der Menschen eindämmen und die Liebe zum Nächsten fördern. Man könnte darin einen Ansatz zu einer brüderlichen Gesellschaft sehen. Luther war alles andere als der Nationalökonom des entstehenden kapitalistischen Wirtschaftssystems. Es bedarf schon einiger gedanklicher Verrenkungen, wenn die Kritik an den Kaufleuten, an Wucher und Zins so interpretiert wird, daß der Reformator zu einem Vorkämpfer der kapitalistischen Wirtschaftsordnung wird.[25] Es ist anders: Die altgläubige Gehorsamsforderung band den Gläubigen an die Geistlichkeit und sicherte die Herrschaft des Klerus; Gehorsam als Bewährung des gerechtfertigten Menschen hingegen motiviert zum Dienst am Mitmenschen und fördert gesellschaftliches Wohlergehen. Das ist eine wichtige gesellschaftliche Konsequenz aus der lutherischen Rechtfertigungslehre. Diese Konsequenz begründet und rechtfertigt nicht das frühkapitalistische Arbeitsethos, sie stellt sich der Entfaltung eines solchen Ethos allerdings auch nicht in den Weg.

Eine *andere* Konsequenz betrifft die weltliche Obrigkeit. Auch sie wird von klerikaler Bevormundung befreit und zum alleinigen Ordnungsträger im politischen und gesellschaftlichen Bereich erhoben. Wird der mittelalterlichen Gesellschaftspyramide, die auch eine Herrschaftsordnung darstellt, die Spitze gebrochen, steigt die Elite des weltlichen Standes zum führenden Stand auf. So kann Luther der weltlichen Obrigkeit die Aufgabe zuweisen, für die äußere Ordnung in der Kirche zu sorgen, wenn Papst, Bischöfe und Priester versagen. Das war zwar mancherorts schon vorreformatorische Praxis, wird jetzt aber durch die Ausschließlichkeit verstärkt, mit der die weltliche Obrigkeit diese Aufgabe zugewiesen erhält. In dem Nachwort zur bereits erwähnten Streitschrift des Silvester Prierias schreibt Luther: „Wenn so die Raserei der Romanisten fortgeht, so scheint mir kein anderes Mittel übrig zu sein, als daß Kaiser, Könige und Fürsten sich mit Gewalt und Waffen rüsten, und diese Pest der ganzen Welt angreifen und der Sache nicht mehr mit Worten, sondern mit dem Schwerte ein Ende machen ... Wenn wir Diebe mit dem Galgen, Räuber mit dem Schwert, Ketzer mit Feuer bestrafen, warum greifen wir nicht viel mehr mit allen möglichen Waffen diese Lehrer des Verderbens an, diese Cardinäle, Päbste und diese ganze Hefe des römischen Sodoms, welche die Kirche Gottes ohne Aufhören verderbt, und waschen unsere Hände in ihrem Blut, um uns und die Unsrigen gleichsam von einem gemeinsamen und allergefährlichsten Brande zu befreien? O glückliche Christen, wo sie auch sein mögen, wenn sie sich nur nicht unter diesem römischen Antichrist befinden, wie wir unselige Leute!“[26] Dieser aggressive Ausbruch darf jedoch nicht mißverstanden werden, als ob Luther jetzt der weltlichen Obrigkeit erlaube, die Herrschaftsgewalt in der Kirche selbst zu übernehmen. Luther trennt vielmehr zwischen dem geistlichen und dem weltlichen Reich bzw. zwischen dem geistlichen und weltlichen Regiment. Das ist seine berühmte „Zwei-Reiche-Lehre“; den Begriff hat er selber nicht gebraucht. Hier kann nur die Grundstruktur dieser Lehre angedeutet werden. Sie ist, versucht man sie präzise und in allen Nuancen zu erfassen, sehr schwer zu verstehen. Johannes Heckel sprach im Blick auf die verworren-kontroverse Deutungsgeschichte vom „Irrgarten der Zwei-Reiche-Lehre“.[27] Luther trennt also zwischen dem geistlichen und dem weltlichen Reich. Im geistlichen herrschen Heiliger Geist, Evangelium und Liebe, im weltlichen Gesetz, Vernunft und Schwert. Diese Trennung ist eindeutig, und die beiden Reiche umfassen mehr als nur das kirchliche und obrigkeitliche Regiment. Für diese Regimente aber gilt folgendes: Der Landesherr oder der Magistrat einer Reichsstadt darf nicht in die geistlichen Belange der Kirche eingreifen, etwa vorschreiben, wie die Heilige Schrift auszulegen sei. Wohl aber sind beide aufgerufen, dafür zu sorgen, daß die Kirche einen Raum erhält und eine Ordnung wahrt, die es ihr ermöglichen, das Evangelium unter den Bedingungen irdischer Existenz zu verkündigen. Die Trennung der beiden Reiche konnte der weltlichen Obrigkeit nur willkommen sein. Sie erhielt über die Kirche Gerichtsgewalt, die vorher dem Episkopat vorbehalten war, konnte die Pfarrstellen besetzen und wurde zudem vor einem Aufstand der Untertanen geschützt.

Die Preisgabe eines Widerstandsrechts gegen die weltliche Obrigkeit muß kurz erläutert werden. Der Christ, so lehrte Luther, lebt im geistlichen und im weltlichen Reich zugleich. Im geistlichen ist ihm aufgetragen, seinen Glauben in Liebe zu bewähren und nicht das Seine zu suchen, auch nicht sein Recht, falls es verletzt wird. Der Christ muß dulden und leiden, bereit sein, Unrecht und Kreuz zu ertragen. Die Obrigkeit hat die Aufgabe, für Recht zu sorgen, Frieden und Ordnung zu erhalten und das Schwert zu führen. Wo Recht verletzt wird, darf sie nicht barmherzig darüber hinwegsehen, sondern muß richten und strafen. Das ist ihr Amt. Und selbst, wenn der Fürst ungerecht regiert, seine Untertanen bedrückt und verletzt, ist ihm mit Gehorsam zu begegnen und nicht mit Empörung und Aufruhr, denn er ist von Gott eingesetzt, um diese Welt vor Anarchie und Chaos zu bewahren und die bestehende Ordnung zu erhalten. Der Obrigkeit kann ins Gewissen geredet, sie darf aber nicht beseitigt werden. Was Luther dem Prierias bestritt, daß ein Papst, selbst wenn er die Gläubigen zum Teufel führte, nicht abgesetzt werden könne, das billigt er dem Fürsten zu, der sich wie ein heidnischer Tyrann und nicht wie ein guter Herr gebärdet. Er kann und darf von seinen Untertanen nicht abgesetzt werden, es sei denn, er wäre wahnsinnig geworden. „Jedermann sei untertan der Obrigkeit, die Gewalt über ihn hat. Denn es ist keine Obrigkeit ohne von Gott; wo aber Obrigkeit ist, die ist von Gott verordnet", so schrieb Paulus im 13. Kapitel an die Römer, und Luther hielt sich daran. Widerstand und Aufruhr gegen die Obrigkeit waren in den Augen des Reformators Widerstand und Aufruhr gegen Gott, denn beide, das Regiment des Geistes und das Regiment des Schwertes, sind zwei Weisen ein und desselben Gottes, in dieser Welt wirksam zu sein. Sie dürfen sich nicht gegenseitig ins Gehege kommen, aber auch nicht gegeneinander ausgespielt werden. Herr über beiden ist Gott.

Für den jungen Luther ist festzuhalten, daß er die beiden Reiche bzw. Regimente trennt, der weltlichen Obrigkeit die Aufgabe zuweist, für die äußeren Voraussetzungen zur Reform der Kirche zu sorgen, und den Untertanen verwehrt, in die obrigkeitlichen Befugnisse einzugreifen oder Widerstand gegen die Obrigkeit zu leisten: im kirchlichen Bereich ist ein von der Obrigkeit praktiziertes Widerstandsrecht, ja, eine Widerstandspflicht dagegen geboten. So wird der Kampf um die Reformation der Kirche zunächst ganz lose mit den politischen Interessen mancher Landesfürsten verbunden; und es liegt nahe, daß die Obrigkeit dann mehr Macht als ursprünglich vorgesehen über die Kirche der Reformation erringt, sobald sie gerufen wird, das reformatorische Werk vor inneren und äußeren Feinden zu schützen. In der Zwei-Reiche-Lehre liegt schon der Keim für die Herausbildung des landesherrlichen Kirchenregiments und später des „lutherischen Untertanenstaats". Zunächst aber ist die

Zwei-Reiche-Lehre ein probates Mittel, um die geistlich-weltliche Verflechtung der römischen Christenheit zu lösen und den obrigkeitlichen Bereich zu entklerikalisieren, d.h. auch für spätere Zeiten die Voraussetzungen zur Säkularisierung des Staates zu schaffen.

4. Rechtfertigungslehre und Antiklerikalismus

Die neue Interpretation der „Gerechtigkeit Gottes" reicht also tief in den individuellen, kirchlichen und politisch-gesellschaftlichen Bereich hinein und vermag, wenn sie aufgenommen wird, eine Kraft zu entfalten, die alle diese Bereiche von Grund auf umgestalten oder latente Entwicklungen verstärken kann. Ob und wie das geschieht, wird noch gezeigt werden. Hier möchte ich das Kapitel über den „jungen Luther" nur mit einer kurzen Erörterung der Frage abschließen, in welchem Verhältnis die reformatorische Entdeckung der Rechtfertigungslehre zum zeitgenössischen Antiklerikalismus stand.

Heiko A. Oberman meinte, daß in der städtischen Reformation Oberdeutschlands ein „lange gehegtes soziales Ressentiment gegen die privilegierten Pfaffen zum Tragen" gekommen sei, und fügt hinzu: „hier bricht sich jener Antiklerikalismus Bahn, den man bei Luther vergeblich sucht".[28] Oberman ist nicht der einzige, der es ablehnt, das theologische Denken Luthers in einen engen Zusammenhang mit dem Antiklerikalismus seiner Tage zu bringen. Ich will es trotzdem versuchen, nicht zuletzt, um das Feld der Kooperation zwischen Kirchen- und Sozialgeschichte zu erweitern.

Die lutherische Deutung der „Gerechtigkeit Gottes" als *iustitia Dei passiva* greift theologisch zweifellos sehr viel tiefer als die antiklerikalen Äußerungen, die damals oft nur eine moralische Entrüstung über das nachlässige, verlogene und liederliche Leben des Klerus zum Ausdruck brachten und eine Erneuerung der Sitten anstrebten. Es kann auch kein Zweifel darüber bestehen, daß Luthers neue Rechtfertigungslehre etwas anderes sein wollte als ein Instrument im Kampf gegen die moralische Verwahrlosung und die soziale und wirtschaftliche Privilegierung des ersten Standes. Sie wollte die Souveränität Gottes zum Ausdruck bringen, die das Heil des Menschen im Evangelium wirkt. Doch hat diese Lehre mit dem Phänomen des Antiklerikalismus tatsächlich nichts zu tun? Ganz gleich, ob man den „reformatorischen Durchbruch" früh oder spät datiert: die unabwendbare reformerische Konsequenz seiner Rechtfertigungsbotschaft wird Luther erst im Zuge des Ablaßstreits voll zu Bewußtsein gekommen sein, d.h. im antiklerikalen Kampfmilieu, in das die Ablaßthesen hineingesprochen wurden und das andererseits von diesem Streit angeheizt wurde. Dieses Milieu regte Luther an, die Auslegung der Heiligen Schrift so intensiv zu betreiben, die Gedanken theologisch so radikal zu führen und auf die konkreten kirchlichen Probleme zu beziehen, daß sie Anspruch und Gestalt der römischen Kirche nicht nur an den äußeren Symptomen ihres sittlichen Verfalls und der Fiskalisierung der Frömmigkeit, sondern an der Wurzel ihrer geistlichen Mißbildung angriffen.

Oberman weist darauf hin, daß Luther nicht das „Leben" in der römischen Kirche, sondern allein die „Lehre" angegriffen habe, und zitiert: „Das Leben ist bei uns böse wie auch bei den Papisten, darum streiten wir nicht um das Leben, sondern um die Lehre."[29] Freilich, so hat Luther es 1533 gesehen, nachdem er sich zuvor wiederholt gegen die heftige Kritik an der moralischen Ineffizienz seiner Rechtfertigungslehre zur Wehr setzen mußte. Das war eine Kritik, die ihn vor allem aus dem Lager der radikalen Reformatoren erreicht hatte. Früher hatte er noch nicht so streng zwischen Leben und Lehre getrennt. In den Scholien zu Röm. 4,7 gebraucht er erstmals die Formel *simul peccator et iustus*,[30] um den habituellen Gnadencharakter aus den Angeln zu heben, der in seiner letzten Konsequenz ja die besondere Dignität des geistlichen Standes gegenüber dem Stand der Laien begründet. Auf die Vollkommenheit und den *character indelebilis* des Priesters kam Luther in diesem Zusammenhang nicht zu sprechen. Mit dieser Formel, die im Ansatz die reformatorische Rechtfertigungserkenntnis präludierte, konnte aber das antiklerikale Thema, das allenthalben in der Luft lag, Eingang in die tiefere theologische Reflexion finden. In diesem Zusammenhang sagte Luther nämlich immerhin schon: „Und so ein Irrsinn (die Werkgerechtigkeit, Vf.) tobt sich nun heutzutage überall auf den Kanzeln derer aus, die das Wort Gottes predigen."[31] Im weiteren Verlauf der Römerbriefvorlesung klagt er dann darüber, daß „Dummköpfe", „Untaugliche", „Unwürdige", „weitschweifige Schwätzer" von Bischöfen und Ordensleuten auf die Kanzeln geschickt würden, „Satansknechte und Diener der alten Schlange".[32] Das könnte ein Reflex hussitischer Kleruskritik sein. Noch legt Luther sich Zügel an. Die Hemmungen, gegen den Klerus zu agieren, fallen erst, als er selbst im Anschluß an den Ablaßstreit dem Ketzerverdacht und -prozeß ausgesetzt wird und schriftstellerisch zu wirken beginnt. In den Vorlesungen hat er Ketzer und Schismatiker als Feinde der Christenheit behandelt. Jetzt dreht er, ganz in antiklerikaler Manier, den Spieß um: Feinde der Christenheit sind Päpste, Prälaten und Priester. Der Papst wird – auch das ist schon anderswo im antiklerikalen Milieu laut geworden – zum Antichrist. In der Adelsschrift, der Luther die „Gravamina" der Reichstage anhängt, kritisiert er dann nicht nur den Klerus, er liquidiert ihn auch als besonderen Stand. Es fällt nicht irgendeine, es fällt die „*erste* Mauer der Romanisten": die Unterscheidung zwischen einem geistlichen und einem weltlichen Stand. Ist das nicht ein Hinweis auf das vitale Interesse Luthers, sich mit aller Kraft an die Spitze des antiklerikalen Kampfes zu stellen? In der Schrift *Von der babylonischen Gefangenschaft der Kirche* geht die Rechtfertigungslehre in den antiklerikalen Dualismus von Laien und Klerikern ein: „Ja, es kommt häufiger vor, daß ein häusliches und schlichtes Werk einer Magd oder eines Knechtes Gott wohlgefälliger ist als alle Fasten und Werke eines Ordensmannes und Priesters – wegen des fehlenden Glaubens. Weil demnach die Gelübde heutzutage wahrscheinlich nur zur Prahlerei und zur Anmaßung wegen der Werke dienen, steht zu befürchten, daß es nirgends weniger Glauben, weniger von der Kirche gibt als eben bei Priestern, Mönchen, Bischöfen."[33] Es muß auffallen, daß Luther ausgerechnet in jenen Jahren die reformerisch wirksame Relevanz seiner Rechtfertigungsbotschaft voll erkennt, in denen er sich mit dem Ablaßwesen, der Autorität des Papstes, dem Anspruch der kirchenrechtlichen Tradition, dem kurialen Finanzgebaren, der unheilvollen Rolle der Priester im kirchlichen Leben, dem Opfergedanken in der Messe kritisch auseinandersetzen mußte. Das waren mehr oder weniger auch die Themen des landläufigen Antiklerikalismus. Wenn sie es noch nicht waren, dann wurden sie es sogleich. Sollte das exegetische und theologische Denken davon unberührt geblieben sein? Das wäre mehr als eigenartig. Um ein Beispiel zu nennen: Martin Brecht beobachtet in der Hebräerbriefvorlesung von 1517/18 eine Veränderung im Christusverständnis und beschreibt sie so: „Christus ist jetzt der, der für uns das Ungeheuer des Todes mit dem Sterben überwindet und von der Todesfurcht befreit und damit die Kraft des Glaubens manifestiert. Nunmehr kommt es zu dem fröhlichen Wechsel und Tausch von Christi Gerechtigkeit und meiner Ungerechtigkeit. Christus ist der vermittelnde Priester für uns, zu dem wir vor dem Gericht fliehen."[34] Ist Christus der Priester, der vermittelt, kann es der Klerus nicht mehr sein. Auf diese Weise wird die Mittlerfunktion des Klerus aus den Angeln gehoben. Das ist eine wichtige Etappe auf dem Weg zum „Priestertum aller Gläubigen". Der Ausreifungsprozeß von Luthers Rechtfertigungslehre steht unter dem Eindruck der antiklerikalen Thematik und erhält durch sie den Charakter eines rigorosen Bruchs mit der meritorischen Heilslehre. Hier wurzeln auch die scharfen Alternativen in der theologischen Argumentation, z.B. schon in den Thesen gegen die scholastische Theologie von 1517.

Heiko A. Oberman hat vor der Veröffentlichung seines Lutherbuches (1983) einmal so argumentiert: „Bekämpft man mit Luther die Irreführung des Volkes, so erhält die freie Verkündigung des Evangeliums absolute Priorität, vor der alle anderen Forderungen zunächst zurückstehen müssen. Luther kann aus diesem Grund sogar den sonst unverständlichen Kompromiß vorschlagen, den Kirchenkampf zu vermeiden und seine Kritik am Ablaßwesen, an der Lehre des Kirchenschatzes und an dem Ertrag der guten Werke der Heiligen zu unterlassen, solange es ihm unbenommen bleibt, das Evangelium der freien Gnade allein durch den Glauben zu verkündigen."[35] Es mag schon sein, daß Luther mehr an die freie Evangeliumsverkündigung dachte als daran, den Antiklerikalismus theologisch zuzuspitzen und zu stärken. Aber er hat eben das eine getan und das andere nicht unterlassen. Er hat beides miteinander verbunden, weil beides, die Forderung nach freier Evangeliumsverkündigung und die Zuspitzung des Antiklerikalismus, im Grunde aus ein und derselben theologischen Wurzel wuchs; ganz abgesehen davon, daß das Argument von der Irreführung des Volkes durch den Klerus ein gängiger Topos der allgemeinen antiklerikalen Auseinandersetzungen war.

Doch nicht genug damit, daß Luther die neue Deutung der Gerechtigkeit Gottes im antiklerikalen Kampfmilieu fand. Er artikulierte sie auch häufig in der heftig-militanten Sprache des Antiklerikalismus. Sein Haß, der aus vielen Sätzen gegen den Papst spricht und sich gelegentlich zu blutrünstigen Ausfällen gegen Bischöfe und Priester steigert, muß nicht aufgewühlten Gefühlen entsprungen sein. Dieser Haß ist auch nicht, jenseits aller moralischen Beurteilungskriterien, Ausdruck eines prophetischen Sendungsbewußtseins, wie Gottfried Maron kürzlich meinte.[36] Dieser Haß ist vor allem und zuerst die überpersönliche Sprachgestalt des Antiklerikalismus, die Sprache einer inzwischen schon ritualisierten Erfahrung mit der kirchlichen Hierarchie. Und dahinein mischen sich je nach Temperament und konkreter Situation persönliche Haßgefühle – bei dem einen mehr, bei dem anderen weniger. Indem Luther das oberflächlichere Angriffs- und Sprachritual durchbrach, mag sich bei ihm dann tatsächlich ein prophetisches Sendungsbewußtsein gegenüber der Kirche und für die Kirche durchgesetzt haben. Also auch hier: das machtvoll prophetische Reden des Reformators wurzelt im antiklerikalen Kampfmilieu.

Luther griff nicht nur an. Er bildete auch ganz bewußt reformatorische Gegenbilder zum Klerus aus: Das allgemeine Priestertum aller Gläubigen, die Kirche als *congregatio fidelium,* das *sola scriptura,* die über der reinen Lehre wachende Gemeinde, den von der Gemeinde gewählten Prediger. Ein Wort nur zum „Priestertum aller Gläubigen": Diese reformatorische Anschauung dürfte die früheste soziologisch faßbare Gestalt der lutherischen Rechtfertigungslehre sein – interessanterweise gerade das Gegenstück zur „ersten Mauer der Romanisten". Diese Anschauung war radikal, da mit ihr der Rechtsanspruch des Klerus außer Kraft gesetzt wurde. Luthers Gleichheitsidee unterscheidet sich allerdings von spätmittelalterlichen antiklerikalen Gleichheitsvorstellungen dadurch, daß er nicht von einer allgemeinen, in der Schöpfung begründeten Gleichheit aller Menschen vor Gott und deshalb auch voreinander spricht, sondern nur von der Gleichheit der Gläubigen untereinander als Priester.[37] Mit dem „Priestertum aller Gläubigen" gibt er dem allgemeinen Antiklerikalismus die schärfste Waffe, die sich denken läßt, in die Hand, das gute Gewissen, sein Mütlein an den Amtsträgern der alten Kirche, an den Priestern, Mönchen und Nonnen, auf äußerst effektvolle Weise kühlen zu können. Die Anregung zum *Aufstand* gegen den Priester ist das Neue. Und ein anderes Wort zum *sola scriptura:* Luther nimmt ein Schriftprinzip auf, das bereits dem spätmittelalterlichen Antiklerikalismus als kirchenkritische Waffe diente. Auch diesem Prinzip gibt er, erstmals ausführlich recht spät nach dem reformatorischen Durchbruch in der *Assertio omnium per bullam* von 1520, eine tiefere Auslegung, die endgültig scharf zwischen der sich selbst auslegenden Schrift auf der einen Seite und dem Prinzip *Schrift und Tradition* auf der anderen scheidet. Luther löst die Alternativen des Antiklerikalismus nicht auf, er verschärft und vertieft sie. Sein *sola scriptura* ist radikal, insofern es den Anspruch des kanonischen Rechts annulliert. In den Auseinandersetzungen, die der gemeine Mann für die Reformation führt, wird die Heilige Schrift bald mit dem „göttlichen Recht" identifiziert.

Die Denkfigur von Bild und Gegenbild war für Luther übrigens nichts Neues. Sie gehörte bereits zum bewährten Instrumentarium antiklerikaler Propaganda. Luther hatte mit dieser Denkfigur im Reformklima seines Ordens umzugehen gelernt. Heiko A. Oberman beschreibt das so: „Der Zorn über die faulen und arroganten Mönche, über die Weltkleriker, dem Bier und den Weibern ergeben, entspringt dem Ideal des ‚Gottesmannes', des ‚vollkommen' lebenden Priesters, der sich aus seinem Dienst am Altar, auf der Kanzel und im Beichtstuhl ein Gewissen macht."[38] Luther hat zwar erfahren müssen, wie ihm die Illusion priesterlicher Vollkommenheit zerstört wurde, aber ein Gewissen hat er sich stets aus der Berufung zum Dienst am Wort Gottes gemacht; und in harten Fronten hat er sein Leben lang gedacht. Aus dem Leitbild des vollkommenen Priesters wurde das Leitbild vom Priestertum aller Gläubigen; der Inhalt wurde ausgewechselt, aber die Denkstruktur von Bild und Gegenbild blieb erhalten. Es ist wahr, daß die Spuren antiklerikaler Sprache und Bilderwelt in der Formationsphase der reformatorischen Erkenntnis selten sind. Sie werden erst dichter und kräftiger, als Luther dazu überging, sich über den Kreis seiner Studenten hinaus öffentlich Gehör zu verschaffen. Aber ist sein Ringen um die Reformationserkenntnis nicht auch ein Ringen mit der eigenen monastischen, d. h. klerikalen Existenz in einer Tiefe und Originalität, in die alle antiklerikale Polemik bisher nicht einzudringen vermochte? Gerhard Ebeling hat bemerkt: „Das theologisch Bedeutsamste ereignet sich nicht da, wo sich die Person des Theologen gleichgültig und neutral zum Wort verhält, sondern da, wo sie es verantwortet, so daß das Wort unverkennbar die geistige Handschrift des Autors trägt und sogar die Biographie, also die Situation, in der das Wort verantwortet wird, unablösbar zur theologischen Aussage hinzugehört."[39] Luther ist mit der Problematik, die im Antiklerikalismus zum Ausdruck kommt, von innen her vertraut und findet einen Weg, sie schärfer zu erfassen und eindeutiger auf ihren theologischen Grund zu beziehen, ihr auch öffentlich zu größerer Wirksamkeit als bisher zu verhelfen.

Diese Beobachtungen deuten an: Für die Entstehungsgeschichte des reformatorischen Durchbruchs ist der Antiklerikalismus kein Randphänomen. Er gehört zu den zentralen Motiven, die dem reformatorischen Grundgedanken einen Weg in die Öffentlichkeit gebahnt haben, wenn er nicht schon bei der Formulierung dieses Gedankens selbst Pate gestanden hat. Luther hat dem allgemeinen Antiklerikalismus seiner Zeit aber zweifellos auch eine tiefere Deutung und eine präzisere Stoßrichtung gegeben, indem er dessen gesamtgesellschaftliche Diffusität auf die kirchliche Problematik konzentrierte. Paradoxerweise entfaltete er dadurch eine um so größere gesellschaftliche Wirkung. Doch zu sagen, daß die reformatorische Erkenntnis Luthers sich die Voraussetzungen ihrer Rezeption selber geschaffen hätte, ginge zu weit. So wird der Antiklerikalismus einerseits die Entwicklung und die Aufnahme lutherischer Gedanken erleichtert, andererseits häufig auch deren theologische Klarheit in den Köpfen anderer verdunkelt und die Umrisse der von der *iustitia Dei passiva* geprägten Theologie verwischt, auf jeden Fall dafür gesorgt haben, daß die Radikalität des Reformators intensiver wahrgenommen wurde als die Differenziertheit theologischer Argumentation. Gar nicht selten ist in den Flugschriften der frühen Reformationsjahre ein Gemisch aus lutherischer Kritik an der Werkgerechtigkeit und traditionellem, militantem Antiklerikalismus zu beobachten, ein Gemisch, an einem strengen theologischen Maßstab gemessen, das sich kaum mit der neuen Rechtfertigungslehre vereinbaren läßt.

Luther hat sich selber nach den sogenannten Wittenberger Unruhen von antiklerikaler Reformpropaganda und Aktion zu trennen begonnen. Er war vor der revolutionären Wirksamkeit, die der theologisch zugespitzte Antiklerikalismus entfalten konnte, erschrocken und fürchtete, die reformatorischen Ansätze, die sich allenthalben zu regen begannen, könnten in den spontanen Eruptionen wieder zerstört werden. Ihm ist wohl klargeworden, daß er den Antiklerikalismus eigentlich schon mit Hilfe des Antiklerikalismus theologisch überwunden hatte und keine

Notwendigkeit mehr bestand, die mit dem Antiklerikalismus verbundene Radikalität im Volk zu fördern, mit dem Feuer zu spielen, das sich schwerlich unter theologischer Kontrolle halten ließ. Die Überwindung des antiklerikalen Dualismus war nämlich bereits im *simul iustus et peccator* angelegt (auch in der Beobachtung, daß zuviel reformerische Heftigkeit dem Werk der Reformation schaden könne) und brauchte nur noch ins Bewußtsein gehoben zu werden. Thomas Müntzer hatte den Dualismus von Priestern und Laien, um vorzugreifen, zu einem empirisch aufweisbaren Dualismus von Gottlosen und Auserwählten ausgestaltet und die apokalyptische Scheidung der Menschheit eingeleitet. Luther hat den antiklerikalen Dualismus indessen verinnerlicht, in die Brust ein und desselben Menschen zurückgenommen (*simul* peccator *et* iustus) und das Ansinnen einer großen Scheidung als menschliche Anmaßung gegenüber Gott verurteilt, ebenso den Versuch des altgläubigen Klerus, mit dem Weihesakrament eine besondere Stellung vor Gott und den Menschen zu begründen. Mit der *Treuen Vermahnung an alle Christen, sich zu hüten vor Aufruhr und Empörung* von 1522 zog Luther sich dann sehr bewußt aus der antiklerikalen Front zurück. Radikalität der Reformation konnte nicht mehr in so großem Umfang wie bisher mit seinem Namen verbunden werden. Trotzdem wäre es falsch zu behaupten, Luther sei den reformatorischen Einsichten des Aufbruchs untreu geworden; gerade die im *simul iustus et peccator* angelegte Überwindung des Antiklerikalismus sperrt sich gegen eine solche Behauptung.

Ähnlich wie das *simul iustus et peccator* hatte Luther nach der Niederlage der Bauern 1525 die Gleichheitsauffassung noch stärker verinnerlicht, so daß mit ihr jetzt endgültig alle Hoffnung schwand, die ständisch gegliederte Gesellschaft zu überwinden. Die Losung vom Priestertum aller Gläubigen reichte nur noch dazu, den Klerus in den Städten den Bürgern rechtlich gleichzustellen und unterstützte eine Tendenz, die bereits in der spätmittelalterlichen Stadtpolitik verfolgt worden war. Gleichheit im Sinne des Priestertums aller Gläubigen war nicht Gleichheit aller Menschen in der Gesellschaft. „Ein an den altständischen Verhältnissen orientiertes Sozialdenken ist seitdem für den deutschen Protestantismus kennzeichnend geworden."[40] Trotz Luthers Rückzug aus dem antiklerikalen Gefecht haben aber antiklerikale Propaganda und Agitation auch weiterhin eine wichtige Rolle im Durchsetzungsprozeß der Reformation, selbst der lutherischen, gespielt und für die Entstehung anderer Reformbewegungen gesorgt.

IV.

Der frühe Lauf der reformatorischen Botschaft

Die reformatorischen Ideen Martin Luthers fanden weite Verbreitung und wirkten tief ins Volk hinein. Doch nicht immer war es die „reine" Lehre, die wirkte. Oft war die Kraft der Worte schwächer als die Macht der Situation, die den Wortsinn umformte, verbog oder ins Gegenteil kehrte. In einer Universitätsstadt kam das Wort anders an als in einer Stadt, die vom Fernhandel lebte, auf einem Dorf am Bodensee anders als in einem Gebiet, wo nach Kupfer und Silber geschürft wurde: am Harz, im Erzgebirge, in Tirol. Die Humanisten sahen sich in ihrem Bemühen, nicht aus „Tümpeln oder abgeleiteten Bächen", sondern aus den „Quellen selbst" zu schöpfen, von Luthers sola-scriptura-Prinzip bestätigt, legten die Heilige Schrift in ihren Kreisen aber anders aus: mehr in pädagogischer und moralischer Absicht als in theologischer. Die Bauern hörten das Wort von der „Freiheit eines Christenmenschen" und waren nicht mehr bereit, sich ihr politisches Rückgrat von geistlichen und weltlichen Herren krümmen zu lassen. Das war ihre Art, die Reformation aufzunehmen. Das städtische Handwerk, dem das privilegierte Klostergewerbe ein Dorn im Auge war, nahm die antiklerikalen Töne der Reformationspropaganda sehr deutlich wahr und hoffte, endlich von dem Konkurrenzdruck dieses Gewerbes befreit zu werden. Der niedere Adel, besonders die Reichsritterschaft, witterte in der reformatorischen Aufwertung der weltlichen Obrigkeit eine Chance, lädiertes Standesprestige und verlorene Macht wiederzugewinnen. Landesherren und Magistrate schließlich sahen in dem rebellischen Augustinermönch einen Faktor, der ins politische Kalkül eingesetzt werden konnte, um die Aufhebung der geistlichen Gerichtsbarkeit, die Besteuerung des Klerus und die ausschließliche obrigkeitliche Besetzung der Pfarrstellen durchzusetzen. Nicht der theologische Tiefgang der Rechtfertigungslehre, sondern die Streuung der reformatorisch-antiklerikalen Propaganda, die theologische Erkenntnis und politisch-soziales Interesse mühelos ineinanderfließen ließ, hatte die Reformation an verschiedenen Orten ins Leben gerufen. Dieser frühe Prozeß wird *erstens* an den Wittenberger Unruhen von 1521/22, *zweitens* am Aufstand der Reichsritter 1522/23 und *drittens* an den Flugschriften jener Jahre nachgezeichnet. Es interessieren vor allem die kirchlichen, politischen und gesellschaftlichen Mechanismen, die in

Gang gesetzt wurden, um der Reformation zum Durchbruch zu verhelfen: die Struktur reformatorischer Prozesse.

1. Wittenberger Unruhen

Ein besonders lehrreiches Beispiel für den Durchsetzungsprozeß der Reformation sind die Vorgänge, die sich 1521/22 in Wittenberg ereigneten, zu einer Zeit übrigens, da Luther sich nach dem Wormser Reichstag als Junker Jörg auf der Wartburg bei Eisenach versteckt hielt und das Neue Testament in die deutsche Sprache übertrug.

Auf dem Reichstag zu Worms 1521 war ein Edikt erlassen worden, das jede Erneuerung der Kirche im Sinne des Wittenberger Reformators unter Strafe stellte. Um so erstaunlicher ist, daß Luther darin keine Gefahr für die Reformation sah. Er machte sich vielmehr in einem Brief an Philipp Melanchthon, seinen humanistischen Kollegen an der Wittenberger Universität, schon in den ersten Tagen auf der Wartburg darüber Sorgen, die Reformation könne wie der berühmte Feigenbaum aus dem biblischen Gleichnis nur Blätter, aber keine Früchte hervorbringen: „die Wahrheit ist indessen, daß es nur Blätter und Worte bleiben, wenn wir nicht handeln, wie wir lehren".[1] Es war also Luther selber, der zur Tat drängte. Er vertraute den weiteren Gang der Reformation seinen Freunden in Wittenberg an und tröstete sie über seine Abwesenheit hinweg: „Wenn der Papst alle angreifen wird, die es mit mir halten, wird Deutschland nicht ohne Unruhe sein, und je schneller er dies versuchen wird, desto schneller wird er selbst und auch die Seinen untergehen, und ich werde zurückkehren."[2] Die Befürchtung, das reformatorische Wort könne ohne Frucht bleiben, hat sich nicht bewahrheitet. Im Frühherbst dringen bereits erste Nachrichten auf die Wartburg, daß Melanchthon dazu übergegangen sei, mit Studenten ein evangelisches Abendmahl in geschlossenem Kreis zu feiern: Jede Erinnerung an ein Opfer wurde getilgt, die Einsetzungsworte wurden in deutscher Sprache gesprochen und das Abendmahl, Brot und Wein, in beiderlei Gestalt *(sub utraque specie)* gereicht. Die Laien erhielten nicht nur das Brot wie im römischen Ritus, sondern Brot und Wein, wie es bereits die Hussiten im Jahrhundert zuvor in Böhmen durchgesetzt hatten. Bald danach begannen auch die Mönche im Augustinerkloster, von Luther angeregt, die privaten Messen einzustellen und ihre klösterlichen Gelübde zu brechen. Dreizehn Mönche verließen im November 1521 das Kloster. Darüber war die Aufregung unter den altgläubigen Kanonikern der Schloßkirche groß, und sie beklagten sich am Hof zu Weimar. Kurfürst Friedrich der Weise setzte eine Kommission ein, die aus Mitgliedern der theologischen Fakultät und des Schloßkirchenkapitels gebildet wurde, um die Vorgänge im Kloster zu untersuchen und Vorschläge zu unterbreiten, wie in Fragen der Messe künftig zu verfahren sei.

So kam ein Prozeß in Gang, der ein besonders weites Spektrum politischer Instanzen, kirchlicher Institutionen und gesellschaftlicher Kräfte erfaßte und in Bewegung setzte, an dessen Ende eine Neuordnung der kirchlichen und teilweise auch gesellschaftlichen Verhältnisse in Wittenberg stand: die *Löbliche Ordnung der Fürstlichen Stat Wittenberg* vom Januar 1522. Beteiligt waren an diesem Prozeß: das Augustinerkloster, das Kapitel der Schloßkirche, die Universität mit ihren bedeutendsten Gelehrten, der Rat der Stadt, der Amtmann des Kurfürsten auf dem Wittenberger Schloß, der Kurfürst, das Reichsregiment in Nürnberg, die Versammlung der Gemeinde („Rat der Vierzig"), aufgebrachte Studenten und Bürger der Stadt, die sich gelegentlich zu Tumulten zusammenrotteten und reformatorischen Forderungen Nachdruck verliehen. In Wittenberg geriet das komplizierte Herrschafts- und Gesellschaftsgefüge auf einmal in Bewegung. Und so mag es sinnvoll sein, von der „Wittenberger *Bewegung*" zu sprechen. Bewegung nicht als eine Sammlung bestimmter Gruppen zu gemeinsamer politischer und sozialer Aktion, sondern Bewegung als plötzlich einsetzender Zwang zur Interaktion von Institutionen und Gruppen, die ganz verschiedene Ziele verfolgten. Andere sprechen von den „Wittenberger *Unruhen*". Auch das ist richtig, wenn damit nicht nur die gelegentlichen Tumulte gemeint sind, sondern die Vorgänge, die für kurze Zeit eine „revolutionäre Ordnung" hervorgebracht haben. Mit dem Begriff der „revolutionären Ordnung" hat James S. Preus die Einführung der neuen Ordnung durch den Rat der Stadt charakterisiert. „Nach intensiven Verhandlungen nahm die Wittenberger Bewegung verfassungsrechtliche Gestalt an und konstituierte sich mit der ‚Löblichen Ordnung der Fürstlichen Stat Wittenberg" am 24. Januar als kleine Revolution *(a small revolution)*.'[3] Wie kam es zu dieser „Ordnung", was regelte sie neu, und welche Reaktionen löste sie aus? „Unruhen" erwartete Luther ja übrigens selbst, allerdings nicht eine Empörung gegen die altgläubige Kirche, sondern umgekehrt eine Empörung der Altgläubigen gegen das wiederentdeckte Evangelium.

Mit der bereits erwähnten Untersuchungskommission tritt Andreas Bodenstein von Karlstadt, der die erste Auseinandersetzung mit Johann Eck in Leipzig geführt hatte, in den Mittelpunkt der Wittenberger Bewegung. Er war ein prominentes Mitglied der Universität und zugleich Archidiakon am Allerheiligenstift. Karlstadt legte Thesen über die Messe vor und ließ sie in einer Disputation öffentlich erörtern. Dabei ging es ihm zunächst vor allem um ein evangelisches Verständnis der Messe, d. h. darum, den Opfergedanken zu widerlegen und zu tilgen; und dabei dachte er ganz in den Bahnen der Schriften, die Luther bisher zur Messe veröffentlicht hatte. Die Diskussion bewegte sich allerdings schnell vom grundsätzlichen Verständnis der Messe weg zur Veränderung des Meßritus und zur Einführung einer neuen Gestalt des Abendmahlsgottesdienstes. Karlstadt preschte in dieser Angelegenheit keineswegs vor, sondern gab zu bedenken, daß nur mit Zustimmung des Wittenberger Rates, „cum consensu magistratus",[4] etwas geändert werden dürfte. Er wollte kein öffentliches Ärgernis erregen und dachte zurückhaltender als Melanchthon.[5] Preus sieht in Karlstadts Initiative bereits erste Anzeichen einer „lokalen Orientierung", die bald typisch für Karlstadts Reformkonzept werden wird. Treffender wäre von einer kommunalen Orientierung zu sprechen. Eigentlich lag die kirchliche Jurisdiktionsgewalt in Wittenberg nicht beim Rat der Stadt, sondern beim Landesherrn. Karlstadt setzte sich darüber hinweg, obwohl er in der vom Kurfürsten eingesetzten Kommission an führender Stelle mitarbeitete. Ganz eindeutig schienen die kirchlichen Zuständigkeiten allerdings nicht geregelt gewesen zu sein, denn auch Luther hatte sich von der Wartburg aus an den Wittenberger Rat gewandt, um mit dessen Hilfe die Einsetzung Melanchthons zum Prediger an der Schloßkirche zu erreichen.

Alles konzentrierte sich nun auf die Einführung des Abendmahls „unter beiderlei Gestalt". Und dabei spielte sicherlich ein antiklerikales Motiv eine Rolle: „Der Bapst hat allein seine Pfaffen beyder gestaldten wirdig gemacht / die leyhen macht er des kelchs unwirdig / und thut das aus lawterem freuel / und mutwill. Das er / und seine Pfaffen / hoher geacht werden / dan leyhen . . . wie wol er das nit gesteen wil."[6] Ebenfalls ganz in antiklerikaler Argumentationsmanier bestand Karlstadt darauf, daß die Praxis, das Leben, der Lehre entsprechen müsse. Hat Christus das Abendmahl in beiderlei Gestalt eingesetzt, dann muß es das Gewissen der Menschen anfechten, wenn die Kirche es nur in einer Gestalt anbietet. Karlstadt wollte die belasteten Gewissen befreien. Auf keinen Fall wollte er das Gesetz klerikaler Herrschaft in der Kirche länger dulden. Er setzte dagegen das Gesetz Christi, auch darin folgt die Argumentation einem antiklerikalen Duktus; nicht ein Gesetz, das wieder nur zwingt, wie Luther ihm bald vorwerfen wird, sondern ein Gesetz, das befreit. Preus hat in diesem Zusammenhang richtig bemerkt, daß Karlstadt zur Einsicht gelangt sei, wie wenig Glaube und Gewissen frei seien von den Forderungen und Zwängen äußerer Ordnungen. Karlstadt hatte dieses Problem sehr viel realistischer in Angriff genommen als Luther, der von einer grundsätzlichen Freiheit des Glaubens gegenüber den Ordnungen ausging und sich die Freiheit des Gewissens auch in der Bedrängnis, die von äußeren Zwängen erzeugt wurde, meinte erhalten zu können. Karlstadt ist mit seiner Einsicht tatsächlich moderner als Luther, indem er die

Macht der Ordnungen erkennt, den Glauben zu zerstören und die Gewissen zu belasten. Luthers Ansatz konnte später zur Verinnerlichung des Glaubens führen, der alles gesellschaftliche Leiden erträgt und zu quietistischem Untertanengeist erzieht. Karlstadts Einsicht hätte zur Ideologiekritik des Glaubens anregen und revolutionäre Kraft entfalten können, wäre sie nicht verdrängt worden.

Zu dieser antiklerikalen Grundstruktur von Karlstadts Konzept paßte nun sehr gut, daß der „gemeine Mann" dazu überging, Gottesdienste zu stören, auch Priester und Mönche zu bedrohen und von ihren Altären zu vertreiben, obwohl Karlstadt selbst diese Art der Agitation nicht recht war. Doch solche Unruhen waren nicht ohne Sinn und Verstand; sie waren vielmehr der Aktionsrahmen, in dem sich ganz konkrete Forderungen der Gemeindeversammlung herausbildeten und durchsetzten. Vertreter dieser Versammlung drangen in die Ratsstuben ein und legten dem Rat der Stadt „Sechs Artikel" vor, in denen kirchliche und soziale Reformen verlangt wurden. Gefordert wurde zunächst die Freilassung derjenigen Bürger und Studenten, die nach früheren Unruhen eingekerkert worden waren; gefordert wurde die Freiheit der Verkündigung und die Zusage, daß jedermann auf eigenes Verlangen das Abendmahl in beiderlei Gestalt empfangen könne; gefordert wurde, daß alle gestifteten und privaten Messen abgeschafft, gewisse Wirtshäuser und die zahlreichen Bordelle geschlossen würden.[7] Das war, modern gesprochen, eine Bürgerinitiative. Das Volk drängte darauf, alles abzuschaffen, was der reformatorischen Verkündigung widersprach und Reformen durchzuführen, die dem Evangelium gemäß waren. Karlstadt konnte in einem Zusammenspiel von Bürgern und Rat, die man nach ihrer Reformabsicht befragte, eine Chance für sein städtisch orientiertes Reformkonzept sehen, nämlich Neuerungen einzuführen, ohne öffentliches Ärgernis zu erregen. In dem Bemühen, ein solches Ärgernis zu vermeiden und die Bevölkerung geschlossen in eine erneuerte Kirche zu führen, stand Karlstadt dem Reformator nicht nach. Der Rat hat die „Sechs Artikel" zunächst an den Hof nach Weimar weitergeleitet. Karlstadt mußte jetzt daran liegen, seine kommunal orientierte Kirchenpolitik voranzutreiben und den Rat der Stadt als letzte Entscheidungsinstanz gegenüber dem Kurfürsten in Kirchenangelegenheiten aufzubauen. Er trieb die Arbeit in der kurfürstlichen Kommission im Sinne des allgemeinen Volksbegehrens weiter, die Kommission wurde sogar teilweise zugunsten der Neuerer umgebildet. Der Widerstand der Altgläubigen im Kapitel der Schloßkirche war zwar vehement und wurde auch am kurfürstlichen Hof wahrgenommen, konnte aber von Karlstadt in der Öffentlichkeit als der eigentliche Herd der Unruhe und Zwietracht in Wittenberg dargestellt werden. Um die Entwicklung voranzutreiben, auch um dem Drängen des

Volkes nachzugeben, kündigte Karlstadt einen Abendmahlsgottesdienst in neuer Form für den Neujahrstag an. Der Kurfürst jedoch ließ ihm davon energisch abraten. Karlstadt lenkte ein, indem er den traditionell großen Meßgottesdienst am Neujahrstag für sein Vorhaben aufgab. Er zog den Abendmahlsgottesdienst aber schon auf den Weihnachtstag vor. Nach der kurzfristigen Ankündigung des Weihnachtsgottesdienstes in neuer Form war die Atmosphäre in der Stadt aufgewühlt; am Abend zuvor randalierten angeheiterte Studenten in den Straßen und schüchterten den altgläubigen Klerus ein. Obwohl die Schloßkirche überfüllt war, verlief der Abendmahlsgottesdienst in geordneten Bahnen. Karlstadt hielt ihn ohne kirchlichen Ornat in deutscher Sprache und teilte das Abendmahl in beiderlei Gestalt aus. Das war die Zeichensprache des Antiklerikalismus. So wurde in Wittenberg erstmals mit einer mehr als tausendjährigen Tradition öffentlich gebrochen.

Im Anschluß an diesen denkwürdigen Gottesdienst blieb es in Wittenberg ruhig, und der Rat trat in Beratungen mit der Kommission ein, denn ihm mußte daran liegen, die verschiedenen Experimente mit neuen Gottesdienstformen in eine stabile Ordnung für die gesamte Kirche zu überführen. Für Karlstadt schälte sich die Einsicht immer stärker heraus, daß die „Einigkeit des christlichen Volkes in der Einigkeit des göttlichen Wortes steht“ und nicht in „pfäffischer“ Tradition und Verordnung.[8] Das war reformatorische Grundeinsicht.

Im Kloster der Augustiner schritt der Prozeß der Selbstauflösung fort. Weitere Mönche verließen die Zellen mit gutem Gewissen, das ihnen ein Ordensbeschluß vom 6. Januar 1522 gegeben hatte. Zurück blieb eine verwüstete Kapelle. Wortführer der rebellischen Mönche war Gabriel Zwilling. Am 24. Januar 1522 beschließt der Rat der Stadt schließlich die neue „Ordnung“: sie verfügt die evangelische Gottesdienstreform und das Entfernen der Heiligenbilder aus den Gotteshäusern, um jeden Anlaß zum Götzendienst auszuräumen. Sie sieht außerdem einen „gemeinen Kasten“ zur Unterstützung der Armen und der bedürftigen Handwerker vor. Der Bettel wird in Wittenberg abgeschafft – niemand soll durch Almosengeben dazu verführt werden, sich besondere Verdienste vor Gott erwerben zu wollen; für eine allgemeine Schulbildung der Kinder wird gesorgt. Ansatzweise wird eine neue Sozialfürsorge aufgebaut. Die Ordnung des „gemeinen Kastens“ knüpft übrigens an die „Bettelordnung“ an, die kurz vorher, noch nicht unter dem Einfluß reformatorischer Erkenntnis, in Kraft getreten war. Die neue Ordnung umfaßt den kirchlichen und den sozialen Bereich. Heinrich Bornkamm urteilt: „Die neue Ordnung war ein Triumph Karlstadts, wenn auch zumeist mit den Ideen Luthers.“ Doch er fährt fort: „Die liturgische Form freilich war Karlstadts Werk und der Bilderkampf überhaupt sein geistiges Eigentum.“[9]

Achtet man allerdings darauf, wie eng Karlstadt die Gottesdienstreform mit dem Aufbau der Sozialfürsorge in seinem berühmten Traktat *Von Abtuhung der Bylder/Vnd das keyn Bedtler vnther den Christen seyn sollen* (27. Januar 1522) verknüpft, dann liegt doch eine Verfassung vor, die trotz aller Anleihen bei Luther aus eigener Wurzel erwuchs. Ebenso wie die Bilder, meinte Karlstadt, verdecken auch die Bettler das Bild Gottes in den Menschen.[10] Unter Christen darf aber niemand so weit sinken, daß die Gottesebenbildlichkeit, die allen gleich ist, zerstört wird. Jeder Mensch muß die Chance erhalten, sich seine Gottesebenbildlichkeit zu bewahren. Das ist der Grundsatz, der die neue Verfassung prägt. Karlstadts Lehre von der „imago Dei" steht in der Tradition der mittelalterlichen Mystik und läßt sich nicht mit dem Menschenbild vereinbaren, das hinter Luthers Rechtfertigungslehre steht. Mystische Anthropologie begründet sozialethische Forderungen.

Karlstadt hatte sich mit dem Reformprozeß persönlich identifiziert. Er hatte inzwischen sein Zölibatsgelübde gebrochen und mit festlichem Aufwand und demonstrativer Geste Anna von Mochau geheiratet. Seine öffentliche Wirksamkeit wurde so sehr auf die einzelnen Elemente der Reformation konzentriert, daß der kurfürstliche Hof und der altgläubige Klerus ihm bald alle Schuld an der Neuordnung in Wittenberg zuwiesen. Seine Predigten hätten das Volk aufgewiegelt; und ein Bildersturm, mit dem ungeduldige Bürger die Ordnung des Rats überflüssigerweise auf eigene Faust exekutieren wollten, gab dieser Schuldzuweisung neue Nahrung, obwohl Karlstadt selbst die Exekutionsgewalt dem Rat der Stadt überlassen hatte, wie er dem kurfürstlichen Rat Hugo von Einsiedel im Februar 1522 versicherte: „Des will ich mich rühmen, daß ich Aufruhr hasse und fliehe. Gebe Gott, daß meine Angeber nicht mit der Zeit einen Aufruhr erwecken, der nicht gut wird. Ich verbiete Aufruhr."[11] Ähnlich hatte er sich schon in seinem Bildertraktat geäußert.

Der Einfluß Karlstadts sollte gebrochen werden. Deshalb setzten zwischen der Kommission, dem Rat der Stadt und Vertretern des Kurfürsten erneut Verhandlungen ein. Preus weist darauf hin, daß dem Wittenberger Rat das Recht, in kirchlichen Angelegenheiten eigene Entscheidungen zu treffen, nicht bestritten wurde. Auch die neue „Ordnung" stand nicht mehr zur Diskussion. Die Bilder allerdings mußten wiederhergestellt, ansonsten sollte alles nur beruhigt, gemildert und gemäßigt werden. Nachdem das Reichsregiment ein Mandat gegen die reformatorischen Umtriebe in Kursachsen erlassen hatte, war der Kurfürst inzwischen selber unter politischen Druck „von oben" geraten und mußte dem Reichsregiment in Nürnberg jeden Anlaß nehmen, die Einhaltung des Wormser Edikts in Kursachsen überwachen zu lassen. Jetzt war nicht nur die reformatorische Lehre, wie auf dem Reichstag zu Worms, sondern auch die reformatorische Praxis zu einem Politikum im Reich geworden. Darüber war der Kurfürst beunruhigt. Er lehnte die „Wittenberger Ordnung" zwar ab, um jeden Konflikt mit dem Reichsregiment zu vermeiden, zögerte aber doch, Maßnahmen gegen den Wittenberger Rat zu ergreifen.

Nicht der Kurfürst, sondern Martin Luther, der an den Wittenberger Vorgängen nicht beteiligt war, stellte Ruhe und Ordnung wieder her. Er handelte nicht im Auftrag des Kurfürsten, wie gelegentlich behauptet wurde; er verließ die Wartburg im März 1522 sogar gegen den Rat seines Landesherrn und kümmerte sich nicht um Acht und Bann. Für diesen Schritt übernahm er die politische Verantwortung ganz allein: „... daß E.K.F.G. wisse, ich komme gen Wittenberg in gar viel höherem Schutz denn des Kurfürsten. Ja ich halt, ich wolle E.K.F.G. mehr schützen, denn sie mich schützen könnte. Dazu, wenn ich wüßte, daß mich E.K.F.G. könnte und wollte schützen, so wollt ich nicht kommen. Dieser Sachen soll noch kann kein Schwert raten oder helfen, Gott muß hie allein schaffen, ohne alles menschliche Sorgen und Zutun."[12] Luther war schon früher von Melanchthon gebeten worden, nach Wittenberg zurückzukehren, um den Gang der Reformation wieder selber zu bestimmen. Die Rückkehr des Reformators schien Melanchthon um so notwendiger zu sein, als er von den sogenannten *Zwickauer Propheten,* radikalen Laien mit prophetisch-endzeitlichem Anspruch, irritiert und verunsichert worden war. Diese Propheten, die nach dem denkwürdigen Weihnachtsgottesdienst Karlstadts in Wittenberg aufgetaucht waren, setzten mehr auf den Geist als auf die Schrift und vertraten eine Religiosität des „kleinen Mannes". Jedem Priester und Gelehrten hatten sie grundsätzlich mißtraut. Antiklerikale und laizistische Elemente, die bereits in der Bewegung der Hussiten eine Rolle spielten, schienen sich in Zwickau erhalten zu haben oder wiederbelebt worden zu sein. Diese Religiosität läßt sich vielleicht am besten als eine radikale Form eines antiautoritären Christentums beschreiben. Ihr Einfluß auf die Wittenberger Bewegung wird jedoch nicht groß gewesen sein. Alles war schon vorher auf dem Wege zu einer neuen Ordnung. Der Einfluß dieser Propheten wurde gewöhnlich überschätzt, um das Eingreifen Luthers als Rettung der Reformation vor einem Abgleiten in Ketzerei zu rechtfertigen, oder umgekehrt, um zeigen zu können, daß bereits am Geburtsort der Reformation die radikalen und häretischen Traditionen der hussitischen Revolution wirksam waren.

Luther war es mit seinen Invocavit-Predigten gelungen, das Rad der Reformen zurückzudrehen. Sein Argument war einfach: Man dürfe die Schwachen im Glauben nicht durch äußerliche Veränderungen in Gewissensnot treiben. Es käme allein darauf an, durch das Wort der Unterweisung die Herzen der Menschen von den äußeren Ordnungen wegzureißen, so daß diese eines Tages überflüssig würden und durch neue ersetzt werden könnten. Nichts dürfe im äußeren, praktischen Gang der Reformation überstürzt und erzwungen werden. So hatte er auch schon früher gedacht, ähnlich hatte sich zunächst auch Karlstadt geäußert.[13] Einzig das Element des Opfers wurde, so unauffällig wie möglich, aus dem Gottesdienst entfernt; alle anderen Neuerungen wurden zurückgenommen. Im Allerheiligenstift wurde die katholische Messe allerdings noch weiter gefeiert. Mit der Gewissensnot argumentierten beide: Luther mit dem Gewissen der Altgläubigen, das nicht beschädigt und gezwungen werden dürfe, und Karlstadt mit dem Gewissen des „gemeinen Mannes", der die Diskrepanz zwischen evangelischer Predigt und reformatorischer Praxis als eine schwere Anfechtung empfinden mußte. Preus meint, daß der Streit zwischen Luther und Karlstadt letztlich nicht theologischer, sondern kirchenpolitischer Natur gewesen sei. Er wurde von Luther geführt, um die Führerschaft über die Reformation wiederzuerlangen, die für eine Weile an Karlstadt gefallen war. „Ich bin der erste gewesen, den Gott auf diesen Plan gesetzt hat", hatte Luther in den Invocavit-Predigten gesagt und für sich die reformatorische Autorität reklamiert.[14] Sicherlich hat Luther übertrieben, wenn er Karlstadt theologisch in die Nähe der Zwickauer Propheten rückte und den Streit zu einem Kampf zwischen Gott und Satan steigerte. Das apokalyptische Argument schafft zwar Klarheit, setzt sich jedoch auf Kosten einer realistischen Beurteilung der Meinungsverschiedenheiten durch. Gerhard Ebeling trifft die Intention Luthers, wenn er schreibt: „Die reformatorische Tat ist nicht die Verwirklichung des reformatorischen Wortes, sondern sie ist die Wirklichkeit des reformatorischen Wortes selbst und unterliegt darum der Logik der Sache der Reformation, das heißt, wenn man einmal so sagen darf, der Logik des Evangeliums."[15] Aber kann die „Wirklichkeit des reformatorischen Wortes" jemals anders als in der Tat einzelner Menschen in Erscheinung treten – und ist Karlstadt nicht gerade dieser „Logik" gefolgt? Im übrigen hatte Luther seinem eigenen Vorwurf, Karlstadt habe das befreite Evangelium durch ein neues Gesetz wieder in Fesseln gelegt, jedes Recht entzogen, denn erstens hatte er den Zeitpunkt bald selber bestimmt, wann von der Wirkung des Evangeliums in den Herzen der Menschen zur Neuordnung des kirchlichen Lebens fortgeschritten werden dürfte, und zweitens hatte auch Karlstadt sich um die Freiheit der evangelischen Verkündigung und Gewissen bemüht, nur eben nicht um die Gewissen derjenigen, die am alten Glauben festhalten, sondern derjenigen, die sich dem neuen Glauben öffnen wollten. Es wäre also falsch, bei diesen Rivalen von Format hinter den kirchenpolitischen

Meinungsverschiedenheiten nicht auch eine theologische Differenz zu vermuten. Darauf hat kürzlich wieder Martin Brecht hingewiesen; er stellte die Problematik allerdings so dar, als habe Karlstadt sich über die theologische Berücksichtigung des Gewissens einfach hinweggesetzt und das Evangelium aus diesem Grunde wieder in die Ketten des Gesetzes gelegt.[16] Die Differenz scheint mir woanders zu liegen: Karlstadt baute die antiklerikale Grundeinstellung konsequent zu einem Reformprogramm aus und stellte den reformgesinnten Laien in den Mittelpunkt seiner Überlegungen, während Luther seine im antiklerikalen Milieu entfaltete Rechtfertigungslehre nicht an den soziologisch aufweisbaren Gegentyp zum Kleriker binden ließ. Luther unterschied zwischen Verführern und Verführten und sah eine seelsorgerliche Aufgabe darin, die Gewissen der Verführten oder Schwachen zunächst zu schonen, bis sie aus der Bindung ihrer Gewissen an die neue Realität des Evangeliums selber praktische Konsequenzen zu ziehen bereit seien. Das bedeutete, daß der Reformator die Laien zwar der Autorität des Klerus entrissen hatte, sie genaugenommen aber an die neue Autorität des reformgesinnten Interpreten der Heiligen Schrift band, der darüber entschied, was dem Laien zuzumuten sei und was nicht. Karlstadt ging offensichtlich davon aus, daß das Evangelium den Laien schon befreit habe und nun alles aus dem Weg geräumt werden müsse, was die Praxis der Freiheit belastete. Die gesetzlichen Maßnahmen, die er forderte, um die äußere Ordnung der Kirche dem biblischen Muster anzugleichen, wurden in den Dienst des Evangeliums gestellt. Sie waren nicht Vorbedingung der Evangeliumsverkündigung, wie Luther kritisch einwandte, sondern Folge. Die Reformation wurde nicht für den Laien, sie wurde *von* dem Laien in Gang gesetzt. Sie trug einen laizistischen, demokratisch-kommunalen Charakter. Wie Karlstadts Evangeliums- und Gesetzesverständnis auch theologisch beurteilt werden mag, die Kontroverse zwischen den beiden Wittenberger Reformatoren läßt sich mit den Kategorien des lutherischen Gesetzesverständnisses historisch nicht erfassen. In ihr ist mehr als eine am Seelenheil des Individuums orientierte Theologie am Werk.

Mit dieser Beobachtung stehen wir an einem schicksalhaften Punkt der Reformation, nämlich dem Auseinanderfallen des reformatorischen Lagers in eine radikale und eine gemäßigte Reformation. In Wittenberg hat Luther mit seinem gemäßigten Kurs erstaunlich schnell gesiegt. Karlstadt wurde mit Zensur belegt und abgedrängt. Schließlich sah er sich gezwungen, Wittenberg zu verlassen. Er beschritt seinen antiklerikal-laizistischen Weg konsequent weiter, gab sein akademisches Amt auf, vertauschte den Talar des Gelehrten gegen das graue Gewand des Bauern und ging als „Bruder Andres“ aufs Land nach Wörlitz vor den Toren Wittenbergs, um dort von der Hände Arbeit zu leben; schließlich zog er nach Orlamünde an der Saale weiter, dessen Pfarrpfründe er als Archidiakon am Allerheiligenstift zu Wittenberg besaß, und setzte dort eine Gemeindereformation in Gang. Er gab die Pfründe auf und ließ sich von der Gemeinde zum Pfarrer berufen. Ähnlich wie vorher in Wittenberg sah er die Stadtobrigkeit als oberste Instanz in Kirchenangelegenheiten an und verzichtete bewußt darauf, die Zustimmung des kurfürstlichen Hofes zu dieser Reformmaßnahme einzuholen. Bald wurde er im Zuge der bäuerlichen Unruhen auf Betreiben Luthers gezwungen, Kursachsen zu verlassen. Es half nicht, daß er sich kurz vorher noch mit dem Wittenberger im „Schwarzen Bären" zu Jena getroffen hatte und dem Aufruhrverdacht entgegengetreten war: „Ihr tut mir Gewalt und Unrecht, daß ihr mich zu dem mörderischen Geist einbrocket, Daß ich nichts mit dem Geist in dem Aufruhr zu tun habe, bekenne ich feierlich vor all diesen Brüdern."[17] Das war im August 1524. Bereits im Juli hatte er dem Werben Thomas Müntzers eine deutliche Abfuhr erteilt.

Karlstadt irrte nun einige Jahre umher. Er war kurz in Straßburg, Rothenburg ob der Tauber, auch in seinem Geburtsort Karlstadt am Main. Der Weg führte ihn schließlich noch einmal nach Wittenberg. Luther gewährte ihm Asyl und verlangte einen hohen Preis: Karlstadt sollte seine Kritik, die er an der Vorstellung von der Realpräsenz Christi in der lutherischen Abendmahlslehre geäußert hatte, widerrufen und auf jede weitere publizistische Wirksamkeit verzichten. Der Widerruf fiel nicht zu Luthers vollster Zufriedenheit aus und vermochte keinen dauerhaften Frieden zwischen den Zerstrittenen zu stiften. Danach hielt Karlstadt sich noch an verschiedenen Orten in Sachsen auf. Doch nirgends konnte er lange bleiben. Zur Ruhe kam er erst, als Ulrich Zwingli ihn 1530 ans Großmünster in Zürich holte. 1534 wurde Karlstadt, nachdem er in Zürich eine respektable Predigt- und Lehrtätigkeit entfaltet hatte, an die Universität Basel berufen und mit der Durchführung einer Universitätsreform beauftragt. 1541 raffte ihn die Pest dahin. Das war der verschlungene Lebensweg eines Mannes, dessen frühe Radikalität allmählich gebrochen wurde. Einige Impulse seiner Radikalität hatten sich jedoch schon um 1525 im Täufertum fortgesetzt.[18]

Zweierlei kennzeichnete fortan die Reformation: erstens, daß jeweils ein Reformator als „Kristallisationskern" der Erneuerung in den Vordergrund rückte, und zweitens, daß die Reformation im Einklang mit der weltlichen Obrigkeit eingeführt wurde. Für Luther bedeutete letzteres: im Einklang mit dem kurfürstlichen Hof – und nicht, wie für Karlstadt: in kommunalem Konsens auf untergeordneter Ebene. Und doch wurde das Volk nicht ganz abgedrängt, es blieb am Durchsetzungsprozeß der Reformation beteiligt und wurde teilweise als „pressure group" genutzt. Abgeschwächt hatten die Wittenberger Auseinandersetzungen bei Luther allerdings das antiklerikale Argument. Seine *Treue Vermahnung an alle Christen, sich zu hüten vor Aufruhr und Empörung* war bereits im Dezember 1521 geschrieben worden, höchstwahrscheinlich aber nicht nur unter dem Eindruck der Unruhen in Wittenberg, denn während seines heimlichen Aufenthalts in der Stadt Anfang Dezember hatte Luther an den dort ergriffenen Maßnahmen noch nichts auszusetzen und die Aktionen der Mönche mit seinen Traktaten über die Messe und Mönchsgelübde sogar ausdrücklich gerechtfertigt. Solange der Durchsetzungsprozeß der Reformation nicht entschieden, aber bereits auf gutem Wege war, legte Luther seinem antiklerikalen „Temperament" Zügel an; erst in den dreißiger Jahren brach die antipfäffische und antipäpstliche Polemik wieder stärker durch. Die Anfänge der radikalen Reformation begannen jetzt schon, die antiklerikalen Affekte und Waffen gegen die Gelehrten von Wittenberg selbst zu richten. Antiklerikalismus und Antiintellektualismus gingen ineinander über. Luther wurde von Karlstadt der „neue Papst" gescholten und als „Verwüster der Schrift und Seelenhäscher" angegriffen. Thomas Müntzer nannte ihn bald den „Schriftgelehrten", den „Schriftstehler" oder das „geistlos sanftlebende Fleisch zu Wittenberg". Die oberdeutschen Städte folgten dem lutherischen Reformationstypus insofern, als auch hier eine reformatorisch predigende Gestalt im Mittelpunkt stand (Bucer, Brenz, Osiander, Ökolampad); stärkere Bedeutung erhielt in diesen Städten aber das kommunale Element und das antiklerikale Potential, das sich im Volk herausgebildet hatte und im Streit um die Reformation entlud.

Die Wittenberger Unruhen sind das früheste, deshalb hier auch so ausführlich beschriebene Beispiel, das am deutlichsten zeigt, wie der Reformationsprozeß in schnellem Gang alle relevanten kirchlichen, politischen und gesellschaftlichen Kräfte in Bewegung setzte und zu einem Interaktionszusammenhang von vorher kaum gekannter Intensität und Wirkungskraft verband. Die Religion wurde in Form einer sich konstituierenden religiös-sozialen Bewegung zur Triebkraft eines gesamtgesellschaftlichen Wandels und offenbarte ihre radikalen Züge. So zeigte sich, daß der Keim zu einer Differenzierung des reformatorischen Lagers bereits in der Konfrontation der reformatorischen Erkenntnis mit den kirchlichen, politischen und gesellschaftlichen Ordnungen, also im Verwirklichungsprozeß der Reformation selber lag. An der gängigen Auffassung von diesem Prozeß muß eine Korrektur vorgenommen werden: Die Radikalität der Reformation ist nicht das Ergebnis einer späteren Steigerung der reformatorischen Energie, sondern der erste Ausbruch dieser Energie selbst. Diese Beobachtung hat für die Konzeption der Reformationsgeschichte große Bedeutung. Bemerkenswert ist auch, daß der kirchenpolitisch sehr stark ans Spätmittelalter gebundene und theologisch oberflächlichere, wenngleich reformatorisch angereicherte Antiklerikalismus, konsequent fortgeführt, die Radikalität der Reformation enthüllte, während die reformatorische Erkenntnis Luthers, ebenfalls im antiklerikalen Milieu entwickelt, theologisch schließlich so radikal entweltlicht gedacht war, daß sie paradoxerweise nach und nach in einen gemäßigten Gang der Reformation einmündete.

2. Aufstand der Reichsritter

Die „Wittenberger Unruhen" haben gezeigt, wie die reformatorische Erkenntnis in das politische und soziale Gefüge einer Residenz- und Universitätsstadt eindrang und auf unterschiedliche Weise verschiedene Akteure und Schichten der Gesellschaft erfaßte. Der „Aufstand der Reichsritter" wird zeigen, wie die Reformation den Adel, vor allem einen Teil des niederen Adels, ergriff und in Bewegung setzte. Der Adel war in der mittelalterlichen Gesellschaftspyramide der zweite Stand; er folgte auf den Klerus. Allerdings war er kein homogener Stand. Wie es einen höheren und einen niederen Klerus gab, so gab es auch einen höheren und einen niederen Adel. Zum Hochadel zählten die Fürsten, Herzöge und Grafen. Sie standen den Territorien vor. Zum niederen Adel zählten die Reichsritter, d. h. nur dem Kaiser unterstellte Grundherren, und der landsässige Adel, d. h. Grundherren, die von Territorialherren lehnsabhängig waren. Bemerkenswert ist nun, daß der höhere Adel auf den Reichstagen vertreten war, während die Reichsritterschaft dort keine Vertretung fand. Analog zum Reichstag war der landsässige Adel auf den Landtagen vertreten. Das ist eine grobe Beschreibung des zweiten Standes. Hinzuweisen ist noch auf seine Durchlässigkeit zum ersten Stand. Vor allem die nachgeborenen Söhne des Hochadels waren die bevorzugten Anwärter auf die höheren kirchlichen Würden. Sie wurden Bischöfe, Erzbischöfe und Kardinäle, Äbte und Prälaten. Bei der Fülle geistlicher Territorien brauchten diese Söhne aus dem Hochadel nur selten ihren angestammten Lebensstil, ihre Herrschaftsattitüde und -funktion zu ändern. Viele Bischöfe verstanden sich besser auf die Jagd als auf das Lesen der Messe. Nachgeborene Söhne des Adels fanden in den Diensten der Kirche eine ihrem Stand gemäße, repräsentative Position. Das galt auch für viele Töchter des Adels, die, sofern sie nicht in den Ehestand traten, als Äbtissinnen und Stiftsdamen leitende Funktionen in den oft auch wirtschaftlich bedeutsamen Klöstern übernahmen. Nicht umsonst wurde die Kirche das „Spital des Adels" genannt. Seltener waren die Berührungen des Adels mit dem städtischen Bürgertum; in Frage kamen da eigentlich nur das Patriziat bzw. einige Großkaufleute, sollten sie nicht ohnehin dem Patriziat angehört haben. Doch hier verlief die Berührungsrichtung umgekehrt. Das Patriziat oder die Großkaufleute drängten ihrerseits in den Adelsstand. Am bekanntesten ist der Fall Jakob Fuggers, der vom Kaiser in den Stand des Reichsgrafen erhoben worden war. Zu nennen sind auch die vielen Fälle, in denen das gehobene städtische Bürgertum Grundbesitz auf dem Land erwarb, in den Genuß grundherrschaftlicher Rechte kam und einiges daransetzte, in den Adel aufzusteigen.

Der territoriale Hochadel hat – je nach politischer Machtlage und Opportunität – die reformatorische Bewegung in ihren Anfängen gewähren lassen, sehr bald aktiv unterstützt und vorangetrieben oder sich zögernd einerseits und vehement andererseits gegen die Verbreitung neuer Ideen in seinen Territorien gewandt. Selbst geistliche Landesherren konnten sich gegen reformatorische Tendenzen in ihren Herrschaften nicht immer voll und ganz durchsetzen, manche sympathisierten sogar mit der Reformation. Oft machten auch altgläubige und reformgesinnte Landesherren gemeinsame Sache, wie bei der Niederschlagung des Bauernaufstands 1525 oder bei der Belagerung des täuferischen Königreichs zu Münster 1534/35. Diese Beobachtung umgreift einen Zeitraum, der über die frühen Jahre der Reformation hinausreicht. Damit sollte nur die Heterogenität der Interessen im Territorialadel herausgestellt werden, die in Verbindung mit der Reformation politisch wirksam wurden und nach den sogenannten „Sturmjahren der Reformation“ zur Konfessionalisierung der Politik wie zur Politisierung der Konfessionsbildung führten. Doch davon muß später gesprochen werden. Jetzt schon ist festzuhalten: Daß sich eine besondere Beziehung zwischen den Interessen des Adels, zumindest einem Teil des Adels, und den reformatorischen Ideen Luthers herstellen konnte, hatte sich bereits auf dem Reichstag zu Worms 1521 gezeigt. Ohne den mächtigen Schutz Friedrichs des Weisen wäre ein Gebannter nicht unter Zusicherung freien Geleits nach Worms gelangt und von dort als Geächteter nicht wieder ungebrochen abgezogen. Thomas Müntzer hatte später den Mut vor Kaiser und Reich, dessen Luther sich rühmte, in Frage gestellt. In seiner *Hochverursachten Schutzrede* behauptete er, Luther sei unter dem starken Interessendruck des Adels gar keine andere Wahl geblieben, wollte er sein Leben nicht aufs Spiel setzen, als vor dem Kaiser standfest zu bleiben und den Widerruf seiner Schriften zu verweigern. Diese Behauptung ist übertrieben und unterschätzt die Selbständigkeit des Reformators, denn den Reichsständen wäre ein Widerruf Luthers gerade recht gewesen, um auf diese Weise endlich Einmütigkeit im finanziellen Abwehrkampf, den *Gravamina nationis Germaniae,* auf dem Reichstag zu erreichen. Müntzer hat aber doch nicht ganz unrecht, wenn er eine Übereinstimmung reformatorischer und adliger Interessen bereits im frühen Stadium der Reformation beobachtet. Es war ja nicht nur der Kurfürst, der Luther protegierte, auch eine starke Gruppe des niederen Adels in den deutschen Landen bot Luther lautstark Schutz und Unterstützung an, nicht zuletzt Franz von Sickingen, der den Reformator auf die Ebernburg eingeladen hatte.

Der niedere Adel war es überhaupt, der von der Reformation auf besonders vitale Weise erfaßt wurde. Um diesen Prozeß zu verstehen, müssen wir die politische, soziale und wirtschaftliche Situation kurz behandeln, in der sich dieser Adel damals befand.[19]

Die politische Situation: Im Kapitel über die vorreformatorischen Entwicklungen wurde von der Tendenz der Landesherren gesprochen, ihre Territorien auszubauen und zu festigen. Das ließ sich zunächst nur auf Kosten der kaiserlichen Zentralgewalt, dann aber auch auf Kosten des grundherrschaftlichen, niederen Adels erreichen. Der politische Einfluß des niederen Adels, der die Grundherrschaften gegenüber dem Landesherrn politisch mehr oder weniger abschloß und für die Hintersassen die Obrigkeit schlechthin darstellte, mußte zurückgedrängt werden. Der Adel wurde über die Landtage zwar an der gesamtpolitischen Macht beteiligt, jedoch auch unter Kontrolle gehalten; und die relative Autonomie der grundherrlichen Gewalt wurde durch verschiedene Maßnahmen erheblich eingeschränkt. Landes- und Polizeiordnungen wurden erlassen, die der landesherrlichen Befehlsgewalt in den .Grundherrschaften zum Erfolg verhalfen; die Gerichtsbarkeit wurde vereinheitlicht und in allen wichtigen Fällen an den landesherrlichen Hof gezogen; einige Steuern wurden von den Hintersassen direkt – an den Grundherren vorbei – erhoben, und selbst die Grundherren wurden besteuert. Eingeschränkt wurde auch die Verfügungsgewalt des niederen Adels über Forst, Wild, Bodenschätze und Zölle.

Die soziale Situation: Der niedere Adel, vor allem die Reichsritterschaft, war mit zunehmender Verbesserung der Militärtechnik funktionslos geworden. Das Heer berittener Kämpfer konnte nichts gegen die beweglichere und mit vielseitigerem Kriegsgerät ausgerüstete Söldnertruppe ausrichten. Ein Ritter, für den keine Verwendung mehr besteht, büßt soziales Prestige ein. Das geschieht vor allem, wenn auch das Statussymbol, die Ritterburg, gebrochen wird. Die Burgen konnten der neuen Kanonen- und Belagerungstechnik nicht mehr standhalten. Ihr Stolz war dahin. Soziales Prestige büßte der niedere Adel auch dadurch ein, daß die Landesherren ihm die Jagdrechte auf Großwild streitig machten. Eine Obrigkeit, die sich nicht mehr standesgemäß darstellen konnte, mußte sich im Niedergang befinden. Wer nur Hasen jagen darf, kann keinen „Staat" machen. Einige Ritter konnten sich in den Verwaltungsdienst der Territorialherren oder des Kaisers stellen. Sie rückten als Ministeriale am Hof auf. Doch mit zunehmender Bedeutung, die das römische Recht für die Landesherren gewann, verstellten Rechtsgelehrte, die sich aus dem gehobenen Stadtbürgertum rekrutierten, den Rittern den Weg zu dieser Karriere. Die Reichsritterschaft und der niedere Adel allgemein waren ein angeschlagener Stand.

Die wirtschaftliche Situation: Auch wirtschaftlich mußte der niedere Adel sich bedrängt fühlen. Einmal fielen bei der Reichsritterschaft die Einkünfte aus den militärischen Dienstleistungen fort. Zum zweiten litten die Grundherren immer noch an den Folgen der Agrarkrise im Anschluß an die Große Pest des 14. Jahrhunderts. Die Bauern profitierten gelegentlich von der Marktkonjunktur, während die Grundherren, die ihre Erträge nicht nennenswert erhöhen konnten, unter ihr litten. Sie mußten für gewerbliche Erzeugnisse teuer bezahlen und sich in der Regel beim Stadtbürgertum hoch verschulden. Das verminderte nicht gerade die Spannungen zwischen Adel und Stadtbürgertum. Ganz im Gegenteil: Viele Reichsstädte konnten gerade in dieser Zeit ihre ländlichen Territorien auf Kosten des niederen verarmten Adels beträchtlich erweitern. Und vielen Städtern gelang es, sich Grundeigentum auf dem Lande mitsamt den grundherrschaftlichen Rechten zu erwerben. Und drittens hat sich die zentrale Steuerpolitik wirtschaftlich zum Nachteil der Grundherren ausgewirkt, ebenso das Bemühen der Landesherren, ländliches Gewerbe in den Dörfern anzusiedeln und zu unterstützen, auch Schürfrechte im Bergbau geltend zu machen und an größere Kapitalgesellschaften zu verpfänden. Insgesamt ging die frühkapitalistische Entwicklung, soweit sie auch den ländlichen Bereich erfaßte, am grundherrschaftlichen Adel vorbei, ja, belastete ihn nur. Er war politisch, sozial und wirtschaftlich in Bedrängnis geraten und suchte nach Auswegen aus dieser Situation.

Zum einen stellte er sich der landesherrlichen Politik des Territorialismus entgegen, indem er sich nicht an den „Großen Landfrieden" des Wormser Reichstags von 1495 gebunden fühlte, sondern weiterhin am Fehderecht festhielt und für Unruhe und Unsicherheit in den Territorien sorgte. Viele Ritter bestanden darauf, sich ihr Recht gewaltsam zu holen, wenn es ihnen vorenthalten wurde oder wenn die Exekutivgewalt nicht in der Lage war, gerichtliche Urteile wirksam zu vollstrecken. Wo der Zollbann über sie verhängt wurde, überfielen sie Kaufmannszüge und raubten sie aus. Gelegentlich führten sie eine rauhe Existenz als Raub- und Strauchritter.

Zum andern versuchte der niedere Adel, die wirtschaftliche Belastung, die ihn drückte, auf die bäuerlichen Hintersassen abzuwälzen. Die Abgabeforderungen wurden erhöht, alte, längst erloschene Rechte, wie die Leibeigenschaft, wurden reaktiviert. So zogen die Grundherren sich nicht nur die Feindschaft von Landesherren und Städten zu, sie machten sich auch ihre eigenen Hintersassen zu gefährlichen Gegnern.

Und drittens versuchte es der niedere Adel mit der Reformation. Er hat sehr schnell herausgefunden, daß Luther dem Adel eine besondere Aufgabe in der Verantwortung für Kirche und Reich zugesprochen hatte: „der armen kirchen das beste zuthun". Die Adelsschrift spricht davon.[20] Das spektakulärste Beispiel, wie sich die Interessen des niederen Adels mit den Zielen der Reformation verbanden, ist der Aufstand der Reichsritter unter Franz von Sickingen.[21]

Dieser Ritter war jedoch kein verarmter Sproß des Adels, sondern ein aufstrebender, selbst- und machtbewußter Führer unter den Rittern Deutschlands. Er war gerade dabei, sich ein ganzes Territorium von Hessen über die Pfalz bis ins Oberelsaß zu erobern: eine Kette von Reichsritterburgen. Er war schon fast ein Territorialfürst. Auf der Ebernburg in der Pfalz, die Ulrich von Hutten als „Herberge der Gerechtigkeit" besang, versammelten sich Humanisten und Reformer aus dem evangelischen Lager. Auch Ulrich von Hutten fand hier Zuflucht und konnte seinen literarischen Reformeifer auf Franz von Sickingen übertragen. Ebenso hielt sich dort Martin Bucer auf, der spätere Reformator Straßburgs, und Johannes Ökolampad, der Reformator Basels. Sie gaben dem politischen Ziel Sickingens, ein Reich ohne Landesfürsten zu schaffen, eine humanistische, von neuem Nationalgefühl angefachte und eine reformerische, antiklerikale Rechtfertigung. Es war für Sickingen nicht ganz einfach, die Sympathie für Luther mit dem Wohlwollen zu vereinbaren, das er zunächst auch noch vom romtreuen Kaiser benötigte, um sich als machtvoller Führer der Ritterschaft zu behaupten. Es war für ihn auch nicht leicht, die Ritterschaft in einer „Christlichen Vereinigung" zusammenzuführen. Die Loyalitäten der Ritter waren in den Interessenkonflikten jener Jahre zu unterschiedlich: Die Ritter schwankten zwischen Kaisertreue, Reformbegeisterung, militantem Vorgehen und taktischer Zurückhaltung. Hutten versuchte auch, ein Bündnis zwischen Ritterschaft und Reichsstädten zustande zu bringen, indem er auf die gemeinsame Feindschaft zum Landesfürstentum setzte. Doch ein solches Bündnis gingen die Städte mit einem für sie höchst dubiosen Ritterstand nicht ein. Martin Bucer hatte in seiner scharfen antiklerikalen Flugschrift *Neu-Karsthans* auch eine Allianz zwischen dem Reichsritter und dem Bauern ins Gespräch gebracht. Die Ritter selbst hatten jedoch nicht im Sinn, mit den bäuerlichen Untertanen ernstlich gemeinsame Sache zu machen. Schließlich hatte Franz von Sickingen so viel militärische Macht gesammelt, daß er gegen den ihm verhaßten Erzbischof und Kurfürst Richard Greifenklau von Trier zu Felde ziehen konnte. Dieser Landesherr war ein ideales Angriffsziel: Erstens war er geistlicher Herr und zog die reformatorisch-antiklerikalen Affekte gegen die weltlichen Herrschaftsgelüste des Klerus auf sich; zweitens hatte er mit seiner offenen Sympathie für den französischen König, der sich 1519 neben dem Habsburger um die Kaiserkrone beworben hatte, die nationalen Gefühle der Humanisten beleidigt; und drittens war das geistliche Kurtrier den politischen und territorialen Plänen Franz von Sickingens ein Dorn im Auge.

Sickingen belagerte Trier, konnte die Stadt aber nicht einnehmen. Er hatte mit einer stärkeren Unterstützung durch deutsche Ritter gerechnet. Sie blieb jedoch aus: entweder weil der militärische Zuzug aus dem Norden vom hessischen Landgrafen verhindert wurde oder weil die Ritter sich nicht in ein riskantes Abenteuer stürzen wollten. Sickingen mußte sich mit seinem Heer auf seine Burgen zurückziehen. Die fürstlichen Heere Triers, der Pfalz und Hessens gingen gegen Sickingens Burg Landstuhl vor. Am 6. Mai 1523 fiel der Reichsritter, und seine Burgen wurden geschleift.

Mit dieser Niederlage endete das letzte große Aufgebot der Ritter gegen die Landeshoheit; seitdem schied die Ritterschaft als bedeutende Kraft aus dem politischen Geschehen aus. Die Anhänger Sickingens und Huttens sahen in der antiklerikal-reformatorischen Bewegung eine Chance, nicht nur eine Fehde, sondern einen Aufstand mit dem Ziel einer politischen und kirchlichen Neuordnung des Reichs gegen die Landesfürsten und die altgläubige Geistlichkeit zu gewinnen. Sie hatten ihre politischen und humanistischen Interessen; sie waren aber von der Sache Luthers überzeugt und fühlten sich berufen, der Reformation notfalls mit dem Schwert zum Siege zu verhelfen. Luther hatte den Feinden des Evangeliums in den frühen Jahren zwar gelegentlich recht martialisch gedroht, nach der Niederlage Sickingens meinte er aber, daß durch den Aufstand der Reichsritter nur Haß gegen die Reformation gesät worden sei. Sowohl die Reformatoren als auch die Humanisten haben sich von den militanten Tumulten, die Hutten und Sickingen auslösten, distanziert. Die Ritterschaft schied nicht nur als politische und soziale Kraft aus; sie spielte auch keine nennenswerte Rolle mehr im Durchsetzungsprozeß der Reformation.

In ihrem Bekenntnis zur oder gegen die Reformation folgten die Ritter politischen Erwägungen: entweder wandten sie sich der Reformation zu, weil sie Widerstand gegen die altgläubige Landeshoheit zum Ausdruck bringen wollten, oder sie blieben aus eben demselben Grund altgläubig, wenn der Landesherr ins protestantische Lager übergewechselt war. Schließlich war ihr Stand auch oft so schwach, daß sie sich selbst dieses Zeichen ihrer Renitenz nicht mehr leisten konnten: sie übernahmen die Konfession des Landesherrn.

Ulrich von Hutten und Franz von Sickingen war es für kurze Zeit im Aufbruch der Reformation gelungen, Politik und Religion aus einer Wurzel zu begreifen und für eine Erneuerung von Reich und Kirche zu kämpfen. Später war der niedere Adel dazu nicht mehr fähig.

3. Reformationspropaganda in Flugschriften

Der Streit um die Reformation griff schnell um sich. Priester und Laien, Gelehrte und Studenten mischten sich ein. Dieser Streit wurde auf Kanzeln und Kathedern, in Ratsstuben und auf den Straßen, vor allem aber in Flugschriften ausgetragen. Buchführer brachten diese Ware über Land, und Händler boten sie auf den Märkten an. Ohne die Flugschriften wären die reformatorischen Ideen sicherlich nicht so zügig und wirkungsvoll unters Volk gekommen. Selbst an entlegenen Orten des Reichs tauchte die Kunde vom aufmüpfigen Augustinermönch zu Wittenberg auf, Nachrichten und Gerüchte über Reformen wurden neugierig aufgenommen und weitererzählt. Gemeinsam mit der Predigt, die im Zuge der Reformation zum zentralen Ereignis im Gottesdienst wurde, stellte die Flugschrift das wichtigste Medium dar, das die Reformation verbreiten half. Die Predigt schuf eine lokale reformatorische Öffentlichkeit und hat eine Bewegung für die Reformation in Gang gesetzt; die Flugschrift stellte eine überregionale Öffentlichkeit her.[22] Die Wirkung des gedruckten Worts war aber da am größten, wo es Predigt und Gespräch, Disputation und Agitation beeinflussen, d.h. sich in einer „Gesellschaft mündlicher Kommunikation“[23] durchsetzen konnte.

Flugschriften waren Traktate, Pamphlete und Predigten, Dialoge, Thesen und Beschwerden, Satiren, Sendschreiben und Bekenntnisse, „Neue Zeitungen“, Reformprogramme und Apologien.[24] Auch kirchenkritische Schriften aus dem späten Mittelalter wurden neu aufgelegt.

Was kurz und aktuell war, volkstümlich und in deutscher Sprache verfaßt, wurde als Flugschrift gedruckt und verkauft. Verbreitet wurden, allerdings in geringerem Maße, auch lateinische Flugschriften. Das Druckgewerbe erlebte, durch die technische Erfindung der beweglichen Lettern vorbereitet, einen ungeheuren Aufschwung, und viele Künstler beteiligten sich mit Holzschnitten und Stichen an dieser auflagenstarken Produktion. Sie sorgten für aussagekräftige Titelseiten und einfache, ansprechende Illustrationen. Besonders das antiklerikale Argument von Bild und Gegenbild erhielt hier einen graphischen Ausdruck, nicht nur auf fliegenden Blättern, sondern auch in Flugschriften. Immer neue Variationen ließen sich die Künstler in ihren Werkstätten einfallen. Schlagwort und Schlagbild waren eine scharfe Waffe im Meinungskampf der frühen Reformationsjahre. Um aber keinen falschen Eindruck entstehen zu lassen: Nicht das Bild, sondern das Wort herrschte in den Flugschriften vor.[25]

Die Flugschriftenliteratur ist Propaganda- und Agitationsliteratur. Das unterscheidet sie von spätmittelalterlicher „Gebrauchsliteratur“.[26]

Sie drängt jetzt zur Entscheidung für die eine oder andere Seite im Streit der Meinungen und ruft zum Kampf für die Erneuerung der Christenheit oder für die Selbstbehauptung der römischen Kirche auf. „Eine Flugschrift ist eine aus mehr als einem Blatt bestehende, selbständige, nichtperiodische und nicht gebundene Druckschrift, die sich mit dem Ziel der Agitation (d.h. der Beeinflussung des Handelns) und/oder der Propaganda (d.h. der Beeinflussung der Überzeugung) an die gesamte Öffentlichkeit wendet."[27] Das ist ein ganz allgemeiner Versuch, die Gattung der Flugschriften als Massenkommunikationsmittel der Frühen Neuzeit zu bestimmen. Mit den Definitionen, die bisher vorgeschlagen wurden, hat sich zuletzt Hella Tompert auseinandergesetzt und gezeigt, wie schwierig es tatsächlich ist, eine durchgreifende, für eine Definition verwendbare Unterscheidung von spätmittelalterlicher und reformatorischer Publizistik zu treffen. Sie resümiert: „Folglich stellt sich zu Recht die Frage, wieweit bei der derzeitigen Forschungslage die propagandistische Praxis des späten Mittelalters und der frühen Neuzeit nicht weithin undurchsichtig bleiben muß."[28] Die Flugschriften wurden zur Verbreitung *und* Abwehr reformatorischer Ideen und Initiativen eingesetzt. Auf keinen Fall läßt sich ein Gattungsbegriff aus dem theologischen, womöglich reformatorischen oder gar genuin lutherischen Gehalt der Flugschriften entwikkeln. Die Darstellung der Reformationszeit muß sich vorerst mit einer allgemeinen Beschreibung der Flugschriftenliteratur begnügen. Es ist aber nicht zu übersehen, wie weitgestreut, intensiv und lautstark jetzt das Medium der Flugschriften eingesetzt wurde und daß allein schon dieser gegenüber dem Spätmittelalter quantitative Unterschied auf die wache Bereitschaft in der Bevölkerung schließen läßt, einen Streit um bessere Zeiten zu wagen und durchzustehen.

Martin Luthers Reformschriften, Andreas Karlstadts Traktate und Ulrich von Huttens Pamphlete kursierten in hohen Auflagen unter dem Volk. Bald schaltete sich auch Ulrich Zwingli ein. Die Gegner machten sich ebenfalls dieses Medium zunutze. Thomas Murner veröffentlichte neben anderem die Satire vom *Großen Lutherischen Narren* (1522), Johann Eck, Hieronymus Emser und Johann Cochlaeus, Petrus Sylvius, Wolfgang Wulfer und Hieronymus Dungersheim von Ochsenfahrt[29] begegneten den Wittenberger Reformatoren mit grobschlächtiger Polemik. Die Reformatoren zahlten mit gleicher Münze heim. Doch es blieb nicht beim Streit der Gelehrten und Literaten, die in die Niederungen des Marktgeschreis hinabstiegen, um eine möglichst große Öffentlichkeit für diesen Streit herzustellen. Schnell bezogen bekannte und anonyme Sympathisanten der Reformation ihre Stellung in diesem Flugschriftenkrieg. Das waren Autoren, die sich teilweise gar nicht anders als im Medium der Flugschrift zu äußern verstanden: grobschlächtig und holzschnittartig. Sie begannen, die altgläubigen Autoren zu verdrängen und das Feld der Massenkommunikation zu beherrschen. Das Druck- und Verlagswesen hatte sich inzwischen weitgehend in den Dienst der aufsehenerregenden Reformation und des Profits gestellt, so daß es den Altgläubigen fortan schwerfiel, sich auf dem Markt zu behaupten und einen Drucker zu finden.

Der *Karsthans* erschien 1521 als Antwort eines Anonymus auf die Ausfälle Murners gegen Luther. Pamphilus Gengenbach, ein Basler Drucker, Moralist und Satiriker, reagierte in seiner *Novella* (1523) spitz und spöttisch auf den *Großen Lutherischen Narren* und gab den Verfasser dem allgemeinen Gelächter preis. Höchstwahrscheinlich war es Martin Bucer, der damals in den Diensten Franz von Sickingens den *Neu-Karsthans* schrieb: ein Gespräch zwischen Ritter und Bauer (1523). Vorher erschien die *Beclagung aines leyens genannt Hanns schwalb über vil mißbriich Christliches lebens* (1521), im selben Jahr veröffentlichte auch der ehemalige Franziskanermönch Eberlin von Günzburg die *Fünfzehn Bundgenossen* und legte seine Vision von einer besseren Gesellschaft in dem Abschnitt über die *Wolfaria* nieder. Der Ulmer Barfüßermönch Heinrich von Kettenbach ließ 1523 eine *Apologia und Verantwortung Martini Luthers wider der Papisten Mordgeschrei*, ein *Sermon wider des Papsts Küchenprediger zu Ulm* und *Ein Vermahnung Junker Franzen von Sickingen zu seinem Heer* ausgehen. Eine Predigt des sogenannten Bauern von Wöhrd tauchte 1524 auf und lief in verschiedenen Drucken um, Predigtsummarien vertriebener Prädikanten oder Pfarrer legten Rechenschaft von der frühen reformatorischen Verkündigung in den Städten ab.[30] Hans Sachs ließ von Nürnberg aus seine reformationsfreundlichen Verse und Strophen verbreiten, besonders wirkungsvoll war seine *Disputation zwischen einem Chorherrn und Schuhmacher,* die in ihrem Entstehungsjahr 1524 allein in zehn Ausgaben auf den Markt kam. Die berühmten *Zwölf Artikel* der oberschwäbischen Bauernschaft wurden 1525 in 25 Drucken über Land geschickt; andere Beschwerden, Aufrufe und Verfassungsentwürfe der Aufständischen folgten, doch schon im Vorfeld des Bauernkriegs tauchten erste Flugschriften mit lokalem Zuschnitt auf, die Pfaffenhaß schürten und Zehntverweigerungen rechtfertigten. Auch die Schriften radikaler Reformatoren fanden ihre Drukker und Leser Schriften Müntzers, der Täufer und der Spiritualisten. Astrologische Deutungen, Weissagungen mehr oder weniger obskurer Propheten und apokalyptische Visionen schreckten die Menschen. Diese kurze Aufzählung muß genügen. Sie steht für eine fast nicht mehr zu überschauende Fülle propagandistischer Flugschriftenliteratur.

Es ist nicht schwer, zwischen altgläubigen und reformationsfreundlichen Flugschriften zu unterscheiden. Angriff auf die römische Kirche und Verteidigung der päpstlichen Hierarchie sind offensichtlich. Große Schwierigkeiten treten indessen auf, wenn versucht wird, die Positionen der Autoren genauer zu bestimmen, die das reformatorische Bemühen Martin Luthers und seiner Freunde unterstützten. Susanne Ritter teilt die Flugschriftenliteratur in drei Gruppen ein: in Schriften, die erstens von „altkirchlichen" Autoren verfaßt wurden, zweitens von „der Reformation fernerstehenden Publizisten" und drittens von „engeren Anhängern" der Reformation. Zur mittleren Gruppe zählt sie den weiten Kreis derjenigen, die aus humanistischen, moralischen, sozialen und wirtschaftlichen Motiven nur die äußeren Mißbildungen der Kirche angriffen, sich ansonsten aber „weiterhin der bestehenden Kirche als Heilsanstalt verbunden" fühlten.[31] Die reformatorischen Flugschriften lassen sich dagegen an ihrem Wortverständnis erkennen. Sie vertreten nicht das *sola-scriptura*-Prinzip in formalem Sinn, wie es die Autoren der mittleren Gruppe taten, sondern das Wortverständnis Luthers, nämlich „daß im Evangelium Christus selbst gegenwärtig sei".[32] Auf diese Weise würde die breiteste Gruppe der Flugschriften allerdings aus der reformatorischen Bewegung ausscheiden. Das hat Heinz Scheible zu recht kritisiert. Einmal, so meint er, gelingt es auf diese Weise nicht, die Grenzen zwischen beiden Gruppen genau zu ziehen; da sich Elemente des reformatorischen Wortverständnisses auch in den Schriften der zweiten Gruppe finden; und zum andern ist der Begriff des Reformatorischen zu eng gefaßt. Der „hermeneutische Ansatz" Luthers ist genauso schwierig aufzunehmen wie dessen Rechtfertigungslehre. Die Reformation wäre ausgerechnet von den zahlreichen Autoren unterstützt und vorangetrieben worden, die den Sinn der Reformation überhaupt noch nicht erfaßt hätten.[33]

Auch Scheible unterscheidet drei Gruppen: die römischen, die reformerischen und die reformatorischen Flugschriften. Anders als Ritter hat er den Begriff des Reformatorischen aber weiter gefaßt. Dieser Begriff orientiert sich an der Anschauung vom Priestertum aller Gläubigen und von der Klarheit der Schrift. Beide Kriterien markieren den Bruch mit der römischen Kirche und verleihen den reformatorischen Flugschriften auf diese Weise einen revolutionären Charakter.[34] Diese Flugschriften können die Rechtfertigungslehre zur Sprache bringen (als ein engeres Kriterium der spezifisch lutherischen Theologie), müssen es aber nicht. Sie können aus dem hermeneutischen Ansatz Luthers konzipiert sein, müssen es aber nicht. Die begriffliche Erweiterung des Reformatorischen vergrößert auf jeden Fall den Kreis der Flugschriften, die reformatorisch zu nennen sind. Ist dieser Kreis aber schon weit genug geschlagen? Der weite Begriff des Reformatorischen entspricht dem Unvermögen der Zeitgenossen, im Kampf um die Erneuerung der Kirche theologisch allzu scharf zu differenzieren. Als reformatorisch wurde in den frühen zwanziger Jahren jede Stellungnahme empfunden, die sich gegen die Altgläubigen wandte, um eine Erneuerung der gesamten Christenheit zu erreichen: der Kirche und der Gesellschaft. Scheible scheint unter der Erneuerung der Christenheit allerdings nur eine Erneuerung der Kirche und nicht zugleich auch der Gesellschaft zu verstehen. Offensichtlich deutet er den gesamtgesellschaftlichen Reformationsimpuls im Sinne des spätmittelalterlichen reformatio-Modells und ordnet die reformerischen Flugschriften, die noch nicht zur reformatorischen Konzentration auf die Kirche durchgedrungen sind, diesem Modell zu.

Das erklärt, warum er Eberlin von Günzburgs *Fünfzehn Bundgenossen* nicht zu den reformatorischen Flugschriften zählt. Steven E. Ozment dagegen sieht gerade in diesen *Bundgenossen* eine typisch reformatorische Schrift.[35] Wenn es den Nachgeborenen schon schwerfällt, diese Schrift klar zu erfassen, wird es den Zeitgenossen nicht leichtergefallen sein, sie eindeutig einem reformerischen oder reformatorischen Lager zuzuweisen. Und nur wenn für die Öffentlichkeit der frühen Reformationszeit nicht zwischen einem spätmittelalterlichen und einem lutherischen reformatio-Modell unterschieden wird, ist es möglich, auch die radikalreformatorischen und die bäuerlichen, aber auch die vielen, aus einem städtisch-kommunalen Geist entstandenen Flugschriften Oberdeutschlands wirklich zu den reformatorischen Flugschriften zu zählen. So wird es sinnvoll sein, alle antirömischen Flugschriften einem reformatorischen Lager zuzuweisen, das ein Sammelbecken theologisch höchst heterogener Geister war, die sich in ihrem Angriff auf den römischen Klerus allerdings einig waren und nach und nach erst anfingen, sich genauer zu erkennen und voneinander zu trennen.

Die meisten Flugschriften erschienen zwischen dem Thesenanschlag Martin Luthers und dem deutschen Bauernkrieg. Das war eine erregte Zeit; und die Flugschriften waren Ausdruck dieser Erregung, ja, sie sorgten dafür, daß Euphorie und Enthusiasmus weite Kreise zogen und nicht zu schnell wieder erloschen. Gelegentlich setzte das Erscheinen von Flugschriften besonders heftig ein, wenn eine Bedrohung der Reformation heraufzog oder die Anhänger des „neuen Glaubens" eine Stagnation der reformatorischen Bewegung befürchteten. Adolf Laube spricht von einer Krisenstimmung in den Jahren 1523/24.[36] Das sind auffälligerweise die Jahre, in denen sich der „gemeine Mann" besonders intensiv im Flugschriftenkrieg engagierte.[37] Er wollte einem Zerfall der reformatorischen Bewegung nicht tatenlos zusehen. Die Flugschriften kreisten um die Themen, die der Wittenberger Reformator in die öffentliche Diskussion einbrachte. Auch wenn viele Schriften nicht die genuin reformatorischen, sondern nur die Themen aufgriffen, die sich vorher bereits im Protest gegen geistliche Autoritäten bewährt hatten, erhielten sie ihre besondere

Aktualität und Resonanz jetzt durch den Streit, den Luther vom Zaun gebrochen hatte. Die Flugschriften kreisten jedoch nicht nur um Themen und Argumente; sie entzündeten sich auch an Personen und Ereignissen, an Ereignissen nämlich, die den Gang der Reformation förderten oder behinderten, und an Personen, die im Zentrum des Streits standen. Das kann hier nur kurz skizziert werden.

1. Aus den meisten Flugschriften schlägt uns ein unbändiger antiklerikaler Kampfgeist entgegen. Papst, Bischöfe und Kardinäle, Priester, Mönche und Nonnen werden verspottet, belächelt und getadelt, angegriffen, bedroht und verdammt. Sie sind schuld an dem Niedergang der Christenheit. Die Flugschriften bestätigen das Bild, das bisher von der antiklerikalen Atmosphäre in den frühen Jahren der Reformation gezeichnet wurde, mehr noch: sie sind zwar nicht die einzige, aber die wichtigste Quelle, die über das Ausmaß und die Wirkung des Antiklerikalismus eine zuverlässige Auskunft gibt. Beachtet werden muß allerdings, daß die propagandistische und agitatorische Absicht der Flugschriften gelegentlich dazu verführte, die Mißstände zu übertreiben und die Erfahrung mit dem Klerus zu stilisieren. Die Denunziation wurde nicht selten in der Sprache biblischer Lasterkataloge und Sozialkritik vorgebracht. Sonst aber entfalteten die Flugschriften das ganze Szenarium antiklerikaler Phantasie, von dem auch andere Quellen berichten. Die Vielzahl der Gravamina wurde aufgegriffen und mit Entrüstung beschrieben. In zahlreichen Fällen erschöpften sich die Flugschriften geradezu darin, das Entsetzen über die haltlosen Zustände in der Kirche zu artikulieren und die Leser zu Protest und Kampf aufzurufen – oft ohne jeden theologischen Tiefgang. Der antiklerikale Kampf wurde auf unterschiedliche Weise geführt. Einmal wurde eine kräftige, holzschnittartige, aber theologisch durchdachte und sorgsam begründete Argumentation gewählt, um von der Hinfälligkeit der klerikalen Hierarchie und von der Notwendigkeit einer zukünftigen Reformation zu überzeugen. Ein anderes Mal wurde das bereits erwähnte Kontrastargument oder -bild eingesetzt, das seine Wirkung nicht verfehlen konnte. Lang und breit stellt Heinrich von Kettenbach in seiner *Vergleichung* das Verhalten des Papstes zu Rom dem Verhalten Christi oder der Apostel entgegen. Ein drittes Mal wird die Lehre Luthers in Schutz genommen und verteidigt. Auch darin versteht Kettenbach sich besonders gut und schreckt in seiner *Apologie* nicht vor Übertreibungen zurück; so meint er, den antiklerikalen Stoß um so kraftvoller führen zu können. Mit einer Reihe negativer Beobachtungen erwidert er den altgläubigen Angriff auf Luthers Beichtkritik. Er beginnt so: „Die erst frucht, die auß dem bychten kumpt, ist die frucht des lybs. Dann daher kommen vil schöner kyndleyn, die man banckert oder hurn kynder nennt, die der heyligen bycht-

vetter synt mit irenn bychttochter uberkommen. Dann etlich haben die vogelsucht hart, so doch der mann wenig nutz ist, do muß der bychtvatter helffen. Also mag etwan ein bychtvatter zo trösten zuzyten unnd leufft rancken untter den wybern, wie ein farr untter einer hert küe."[38] Und ein viertes Mal wird – das gilt für die Gesprächsbüchlein – der Dialog so geführt, daß der „gemeine Mann" die Argumentationsschwäche seines altgläubigen Gesprächspartners erkennt und sich von der Rechtschaffenheit des „neuen Glaubens" selbst überzeugt. Das sind die auffälligsten Merkmale antiklerikaler Argumentationstechnik. Sie dient dazu, das Feindbild für den reformatorischen Kampf aufzubauen.

2. Das Gegenbild zum verkommenen Kleriker ist der einfache fromme Laie. Nicht der Geistliche, sondern der Bauer, die Magd und der Knecht, der Handwerker und die Marktfrau verwirklichen das Ideal des „homo religiosus": Nicht den Hohen, sondern den Niedrigen wendet Gott sich zu. Sie sind das „auserwählte" Volk; die Hohen werden von ihrem Stuhl gestoßen, die Niedrigen erhöht werden. Ganz entscheidend hat Luthers Anschauung vom Priestertum aller Gläubigen dazu beigetragen, dieses antiklerikale Selbstbewußtsein des „gemeinen Mannes" theologisch zu vertiefen und zu stärken. Der „gemeine Mann" wird in zahlreichen Flugschriften zum Prototyp des evangelischen Christen und zum Träger der reformatorischen Bewegung. Davon zeugen besonders die Dialogflugschriften oder Gesprächsbüchlein: Hans Sachs veröffentlichte die erwähnte *Disputation zwischen einem Chorherrn und Schuhmacher* (1524), Utz Rychßner *Ein hübsch Gesprächsbüchlein von einem Pfaffen und einem Weber* (1524), der *Neu-Karsthans* ist ein Dialog zwischen dem Ritter Franz von Sickingen und einem Bauern (1523).[39] Der „gemeine Mann" wird jedoch nicht nur als Gesprächspartner literarisch eingesetzt; er meldet sich auch selber zu Wort: Hans Schwalb und Hans Sachs, Männer und Frauen.[40] Und schließlich kommt es vor, daß sich sogar zwei Laien gemeinsam über ein theologisches Problem unterhalten: *Ein Gesprächsbüchlein von einem Weber und einem Krämer über das Büchlein Doktor Mathie Kretz von der heimlichen Beicht* (1523). Der erfolgreichste Laie im Täufertum, der Flugschriften und Bücher verfaßt hat, war der Kürschner Melchior Hoffman. So erhielt der Laie in den Flugschriften nicht nur ein positives Image. Er fand in diesem Medium auch ein besonders wirksames Mittel zur Selbstdarstellung.

3. Unter den theologischen Themen im engeren Sinne stehen der Ablaß, die Lehrautorität des Papstes, die Gelübde, die Sakramente, die Bilderfrage im Vordergrund. Über den Inhalt der Verkündigung auf den Kanzeln geben vor allem die sogenannten Predigtsummarien Aufschluß.[41] Hinzu treten Äußerungen zur Armenfürsorge, zum Wucher, zu Zins und Zehnt, zur besseren Ordnung der sozialen und wirtschaftlichen

Verhältnisse.[42] Viele Flugschriften beschäftigen sich – vor allem in den erwähnten Krisenjahren – mit den Aufgaben der Obrigkeit und fordern die weltlichen Herrscher auf, die Reformation zu schützen, wo sie Fuß gefaßt, und zu fördern, wo sie sich noch nicht durchgesetzt hat. Um 1525 nehmen sich viele Flugschriften der bäuerlichen Beschwerden an und versuchen, eine Reformation im Modus revolutionärer Agitation zu propagieren. Auch diese Themen der weltlichen Ordnung werden oft in einer einfachen Kontrastargumentation, die schon im antiklerikalen Zusammenhang eine Rolle spielte, behandelt. Die Fehlentwicklungen und Mängel werden auf den „Eigennutz" zurückgeführt und die gewünschte Neuordnung im Namen des „gemeinen Nutzens" erstrebt. Damit knüpfen diese Flugschriften an ein Argument an, das bereits im 15. Jahrhundert sozialkritisch eingesetzt wurde. Dieses Argument ist gleichsam die Kommunalisierung des „Priestertums aller Gläubigen". So glitt kirchliche in soziale Kritik hinüber, wie auch in vielen Flugschriften eine Erneuerung der Kirche eine Reform der äußeren Ordnung einschloß. Das reformatio-Modell, das in den frühen Jahren der Reformation wirkte, hatte eine gesamtgesellschaftliche Grundorientierung. Die Einschränkung, die dieses Modell bei Luther und seinem engeren Gefolge erfuhr, wird wahrgenommen worden sein, in der aufgerauhten Situation der frühen Reformationsjahre wird die propagandistische Kraft des gesamtgesellschaftlichen Modells unter dem „gemeinen Mann" jedoch stärker gewesen sein, wenn das Volk überhaupt in der Lage war, zwischen beiden Modellen zu unterscheiden.

4. Die umstrittenste Gestalt der Reformationszeit war Martin Luther. Das schlug sich auch in den Flugschriften nieder. Er erschien dort als „Held" und „Ungeheuer".[43] Er wurde gegen die Angriffe der Altgläubigen in Schutz genommen und verteidigt: er wurde als der starke Mann, der Papst und Kaiser zu trotzen wagte, verehrt und bewundert. Er hat das Evangelium wiederentdeckt, es lauter (= Luther) und rein vor aller Welt verkündigt. Seine Sendung wurde mit dem Auftrag der Apostel verglichen, seine Person und sein Charakter wurden biblisch überhöht und bis zur Apotheose verklärt. Es störte die Flugschriftenautoren nicht, daß sie ihm die Autorität des „wahren" Papstes zuschrieben und ihn in den Rang eines Heiligen erhoben, obwohl Papst und Heilige doch der Kritik des Reformators selbst verfallen waren. Verehrung und Bewunderung setzten sich über theologische Richtigkeiten hinweg. Der Bericht über den Einzug Luthers in Worms und seinen Auftritt vor Kaiser und Reich wurde in einer bekannten Flugschrift den Stationen des Leidens Christi nachgestaltet: *Doctor Martin Luthers Passion.*[44] So fanden sich bereits in den frühen Jahren mancherlei Ansätze, die zur Bildung von Legenden und zur Hagiographie anregen konnten.[45] Die Dogmatik der lutheri-

schen Orthodoxie nimmt schließlich unter die theologischen Loci einen Artikel *De Luthero* auf. Auf der anderen Seite wurde Luther als Zerstörer der christlichen Einheit getadelt und aufs gröbste verteufelt. Hier blieb keine Seite der anderen etwas schuldig. Es gab auch Autoren, die einen realistischeren Blick für die Schwächen und Stärken des Reformators hatten, und solche, die zwischen den hohen Zielen Luthers und dem Versagen der Lutheraner zu unterscheiden wußten. Das Medium der Flugschriften verleitete aber in der Regel zu scharfen Kontrasten. Bald mischte sich in diesen Streit um die Person Luthers auch heftige, ja, ausfallende Kritik ein, die ihn aus dem eigenen kirchenpolitischen Lager erreichte. Schnell hatten sich die antiklerikalen Affekte vieler Weggenossen, die stürmischer vorauseilen wollten als der Wittenberger, gegen den Reformator selber gekehrt. Er hatte sich in ihren Augen zum „Schriftgelehrten", zum „neuen Papst" und zum „Erzteufel" gewandelt. Je mehr Luther auf diese Weise von Altgläubigen und Radikalen eingekreist wurde, um so glühender wurde er von seinen Anhängern verehrt und um so kräftiger begannen die Legenden zu sprießen. Eine Ursache dafür ist sicherlich in dem Bedürfnis des Volkes nach einer eindeutigen, unangefochtenen und überlegenen Identifikationsfigur zu suchen. Eine andere Ursache wird gewesen sein, daß das einfache Volk Probleme besser verstehen kann, wenn sie sich personalisieren lassen. Luther war nicht nur der Reformator, er war göttliches Programm. Eine dritte Ursache schließlich liegt wohl in den Äußerungen Luthers selbst. Er hat seine Kritik am Antichrist zu Rom als einen prophetischen Auftrag begriffen und seinen Einsatz für die Erneuerung der Kirche als einen Kampf zwischen Gott und Satan. Das Volk überhörte die Selbstkritik, die Luther auch schonungslos äußern konnte, und zeichnete seine Gestalt in kosmische Dimensionen ein.

5. Viele Flugschriften lassen sich bestimmten Ereignissen zuordnen: dem Ablaßstreit, der Leipziger Disputation, dem Reichstag zu Worms (auch anderen Reichstagen), dem Aufstand der Reichsritter, dem Bauernkrieg, dem Martyrium einiger Lutheranhänger, dem Auftreten der Täufer, den Religionsgesprächen, der Türkengefahr, schließlich auch Ereignissen von lokal begrenzter Bedeutung. So wurde das Informationsbedürfnis befriedigt, der Meinungsstreit über Vorgänge, die viele angingen, wachgehalten und Propaganda mit Orientierungshilfe verbunden. Der Informationswert war in diesen Flugschriften allerdings gering, die Absicht zu polemisieren, zu diffamieren und die öffentliche Meinung zu beeinflussen dagegen groß. Das gilt auch für die „Neuen Zeitungen". Propaganda und Agitation waren wichtiger als Information.

Diese Themen stellen nur Schwerpunkte in der Flugschriftenliteratur dar. Gewöhnlich werden sie nicht getrennt voneinander abgehandelt, sie treten oft gemeinsam in ein und derselben Flugschrift auf und überlagern oder ergänzen einander. Hier dominiert das eine, dort das andere Thema. Das große, stets wiederkehrende und fast überall angeschlagene Thema in den reformatorischen Flugschriften aber ist der Antiklerikalismus. Er läßt sich mühelos mit allen anderen Themen verbinden und schafft mit seiner polemischen Schärfe die idealen Voraussetzungen für die Wirkung von Propaganda und Agitation. Der Antiklerikalismus ist nicht nur ein Thema der Flugschriften, er gibt ihnen zugleich Form und Stoßrichtung. Er ist ihr „Sitz im Leben".

Der frühe Lauf der Reformation ist der erste Versuch, die reformatorischen Ideen in die Praxis zu überführen; und es muß zu denken geben, daß dieser Prozeß, der in der Stadt und auf dem Lande bald noch massiv einsetzen wird, kirchliche und gesellschaftliche Reform, Reformation oder Erneuerung aufs engste miteinander verknüpft. Was Luther theologisch auseinanderzuhalten vermochte, ließ sich in der Praxis, zumindest in den frühen Jahren der Reformation, schwerlich voneinander trennen. Die Reformation zeigte ihre radikale Absicht, Kirche und Gesellschaft aus einer Wurzel zu begreifen und zu erneuern.

V.

Reichsstadt und Reformation

Der weitaus größte Teil der deutschen Bevölkerung lebte zur Zeit der Reformation auf dem Lande. Die Reformation in Deutschland selbst aber war, wie Arthur G. Dickens meinte, ein „städtisches Ereignis“.[1] Sie ging nicht von der Mehrheit aus, die auf dem Lande lebte, sondern von der Minderheit, die in Städten wohnte. Von der Stadt griff sie aufs Land über und überschritt schließlich die Grenzen des Heiligen Römischen Reichs Deutscher Nation. Ohne die Stadt, vor allem ohne die Reichsstadt, mit ihrer wirtschaftlichen Konzentration und kulturellen Ausstrahlung, wäre die Reformation nicht ein weltgeschichtliches Ereignis geworden.

1. Die Stadt im späten Mittelalter

Die deutschen Lande waren mit zwei- bis dreitausend Städten überzogen, dichter im Südwesten und am Rhein entlang, lockerer im Norden und Osten. Die meisten Städte zählten nur fünfhundert bis zweitausend Einwohner; ungefähr zwanzig waren auf mehrere tausend Einwohner angewachsen; nur wenige erreichten eine Größe von zwanzig- bis vierzigtausend Menschen. Großstädte wie in anderen Ländern gab es überhaupt nicht.[2]

Die Stadtbewohner hatten Mauern um ihre Ansiedlungen gezogen, um sich gegen anrückende Feinde zur Wehr zu setzen und den Herrschafts- und Rechtsbezirk der Stadt von ländlichen Territorien abzugrenzen. Innerhalb einer grundherrschaftlich verfaßten Agrargesellschaft waren diese Bezirke Enklaven persönlicher Freizügigkeit und genossenschaftlicher Solidarität. Tendenziell galt das für jede Stadt: für die von einem Territorialherrn abhängige Landstadt („Ackerbürgerstadt“), für die freie Landstadt (frei von einem Stadtherrn, aber ohne reichsrechtliche Anerkennung) und für die Reichsstadt, die den höchsten Grad herrschaftlicher Autonomie erreicht hatte. Um 1520 hatten ungefähr fünfundsechzig Städte die Reichsunmittelbarkeit erlangt. Die freien Landstädte und die Reichsstädte konnten am ehesten ein Bewußtsein eigener „Staatlichkeit“ ausbilden und dem Bürger das Gefühl vermitteln, daß innerhalb der Mauern für sein Wohl aufs beste gesorgt sei: für den leiblichen Schutz vor äußeren Feinden, für Frieden und Recht im Inneren, für Nahrung und Arbeit, sogar für das Heil der Seele.

Wer im Schutz der Mauern lebte, war frei und konnte die Gleichheit vor dem Recht, das in der Stadt galt, für sich in Anspruch nehmen. Diese Gleichheit erstreckte sich aber im Grunde nur auf das Recht vor Gericht. Im Hinblick auf die politischen Rechte herrschte auch in der Stadt ständisch gegliederte Ungleichheit. Kersten Krüger unterscheidet sieben Gruppen unter den Stadtbewohnern: „1. ratsfähige Bürger, die sich in manchen Städten zu geschlossenen Patriziergesellschaften zusammengetan hatten, 2. nichtratsfähige Bürger mit politischen Rechten, 3. Einwohner oder Beisassen unter dem Schutz der Stadt, aber ohne politische Rechte, 4. außerhalb dieser Gruppen stehende, aber innerhalb der Stadt lebende und versorgte Arme, Bettler, Kranke. Neben der Stadtgemeinde und nicht dem Stadtgericht unterstellt waren: 5. Angehörige der Kirche, deren Sonderstellung allerdings in protestantischen Städten beseitigt wurde, 6. Angehörige der stadt- oder landesherrlichen Verwaltung, deren in Residenzen rasch wachsende Zahl vielerlei Probleme mit sich brachte, 7. Juden mit fürstlichen oder städtischen Privilegien.“[3] Die ständische Gliederung ging auf ein ausgeklügeltes System abgestufter Privilegien zurück. Privilegiert wurden altehrwürdiges Ansehen (Ehrbarkeit, Patriziat) und Einkommen (Handelsherren, Kaufleute, Handwerker). Einen geschützten Sonderstatus nahmen Kleriker und Juden ein. Festgeschrieben wurde die ständische Gliederung in Stadt- und Polizeiordnungen.

In der Spannung zwischen genossenschaftlich empfundener Gleichheit und politischer Ungleichheit lag genug Zündstoff für soziale Konflikte. Die Stadt bot zwar Gelegenheit zu wirtschaftlichem und sozialem Aufstieg, wodurch sie sich ganz wesentlich vom Lande unterschied; doch das reichte nicht aus, um Konflikte in der Bevölkerung auszugleichen. Im Laufe des 15. Jahrhunderts verschärfte sich zudem das Verhältnis zwischen dem Rat und der Bürgerschaft. Die Phase wirtschaftlicher Schwierigkeiten, die viele Städte durchliefen, die politische Gefahr, die vor allem den freien Städten vom erstarkten Herrschaftswillen der Territorialherren drohte, und der Eintritt der Reichsstädte in die Politik der Reichstage veränderten das Verhalten des Rates gegenüber den Bürgern. Die Magistrate wuchsen in die Rolle einer Obrigkeit hinein, die gegen den Grundsatz genossenschaftlicher Ordnung verstieß und die freien Bürger zumindest tendenziell wie Untertanen behandelte. Nur so konnte der Rat den Auftrag, in angefochtener Situation für das Wohl der Stadt zu sorgen, auch wirklich erfüllen. Das aber erzeugte innerstädtische Spannungen, die durch die Initiativen von Großem Rat, Gemeindeversammlungen und Bürgerausschüssen nicht mehr gelöst werden konnten; und viele Bürger sahen sich gezwungen, ihre Interessen gelegentlich entschlossener als bisher durchzusetzen. Kaufleute und Handwerker begannen, mit rebellischen Mitteln und aufsässiger Strategie zu kämpfen. Zwischen 1475 und 1478 war der Aufstand der Weber in Augsburg, 1509 erlebte Erfurt das „tolle Jahr", und 1513 kam es in vielen Städten zu Aufläufen: in Köln, Braunschweig, Regensburg, Worms – kaum eine Stadtchronik, die nicht von solchem Aufruhr berichtet. Die Zunfthandwerker und Kaufleute kämpften um politische Mitbestimmung und setzten häufig eine halbzünftlerische oder zünftlerische Ratsverfassung durch. Der Trend zu obrigkeitlichem Machtzuwachs gegenüber der Bevölkerung in der Stadt ließ sich jedoch nicht mehr aufhalten und trug dazu bei, daß der genossenschaftliche Zusammenhalt der Stadtbürger in der zweiten Hälfte des 16. Jahrhunderts allmählich zersetzt wurde. Und nicht überall konnten die Erfolge der Zunft- und Bürgerkämpfe über die Jahre aufrechterhalten werden. Zu konspirativen Mitteln griffen auch die Gesellen. Sie schlossen sich hie und da zu Bruderschaften zusammen, um die eingeschränkten Möglichkeiten zum Erwerb des Meistertitels wieder zu erweitern und sich gegen sozialen Abstieg zur Wehr zu setzen. Immer größere Probleme schließlich erzeugten Armut und Bettel. In den stark anwachsenden Unterschichten gärte es, so daß Unruhen zu befürchten waren. Es ist nicht einfach, die Ursachen für die sozialen Spannungen zu finden. Ein Hinweis auf die Skizze der sozialen und wirtschaftlichen Entwicklungen am Vorabend der Reformation muß genügen: Bei der Bedrängnis, in die das Zunfthandwerk geraten war, wird das Verlagswesen eine Rolle gespielt haben, obwohl es schwer ist, die Wirkungen der Verlage in den Städten genau abzuschätzen. Die Abhängigkeit mancher Zunfthandwerker von Verlagsherren und der Druck, der von frühkapitalistischen Neuerungen allgemein auf das Gewerbe in der Stadt ausging, werden das Handwerk in eine Krise geführt haben. Lohnabhängige und verarmte Handwerker waren keine Seltenheit mehr (Kap. I, Abschn. 2). Nicht Harmonie und Frieden herrschten in der spätmittelalterlichen Stadt, sondern Sorge um ein Konfliktpotential, das sich langsam angesammelt hatte und jederzeit aufs neue entladen konnte.

Zu Spannungen war es auch zwischen dem Klerus und der Stadtobrigkeit gekommen, vor allem in den Reichsstädten. Diese Städte, in denen bürgerliche und kirchliche Gemeinde ineinander verwoben waren, pflegten auch die kirchlichen Angelegenheiten zum Wohle der Bürger zu fördern. Geändert wurde, was sich der städtischen Kontrolle entzog und die bürgerliche Gemeinschaft schwächte. So bemühte sich die städtische Obrigkeit, die Jurisdiktionsgewalt der Geistlichkeit zurückzudrängen und die Ehegerichtsbarkeit beispielsweise unter die eigene Hoheit zu bringen. Ohne durchschlagenden Erfolg allerdings wurde auch versucht, die Kleriker der bürgerlichen Gerichtsbarkeit zu unterstellen und als Steuerbürger in den Bürgerverband einzugliedern. Hingegen gelang den Städten, Einfluß auf die Besetzung der kirchlichen Stellen zu nehmen und teilweise die Aufsicht über Klöster und Stiftungen zu erlangen. Außerdem lag den Städten viel daran, den Geldabfluß nach Rom einzudämmen; so unterstützten sie die antirömischen Gravamina auf den Reformreichstagen. Zu einer Politik gegen den Klerus wurden die Obrigkeiten auch von den Bürgern gedrängt. Die Handwerker beklagten die wirtschaftliche Konkurrenz des klösterlichen Gewerbes und verlangten vom Rat, die Privilegien für die Klosterwirtschaften einzuschränken. „Auf den ökonomischen Befugnissen der Kirche basierten die Querelen um die kirchliche Steuerfreiheit, die „Tote Hand" oder die Testatshoheit der Geistlichen. In fast allen Städten wurde ein steter Kleinkrieg um Back-, Brau- und Grutrechte, um Molter, Mühlen, Salinen (sofern vorhanden), Schank- und Schrannen- (Scharren-)rechte, Vieh- und Weidewesen, Spinnerei, Weberei und andere Textilproduktion sowie um Weinzapf geführt. Aus dem Tatbestand kirchlichen Grund- und Gebäudebesitzes ergab sich sowohl Streit um den freien Zugang zu den Wehranlagen und um das kirchliche Asylrecht als auch das Tauziehen um die Beteiligung des Klerus an den städtischen Wachdiensten (Staken und Waken)."[4] Viele Bürger hatte auch die Erbschleicherei der Priester aufgebracht. Nüchtern rechnende Kaufleute und Handwerker wollten es nicht hinnehmen, daß Sterbende von Priestern auf Kosten der Hinterbliebenen zu großzügigen Schenkungen an die Kirche überredet wurden. Einen guten Eindruck von der aufkommenden Klerusfeindlichkeit in den Städten vermitteln die Schriften Geilers von Kaysersberg aus Straßburg. „Ir leyen hassen uns pfaffen/ und ist auch ein alter hass zwischen euch und uns. Woher kumpt der selb hass/ das ir uns feind seind. Ich hab darfür das es daher kum/ von unserm therechten leben/ daz wir so ubel leben/ und ouch ergernis geben/ ich weiss sunst kein ursach/ das kan aber nit die gantz ursach sein/ wann warumb/ wann ein versammlung beyeinander wer erberer priester/ die kein ergerniss nie hetten geben/ so hassethen ir sie dan noch auch. Es spricht mancher die pfaffen hond zu vil ..."[5] Doch die antiklerikalen Aktionen zielten nicht nur auf die wirtschaftliche und politische Stellung des Klerus. Diese Aktionen weiteten sich auch zur Kritik an nachlässiger Amtsführung in Gottesdienst und Seelsorge aus. Kritisiert wurde außerdem der liederliche Lebenswandel der Geistlichen. Der gemeine Mann konnte nicht zwischen den verschiedenen Funktionen des Klerus, den politischen und kirchlichen, unterscheiden. Um ein Beispiel zu nennen: Der „Rohraffe" im Straßburger Münster verhöhnte nicht den politischen Status des Bischofs allein, sondern auch die geistliche Amtsführung des hohen Herrn, der aus Zabern zu einem feierlichen

Gottesdienst gekommen war. Das Gelächter, das diese von einem Blasebalg der Orgel zu bewegende, mit den Gliedern schlackernde und das Maul aufreißende, den Priester nachäffende Puppe im Münster auslöste, war antiklerikaler Spott und Hohn – längst nicht mehr nur eine Volksbelustigung zu Pfingsten wie ehedem.[6] Die klerusfeindliche Politik des Rats und die antiklerikale Stimmung in der Bürgerschaft ergänzten und verstärkten einander. Der Antiklerikalismus schloß keineswegs aus, daß in der Stadt des späten Mittelalters das Bedürfnis nach geistlicher Betreuung und die religiöse Praxis besonders ausgeprägt und intensiv waren, eine rege Leistungsfrömmigkeit in vollster Blüte stand.[7] Vielleicht ist die religiöse Hochstimmung sogar der Grund für antiklerikale Entrüstung, weil Priester und Mönche hinter den Erwartungen der Laien, die sich ihr Seelenheil etwas kosten ließen, weit zurückblieben.

Die spätmittelalterliche Stadt war der Ort von Handel und Gewerbe, von Märkten und Messen. Sie war auch das Zentrum von Bildung und Kultur, im Süden mehr, im Norden weniger. Maler und Bildhauer, Ingenieure und Schriftsteller wirkten in den Städten. Schulen und Universitäten waren dort ebenso zu Hause wie das Druckgewerbe und der Handel mit Büchern und Flugschriften. Auch humanistische Bildung erfaßte das höhere Bürgertum in den Städten. Was in der kulturellen Szene Rang und Namen hatte, atmete die Luft der Stadt: Albrecht Dürer und Veit Stoß, Sebastian Brant und Johannes Reuchlin, Peter Henlein und Hans Sachs, Erasmus von Rotterdam und Willibald Pirckheimer. Es gab aber auch Ausnahmen, wie den Reichsritter Ulrich von Hutten. Höfische oder adlige Kultur war verfallen; auch in den Klöstern war Bildung nicht mehr selbstverständlich. „Ich möchte nicht, daß meine Mönche sich ständig mit Büchern abgeben", ließ Erasmus in den *Colloquia familiaria* einen Abt auf die Fragen einer humanistisch gebildeten Frau aus der Stadt antworten.[8] Geistige Kultur war Stadtkultur. Mit ihr bahnten sich Entwicklungen an, die unaufhaltsam von der Priesterkultur des hohen Mittelalters zur Laienkultur der Frühen Neuzeit drängten. In diesem „progressiven" Milieu der spätmittelalterlichen Stadt, in ihren sozialen Spannungen und kirchlichen Ambivalenzen, Kleruskritik und Leistungsfrömmigkeit, wurzelte die Reformation.

2. Verschiedene Erklärungsmodelle

Reichsstadt und Reformation ist der Titel einer kleinen, einflußreichen Schrift, mit der Bernd Moeller die Forschung angeregt hat, intensiver als bisher auf den engen Zusammenhang von Stadtverfassung und Reformation zu achten. Für den auffallenden Erfolg der Reformation in den

Städten, besonders den Reichsstädten, mußte eine Erklärung gefunden werden. Moeller bemerkt zwar, daß sich der Erfolg einer Heilsbotschaft letztlich nicht erklären ließe, zugleich stellt er aber fest, „daß die Einführung der Reformation fast überall in den Formen ablief, die die städtische Verfassung vorschrieb und weithin in der Gedankenwelt der Stadtgenossenschaft ihre Begründung fand".[9] Der Bürger erfuhr die Stadt nicht nur als eine säkulare Lebensgemeinschaft, sondern zugleich als eine Gemeinschaft, in der ihm das Heil, genossenschaftlich vermittelt, zuteil wurde. „Irdische Wohlfahrt und ewiges Heil werden zusammengeschaut, und so sind auch die Grenzen von säkularem und spirituellem Lebensbereich verwischt. Wir erfassen einen Wesenszug der spätmittelalterlichen Stadtgemeinde, wenn wir sie als eine *sakrale Gemeinschaft* bezeichnen."[10] An dieses genossenschaftliche Selbstverständnis des Bürgers konnte Luther anknüpfen. Besonders seine Losung vom Priestertum aller Gläubigen fiel auf fruchtbaren Boden: der Dualismus von Geistlichen und Laien, der dem Genossenschaftsverband die letzte sakrale Weihe vorenthalten hatte, war beseitigt und die Arbeit des Laien zum Dienst für Gott und den Nächsten aufgewertet. So erhielt das genossenschaftliche Zusammengehörigkeitsgefühl, das im 15. Jahrhundert manchen Anfechtungen ausgesetzt war, eine tiefe religiöse Begründung und neue Festigkeit. Doch die Wirkung Luthers, bemerkt Moeller, war widersprüchlich. Die individualistisch orientierte Vorstellung von der Rechtfertigung des Sünders vor Gott mußte das bürgerliche Gemeinschaftsgefühl stören und die „alte Stadtgemeinde zersprengen".[11] Den genossenschaftlichen Bedürfnissen der Stadtgesellschaft entsprach in weit höherem Maße die Theologie der oberdeutschen Reformatoren, vor allem die Ulrich Zwinglis in Zürich und Martin Bucers in Straßburg. Die reformatorische Erkenntnis Luthers hatten beide aus dem Geist der Stadt heraus für die Stadt umgestaltet. Eine kommunale Heilsvorstellung, für die es zweifellos biblische Belege gab, floß mit dem genossenschaftlichen Verständnis der Stadt zusammen. So haben Zwingli und Bucer die Theologie Luthers für den Bürger korrigiert und vertieft; und so ist es nicht von ungefähr, daß sich die Reformation in den oberdeutschen Städten – signifikanterweise also dort, wo das wirtschaftliche und kulturelle Leben in höchster Blüte stand – auch unter besonders drängender Mitwirkung der Bürger zum Wohl der Gemeinschaft durchsetzte. Intensiver als anderswo wurden die Institutionen ausgebaut, in denen die Städte ihre soziale Verantwortung gegenüber ihren Bewohnern wahrnahmen: Armenpflege, Schule, Gesundheitswesen und Ehegerichtsbarkeit. Das gesamte Leben wurde vom christlichen Glauben her neu durchformt und konnte gelegentlich zu einem republikanisch-theokratischen Gemeinwesen emporgeführt werden. Allerdings sieht Moeller auch bei Zwingli und Bucer einen Impuls am Werk, der die spätmittelalterliche Stadtideologie nicht nur überhöhte, sondern ebenso überwand: „Beide Reformatoren lehren, daß die Heiligkeit der Stadt ihren tiefsten Grund nicht darin hat, daß sie ein heiliges Gemeinschaftsgebilde ist, in das sich einzufügen Heil verbürgt, sondern darin, daß in ihr das Wort Gottes verkündigt und geglaubt und daß ihm im Glauben Gehorsam geleistet wird."[12]

In neueren Arbeiten hat Moeller die Sakralgemeinschaft nicht mehr so stark als Interpretament für die städtische Reformation betont, dafür aber die Spuren um so aufmerksamer verfolgt, die auf eine milde Form eines geistlich-weltlichen Dualismus in der Stadt hinwiesen und letztlich den Ausbau der oberdeutschen Städte zu kleinen Theokratien verhinderten. Gleichzeitig wird Luthers Bedeutung für die Stadtreformation wieder kräftiger herausgestrichen und die Theologie der Oberdeutschen nicht mehr als vertiefende Korrektur, sondern als genuine Fortsetzung der lutherischen Reformationserkenntnis in der Stadt verstanden.[13]

Auf die frühe Schrift Moellers hat inzwischen Steven E. Ozment reagiert. Er stößt sich an der Trennung von lutherischer und reformierter Reformation und will nicht einsehen, daß die Reformation ausgerechnet dort ihre größten Erfolge gefeiert haben soll, wo sie sich am weitesten von dem Wittenberger Reformator entfernt habe. Ozment untersucht das Echo, das die reformatorische Botschaft in den volkstümlichen Flugschriften fand, und führt den großen Zulauf zur Reformation, den „appeal of Protestantism", weniger auf eine stadtgeschichtliche als vielmehr auf eine sozialpsychologische Wurzel zurück. Das Volk wollte vom psychischen und sozialen Druck der spätmittelalterlichen Religiosität entlastet werden, und Luther hat ihm diesen Druck genommen.[14] Ozment wertet Luther wieder zum allesbeherrschenden Reformator auf und gerät in die Nähe jener konservativen Deutungen, die den Kampf eines mit Gott und dem Teufel ringenden Klosterbruders zum seelischen Erlebnis eines ganzen Volkes steigerten.[15] Es ist durchaus nützlich, mit einem sozialpsychologischen Interesse danach zu forschen, warum sich der gemeine Mann mit so viel Enthusiasmus und Tatkraft den reformatorischen Ideen öffnete. Es ist aber bedenklich, eine Untersuchung als einen sozialgeschichtlichen Beitrag auszugeben, der die formgebende Kraft der sozialen und politischen Besonderheiten in den deutschen Städten und Territorien so gering einschätzt, daß erstens der unterschiedliche Charakter der Reformation in Mittel-, Nieder- und Oberdeutschland eingeebnet und zweitens die Dynamik reformatorischer Entwicklung dem Psychogramm einer großen reformatorischen Persönlichkeit nachgestaltet wird.

Bernd Moellers Erklärungsmodell folgt dem Leitbild einer auf Ausgleich und Harmonie bedachten städtischen Bürgermentalität und Ratspolitik: „Einerseits ist der Gedanke, der Stadtfrieden müsse erhalten werden, ein vorherrschendes Motiv sowohl in den Eingaben der Bürger als in den Reformationsordnungen der Räte; man ist aber der Überzeugung, daß dieser Frieden nur dann erhalten oder wiederhergestellt wird, wenn allein das Wort Gottes gepredigt wird."[16] Thomas A. Brady kritisiert Moellers Erklärungsmodell „als eine überaus idealisierende, geradezu romantische Vorstellung von der städtischen Gesellschaft".[17] Stärker sozialgeschichtlich orientierte Historiker entwickeln ihr Erklärungsmodell am Leitbild einer städtischen Gesellschaft, die von heftigen sozialen Spannungen und Konflikten heimgesucht und zerrüttet wurde. Zu diesen Reaktionen auf Moeller gehört neben Robert W. Scribners Studie zu Erfurt und Thomas A. Bradys Untersuchung zu Straßburg[18] auch die breitangelegte Arbeit Günter Voglers über *Nürnberg* 1524/25, die den Untertitel trägt: „Studien zur Geschichte der reformatorischen und sozialen Bewegung in der Reichsstadt".[19] Gemeinsam ist diesen Beiträgen, daß in ihnen die Ursache für die Anziehungskraft der Reformation und für die Variationsbreite der reformatorischen Bewegungen in den sozialen Konfliktfeldern erkannt wird: Erstens wurden reformatorische Ideen genutzt, um soziale Konflikte ins Bewußtsein zu heben und auszutragen; und zweitens erhielten diese Ideen in sozialen Konflikten oder als Austragungsinstrumente dieser Konflikte ihr besonderes Gepräge. Das bedeutet nicht, daß die reformatorische Botschaft nur als Vorwand für das Austragen eines sozialen Kampfes mißbraucht worden wäre. Es ging den kämpfenden Parteien tatsächlich um die Erneuerung der Christenheit, sie waren aber am Ende des Mittelalters noch nicht in der Lage, religiöse Bedürfnisse von sozialen Interessen zu trennen.

Die Auseinandersetzung um „Stadt und Reformation" läßt sich auf eine vereinfachte Formel bringen: Moeller orientiert sich an einem gesellschaftlichen Harmoniemodell, die zuletzt erwähnten Historiker an einem Konfliktmodell. Gemeinsam ist allen, daß sie nicht zwischen einer Ratsreformation und einer Volksreformation unterscheiden, wie es früher üblich war, sondern die Interaktionen zwischen Obrigkeit und Volk beachten. Werden Erklärungen nach dem Harmoniemodell gesucht, herrscht die Vorstellung vor, Rat und Volk trügen unter dem Einfluß ein und derselben Mentalität zum Erfolg der Reformation gemeinsam bei. Selbst wenn Rat und Bürgerschaft im Streit miteinander liegen, kann die Ursache des Konflikts nie stärker sein als der gemeinsame Vorsatz, zu einem neuen Konsens in der Stadt finden zu müssen. Werden Erklärungen nach dem Konfliktmodell gesucht, wird das Interesse von Obrigkeit und Bürgern an einer Einmütigkeit in der Stadt in der unterschiedlichen sozialen und politischen Lage der Streitenden aufgespürt. Die Antriebskraft für die Auseinandersetzung um die Reformation, so wird unterstellt, erwächst nicht der Verantwortung für die innere Geschlossenheit der Stadt, sondern dem Bedürfnis, die eigene Position zu erhalten oder eine neue zu erringen. Der Rat nutzt den Hinweis auf das allgemeine Wohl als Mittel der Disziplinierung und Herrschaftssicherung, die Bürgerschaft, in ihrer Interessenlage heterogen, um die Obrigkeit zu schrekken und zu Veränderungen zu bewegen. In Zukunft empfiehlt es sich, mit beiden Modellen gemeinsam zu arbeiten. Jedes Modell kann die Einseitigkeiten des andern korrigieren helfen. Das Konfliktmodell eignet sich vorzüglich für eine Analyse der Ursachen sozialer Konflikte und schließt das städtische Ursachenfeld in den gesamtgesellschaftlichen Umbruch ein, der sich im „Übergang vom Feudalismus zum Kapitalismus“ vollzog. Gerade dieser Zusammenhang wird durch eine isolierte Betrachtung der Stadt zu stark vernachlässigt.[20] Das Harmoniemodell vermag dagegen den Blick für die mentalen und institutionellen Mechanismen städtischer Konfliktregelung zu schärfen, auch die Stellen herauszuarbeiten, in die neue Ideen in den Austragungsprozeß innerstädtischen Streits einströmen. Diese Ideen müssen nicht immer schon im Ursachenherd selbst zu finden sein, sondern können ebenso oft auch erst im Verlauf der Konfliktbewältigung auftreten, den Streit auf die Spitze treiben oder ihn beilegen.

Die bisherige Forschung hat gezeigt, daß die Reformation in vielen Städten auf ähnliche Weise Eingang fand. Je intensiver man sich aber einzelnen Stadtreformationen zuwendet, um so deutlicher tritt der jeweils individuelle Charakter dieser Abläufe zutage. Am Beispiel der ausgebliebenen oder gescheiterten Reformationen in Reichs- und bischöflichen Residenzstädten[21] läßt sich außerdem ablesen, daß weder der Grundsatz städtischer Einmütigkeit noch der Widerstreit sozialer Interessen automatisch einen positiven Reformationsverlauf vorzeichnete. So intensiv in den letzten Jahren auch über „Stadt und Reformation“ gearbeitet wurde,[22] dieses Forschungsfeld ist noch nicht erschöpft. Der Durchsetzungsprozeß der Reformation soll an drei reichsstädtischen Beispielen nachgezeichnet werden: an Nürnberg, einem Beispiel für eine lutherische Reformation, an Zürich, dem tonangebenden Zentrum der reformierten Reformation, und an Mühlhausen in Thüringen, das eine kurze Phase radikaler Reformation durchlief.

3. Nürnberg: „ein blühender Rosengarten“

Hans Sachs hat seine Heimatstadt Nürnberg als einen „blühenden Rosengarten“ besungen, den Gott sich selber bewahrt hat „durch sein Gnad bis auf die Zeit (Gott geb, noch lang!) mit Einigkeit, auf daß sein

Lob grün, blüh und wachs".[23] Dem Meistersinger schien alles wohl geordnet: „Einigkeit der Gemein und Rat, Ordnung der bürgerlichen Stänḍ, ein weis fürsichtig Regiment" – ganz so, wie es dem erwähnten Harmoniemodell entspricht. Hans Sachs ist den Weg zur Reformation gegangen, den der auf Ruhe und Ordnung bedachte Rat zugelassen und gewiesen hat.

Nürnberg war eine der bedeutendsten Handels- und Gewerbestädte, in günstiger Lage an vielen sich kreuzenden Handelswegen, mit außenpolitischen Kontakten. Die Stadt beherbergte das Reichsregiment und richtete einige Reichstage aus. Der Rat, fast ausschließlich vom Patriziat gestellt, herrschte mit fester und umsichtiger Hand. Er allein ordnete das wirtschaftliche Leben in der Stadt und im Territorium vor den Stadtmauern. Vogler weist darauf hin, daß bisher noch Untersuchungen fehlen, die etwas Zuverlässiges über die Beteiligung Nürnbergs am Entstehen des frühen Kapitalismus aussagen. Es hat dort zwar ein Verlagswesen – das Bindeglied von der einfachen Warenproduktion zur frühkapitalistischen Produktionsweise – zu Beginn des 16. Jahrhunderts gegeben, auch eine Beteiligung Nürnberger Kaufleute am Montanhandel; doch über die wirklichen Ausmaße dieser Innovationen ist kaum Genaues zu sagen.[24]

Handel und Gewerbe befanden sich in guter Entwicklung. Das hob das Selbstbewußtsein der Stadt und ermutigte den Rat, sich auf kirchlichem Gebiet weitgehend vom Bamberger Bischof zu emanzipieren. Doch dem Bischof gegenüber verhielten die Nürnberger sich ebenso diplomatisch wie gegenüber den Instanzen des Reichs und der Kurie. Die stetige Entwicklung der Stadt sollte nicht gestört werden.

Die soziale Schichtung sah so aus: Politisch herrschte das Patriziat, das aus ungefähr vierzig ratsfähigen Familien bestand, die danach strebten, sich mit dem fränkischen Landadel zu vermischen und „lehns-, stifts- und turnierfähig" zu werden. Dieser Rat hatte sich von der Bürgerschaft weitgehend abgeschlossen und die Herrschaft einer Ratsoligarchie ausgebildet. Daneben gab es reiche, aber nichtpatrizische Kaufleute und Angehörige freier Berufe. Sie waren nicht ratsfähig, konnten aber als „Genannte" in den beratenden großen Rat, den „Rat der Zweihundert", gewählt werden. Zur Mittelschicht gehörten Kaufleute und Handwerksmeister. Das besondere Merkmal der Mittelschicht war ihre relative Mobilität: Bürger aus dieser Schicht konnten gelegentlich in die sogenannte „Ehrbarkeit" aufsteigen, aber auch absteigen und das Existenzminimum gerade noch halten. Stark differenziert war schließlich die Unterschicht: Gehilfen, Gesinde, Tagelöhner, Lohnabhängige, Arme, Arbeitslose, Bettler, Landstreicher. Die Handwerksgesellen nahmen zwischen Mittel- und Unterschicht eine eigene Position ein. Von 1501–1503 wurden 5000 Personen ein- bzw. später zweimal in der Woche vom Rat mit Brot versorgt: „In ausgesprochenen Notzeiten wurde das vom Rat finanzierte ‚Herrenbrot' sogar an 13 000 bis 15 000 Bedürftige ausgegeben."[25] Das war nicht „Wohlgeordnetheit", wie Hans Sachs sie pries. Doch Recht hatte er, des Rates „weis fürsichtig Regiment" zu loben, denn das Bemühen des Rates war darauf gerichtet, durch ein geregeltes Armenwesen und Vorkehrungen in Notzeiten soziale Konflikte gar nicht erst entstehen zu lassen. Es gelang dem Rat auch, sein ländliches Herrschaftsgebiet während der bäuerlichen Unruhen in Oberdeutschland ruhig zu halten.

Alles entwickelte sich auf erfreuliche Weise; und so ist es eigentlich verwunderlich, daß die Reformation, die überall so viel Unruhe auslöste, in Nürnberg überhaupt Eingang fand, von einem konservativen Patriziat sogar schneller als anderswo unterstützt und schließlich offiziell eingeführt wurde.

Gottfried Seebaß teilte den Nürnberger Reformationsprozeß in drei Phasen ein: *erstens* das Eindringen und die Aufnahme reformatorischen Gedankenguts von 1516–1523; *zweitens* die ersten Veränderungen im gottesdienstlichen Leben zwischen 1523 und 1524; und *drittens* den Aufbau eines evangelischen Kirchenwesens von 1525 bis 1533 mit dem Erlaß der nürnbergisch-brandenburgischen Kirchenordnung.[26]

1. Über Verlauf und Charakter der Reformation entscheiden nicht nur die wirtschaftlichen und sozialen Bedingungen; darüber entscheidet auch, wie und wo sich die reformatorische Idee und der Wille zur Erneuerung festsetzen und welche Prozesse sie in Gang setzen. In Nürnberg kam schon vor dem Thesenanschlag Luthers ein Kreis von humanistischen Intellektuellen, von Juristen, Ratsschreibern, Patriziern, Theologen und Künstlern im Augustinerkloster zu gegenseitigem Gedankenaustausch zusammen: Christoph Scheurl, Lazarus Spengler, Willibald Pirckheimer, Albrecht Dürer. Dort wurde besprochen, was die Welt des Humanismus bewegte; dort wurde auch nach theologisch ernsthafter Erbauung gesucht. Der Generalvikar der Augustiner und Beichtvater Luthers, Johann von Staupitz, weilte gelegentlich in Nürnberg und hinterließ einen tiefen Eindruck, so daß dieser Humanistenkreis sich nach ihm „sodalitas Staupiziana" nannte. Bald wurden Verbindungen zu Wittenberg aufgenommen. Auf dem Wege zu seinem Augsburger Verhör vor Cajetan hatte Luther in Nürnberg Station gemacht; er muß den Humanistenkreis ebenfalls tief beeindruckt haben, denn bald wechselte der Name dieser illustren Gesellschaft in „sodalitas Martiniana" über. Die Sympathie für die Sache Luthers und der Wille zur Reformation drangen über die einflußreichsten Männer Nürnbergs in den Rat der Stadt ein und konnten politisch geschickt genutzt werden. Nur so erklärt sich,

warum eine patrizische Stadtobrigkeit so wenig dafür tat, das Wormser Edikt einzuhalten und reformerische Ambitionen im Keim zu ersticken. Der Rat sah sich vielmehr in seinem Bemühen bestärkt, für geistliche Zucht und Ordnung selber zu sorgen, Streit unter den Geistlichen zu schlichten, den Einfluß des Bamberger Bischofs zurückzudrängen und die angesehenen Bürger Willibald Pirckheimer und Christoph Scheurl, die unter Ketzerverdacht geraten waren, in Schutz zu nehmen. Auf die breitere Öffentlichkeit begannen reformatorische Ideen verstärkt zu wirken, als der Rat freigewordene Propst- und Predigerstellen mit reformgesinnten Männern besetzte. Der führende Kopf der reformatorischen Richtung war Andreas Osiander. Er wurde der Reformator Nürnbergs.

Bald griff auch das Volk in das Reformationsgeschehen ein und beteiligte sich mit Predigten, Traktaten und Agitation am Kampf gegen den altgläubigen Klerus: Die Maler Hans Greiffenberger und die Gebrüder Beham, der junge Schulmeister Hans Denck, der Schuster und Poet Hans Sachs, Diepold Peringer, der „Bauer von Wöhrd". Auch in Nürnberg wurde die antiklerikale Phantasie beflügelt: Störungen der Gottesdienste, Beschimpfungen der Priester, Verspottung des Papstes während eines Fastnachtsumzugs, erste Verweigerungen des „Zehnten" auf dem Lande. Wo antiklerikale Aktionen Ruhe und Ordnung störten, griff der Rat zwar ein, er vergaß dabei aber nie, gleichzeitig auch die Altgläubigen zur evangelischen Verkündigung des göttlichen Wortes zu ermahnen. Außerdem nahm er es mit der Bestrafung der antiklerikalen Unruhestifter nicht sehr genau. Die Nürnberger konnten über die Sympathie des Rates für die Sache der Reformation nicht im Unklaren geblieben sein. Über den Humanistenkreis und die Herrschaftselite drang die Reformation also in die Stadt ein. Hier begann sie als elitäre Bewegung, vermochte aber das Volk schnell zu ergreifen und als mittreibende Kraft in das Reformationsgeschehen einzubeziehen.

2. Der Rat hatte sich bemüht, Neuerungen auf legale Weise einzuführen: z. B. die Ernennung reformgesinnter Pröpste und Prediger oder die Neuordnung der Armenfürsorge. Als die ersten Wünsche laut wurden, das Abendmahl in beiderlei Gestalt zu feiern, verwies er allerdings auf die Zuständigkeit des Bischofs zu Bamberg. Trotz bischöflichen Verbots kam es Ostern 1523 und 1524 doch zu einer evangelischen Abendmahlsfeier. Osiander wagte sogar, der Schwester des Kaisers den Kelch zu reichen. Damit wurde offen gegen die Jurisdiktionsgewalt des Bischofs verstoßen; erst recht mit den *Achtzehn Artikeln* (1524), die das gesamte Kirchenwesen neu ordnen sollten. Diese Artikel gingen auf eine Initiative der evangelischen Geistlichkeit zurück. Der Rat wies die Neuordnung zwar zurück, als diese Artikel aber mit Hilfe der Heiligen Schrift gerechtfertigt wurden, wandte er nichts mehr dagegen ein. So schwenkte

nun auch die weltliche Obrigkeit offen in die Widerstandsfront gegen den Bischof ein und warf sich zum „geistlichen Herrn“ in der Stadt auf.

Zwei Gründe wird der Rat gehabt haben, sich auf die Seite der *Achtzehn Artikel* zu stellen. Einmal konnte er gegenüber dem Bischof darauf hinweisen, daß eine Zurücknahme dieser Artikel Empörung und Aufruhr in der städtischen Bevölkerung erregen müßte. Und zum anderen hatte der Rat längst bemerkt, daß sich neben den evangelischen Geistlichen noch andere, radikalere Kräfte zu formieren begannen; karlstadtische und müntzerische Elemente, bäuerliche Aufsässigkeit und zwinglische Sakramentskritik. Diesen radikalen „Untergrund“ hat Günter Vogler neuerdings ausführlich beschrieben, und Heinrich Richard Schmidt die Existenz einer antiobrigkeitlichen Gemeindebewegung nachgewiesen und dafür verantwortlich gemacht, daß der Rat sich entschloß, mit den *Achtzehn Artikeln* einen mittleren Kurs zu steuern. Nur so konnte er hoffen, eine Gefahr für Ruhe und Ordnung in der Stadt abzuwenden.[27] Außerdem hatte die Reformation das politische Klima der Stadt schon so verändert, daß der Rat nach einer dauerhaften und offiziellen Entscheidung für die Reformation suchen mußte. Wollte er den Frieden in der Stadt wahren, durfte er nicht mehr das „ungleiche predigen“,[28] die altgläubige und reformatorische Predigt zugleich, zulassen. Er mußte für eine „einhellige“ Predigt sorgen. Die Verschiedenartigkeit hätte zu Zwietracht und Aufruhr geführt. Nur die Einhelligkeit der Predigt konnte die Einigkeit der Stadtbevölkerung sicherstellen. Anfang März 1525 ließ der Rat ein Religionsgespräch einberufen, in dem die Argumente für und wider die Einführung der Reformation vorgetragen und disputiert wurden. Dieses Gespräch fand in der Ratsstube statt – unter Ausschluß der Öffentlichkeit. Die Fenster wurden aber weit geöffnet, so daß das sich dicht hinzudrängende Volk miterleben konnte, wie der altgläubige Klerus in die Defensive geriet und aufgeben mußte. Seebaß vermerkt mit Recht, daß mit der Eröffnungsrede Scheurls, die die Regeln der Gesprächsführung festlegte, eigentlich alles schon entschieden war: „Nachdem aber der Bock so tief im Garten genistet hat, daß die Kinder auf den Gassen, zu geschweigen die Weiber schreien: Schrift! Schrift! wird für hoch notwendig, nützlich und gut bedacht, daß ihr in diesem eurem Colloquium Päpste, Concilia, Väter, Tradition, Heiligkeit, Status, Dekret, Gebrauch, alt Herkommen und alles, was nicht auf dem Wort Gottes gegründet ist, auf sich beruhen lasset und nur das reine Evangelium und die biblische Schrift gebrauchet, denn auf diesem Markt wird keine andere Münze gang und gäbe sein.“[29] Damit war den Altgläubigen jegliche Argumentationsgrundlage entzogen.

3. Nach dem Religionsgespräch konnte Nürnberg dazu übergehen, die kirchlichen und kommunalen Verhältnisse endgültig neu zu ordnen.

Doch das war ein Prozeß, der komplizierter ablief, als zu erwarten gewesen wäre. Der Rat ging aus dem Religionsgespräch als unumschränkte Obrigkeit hervor. Weltliche und geistliche Befugnisse waren jetzt in einer Hand. Der Rat mußte nun aber um so aufmerksamer auf alle Bewegungen achten, die in der Stadt- und Landbevölkerung Nürnbergs erneut Unruhe und Aufruhr schürten. Sicherlich haben die evangelischen Pröpste und Prediger dem Volk nicht nur ihre Stimme geliehen, artikuliert und gefordert, was das Volk begehrte. Sie haben ihm vor allem eine Reformation beschert, die als Befreiung von altgläubig-klerikaler Bevormundung grundsätzlich akzeptiert und mitgetragen werden konnte. Die Prediger, nicht die Bürger waren Schrittmacher der Reformation; aber die Mehrheit der Nürnberger stand wohl hinter der evangelischen Geistlichkeit und der Reformpolitik des Rates. Andererseits ist zu beobachten, daß reformatorische Prozesse, die von einer intellektuellen und politischen Elite in Gang gesetzt werden, die Tendenz entfalten, sich einseitig zu entwickeln oder Radikalität zu provozieren, sobald breitere Schichten angesprochen werden.

Bereits zu Beginn des Religionsgesprächs „sammelt sich für das rathaus ain mercklich Volck, das ende zu sehen, warteten auf die munch, hetten die gern zurissen, schrien etlich, man solt inen die munch lassen, sie wessten recht mit inen zu disputirn".[30] Zweierlei ist wichtig: Einmal sah der Rat sich unter dem Druck der Bevölkerung genötigt, nach dem Religionsgespräch die Auflösung der Klöster zu beschleunigen und die altgläubige Geistlichkeit, sofern sie in der Stadt bleiben wollte, in den Bürgerverband einzugliedern. Mit diesen Maßnahmen wollte der Rat nicht zuletzt dem drohenden Übergreifen der bäuerlichen Empörung auf Nürnberger Gebiet zuvorkommen: eine Rechnung, die aufging. Zum *anderen* setzte ein Differenzierungsprozeß ein. Einige Bürger wandten sich angesichts der antiklerikalen Turbulenz von der Reformation ab, ausgerechnet Christoph Scheurl und Willibald Pirckheimer. Anderen ging die Reformation nicht weit genug. Doch diese radikaleren Kräfte wurden unter Kontrolle gehalten und hatten keine Chance, sich zu entfalten. Nürnberg hatte nur zwei Todesurteile gegen Radikale im Zusammenhang mit bäuerlichen Unruhen vollstrecken lassen. Mit karlstadtischen und täuferischen „Elementen" wurde man auf humanere Art und Weise fertig. Milde oder gar nicht ging der Rat gegen die Anhänger der zwinglischen Sakramentslehre vor, um sich nicht die außenpolitischen Beziehungen zum einflußreichen Zürich zu verderben. Doch wichtiger ist ein anderer Differenzierungsprozeß. Jetzt bildete sich ein Kreis der evangelischen Geistlichkeit als ein Beratungsgremium des Rates heraus, das die Politik der Stadt mit Vorschlägen und Gutachten begleitete, ähnlich wie das beratende Gremium der Juristen. Die Theologen ließen dem Rat zwar die Aufsicht über die kirchlichen Angelegenheiten; sie gingen aber häufig über das hinaus, was der Rat für richtig hielt, behaupteten immer öfter ihre geistliche Selbständigkeit und gerieten nicht selten in Spannung zum Rat. Was beispielsweise in stärkerem Maße in Straßburg zu beobachten sein wird, deutet sich schon in Nürnberg an: der Rat mußte einer Tendenz zu geistlicher Vorherrschaft wehren. Und er tat es auf geschickte und kompromißbereite Weise. Die Spannung aber blieb. Der politische Dualismus „Rat–Bischof“ war beseitigt; doch es entstand bald ein neuer Dualismus: „Rat–evangelische Geistlichkeit“. Der Rat war stärker; Osiander beispielsweise verließ später die Stadt, als er keine Chance mehr sah, Einfluß auszuüben. Diese Entwicklung ist oft zu beobachten: Die Stadt scheint, was im Harmoniemodell nicht recht beachtet wird, einen Machtdualismus regelrecht zu verlangen. Vielleicht spricht sich darin das natürliche Bedürfnis des Menschen nach Machtkontrolle aus.

Dem Rat lag daran, die Kirchenreform zum Abschluß zu bringen – und hier kam es zu taktischen und theologischen Unstimmigkeiten zwischen ihm und den Geistlichen. Die Theologen zögerten, solange die Aufruhratmosphäre des Bauernkriegs noch nicht verflogen war; und später wollte der Rat die Entwicklung des Kirchenwesens nicht so offen halten, wie es die Theologen nach dem Grundsatz „ecclesia semper reformanda“ anstrebten. Die Theologen bemühten sich auch, die Kirchenzucht stärker unter ihren Einfluß zu bringen, aber darin mußte der Rat den Versuch sehen, wieder „zwei Obrigkeiten“ zu errichten. Mit entschiedener politischer Kraft setzte der Rat seine Macht über das neue Kirchenwesen durch; und da Nürnberg außenpolitisch in ein kompliziertes Problemfeld geraten war, lag ihm viel daran, sein diplomatisches Verhalten ohne störende Mitsprache der Geistlichkeit selber bestimmen zu können. Mit der nürnbergisch-brandenburgischen Kirchenordnung von 1533 war ein stadtherrliches Kirchenregiment errichtet.

Die Messe war abgeschafft, und der Gottesdienst wurde in evangelischer Gestalt gefeiert. Die Klöster wurden aufgelöst und die Stiftungen einer strengen Kontrolle unterstellt. Der altgläubige Klerus mußte die Stadt verlassen. Die übrigen Geistlichen wurden in den Stand der Bürger eingegliedert und zur Steuer veranlagt. Das Schulwesen wurde ausgebaut und die Armenfürsorge neu geregelt. Insgesamt blieb man also „bei sehr konservativen Reformen stehen“.[31] Das ist offensichtlich darauf zurückzuführen, daß die Reformation in dieser Stadt auf einen mächtigen Rat gestoßen war, dem es gelang, die spätmittelalterlichen Bemühungen fortzusetzen und die geistliche Jurisdiktion mit Hilfe der reformatorischen Bewegung nun endgültig in die eigene Hand zu nehmen. Außerdem war der Rat mit den Radikalen gut fertig geworden, so daß er keine Veranlassung sah, grundsätzliche Veränderungen im weltlichen Bereich einzuleiten. Weiterführende, biblisch begründete Reformwünsche konnte der Rat zurückweisen, da die Obrigkeitslehre Luthers ihm das gute Gewissen gab, die Politik allein von politischer Vernunft, nicht vom Evangelium bestimmen zu lassen.

4. Zürich: Bürgerwelt und Gottesreich

Nicht das einflußreiche Nürnberg prägte die Reformation in Süddeutschland, sondern Zürich. Obwohl diese Stadt sich, wie die Schweizer Eidgenossenschaft insgesamt, vom Deutschen Reich gelöst hatte, wurde sie zum Ort einer Reformation, die eine starke Wirkung auf die oberdeutschen Reichsstädte ausübte: auf Straßburg, Konstanz und Heilbronn, Ulm, Augsburg und Memmingen.

In Nürnberg hatte sich eine von Martin Luther bestimmte Reformation durchgesetzt; in Zürich war Ulrich Zwingli der Reformator. Oft wurde behauptet, Zwingli sei ein „Schüler" des Wittenbergers gewesen. Wahrscheinlicher ist jedoch, daß Zwingli eine Reformation aus eigener Einsicht in die Reformbedürftigkeit der Christenheit durchführte.[32]

Ulrich Zwingli (1484–1531) entstammte einer wohlhabenden Bauernfamilie aus dem Toggenburg. Er wurde an den Universitäten Wien und Basel in der „via antiqua" erzogen und 1506 zum Magister artium promoviert. Den Mühen eines theologischen Studiums setzte er sich zwar nicht mehr aus, bildete sich aber theologisch weiter und versuchte, im gelehrten Streit seiner Tage festen Fuß zu fassen. Zunächst wirkte er als Pfarrer in Glarus (1506–1516) und als Leutpriester in Einsiedeln (1516–1518). Während der Amtstätigkeit an diesen Orten bahnten sich zwei Entwicklungen an, die ihn auf den Weg zur Reformation führten: eine politische und eine geistige. *Politisch* stellte er sich auf die Seite derjenigen, die in Oberitalien auf der Seite des Papstes gegen den französischen König kämpften. Mehrmals zog er mit den Glarner Söldnern ins Feld und pries die Verteidigung des Papstes als eine patriotische Pflicht aller Eidgenossen. Für dieses Engagement wurde er mit einer römischen Pension belohnt. Selbst nach der Schlacht bei Marignano 1515, wo die mit dem Papst verbündeten Truppen geschlagen wurden, mahnte er die Schweizer, dem Oberhaupt der Christenheit die Treue zu halten, und wandte sich gegen das „Reislaufen", d. h. den Söldnerdienst für den französischen König. Allmählich öffnete er sich pazifistischen Gedanken, die im Kreis um Erasmus von Rotterdam erörtert wurden, und fing an, das Reislaufen und die Pensionen überhaupt zu verwerfen, die politisch einflußreiche Männer für die Vermittlung der Söldner erhielten. „Dulce bellum inexpertis" (angenehm ist der Krieg den Unerfahrenen), darin stimmte er Erasmus zu. Zwingli fürchtete die politischen und sozialen Folgen des Reislaufens: die ruinöse Wirkung wechselnder Parteinahme im Spiel der Mächte für die Einheit der Eidgenossenschaft und die desolaten Verhältnisse in den Familien der Söldner. Er kannte auch das Elend auf dem Schlachtfeld. Aus diesen Gründen verurteilte er den Solddienst für Frankreich. Seine Treue zu Rom gab er jedoch nicht auf; die militärische Unterstützung des Papstes blieb weiterhin eine patriotische Selbstverständlichkeit.[33] *Geistig* wurde Zwingli vom Humanismus ergriffen und angeregt, sich für eine sittliche Reform der Christenheit einzusetzen. Erasmus lehrte ihn, nach dem einfachen Sinn der Heiligen Schrift zu suchen und Jesus Christus als Vorbild für das geistige und sittliche Leben zu begreifen. „Gegen das komplizierte, von kirchlichen Gesetzen und Geboten überladene tägliche Frömmigkeitsleben des Christen fordert und fördert Zwingli im Geiste seines Meisters ein einfaches Tatchristentum, das zusammen mit Bildung und Aufklärung allgemein Besserung bringen soll."[34] Gemeint war eine Besserung von Individuum, Kirche und Gesellschaft.

Der Ruf eines humanistischen Papstanhängers war Zwingli vorausgeeilt und verschaffte ihm Eingang in Zürich. Die Mehrheit der Chorherren am Großmünsterstift wünschte sich einen Geistlichen, der die begonnenen Stiftsreformen in humanistischem Eifer fortsetzte und auf die Gemeinde ausdehnte. So beriefen sie Zwingli 1519 auf die vakante Stelle eines Leutpriesters am Großmünster. Er wurde Prediger und Seelsorger in einer Stadt, deren Obrigkeit einen antifranzösischen Kurs steuerte und der ein Priester, der gegen das Reislaufen predigte, nur recht sein konnte.

Der Reformationsprozeß in Zürich durchlief drei Phasen: *Erstens* nötigten humanistisch-reformatorische Predigten und antiklerikale Aktionen die Obrigkeit, sich mit dem Problem einer Reform der Christenheit zu befassen; *zweitens* wurden Disputationen einberufen, die der Reformation zum Durchbruch verhalfen; und *drittens* wurden Anstrengungen unternommen, die Reformation institutionell auszubauen und geistlich-politisch im Rahmen der Eidgenossenschaft zu festigen.

1. Zwingli begann seinen Dienst mit einer regen Predigttätigkeit. Er griff den Ablaßhandel an, die Verehrung der Heiligen und Bilder, die Sittenlosigkeit der Mönche und Priester, die Anschauung vom Fegefeuer, die Praxis des Kirchenbanns und den Zehnten, sofern dieser mit göttlichem Recht begründet wurde. Vor allem aber wandte er sich gegen die Autorität der scholastischen Theologen, die in seinen Augen „Neuerer" waren und die Theologie verfälschten. Diese Predigten bewegten sich im Rahmen humanistischer Klerus- und Kirchenkritik. Um 1520 las Zwingli zwar die Schriften Martin Luthers, er verstand sie aber „humanistisch",[34] mehr als Bestätigung seines eigenen Wirkens, weniger als Anregung,

theologisch zu neuen Ufern aufzubrechen. Erst allmählich gelangte er durch ständige theologische Reflexion seines eigenen Vorgehens und der politischen Situation in Zürich zu einer Position, die über das humanistische Reformchristentum hinausführte. Mit Luther wußte er sich in der kirchenpolitischen Frontstellung einig, von einem tieferen theologischen Einfluß ist aber nur wenig zu spüren. Beide führten unabhängig voneinander die Autorität der Heiligen Schrift gegen die Menschenlehre der Kirche ins Feld und riefen ähnliche Wirkungen hervor. Gemeinsamkeiten, die aus dem Grundgefüge der Theologie erwachsen wären, gab es nicht.

An den Predigten Zwinglis schieden sich die Geister in der Stadt: Die Altgläubigen wurden unruhig und bangten um den Bestand ihrer kirchlichen Ordnung; und die Anhänger des Leutpriesters suchten aufgebracht und voller Ungeduld nach Wegen, die angeregten Reformen auch in die Tat umzusetzen. Ein Ereignis, das einen kirchenpolitischen Vorstoß provozierte, war das berüchtigte „Fastenbrechen" zu Beginn der Fastenzeit des Jahres 1522. Zwölf Freunde Zwinglis versammelten sich im Hause des Buchdruckers Christoph Froschauer, setzten sich zu Tisch und verzehrten zwei geräucherte Würste. Mit diesem antiklerikalen Ritual wollten die Fastenbrecher ein Zeichen kirchlicher Aufsässigkeit setzen, Unruhe in die Bevölkerung tragen und den Rat der Stadt zum Handeln bewegen. Auch Zwingli war unter den Gästen im Hause des Buchdrukkers, die Würste aber rührte er nicht an. So konnte er in einer Predigt, ohne selber durch einen kirchlichen Rechtsbruch belastet zu sein, um so überzeugender für die Fastenbrecher eintreten und die Freiheit eines Christen gegenüber kirchlichen Geboten hervorheben: „Wiltu gern vasten, thu es; wiltu gern das fleisch nit essen, iß es nüt, laß aber mir daby den Christenmenschen fry."[35] Da die Wogen der Erregung sich nicht legten, beauftragte der Rat eine Kommission, die aus dem Großmünsterkapitel und den Leutpriestern der Stadt bestand, die Fastenfrage in einem Gutachten zu klären. Die Kommission gab Zwingli recht; um aber öffentliches Ärgernis zu vermeiden, empfahl sie, das Fastenbrechen weiterhin unter Strafe zu stellen. Nun schaltete sich auch der Bischof von Konstanz ein, in dessen Diözese Zürich lag, und entsandte eine Delegation, die alle Geistlichen visitierte und mit der politischen Führung verhandelte. Im Großen Rat, der die Reformationspolitik zu Gunsten Zwinglis an sich gezogen hatte, stieß sie auf entschiedenen Widerstand. Die Ratsherren bestanden darauf, mit der Delegation nur im Beisein der Leutpriester zu sprechen. So erhielt Zwingli Gelegenheit, seinen Angriff auf die kirchlichen Gebote zu wiederholen und zu begründen. Der Rat verfügte in einem Mandat die Bestrafung des Fastenbruchs und verlangte vom Bischof, eine schriftgemäße Entscheidung von einer Diözesansynode herbeizuführen, um für weitere Fälle gerüstet zu sein. „Der Entscheid des Rates deckte rechtlich die alte Ordnung, faktisch den evangelischen Vorstoß."[36] Die Reformgesinnten hatten ihren ersten Erfolg errungen: *Erstens* wurde Zwingli vom Rat als führende geistliche Autorität in Zürich anerkannt, *zweitens* wurde das Schriftprinzip zum Prüfstein im kirchenpolitischen Streit erhoben, und *drittens* konnte sich der Rat als oberste Instanz in den kirchlichen Angelegenheiten der Stadt gegenüber den Vertretern des Bischofs behaupten. Für den Fortgang der Reformation in Zürich waren die Weichen jetzt gestellt.

Altgläubige Gegner fand Zwingli hauptsächlich im Großmünsterstift und im Kleinen Rat, wo das Patriziat und die Pensionäre einen stärkeren Einfluß ausüben als im Großen Rat; besonders hartnäckig aber war der Widerstand in den Bettelorden. Die Mönche reagierten auf die Predigten des Leutpriesters mit aggressiver Polemik und wurden nun ihrerseits von Anhängern Zwinglis mit Hohn und Spott überschüttet, Laien drangen in die Ordenskirchen ein, störten die Gottesdienste und unterbrachen die Predigt. Mit diesen antiklerikalen Aktionen sollte der Rat gezwungen werden, den altgläubigen Widerstand in den Klöstern zu brechen. Der Erfolg blieb jedoch aus. Es wurde verboten, die Gottesdienste zu stören. Erst als Zwingli selbst sich darüber hinwegsetzte und eine Predigt unterbrach, die der Bettelmönch Franz Lambert von Avignon über die Fürbitte Marias und der Heiligen im Fraumünster hielt, ließ der Rat sich nach einem eilig einberufenen Streitgespräch zwischen Zwingli und den Lesemeistern der Bettelorden am 21. Juli 1522 bewegen, die Mönche zu schriftgemäßer Predigt zu ermahnen: „... und lassend den Scotum und Thomam und söllich ding ligen."[37] Die Taktik, die Altgläubigen auf eine solche Weise herauszufordern, daß dem Rat keine andere Wahl blieb, als die Reformation zu fördern, hatte sich bewährt.

Zwingli gab keine Ruhe und nutzte die umstrittene Frage des Zölibats, um eine Entscheidung mit dem Bischof herbeizuführen. Da die bischöfliche Antwort auf die Fastenfrage ausgeblieben war, hakte Zwingli mit einer von mehreren Anhängern unterzeichneten Eingabe nach und verlangte, die schriftgemäße evangelische Predigt anzuerkennen und die Priesterehe freizugeben. Seit einigen Monaten schon lebte er in „heimlicher" Ehe mit der Witwe Anna Meyer von Knonau und war an einer offiziellen Heiratserlaubnis für Priester persönlich interessiert. Schnell konnte er auch über Zürich hinaus eine breite Front von Geistlichen für seine Forderungen gewinnen und den Druck auf den Bischof verstärken, indem er die Eidgenossenschaft in die Zürcher Reformationsproblematik hineinzog. Der Bischof blieb hart und forderte die eidgenössischen Obrigkeiten auf, die bestehende kirchliche Ordnung zu schützen und Neuerungen zu verhindern. Da Zürich sich mit seinem

Vorgehen gegen das Reislaufen ohnehin Feinde unter den Eidgenossen geschaffen hatte, wurde es politisch bald isoliert und mußte den eingeschlagenen Weg der Reform allein gehen, wenn kein politisches Prestige eingebüßt werden sollte. Im August 1522 reagierte Zwingli in seinem *Apologeticus Archeteles* und brach mit dem Bischof und der römischen Hierarchie. Unter der Flagge eines humanistischen Papisten war Zwingli einst in Zürich eingezogen, jetzt hatte er sich, noch auf der Grundlage des humanistischen Schriftverständnisses, zum Antipapisten gewandelt. Doch diese Schrift, die weithin Aufsehen erregte, ging Erasmus zu weit. Der Humanistenfürst wünschte eine Reform der Christenheit mit der kirchlichen Hierarchie, aber nicht ohne oder gegen sie. So wuchs Zwingli zu einem selbstbewußten Reformator heran: allein auf sich und seine Stadt gestellt. Und es ist vielleicht nicht zufällig, daß er in dieser Situation über das humanistische Schriftverständnis hinausstrebt und theologische Tiefe sucht: Nur der vom Heiligen Geist ergriffene Mensch kann das Wort Gottes verstehen, das sich selbst auslegt und eine lebendige, Heil zuwendende „Kraft" ist.[38] Sie vermag weder in dem geistlos dahinlebenden Kleriker noch in dem Humanisten zu wirken, der allein auf seine philologische Vernunft setzt. Noch waren die altgläubigen Kräfte in den politischen Gremien zu stark, als daß schon eine offizielle Entscheidung für die Einführung der Reformation in Zürich möglich gewesen wäre. Die reformatorische Bewegung gelangte hier aber an einen Punkt, wo zweierlei sichtbar wurde: Zwingli braucht den Rat, um seine geistliche Reformationserkenntnis in die Tat umzusetzen, und der Rat braucht Zwingli, um die geistliche Dimension des gemeinen Wohls und des Friedens in der Stadt, denen seine Sorge galt, in der ganzen Tiefe und Konsequenz für die Gestaltung der menschlichen Verhältnisse ermessen zu lernen.

2. In Zürich wollte keine Ruhe einkehren. Die religiösen Spannungen hielten an und politische traten hinzu. Die Entscheidung des Rates, das Reislaufen für den französischen König zu unterbinden, stieß auf den Widerstand der Familien, die von den Pensionen lebten, teilweise altehrwürdige und einflußreiche Geschlechter. Außerdem war die römische Kurie eine längst fällige und wiederholt angemahnte Soldzahlung schuldig geblieben und verschärfte mit diesem Versäumnis – zumal der Streit zwischen Rat und Bischof noch in der Schwebe hing – merklich die antipäpstliche Stimmung unter den Bürgern. So drohten die religiösen und politischen Auseinandersetzungen zu einem einzigen großen Konflikt zusammenzuwachsen. In dieser Situation mußte der Rat nach Wegen suchen, Zwietracht und Entzweiung unter denen, die auf der Kanzel das Wort Gottes dem gemeinen Mann verkünden, zu beseitigen.[39]

Der Kleine Rat, in dem sich noch keine Mehrheit für Zwingli gefunden hatte, war offensichtlich an die Grenzen seiner Möglichkeiten gestoßen. Jetzt machte der Große Rat, in dem die Chancen für eine Reformation besser standen, von seiner politischen Kompetenz Gebrauch und zog die Schlichtung der religiösen Streitigkeiten an sich. Er bestellte alle Geistlichen seiner Herrschaft auf den 29. Januar 1523 ins Rathaus, um diejenigen zu verhören, die sich gegenseitig der Ketzerei beschuldigten. Charakter und Zweck dieses Verfahrens wurden im Ausschreiben umrissen: „Da werden wir mit einer Anzahl Gelehrter, wie wir es für gut halten, aufmerksam zuhören, und wir werden, je nachdem es sich aus der heiligen Schrift und nach der Wahrheit ergibt, einen Jeden wieder heimziehen lassen, die Einen mit dem Befehl, von ihrer Verkündigung abzulassen, damit nicht ein Jeder für und für Alles, was ihm gut dünkt, ohne Begründung aus der rechten heiligen Schrift auf der Kantzel predige."[40] Eingeladen wurde auch der Bischof von Konstanz, jedoch nicht als Richter in Glaubensangelegenheiten, wozu er sich berufen gefühlt hätte, sondern als Teilnehmer an einem Verfahren, das der Große Rat in eigener Machtvollkommenheit durchführte.

Zwingli hatte die strittigen Punkte seiner Predigten zu Disputationsthesen zusammengestellt und wurde gebeten, sie jetzt vorzutragen. Er erläuterte sie und forderte seine Gegner auf, ihn zu widerlegen. Doch niemand machte Anstalten, ihm die Schriftwidrigkeit seiner Lehre nachzuweisen. Auch die bischöfliche Delegation, die erschienen war, schwieg. Sie wollte nur hören, richten und ermahnen. Sobald sie sich auf die Disputation eingelassen hätte, wäre dem Zürcher Rat die Kompetenz in einer Angelegenheit zuerkannt worden, die der Bischof allein für sich beanspruchte. Der Generalvikar Johannes Fabri ergriff erst das Wort, als ein Geistlicher ihm vorwarf, den reformgesinnten Pfarrer von Fislisbach ohne ein in der Heiligen Schrift begründetes Verfahren ins Gefängnis geworfen zu haben, und ihn fragte, ob das nicht im Widerspruch zu den Thesen Zwinglis stünde, gegen die niemand Protest eingelegt habe. Fabri mußte sich rechtfertigen und war unversehens in einen Schlagabtausch über die Rechtmäßigkeit der kirchlichen Lehrtradition verwickelt worden. Da eine Disputation nicht zustande gekommen war, brach der Rat die Sitzung ab und zog sich zur Beratung zurück. Bald stellte er fest, daß Zwingli nicht überwunden worden sei und fortfahren dürfe zu predigen, auch alle anderen sollten nichts unternehmen und von den Kanzeln verkündigen, „dann was sy mit dem heiligen evangelion und sust rechter göttlicher geschrift beweren mögen".[41]

Bekanntgeworden ist diese Veranstaltung, die als ein Sieg der Reformation gefeiert wurde, unter dem Begriff der „Disputation". Doch genaugenommen war es überhaupt keine Disputation, jedenfalls nicht im herkömmlichen Sinne. Das Forum war nicht die Universität, der

Ablauf nicht Argument und Gegenargument, Streit und Widerstreit und das Fazit kein akademisches Urteil. Heiko A. Oberman hat vorgeschlagen, diese Veranstaltung aus unterschiedlichen Perspektiven zu betrachten. Der Rat wollte in einer Gerichtsverhandlung klären, wer eigentlich die Ursache für Unruhe und Aufruhr in Zürich sei und sich eine rechtliche Grundlage für sein politisches Handeln schaffen. Er bewegte sich im Rahmen traditioneller Amtspflichten, wenn er die schriftgemäße Predigt von aufrührerischer Wirkung freisprach und jede andere Verkündigung untersagte. Aus der Sicht Zwinglis sah das anders aus. Er hatte eine Disputation angestrebt, dann aber die tiefere geistliche Dimension der Versammlung auf dem Rathaus erkannt: „Durch das Verhalten der Bischofsdelegation von seinem ursprünglichen Ziel abgedrängt und herausgefordert durch den steten Verweis der Bischöflichen auf die alleinige Zuständigkeit eines überlokalen Generalkonzils verleiht Zwingli erst während der Sondersitzung dem Geschehen eine spezifisch reformatorische Bedeutung. Nicht als Professor oder Politiker, sondern als Prophet stellt Zwingli die Versammlung in den Rahmen der Kirchengeschichte und ‚schaut' sie als erste evangelische Generalsynode und als allein gültige Repräsentantin der Gesamtkirche."[42] Der Geist Gottes, so meinte Zwingli, habe über den widerstreitenden Meinungen zu Gericht gesessen – und der könne in Zürich nicht anders entscheiden als auf einem Generalkonzil.

Am 29. Januar 1523 wurde nicht die evangelische Kirche in Zürich gegründet, wie Bernd Moeller meinte,[43] an diesem Tag wurde aber die Reformation der Kirche von Zürich ein entscheidendes Stück vorangebracht. So richtig es ist, die Eigenständigkeit des Rats gegenüber dem Reformator zu betonen – Oberman spricht sogar von der „Eigengesetzlichkeit der Zürcher Ratspolitik gegenüber Zwinglis Anliegen"[44] – so ist doch nicht zu übersehen, daß es der weltlichen Obrigkeit in der zugespitzten Situation des religiösen Streits nicht mehr möglich war, das Schriftprinzip auf seine formale (juridische) Funktion einzugrenzen. Der Große Rat war in einen Prozeß hineingeraten, in dem dieses Prinzip auch über ihn geistliche Macht gewann und das obrigkeitliche Selbstverständnis wandelte. Nicht Richter über die Auslegung der Heiligen Schrift wollte der Rat sein, sondern Vollstrecker der Wahrheit, die der Heilige Geist in der „christlichen Versammlung" aufleuchten ließ. Die Obrigkeit war zu einem geistlichen Instrument im Heilsplan Gottes geworden und trug dazu bei, daß Kirche und Stadt über die spätmittelalterliche Bindung hinaus noch enger zusammenwuchsen: Bürgerwelt als Gottesreich.

Mit der sogenannten Januardisputation begann der Durchbruch der Reformation, konkrete Neuerungen wurden aber noch nicht in Angriff genommen. Zwingli nutzte die Zeit zunächst, um seine theologischen

Gedanken umfassender als bisher zu entfalten: In *Auslegen und Gründe der Schlußreden* erläuterte er die bereits erwähnten Disputationsthesen, und in dem berühmten Traktat *Von göttlicher und menschlicher Gerechtigkeit* skizzierte er die Grundlinien seines sozialethischen Denkens. Er schrieb auch über die Messe und das Abendmahl.

Mit diesen Schriften verfolgte Zwingli zwei Absichten: einmal wollte er die theologische Tragweite des Ratsabschieds verdeutlichen, und zum anderen mußte er die Probleme aufgreifen, die viele Gemüter weiterhin erregten und zu spektakulären Aktionen führten.

Inzwischen war es auf dem Lande unruhig geworden. Die Dorfgemeinden Zürichs versuchten, Lasten abzuschütteln, die ihrem Streben nach kommunaler Autonomie hinderlich waren. Witikon überging die Chorherren des Großmünsters und wählte den aus Basel ausgewiesenen Wilhelm Reublin zu seinem Prädikanten; Höngg, Witikon und andere Dörfer weigerten sich, den Zehnten an das Großmünsterstift oder den Abt von Wettingen abzuführen. Der Rat ließ sich zu manchen Zugeständnissen herbei, gab den Zehnten aber grundsätzlich nicht frei. Die Atmosphäre, in der sich radikale reformatorische Einsichten mit wirtschaftlichen und sozialen Forderungen verbanden, war geschaffen. In dieser Atmosphäre entstand jene Bewegung, die zur Entstehung des Täufertums führte.

Zwingli mußte auf zweierlei reagieren: auf den Vorwurf, der Weg der Reformation werde in Anarchie enden, und auf die Gefahr, die der gesellschaftlichen Ordnung von den radikalen Aktionen auf dem Lande drohte. In seinem Gerechtigkeitstraktat wies er jeden Versuch zurück, die „göttliche Gerechtigkeit" schon in dieser Welt aufrichten, Zehnten, Abgaben und Zins, die nicht im göttlichen Recht gegründet sind, auf eigene Faust abschaffen zu wollen. Diese Gerechtigkeit ist göttliches Wesen, das niemand erreichen kann, wenngleich jeder unter der Forderung steht, das Reich Gottes und seine Gerechtigkeit zu suchen, Gott und den Nächsten zu lieben. Doch der gefallene Mensch, von Eigennutz beherrscht und von fleischlicher Begierde getrieben, ist nicht in der Lage, dieses Gebot zu erfüllen. Eine „zerbrochene Natur",[45] wie Zwingli schreibt, kann Gott nicht von *ganzem* Herzen, von *ganzer* Seele und aus *allen* Kräften lieben und den Nächsten wie sich selbst. Das war nur einem möglich: Jesus Christus hat „das gsatz erfüllt, daß er den willen sins himelschen vatters für uns onmächtigen erfült hat".[46] Er ist Grund und Mittler des Heils, das dem Menschen im Wort der Heiligen Schrift eröffnet und zugeeignet wird. Dieses Wort wendet sich an den „inneren" Menschen; die Annahme des Heils kann deshalb auch äußerlich nicht verordnet oder erzwungen werden. Damit hat Zwingli ein Argument gefunden, das sich sowohl gegen die Altgläubigen, woran ihm besonders lag, als auch gegen die Radikalen wenden ließ. Den einen hält er vor, daß die Aufgabe der Geistlichen allein in der Verkündigung des göttlichen Wortes bestehe und nicht auch darin, obrigkeitliche Gewalt über die Gläubigen auszuüben. Zwingli geht sogar noch weiter: Es kann nur eine Obrigkeit geben, und das ist die weltliche Obrigkeit, die geistliche entfällt. Den anderen schärft er ein, daß mit „göttlicher Gerechtigkeit" nicht regiert werden könne, da diese sich nicht ins Äußerliche hineinziehen läßt. Besteht die reformatorische Erkenntnis Zwinglis darin, die „göttliche Gerechtigkeit" jeder menschlichen Verfügbarkeit zu entziehen, dann wird deutlich, wie wenig seine radikalen Anhänger auf dem Boden dieser reformatorischen Erkenntnis standen.

Nicht mit göttlicher, wohl aber mit „menschlicher Gerechtigkeit" muß diese Welt regiert werden. Sich selber überlassen, würden die Menschen zu unvernünftigen, reißenden Tieren werden. Doch um diese zerstörerische Wirkung der Sünde in Schranken zu halten, wurde die Obrigkeit eingesetzt, die „arme grechtigkeit".[47] Sie sorgt dafür, daß Menschen in Ruhe und Ordnung leben können. Sie schützt die Guten und straft die Bösen (Röm. 13,4). Zwingli lehrt, zwischen göttlicher und menschlicher Gerechtigkeit zu unterscheiden, überläßt die menschliche aber nicht ihren eigenen Gesetzen, nicht, wie Luther gelegentlich schrieb, heidnischer Vernunft. Die menschliche Gerechtigkeit muß sich vielmehr auf die göttliche hin ausrichten. Nicht in diesem Traktat, aber vorher in der Auslegung der Schlußreden konnte Zwingli sogar das Recht auf Widerstand gegen eine Obrigkeit vertreten, die sich an Gott vergeht.[48] Wie die Gläubigen eine „besondere Lust" verspüren, sich mehr und mehr nach dem Modell der göttlichen Gerechtigkeit zu gestalten,[49] so wird auch die Obrigkeit ihre Aufgabe am besten erfüllen, wenn sie sich vom Wort Gottes sagen läßt, was Gut und Böse ist: „Darumb ghein leer bas (besser) zu eim regiment und oberkeit dient denn die leer Christi; denn die leret, was gut, was bös sye; und lert nit allein ußwendigen fromm sin, sunder den obren mit dem underthonen fuert sy zu inwendiger frommgheit und zu merer volkummenheit, denn die menschlich grechtikeit erfordret, und gibt inen beden für, was böß, was gut sye; macht sy ouch einer meinung, nit das einer für gut habe, das der ander nit haben welle."[50] Die Obrigkeit wird prüfen müssen, ob und inwiefern Zehnt, Abgaben und Zins dem göttlichen Recht entsprechen, und gegebenenfalls wird sie eine Erleichterung oder Abschaffung dieser Lasten verfügen. Sie hat das Recht und die Pflicht zu ändern, was die Sünde der Menschen hervorgebracht hat, wenn dadurch nicht noch größere Unordnung entsteht. Auf diese Entscheidungen müssen die Untertanen aber warten, ihr auch Gehorsam und Respekt entgegenbringen. Zwingli unterscheidet also zwischen göttlicher und menschlicher Gerechtigkeit, er läßt aber auch keinen Zweifel daran, daß nur das enge Einvernehmen zwischen evangelischer Predigt und politischem Handeln, zwischen geistlichem und weltlichem Amt, zu einem Gemeinwesen führt, in dem Ruhe und Frieden herrschen werden. Die menschliche Gerechtigkeit ist eine Analogie zur göttlichen Gerechtigkeit, die weltliche Herrschaft eine Analogie zur göttlichen Herrschaft. In Zwinglis Obrigkeitslehre wird der Weg beschrieben, den Zürich bereits betreten hat und weitergehen wird. Das war der Weg zur Theokratie: Gottesreich als Bürgerwelt.

Die radikalen Anhänger Zwinglis forderten nicht nur die Abschaffung des Zehnten, sondern auch eine rigorose Erneuerung des Gottesdienstes. Der Ratsabschied hatte die Gemüter nicht beschwichtigt, ganz im Gegenteil: er hatte eine Welle reformatorischer Ungeduld entfesselt. Bilder wurden gestürmt und Altäre zerstört. Möglicherweise hat die Schrift Karlstadts *Von abtuhung der Bylder,* vermittelt durch Ludwig Haetzers Traktat *Wie man sich mit allen götzen vnd bildnussen halten sol,* hier eine schnelle Wirkung entfaltet.[51] Alles sollte abgeschafft werden, was der Heiligen Schrift zuwiderlief. Auch Unmut über die Messe wurde laut. Um dieser Lage Herr zu werden, griff der Rat zu dem bewährten Mittel und berief eine neue Disputation ein. Sie fand unter großer Beteiligung am 26. Oktober 1523 statt und beriet über zwei Artikel: „Das die bilder nit sin söllend" und „Daß die messe nit ein opfer sye."[52]

Über beide Artikel wurde evangelisch entschieden; weder für die Bilder noch für die Messe gab es irgendeinen Schriftgrund. Und doch zögerte der Rat. Er behielt sich vor, mit der Abschaffung der Bilder und der Messe zu warten, bis die Prediger die breite Masse des Volkes von der Schriftwidrigkeit der Bilder und Messe überzeugt hätten.

Mit dieser Lösung waren die Radikalen aber nicht einverstanden. Sie deuteten auch diese Versammlung ganz im Sinne Zwinglis als ein konziliares Ereignis, in dem der Geist Gottes geurteilt habe, und sahen nicht ein, warum der Reformator „das urteil minen herren in ir hand gebind".[53] Sie waren aufgebracht und warfen Zwingli vor, die Kirche an die weltliche Obrigkeit verraten zu haben. Zwingli hatte keinen Grund, an der guten Absicht und der dienenden Funktion des Rates, wie er sie in der Gerechtigkeitsschrift beschrieben hatte, zu zweifeln. Außerdem wollte auch er mit diplomatischem oder seelsorgerlichem Geschick vorgehen, um die Bürger möglichst geschlossen in ein reformiertes Gemeinwesen zu überführen. Die Radikalen indessen fanden ihren Verdacht bestätigt: Wie in der Zehntenfrage hatte die Obrigkeit auch jetzt ihre widergöttlichen Absichten offenbart. Die Kluft zwischen Zwingli und seinen radikalen Anhängern wurde tiefer und ließ sich nicht mehr überbrücken, als einige dazu übergingen, die Taufe an kleinen Kindern zu verweigern und die Glaubenstaufe zu fordern. Auf der Disputation über die Taufe im Januar 1525 sprach Zwingli sich energisch gegen eine Preisgabe der Säuglingstaufe aus, und der Rat entschied, alle Eltern, die sich der Taufpflicht entziehen wollten, aus seinem Hoheitsgebiet zu weisen. Die Unterlegenen wandten sich enttäuscht ab und reagierten mit der ersten Glaubenstaufe (s. Kap. VII).

Mit den sogenannten Disputationen wurde die Reformation nicht offiziell eingeführt, sie gelangte aber zum „Durchbruch", wie es in den historischen Darstellungen gewöhnlich heißt. Nichts stand mehr im Wege, das christliche Gemeinwesen unter dem Schutz und der Aufsicht einer weltlichen Obrigkeit, die ihre Kirchenhoheit ausbauen konnte, neu zu gestalten.

3. Die Neugestaltung mußte vorsichtig vorgenommen werden, um die Überzeugungsarbeit unter den Altgläubigen nicht zu erschweren und die eidgenössischen Kantone, die am alten Glauben festhielten, nicht zum Eingreifen zu verleiten. Größere Schwierigkeiten aber waren nicht zu überwinden. Der Große Rat zog die Aufsicht über die schriftgemäße Predigt ganz an sich und verfügte im Sommer 1524, alle Bilder aus Kirchen und Kapellen zu entfernen. Einige Bräuche waren schon abgestorben, Wallfahrten und Prozessionen, Beichte und Fasten, andere wurden offiziell abgestellt. Die „Zünselwerke", wie Zwingli die kirchlichen Zeremonien nannte, verschwanden; Nüchternheit zog in die Gotteshäuser ein. Selbst die Kirchenmusik fiel der Reform zum Opfer. Die Messe wurde noch nicht gleich beseitigt, die Geistlichen waren aber nicht mehr verpflichtet, sie gegen ihr Gewissen zu lesen. Unsicherheit im Umgang mit der Messe machte sich breit, radikale Anhänger Zwinglis gingen auch dazu über, das Abendmahl in privaten Häusern zu feiern. Schließlich legte Zwingli eine neue Abendmahlsliturgie vor und erreichte, daß der Rat die Messe offiziell ablöste, so knapp die Mehrheit war, die sich in seinen Reihen finden ließ. Am Gründonnerstag 1525 versammelten die Zürcher sich zum ersten reformierten Abendmahl in ihrer Stadt. Es war ein einfaches Mahl, das zur Erinnerung an die letzte Tischgemeinschaft Jesu mit seinen Jüngern gehalten wurde. Die Bürger saßen um Tische, Brot und Wein wurden gereicht, nicht im prunkvollen Tafelsilber, sondern in hölzernen Schüsseln und Bechern. Brot und Wein hatten nur symbolische Bedeutung, die Realpräsenz in den Abendmahlselementen hatte Zwingli aufgegeben. Voraus ging diesem Gemeinschaftsmahl die Predigt. So fanden zwei wesentliche Züge der Zürcher Reformation im Abendmahlsgottesdienst einen sinnfälligen Ausdruck: Predigt und Gemeinschaft. Auch der Taufgottesdienst fand eine neue Gestalt. Er mußte von den magischen Elementen des alten Rituals gereinigt und gegen täuferische Vorstellungen gesichert werden. Zusammengefaßt wurden alle gottes-

dienstlichen Regelungen schließlich in der „Ordnung der christlichen Kirche zu Zürich", die zwischen 1525 und 1528 erlassen wurde.

Nach den Disputationen war auch der Weg frei, endlich über das Schicksal der Klöster und Stifte zu entscheiden. Sie befanden sich teilweise schon in einem Prozeß der Selbstauflösung oder waren so tief in die Mißgunst der Bevölkerung geraten, vor allem auf dem Lande, daß es dem Rat nicht schwerfiel, einschneidende Maßnahmen zu ergreifen. Er hatte bereits im späten Mittelalter versucht, die wirtschaftliche Aufsicht über die Klöster zu erlangen; was ihm bisher nie ganz gelungen war, erreichte er jetzt nach dem Stimmungswandel, den die reformatorische Predigt erzeugt hatte, in einem Streich. Nicht nur die Aufsicht fiel ihm zu, sondern das gesamte Kirchengut gelangte in den Besitz der Stadt. Die Klöster und Stifte wurden 1525 aufgelöst. Die jungen Mönche mußten handwerkliche oder akademische Berufe erlernen, die alten Mönche durften ihren Lebensabend, wohl versorgt, im Barfüsserkloster verbringen. Die Nonnen wurden in der Krankenpflege tätig oder ausgesteuert. Ordensleute, die ihrem Gelübde treu bleiben wollten, mußten das Hoheitsgebiet Zürichs verlassen.

Über die Klosterwirtschaften wachten Pfleger, die alle Einkünfte an den Rat weiterleiteten. Diese Mittel kamen den Armen, den Schulen und den Spitälern zugute. Am 15. Januar 1525 beschloß der Rat eine Armenordnung, in der das „Almosenamt" eingerichtet und der Bettel abgeschafft wurde. Die Stadt wollte die Versorgung der Armen nicht mehr dem Wohlwollen einzelner überlassen, sondern auf eine solide finanzielle Grundlage stellen. Auf die Spendenbereitschaft der Bürger verzichtete sie allerdings nicht. Alles floß in einem großen Armenfonds zusammen, aus dem öffentliche Speisungen und ärztliche Versorgung der Armen beglichen wurden. Ihm wurden auch die Mittel entnommen, die für finanzielle Unterstützungen aller Art bestimmt waren. Vom Rat berufene Armenpfleger kümmerten sich um die Bedürftigen und führten eine strenge moralische Aufsicht. „Wer liederlich ausgab und selbstverschuldet in Armut geriet, wer schöne Kleider trug mit Gold, Silber und Seide, wer sich als Kuppler oder Hure betätigte, wer gegen die Reformation wetterte und nicht zur Kirche ging, wer fluchte und in den Trinkstuben saß, bekam kein Almosen."[54] So hat die Aufhebung des Klosterwesens den Rat in die Lage versetzt, eine vorbildliche Armenfürsorge aufzubauen, Sittenverfall und Verwahrlosung in den Unterschichten aufzufangen. Die Übernahme der Kirchenhoheit führte zum Ausbau der Sozialkontrolle.

Einem anderen Zweck wurden die Einkünfte des Großmünsterstifts zugeführt. Der Rat hatte es bereits während der Zehntunruhen in eine Schule umgewandelt, nicht zuletzt um den Grund für die Abgabenverweigerung der Bauern aus dem Feld zu räumen. Jetzt konnte damit begonnen werden, die Lateinschule neu zu organisieren und darüber hinaus eine Ausbildungsstätte für den theologischen Nachwuchs zu schaffen, keine theologische Fakultät, aber ein Predigerseminar. An beidem war Zwingli seit 1525 maßgeblich beteiligt, als ihm die Leitung der Lateinschule übertragen und das gesamte Schulwesen der Stadt unter eine zentrale Aufsicht gestellt wurde. Besondere Aufmerksamkeit zogen die exegetischen Vorlesungen auf sich, die fortlaufend im Großmünster und im Fraumünster von Zwingli, Leo Jud und Oswald Myconius gehalten wurden. Diese Einrichtung erhielt den Namen „Prophezei" und trug zur Umerziehung der Geistlichen und zur Vertiefung der Erneuerung in Zürich und auf der Landschaft bei. Die Reformation war aus dem Wort der Heiligen Schrift entstanden, sie wurde mit Hilfe des Wortes durchgeführt und sollte jetzt durch die Kraft des Wortes gefestigt und erhalten werden.

Ein besonderes Ärgernis war in der spätmittelalterlichen Stadt das Ehegericht, das unter bischöflicher Aufsicht stand. Es griff tief in das Leben der Bürger ein und belastete nicht selten die menschlichen Beziehungen aufs Schwerste. Auch die Strafen und Bußgelder, die das Gericht verhängte, mußten manche Bürger in Angst und Schrecken versetzen, so daß sich antiklerikaler Unmut häufig auch an der Praxis der Eherichter entzündete. Das Vakuum, das der Zerfall der geistlichen Jurisdiktionsgewalt im reformatorischen Aufbruch der Stadt hinterließ, mußte wieder aufgefüllt werden. Der Rat gab eine neue Ehegerichtsordnung in Auftrag und setzte sie im Mai 1525 in Kraft. Sie sah vor, daß das Gericht von geistlichen und weltlichen Mitgliedern besetzt und die sakramental begründete Unauflöslichkeit der Ehe aufgehoben wurde. Die Normen des kanonischen Rechts wurden durch biblische ersetzt. Vor allem bei Ehebruch war es möglich, eine Ehe scheiden zu lassen; auch die Wiederverheiratung Geschiedener wurde erlaubt. Wie schon früher erhielten die Eherichter einen tiefen Einblick in das private Leben der Bürger und übten eine moralisch disziplinierende Wirkung aus. Sie überwachten nicht nur das eheliche Leben, sondern alles, was in den Bereich der privaten Moral fiel. Aus dem Ehegericht wurde bereits im März 1526 ein Sittengericht. Der puritanische Geist der Zürcher Reformation kam in der Gestaltung des Gottesdienstes und der Armenfürsorge zum Zuge, er konnte sich auch im Bürgertum entfalten und für Zucht und Ordnung sorgen.[55]

Die Reformation, die in Zürich heranwuchs, war in dieser Stadt auf günstige Bedingungen gestoßen. *Erstens* war der kommunale Zusammenhalt von Kirche und Stadt eine selbstverständliche Voraussetzung von Bürgersinn und Ratspolitik. *Zweitens* traf die kirchenkritische Predigt Zwinglis mit der Tendenz des Rates zusammen, den Einfluß der bischöflichen Kurie zurückzudrängen und selber die Kirchenhoheit im eigenen Territorium auszuüben. Und *drittens* bot sich dem Rat ausgerechnet in dem Schriftprinzip derjenigen, die mit kritischer Predigt und antiklerikaler Agitation Zwietracht säten, ein politisches Instrument an, das ihm die Möglichkeit verschaffte, Neutralität im Glaubensstreit zu wahren und trotzdem Eintracht und Frieden in der Stadt herbeizuführen. So kam zwischen Rat, Bischof und Reformgesinnten ein Prozeß in Gang, der Zwingli eine geistliche Tiefe des Schriftprinzips erschloß, die er als Humanist noch nicht wahrgenommen hatte und die jede kirchliche Lehrautorität zum Einsturz brachte. Das Prinzip der sich selbst auslegenden Schrift entfaltete in den weiteren Auseinandersetzungen eine Dynamik, deren Macht sich auch der Rat nicht entziehen konnte, wollte er sich nicht selber um den Erfolg bringen, den er gegen den Bischof errungen hatte. Den Weg, den Zwingli aus dem Worte Gottes wies, ist die Obrigkeit um so bereitwilliger gegangen, als vor allem im Großen Rat, in dem Handwerker und Kaufleute vertreten waren, genügend Kräfte wirkten, die sich aus nicht mehr erkennbaren Gründen[55] schon früh auf die Seite der Reform gestellt hatten. Mit der Aufsicht, die der Rat über die Kirche, die Armenfürsorge, das Schulwesen und die Ehegerichtsbarkeit erlangt hatte, ist die Obrigkeit ans Ziel ihrer bereits im Spätmittelalter entworfenen Politik gelangt. Insofern stellte die Reformation in Zürich keinen besonders tiefen Einschnitt dar. Andererseits sind in diese Ziele neue, reformatorische Inhalte eingeflossen, so daß in Verbindung mit evangelischer Predigt und reformiertem Gottesdienst der Grundsatz „urbem Christianum nihil quam Ecclesiam esse“[56] konkrete Gestalt annahm. Stadtgemeinde und Kirchengemeinde waren in einem Maße zu einer Einheit zusammengewachsen, wie sie im spätmittelalterlichen „Corpus christianum“ noch nicht zu beobachten war. Diese Theokratie war ein Originalgewächs der Reformationszeit.

5. Mühlhausen: eine zerschlagene Reformation

Nürnberg und Zürich waren politisch gestärkt aus den frühen Jahren der Reformation hervorgegangen, Mühlhausen in Thüringen hingegen verlor seine Reichsfreiheit. Diese Stadt wurde unter die Schutzherrschaft der drei Landesfürsten gestellt, die ihre Heere im Mai 1525 siegreich gegen die aufständischen Bauern bei Frankenhausen geführt hatten. Herzog Georg von Sachsen war es außerdem gelungen, den religionspolitischen Einfluß des Landgrafen von Hessen und des Kurfürsten von Sachsen zurückzudrängen und die Stadt mit Hilfe eines kaiserlichen Reformationsverbots wieder zum alten Glauben zu führen. Die Reformation wurde erst 1542, drei Jahre nach dem Tod des sächsischen Herzogs, politisch verordnet und durchgesetzt; die Rechte einer freien Reichsstadt erlangte Mühlhausen nach dem Sieg des Kaisers über die Protestanten im Schmalkaldischen Krieg 1547 zurück.

Als die ersten Boten der Reformation in der Stadt auftauchten, hatte Mühlhausen den Höhepunkt seiner wirtschaftlichen und politischen Entwicklung bereits überschritten. Die Handelsströme, die sich einst in dieser Reichsstadt am Rande des Südharzes kreuzten, hatten sich andere Wege gesucht. Nicht mehr Erfurt, sondern Leipzig zog die Waren an. Der Handel, der in dieser Region ohnehin nicht so ausgeprägt war wie im südwestdeutschen Raum oder im Gebiet der Hanse, ging zurück, und das Handwerk begann für mancherlei Krisen anfällig zu werden. Von überlokaler Bedeutung war im späten Mittelalter nur noch die Tuchproduktion. Mit ihrer weiten Stadtflur und einem ausgedehnten ländlichen Territorium von siebzehn Dörfern trug die Reichsstadt, die mit 7500 Einwohnern zu den größten Städten Mitteldeutschlands zählte, ansonsten den Charakter einer Ackerbürgerstadt, so imposant freilich die repräsentativen Bauten in der Stadt auch anmuten mußten. Viele Bürger und Handwerker besaßen Höfe und Grundeigentum auf dem Lande und konnten den wirtschaftlichen Rückgang in Handel und Gewerbe durch die Einnahmen aus landwirtschaftlicher Arbeit oder Grundrenten teilweise wenigstens auffangen. Angehörige der Unterschicht verdingten sich als Tagelöhner auf dem Felde. Wem das aber nicht gelang, der sank vollends ab und verarmte. Viele sahen sich gezwungen, die Stadt zu verlassen und ihr Glück woanders zu suchen. Das Verlagsgewerbe war in dieses Gebiet noch nicht in bemerkbarem Maße eingedrungen, so daß die Zunfthandwerker davon nicht bedroht, für die arbeitslosen Einwohner allerdings auch keine neuen Erwerbsquellen erschlossen wurden. Gerhard Günther beschreibt die Lage Mühlhausens am Ausgang des Mittelalters so: „Die Bevölkerungszahl ging zurück. Große Verluste brachten Pestepidemien in den Jahren 1458 und 1506. Ein schwerer Schlag für die Stadt war der Stadtbrand im Jahre 1487. Auch die Entwicklung der Produktion wurde rückläufig, schon im Jahre 1415 suchten Mühlhäuser Tagelöhner außerhalb des Stadtgebietes Arbeit. So kam es zur Abwanderung von Einwohnern, und im ersten Viertel des 16. Jahrhunderts standen Häuser in den Vorstädten leer.“[57] Der Glanz des hohen Mittelalters war erloschen.

Auch politisch ging es bergab. Die Reichsstadt war nicht mehr in der Lage, sich aus eigener Kraft gegen anrückende Feinde militärisch zu behaupten; sie mußte die sächsischen Fürsten und den Landgrafen von Hessen um Schutz bitten und dafür das Bündnis mit den benachbarten Reichsstädten Erfurt und Nordhausen auflösen. Das reichsstädtische Selbstbewußtsein war empfindlich getroffen.

Außerdem nahmen in dieser Zeit die Spannungen zwischen Rat und Bürgerschaft zu. Das Bürgertum war zwar aus den Zunftkämpfen zu Beginn des 15. Jahrhunderts gestärkt hervorgegangen, so daß der aus insgesamt 32 Mitgliedern bestehende Rat fortan je zur Hälfte aus Patriziern und Handwerksmeistern besetzt wurde, aber nicht allen Zünften war es gelungen, die Ratsfähigkeit für ihre Mitglieder zu erlangen. Darüber hinaus erfolgte keine freie und turnusmäßig durchgeführte Wahl, die neuen Ratsherren wurden vielmehr je nach Bedarf durch Kooptation aus den Geschlechtern einer dünnen Oberschicht ergänzt. So regierte in Mühlhausen eine Ratsoligarchie, die sich nicht in die Karten schauen ließ, den eigenen Vorteil, wo er sich bot, durchaus nutzte und allmählich zu einer schweren wirtschaftlichen Belastung für die Einwohner wurde. Außerdem war der Besitz zwischen der Innenstadt und den politisch rechtlosen Vorstädten ungleich verteilt. Dietrich Lösche hat errechnet, daß die Bewohner der Vorstädte etwa 30% aller Steuerpflichtigen stellten, aber nur 7% des Gesamtvermögens in der Stadt besaßen.[58] Die Stadtarmut zählte in der Innenstadt 33% der dort lebenden Bevölkerung und in den Vorstädten 42% der dortigen Bewohner (Kleinbesitz 32%). Gemeinsam mit den sich häufenden Beschwerden gegen den Rat bargen auch diese Verhältnisse genug Zündstoff für gesellschaftlichen Konflikt, der sich jeden Augenblick entladen konnte.

Zu Spannungen kam es auch zwischen den Bürgern und dem Klerus. In zahlreichen Reichsstädten war das geistliche Regiment zurückgedrängt worden, in Mühlhausen war das nicht der Fall. Hier herrschte der Deutsche Ritterorden mit zwei Kommenden. Er übte auch das Patronat über alle Gemeindekirchen aus und bestimmte das kirchliche Leben. Er war allerdings auch tief verwickelt in die „weltlichen Händel" der Stadt. Daneben befanden sich drei Klöster, die teilweise, wie der Ritterorden, beträchtliches Grundeigentum in der Stadt und auf dem Lande angesammelt hatten. Darüber hinaus unterhielten Klöster aus der dörflichen Nachbarschaft einige Höfe in der Stadt, die nicht der Besteuerung unterlagen, sogenannte Freihöfe. Gegen die schlechte geistliche Versorgung und die unzureichende Betreuung der Armen richteten sich die Klagen der Bürger. Sie stießen sich an dem liederlichen Lebenswandel des Klerus und der Steuerfreiheit, die dem Orden und den Klöstern gewährt wurde. Gelegentlich kam es auch zu Ausschreitungen gegen einzelne Geistliche.

Das Herrschafts- und Sozialgefüge Mühlhausens war brüchig geworden. Ein möglicher Sturm aus religiösem Protest und sozialer Bewegung, kräftiger als die zeitweilig innerhalb der Stadt auftretenden Entrüstungen, konnte dieses Gefüge schnell zum Einsturz bringen.

Ähnlich wie in Nürnberg und Zürich läßt sich auch in Mühlhausen der Reformationsprozeß, der hier allerdings mit anderer Stoßkraft verlief und einen anderen Ausgang nahm, in drei Phasen einteilen: *erstens* antiklerikale Agitation und Bürgerkampf; *zweitens* Entmachtung des Rates und Einführung der Reformation; und *drittens* Sicherung und anschließend plötzlicher Zusammenbruch der Reformation.

1. Der Sturm, der über Mühlhausen aufziehen sollte, kündigte sich an, als entlaufene Mönche 1522/23 durch die Stadt zogen und das Volk gegen die Geistlichkeit aufwiegelten. Selbst die weltliche Obrigkeit wurde angegriffen und vor den Richterstuhl der Heiligen Schrift zitiert. Diese Mönche predigten in den Häusern der Handwerker oder unter freiem Himmel; das Volk lief ihnen zu und nahm die Kampfworte der Reformation begierig auf. Besonders viel Zulauf fand Heinrich Pfeiffer, ein ehemaliger Mönch, der seine Kutte abgelegt und sich unter den gemeinen Mann gemischt hatte. Er stammte aus Mühlhausen, war 1521 aus dem Zisterzienserkloster Reifenstein ausgetreten und kehrte nach einigen propagandistischen Streifzügen durchs Eichsfeld in seine Vaterstadt zurück. Offensichtlich gelang es ihm, in kurzer Zeit eine proreformatorische Stimmung in der Stadt zu erzeugen, denn bald mußte der Rat den Deutschen Orden ermahnen, die Geistlichen in den Vorstädten das Wort Gottes „rein und lauter" verkündigen zu lassen; und nachdem der Rat von den Pfarrleuten zu St. Nikolai „samptlich in einer grossen menge" im Ratshaus bedrängt worden war, forderte er den Landkomtur des Ordens im August 1523 auf, endlich die freie Pfarrstelle an dieser Kirche zu besetzen, da sonst die Gefahr bestünde, daß die Gemeinde sich selber einen Geistlichen suchen würde.[59] So geriet der Rat unter den Druck der aufgebrachten Bevölkerung. Doch er hatte schon vorher Schwierigkeiten sich durchzusetzen, als es darum ging, streng gegen die abtrünnigen Mönche vorzugehen, wie es das geistliche Gericht zu Erfurt verlangt hatte. Es war für den Rat nicht leicht, sich zwischen dem Anspruch der geistlichen Hierarchie und den Forderungen der Bürgerschaft zu behaupten. Viele Bürger hatten sich in der großen Marienkirche untereinander verschworen, die neuen Prediger und das Evangelium in der Stadt gegen kirchliche und obrigkeitliche Eingriffe zu verteidigen. Außerdem wählten sie einen vierzigköpfigen Bürgerausschuß und eine Vertretung von acht Bürgern, die „Achtmänner". Diese verlangten ein Mitsprache- und Kontrollrecht gegenüber dem Rat und stellten ihre Beschwerden in 54 Artikeln zusammen. Der Rat ging nur halbherzig darauf ein und versuchte, die Verhandlungen hinauszuzögern. Darauf reagierte die Bürgerschaft im Juli 1523 mit einem bewaffneten Aufstand und zwang den Rat zur Annahme ihrer Forderungen, die im sogenannten Rezeß ausgehandelt worden waren. Begleitet wurde dieser Aufstand, wie schon aus spätmittelalterlichen Zunftkämpfen bekannt, von einem

Sturm auf die Klöster und Ordenshäuser. Der Proviant wurde geplündert und verteilt.

Die Forderungen der Aufständischen bewegten sich im Rahmen der geltenden Verfassung. Sie wollten der erweiterten Bürgerschaft ein Mitspracherecht sichern, die Härten der obrigkeitlichen Verwaltungs- und Rechtspraxis mildern, den Zinsfuß senken und die Reformation einführen. Der Rat war in seiner bedrängten Lage zu Zugeständnissen bereit. Es kam ihm durchaus gelegen, die Privilegien der Klöster einzuschränken, so schwer es ihm andererseits fiel, sich die Macht in der Stadt fortan mit den Achtmännern teilen zu müssen. Der Rezeß kam im wesentlichen dem nichtratsfähigen Zunfthandwerk zugute, die Armen und die Vorstädter gingen leer aus. In einem zweiten Zunftkampf, so könnte man diese Auseinandersetzung nennen, wurde erreicht, was im ersten auf der Strecke geblieben war: die politische Partizipation *aller* Zunfthandwerker. Allerdings verhandelte der Rat über die praktischen Schritte, die dem Rezeß zu folgen hatten, sehr langsam und ließ die Zeit für sich arbeiten. Tatsächlich war es ihm auch gelungen, einen großen Teil der Bürger, darunter mehrere Achtmänner und Mitglieder des Bürgerausschusses, von der Gefahr zu überzeugen, die der Reichsstadt von der Reformation drohte. Ende August glaubte der Rat, wieder Herr der Lage zu sein, ließ Heinrich Pfeiffer und den abtrünnigen Benediktinermönch Matthäus Hisolidus als Aufrührer ausweisen und dachte nicht mehr daran, die Reformation einzuführen. Doch unter der Oberfläche gärte es in der Bürgerschaft weiter. Im Dezember kehrte Pfeiffer zurück und predigte in der Nikolaikirche. Immer wieder kam es in den folgenden Monaten zu spektakulären Aktionen. In der Divi-Blasii-Kirche wurde der Ordenspriester von Frauen mit Messern bedroht und verjagt, zuvor hatte ihm ein Mönch in St. Kilian den Kelch aus der Hand gerissen und das Abendmahl in beiderlei Gestalt gereicht. Im Juni 1524 drangen schließlich einige Bürger in die Kirche des Predigerordens ein und inszenierten einen wüsten Bildersturm. Es war also auch in Mühlhausen so, daß die antiklerikale Agitation den Gedanken an die Reformation wachhielt und ihre Einführung vorbereitete.

2. Im August 1524 tauchte Thomas Müntzer in Mühlhausen auf. Er mußte aus Allstedt fliehen, wo er eine Reformation eigener Art eingeführt hatte und zum erbitterten Gegner des Wittenberger Reformators geworden war. Über Müntzer wird im Zusammenhang mit der „radikalen Reformation" ausführlicher zu berichten sein; hier genügt es, seine Aktivitäten zu erwähnen, die für den Fortgang der Reformation in Mühlhausen bedeutsam waren. Ob ihm sein Ruf als radikaler Reformator schon nach Mühlhausen vorausgeeilt war, läßt sich nicht mehr feststellen. Er wurde aber von den Anhängern Pfeiffers freundlich begrüßt

und fand schnell so viel Resonanz, daß er auch hier beschloß, wie zuvor in Allstedt, mit einer Reform des Gottesdienstes zu beginnen und die Bürger auf den wahren Weg des Glaubens zu führen.

Der Kampf gegen die altgläubige Geistlichkeit, der Ernst mystischer Frömmigkeit und der Eifer apokalyptischer Weltveränderung: diese Grundzüge seiner Predigt vermochten die Bevölkerung dieser Stadt tiefer zu erregen und für die Ziele der Reformation stärker einzunehmen, als es bisher der Fall war. Selbst Luther, der den Rat zu Mühlhausen vor dem Allstedter gewarnt hatte, konnte nichts ausrichten, auch der Bruder des sächsischen Kurfürsten nicht. Müntzer machte sich über die Wirksamkeit seiner Predigt zwar keine Illusionen und klagte, daß „die leuthe zu Molhausen seynt langsam",[60] da ihm aber sehr viel Volk nachlief, wie der Chronist berichtet,[61] beobachtete er die Spannungen in der Stadt genau und suchte nach einem Anlaß, der über die Predigt hinaus auch kirchenpolitisch alles wieder in Bewegung bringen könnte.

Für einen solchen Anlaß sorgte der Rat selbst. Er ließ einen Kürschner ins Gefängnis werfen, der einen der beiden Bürgermeister beleidigt hatte. Das verstieß gegen den Rezeß und löste Empörung unter den Bürgern aus. Die Achtmänner befreiten den Gefangenen, und die Bürgermeister flohen über Nacht, weil sie fürchteten, von der aufgebrachten Menge erschlagen zu werden. Sie nahmen das Stadtwappen, das Siegel und den Torschlüssel mit sich, ein Akt, den die aufsässige Bürgerschaft als eine besondere Beleidigung ihres städtischen Selbstbewußtseins empfinden mußte. Im einzelnen lassen sich diese Vorgänge nicht mehr genau rekonstruieren, doch es ist deutlich zu sehen, daß nun ein Prozeß in Gang kam, der auf eine grundlegende Veränderung der Verfassungsorgane drängte. Müntzer und Pfeiffer sammelten ihre Anhänger um sich und zogen zur Stadt hinaus. Vielleicht wollten sie mit einer solchen Demonstration gegen das Verhalten der Bürgermeister Protest einlegen. Bei dieser Gelegenheit könnte es auch zur Gründung des „Ewigen Bundes" gekommen sein, eines Schutz- und Kampfbündnisses gegen die Gottlosen. Der Rat hatte in der Turbulenz dieser Vorgänge die Zünfte und Stadtviertel aufgefordert, sich zu dieser Ratskrise zu äußern. Das Ergebnis waren die *Elf Artikel,* die von drei Vorstädten, einem Stadtviertel und der Leineweberzunft vorgestellt wurden. Sie wollten den alten Rat absetzen und einen neuen wählen, „auf daß Gottes Gerechtigkeit und Billigkeit vorangehe und alle falsche Gewalt und Eigennutz zurückbleibe".[62] Die Ratsmitglieder sollten auf Lebenszeit gewählt und von der Gemeinde besoldet werden, sie sollten ihr aber auch jederzeit rechenschaftspflichtig sein. Ähnliches hatte auch Müntzer in seinem Brief an die „Kirche zu Mühlhausen" vorgeschlagen, so daß seine Mitwirkung an dieser hitzig geführten Verfassungsdiskussion angenommen werden kann. Offensichtlich sah man keinen anderen Weg, die Errungenschaften des Rezesses zu sichern, als den Rat auszuwechseln und einen neuen auf eine breitere Legitimationsbasis zu stellen. Der Erfolg blieb jedoch aus. Der Rat hatte Bauern aus der Umgebung zusammengezogen, um den Bürgern das Feld nicht kampflos zu überlassen. Als in dieser bedrohlichen Situation die Stadtviertel und Kirchspiele über das Verbleiben der Prediger befragt wurden, äußerten sie sich mehrheitlich negativ, so daß der Rat freie Hand hatte, Müntzer und Pfeiffer Ende September 1524 auszuweisen. Doch Pfeiffer kehrte schon im Dezember nach Mühlhausen zurück und konnte, nachdem seine Anhänger das Rathaus militärisch belagert und den Rat in die Knie gezwungen hatten, wieder in der Nikolaikirche predigen. Auch die Stimmung in den Dörfern schien umzuschlagen. Die Achtmänner nutzten diese Schwäche der Obrigkeit, um das Stadtrecht auf eine biblische Grundlage zu stellen, eine neue Gerichtsordnung zu erlassen und die Klöster, nachdem ein Klostersturm gewütet hatte, noch im Dezember 1524 aufzuheben. Der Deutsche Orden wurde vertrieben und die Reformation offiziell eingeführt. In den Augen der Bürger wie auch der auswärtigen altgläubigen Herrschaften und des Reichsregiments war das eine lutherische Reformation. Ein Prozeß dogmatischer Unterscheidung setzte erst allmählich ein.

3. Nach einem Aufenthalt im Aufstandsgebiet der Bauern am Oberrhein kehrte Müntzer im Februar 1525 nach Mühlhausen zurück. Er wurde jetzt mit offenen Armen empfangen und von denen „zu St. Nicolaus, Peter und Jörgen",[64] von Gemeindegliedern also und nicht vom Rat, zum Pfarrer an der Marienkirche in der Neustadt gewählt. Einen Monat später verhandelten Müntzer und Pfeiffer, vielleicht auch die Achtmänner, mit dem alten Rat über die noch nicht verwirklichten Forderungen der „Elf Artikel". Als diese Verhandlungen aber ergebnislos abgebrochen werden mußten, versammelten sich die Bürger in der Marienkirche und wählten mit überwältigender Mehrheit den Rat ab. Er trat zurück, und einen Tag später wurde ein neuer Rat gewählt und in sein Amt eingesetzt: der „ewige Rat". Doch dieser Rat spiegelte nicht die radikalen Tendenzen in der Anhängerschaft der beiden Prediger wider, zumal unter den sechzehn Personen, aus denen der neue Rat bestand, vier oder fünf schon dem alten angehört hatten. Der neue Rat repräsentierte vielmehr die Schicht, die mit dem Rezeß den sogenannten zweiten Zunft- oder Bürgerkampf für sich entscheiden wollte: die Besitzenden im Kleinbürgertum und im mittleren Bürgertum. Die Vorstädter waren nicht vertreten, nicht die Bauern in den Dörfern und nicht die Armen in der Stadt, auch nicht die beiden tonangebenden Prediger. Allerdings hat sich auch für diese Schichten etwas geändert. Die Schwurgemeinschaft wurde erweitert, denn alle Einwohner der Stadt, nicht nur die mit Bürgerrecht ausge-

statteten, mußten jetzt dem Rat den Gehorsamseid leisten. Darin könnte man einen ersten Schritt zu politischer Gleichheit sehen; man könnte darin – historisch naheliegender – auch den Versuch erkennen, Stabilität durch Konformität wiederherzustellen. Auf keinen Fall war Mühlhausen eine „christliche Demokratie" geworden, wie Günther Franz meinte,[65] denn das Wahlrecht wurde überhaupt nicht neu geregelt, vielmehr wurde der neue Rat wie eh und je von den Wahlbürgern der Stadt gewählt. Das war ungefähr die Hälfte der Bürgerschaft. Die Rechtmäßigkeit dieses Wahlverfahrens stand nicht zur Diskussion, nachdem der alte Rat seinen Rücktritt selbst erklärt hatte.

Der „Ewige Rat" war nicht das Vollzugsorgan des „Ewigen Bundes" oder Befehlsempfänger der beiden Prediger. Er war das einzige Organ, das die Geschäfte der Obrigkeit mit Augenmaß für die politischen, sozialen und religiösen Machtinteressen in der Stadt ohne die Reibereien wahrzunehmen vermochte, die zwischen dem alten Rat und einer ständig wachsenden reformgesinnten Bürgerschaft gang und gäbe waren. Dieser Rat war nicht das Produkt eines apokalyptischen Rausches, wie man oft meinte, sondern mit politischer Folgerichtigkeit aus sozialen Konflikten erwachsen, die sich mit der Reformationsproblematik vermischt hatten. Dieser Rat war Produkt einer reformatorischen Mehrheit und Garant einer neuen Stabilität in der Stadt. Seine Aufgabe, die er auf herkömmliche Weise weiterhin unter den prüfenden Augen der Achtmänner wahrnahm (interessant ist, daß der Stadtsyndikus, der schon dem alten Rat gedient hatte, übernommen wurde), bestand im wesentlichen darin, die Reformation nach innen auszugestalten und nach außen zu sichern, das Kirchengut neu zu verteilen und Einsprüche gegen Zins- und Zehntverweigerungen abzuwehren, das hieß auch, der Predigt und Agitation Müntzers freien Lauf zu lassen, sie nach Möglichkeit sogar zu unterstützen. Die Dualität von politischer und geistlicher Führung blieb aber institutionell bestehen. Zwar war das Maß an innerstädtischen Konflikten reduziert worden, nicht beseitigt war jedoch die Quelle, aus der neue Konflikte entstehen konnten.

Thomas Müntzer schwebte eine Reformation vor, die über Mühlhausen hinausgriff; sowohl geographisch als auch theologisch. Er wollte die Herrschaft Gottes auf Erden errichten: „das volck wirdt frey werden und Got will allayn der herr daruber sein".[66] Eine Theokratie hätte die Dualität von weltlicher Herrschaft und geistlicher Macht aufgelöst. In Mühlhausen brauchte dieses Ziel nicht angestrebt zu werden, da sich der „Ewige Rat" einer solchen Reformation nicht in den Weg stellte. Ohne Verzug konnte Müntzer jetzt darangehen, für die Übernahme dieser Herrschaft in größerem Maßstab zu wirken. Er mutmaßte, daß mit dem Aufstand der Bauern, der sich in Windeseile von Süden nach Norden bewegte, der endzeitliche Umsturz der widergöttlichen Verhältnisse begonnen habe, und wollte in diesen Kampf, der im April 1525 auch Thüringen erfaßte, nicht unvorbereitet eintreten. Die Bauern des Mühlhauser Territoriums mußten weiter gewonnen werden.

Beides traf zusammen und riß Widerstände nieder: Die visionäre Predigt von einem Reich der Brüderlichkeit und Gerechtigkeit, in dem alles allen gehören wird, und die Wucht, mit der die revolutionäre Bewegung in Thüringen eingebrochen war. Zwischen April und Mai standen sechzigtausend Bauern und Bürger auf. In Mühlhausen wurde ein militärisches Aufgebot von sechshundert Mann ausgehoben, das mit den beiden Predigern unter der Regenbogenfahne des „Ewigen Bundes" durch die Umgebung und das Eichsfeld zog, Klöster und Schlösser in Brand setzte und Bundesgenossen sammelte. Müntzer wollte von Mühlhausen aus mit einem noch größeren Heer ins Mansfelder Gebiet vorstoßen, insgeheim plante er womöglich, auch seinen Erzfeind in Wittenberg zu verschrekken. Über diesen großen Zug kam es aber zu Meinungsverschiedenheiten in der Stadt. Während Pfeiffer dort blieb, zog Müntzer mit einem Haufen von dreihundert Mann nach Frankenhausen, wo sich die Aufständischen inzwischen zur Entscheidungsschlacht zusammengezogen hatten.

Müntzer war nicht der Urheber des Thüringer Aufstands, auch nicht der überragende Organisator und Stratege aller Haufen. Seine Worte strahlten aber Autorität aus und feuerten die Aufständischen an: „Gott der Allmächtige wollte jetzt die Welt reinigen und hätte der Obrigkeit die Gewalt genommen und den Untertanen gegeben", berichtete ein Augenzeuge vom Inhalt dieser Feldpredigten.[67] Es war auch nicht Verdienst oder Schuld Müntzers allein, daß Mühlhausen in den Bauernkrieg hineingezogen wurde. Dieser Entwicklung hatte die innere Dynamik des Ratswechsels die Zielrichtung gegeben, während die Agitation Müntzers die Bereitschaft zur Solidarität mit den Aufständischen verstärkte. Den letzten Ausschlag für die aktive Teilnahme am Kampf hatte aber die Überzeugungskraft der revolutionären Bewegung selbst gegeben.

Die Bauern wurden vernichtend geschlagen, Müntzer und Pfeiffer aufgegriffen, hingerichtet, vor den Toren Mühlhausens auf Pfähle gespießt und zur Schau gestellt. Die Stadt geriet unter die harte Schutzherrschaft der Sieger, über fünfzig Bürger mußten ihr Leben lassen, andere büßten ihr Vermögen ein oder zahlten hohe Strafen, alle Einwohner wurden mit einer Buße von zehn Gulden belegt, beträchtliche Schadensersatzforderungen und ein Strafgeld von vierzigtausend Gulden kamen auf die Stadt zu. Empfindlich traf sie, daß ihr das ländliche Herrschaftsgebiet vorübergehend verlorenging. Der alte Rat wurde wieder eingesetzt und die Reformation zerschlagen.

6. Abschließender Vergleich

In *Nürnberg* drangen reformatorische Ideen über humanistische, mit den herrschenden Geschlechtern eng verbundene Kreise ein und begannen, die Politik des Rates zu bestimmen, als evangelische Predigt und Propaganda auch das Volk erfaßt hatten und eine politische Lösung für oder wider die Reformation gefunden werden mußte. Offiziell eingeführt wurde die Reformation nach einem Religionsgespräch 1525, in dem die evangelische Geistlichkeit, begleitet von antiklerikalen Aktionen in der Bevölkerung, den Sieg über die Altgläubigen davontrug. Der Rat blieb jedoch die bestimmende politische Kraft und war bemüht, einen Ausgleich zu schaffen zwischen den oft weitergehenden Forderungen der evangelischen Prediger und seinen eigenen innen- und außenpolitischen Interessen. Auf keinen Fall wollte er ein neues Nebenzentrum geistlicher Macht entstehen lassen. So lagen die Neuerungen auf der Linie einer seit dem Spätmittelalter angestrebten Emanzipation von geistlicher Jurisdiktion: Auflösung der Klöster, Einsetzung reformgesinnter Prediger, Abschaffung der Messe, Neuordnung der Sozialfürsorge, Ausbau des Schulwesens, Integration der Geistlichen ins Stadtbürgertum. Das waren zurückhaltende, von einer starken Obrigkeit im Sinne Luthers durchgeführte Reformen. Nürnberg war tatsächlich, wie G. Seebaß meinte, zu einem „wittenbergischen Vorort im süddeutschen Raum" geworden.[68]

Viel kräftiger fielen die kirchlichen und gesellschaftlichen Umformungen in *Zürich* aus. In einer angespannten Situation zwischen Rat und Episkopat wurde zunehmend unter theologischen Gesichtspunkten an der Einheit von weltlicher Obrigkeit und Kirche, an einem geschlossenen städtischen Gemeinwesen, gearbeitet. Zürich wurde nach mehreren Disputationen zu einem Abbild göttlicher Gerechtigkeit ausgestaltet, zu einer Theokratie unter den Bedingungen irdischer Existenz, wodurch das gesamte soziale Leben intensiver als in Nürnberg in einen reformatorischen Sog geriet. Das Besondere an dieser Entwicklung war, daß sich hier ein Gleichklang einstellte zwischen realpolitischer Notwendigkeit, das Gemeinwesen mit fester Hand zu führen, und theologisch-reformatorischer Einsicht, alle Verhältnisse vom Evangelium her neu zu ordnen. Die kommunale Einheitsvorstellung des späten Mittelalters, Prämisse und Ausgangspunkt Zürcher Rats- und Kirchenpolitik, erhielt allmählich einen neuen, reformatorischen Inhalt und mehr Festigkeit. Der politisch-kommunale Impetus war dennoch nicht weniger stark als der theologisch-reformatorische. An den radikalen Zügen der Reformation, die im ländlichen Territorium Zürichs hervortraten, auf die Stadt übergriffen und zur Entstehung des Täufertums führten, wird nicht nur deutlich, daß beide Aspekte eng miteinander verzahnt waren, sondern auch, daß der religiöse Aspekt unter die Herrschaft des politischen geraten war. Den frühen Täufern schwebte nämlich eine stärkere antiklerikal-theologische Kompromißlosigkeit vor. Sie wollten die Gesellschaft nicht göttlicher Gerechtigkeit *nach*gestalten, sondern diese Gesellschaft umgekehrt durch ein brüderliches, dem Reiche Gottes *gleich*gestaltetes Gemeinwesen ersetzen. Diese Vision stieß auf den Widerstand politischer Vernunft in der Stadt, die am Ziel einer evolutionären Festigung des Gemeinwesens gemessen wurde. Das reformierte Zürich war, trotz theokratischer Züge, eine Bürgerwelt geblieben.

In Mühlhausen lagen die Verhältnisse wieder anders. Hier fanden reformatorische Ideen gerade zu einer Zeit Eingang, als das niedere Zunfthandwerk immer stärker in die politische Führung drängte und die Forderungen nach einer kirchlichen und gesellschaftlichen Erneuerung auf eine geschwächte Obrigkeit in einer krisenbedrohten Stadt stießen. Besonders deutlich wurde diese Schwäche im Umgang des Rates mit der antiklerikal-reformatorischen Agitation. Er versuchte nicht, die sozialen Spannungen in der Bürgerschaft mit Hilfe der reformatorischen Bewegung zu überwinden, sondern ließ sich dazu verleiten, blind für den schleichenden Machtverfall, die Auseinandersetzungen zu polarisieren. So manövrierte er sich in eine Situation, die er selber nicht mehr bewältigen konnte. Die reformatorische Propaganda, die dazu beitrug, den Rat zu entmachten und den „ewigen Rat“ einzusetzen, ging in ihrer Radikalität jedoch nicht über den Antiklerikalismus hinaus, der sich in der ersten Phase des Reformationsverlaufs sowohl in Nürnberg als auch in Zürich unterschiedlich artikuliert hatte. Der „ewige Rat“ war nicht so sehr aus einer revolutionären, radikalreformatorisch begründeten Absicht entstanden, sondern eher das Produkt einer Ratspolitik, der es nicht gelang, die sozialen Spannungen in der Stadt zu bewältigen. Der Ratswechsel hätte die politische Ausgangslage für eine lutherische Reformation ebenso sein können wie für eine radikalreformatorische. Daß nicht die lutherische Trennung von weltlichem und geistlichem Regiment, sondern die Affinität des „ewigen Rates“ zur Errichtung eines Gottesreiches auf Erden eine Chance erhielt, lag an der theologischen Begründung und Zielsetzung einer Predigt, die sich nicht im antiklerikalen Affront erschöpfte, vielmehr Umrisse einer neuen Ordnung menschlichen Zusammenlebens entwarf, die während des Bauernaufstands für die noch nicht in der Politik repräsentierten Schichten, die Stadtarmut, die Vorstädter und die Bauern, anziehend sein mußte. Der „ewige Rat“ war nicht stark genug, um sich dem Handlungsdruck, der von dieser Vision ausging, widersetzen zu können, zumal er damit seine Autorität untergraben hätte, die auf dem von ihm durchgesetzten Bedürfnis nach einer größeren politischen Gerechtigkeit beruhte.

In Zürich wurde das Reich Gottes in das weltliche Gemeinwesen hineingezogen, obwohl der theologische Gedanke von der Annäherung der menschlichen Gerechtigkeit an die göttliche gerade das Gegenteil erreichen wollte; und bei zunehmender Säkularisierung der geistig-politischen Sphäre entstand daraus das Grundmuster für einen republikanisch verfaßten Staat. In Mühlhausen ereignete sich das Umgekehrte. Hier ging das weltliche Reich, allerdings nur in der visionären Antizipation Müntzers und in den Handlungsimpulsen seiner Anhänger, nach Vernichtung allen widergöttlichen Wesens in das „göttliche Reich" über; und darin sahen manche das Grundmuster für ein volksdiktatorisches Regime oder den Anfang einer revolutionären Tradition, die ihre Erfüllung im Sozialismus gefunden hat. In der Nürnberger Reformation schließlich kann das Grundmuster für eine ratsoligarchische oder landesherrliche Reformation gesehen werden, die allmählich in den lutherischen Untertanenstaat einmündete. Die radikalreformatorische Erneuerung eines Gemeinwesens hatte nach dem Bauernkrieg, bis auf die ephemere Täuferreformation im mährischen Nikolsburg und im Täuferreich zu Münster 1534/35, keine Chance mehr, obwohl sie als direkte Fortsetzung des frühreformatorischen Antiklerikalismus ein integraler Bestandteil des Reformationsprozesses allgemein war.

Daß die Reformation auf besonders wirkungsvolle Weise in die Reichsstadt eindringen konnte, lag an folgendem:

1. Die Idee einer Reform der Christenheit war nicht neu, sondern traf auf ein intensives Verlangen der Bürger nach Beseitigung der kirchlichen und klerikalen Mißstände in den Kirchspielen der Stadt. Die Radikalität, mit der reformatorische Forderungen erhoben wurden und antiklerikale Umtriebe für Aufsehen sorgten, ließ die Hoffnung wachsen, daß die Erneuerung der Christenheit endlich zum Erfolg geführt werden könnte. In Nürnberg, Zürich und Mühlhausen vermischte sich in der ersten Phase des Reformationsverlaufs reformatorische Forderung mit antiklerikaler Agitation und setzte einen politischen Prozeß in Gang, der zur offiziellen Einführung der Reformation führte. In Nürnberg und Zürich wurde die antiklerikale Radikalität eingedämmt, nachdem diese Städte sich auf den Boden der Reformation gestellt hatten. Der politischen Führung beider Städte war es gelungen, das reformatorische mit dem kommunalen Ziel gleichzuschalten und auf diese Weise den Reformationsprozeß zu einem Abschluß zu bringen. In Mühlhausen dagegen blieb die Radikalität auch nach Einführung der Reformation erhalten und steigerte sich noch, als Thomas Müntzer in der Stadt zu wirken begann und die revolutionäre Bewegung der Bauern vom Süden her auch Thüringen

erreichte. Hier war der Rat zu schwach, um den Reformationsprozeß allmählich zu beruhigen. Anders als in Nürnberg und Zürich verdankte dieser Rat seine Existenz ja der Reformation selber und konnte sich, wollte er seine Glaubwürdigkeit nicht verlieren, der weitertreibenden Dynamik des Reformationsprozesses schwerlich widersetzen. So unterschiedlich sich Kirchenkritik und Antiklerikalismus in den einzelnen Städten ausgewirkt haben, waren sie doch grundsätzlich eine treibende Kraft im Erneuerungsprozeß des städtischen Gemeinwesens.

2. Das neu entfachte Reformverlangen brachte zwar Unruhe in die Stadt, störte aber nicht die langfristig angelegte Politik der städtischen Obrigkeit, die danach strebte, Einfluß auf die geistliche Gerichtsbarkeit, die Besetzung der Pfarrstellen, die Besteuerung des Klerus und die Verwaltung der Klöster und Stifte zu erlangen, nach Möglichkeit sogar die kirchliche Oberhoheit ganz zu übernehmen. In Nürnberg und Zürich drangen reformatorische Forderungen ein, als beide Städte den Loslösungsprozeß vom Bamberger bzw. Konstanzer Bischof besonders intensiv betrieben. In Mühlhausen hatte der Deutsche Orden als kirchlicher Repräsentant eine starke Position, die der politischen Führung der Stadt manche Schwierigkeiten bereitete und der Bürgerschaft ein Dorn im Auge war. In allen Fällen konnten die reformatorischen Angriffe auf den Klerus, ebenso die Losungen von der „Freiheit eines Christenmenschen" und vom „Priestertum aller Gläubigen", als Unterstützung der städtischen Politik verstanden und genutzt werden. Die reformatorische Propaganda stellte zunächst grundsätzlich überhaupt kein neues Element in der Politik der Städte dar. Sie verstärkte nur die vorhandenen Tendenzen und verhieß ein starkes Regiment in einem politisch und religiös gleichgeordneten Gemeinwesen.

3. Reformatorische Ideen und Absichten hatten nur eine Chance, in einem autonomen Gemeinwesen verwirklicht zu werden, wenn es ihnen gelang, das städtische Machtzentrum zu erobern. Das konnte auf zweierlei Weise geschehen: einmal, indem sie von Beratern oder Mitgliedern des Rates ins Gespräch gebracht wurden, oder zum anderen, indem sie im Anschluß an Predigt und Propaganda von der Bevölkerung so vehement vertreten wurden, daß der Rat sich gezwungen sah, eine Entscheidung für oder gegen die Reformation herbeizuführen, wollte er den Frieden in der Stadt nicht aufs Spiel setzen. Gewöhnlich vermischten sich beide Weisen miteinander. Die Chance für die Reformation lag darin, daß sie die Fähigkeit besaß, zum Politikum zu werden. In Nürnberg wandte sich der Rat in weiser politischer Voraussicht schon früh der Reformation zu, nicht zuletzt um sein ratsoligarchisches Regiment fortsetzen und möglichen Unruhen im Volk zuvorkommen zu können. Beides ist ihm gelungen. In Zürich wurde die reformatorische Botschaft vor allem vom Bür-

gertum aufgenommen und konnte durch die Predigt Zwinglis, die antiklerikale Agitation seiner Anhänger und die diplomatische Ungeschicklichkeit des Bischofs, die Rat und Bürger in eine gemeinsame Front drängte, so zu einem Politikum werden, daß der Rat der inneren und äußeren Dynamik reformatorischer Bewegtheit nachgab und die Reformation offiziell einführte. In Mühlhausen trafen reformatorische Propaganda und Agitation auf einen politisch schwachen Rat, der sich zunehmend von einem aufstrebenden Zunfthandwerk bedroht sah. Diese noch nicht an der Ratspolitik aktiv beteiligten Handwerker, die in einer krisengeschüttelten Zeit alles daran setzen mußten, ihr Geschick auch politisch selber in die Hand zu nehmen, sahen in der Reformation eine Hilfe, ihre Forderungen nach politischer Mitbestimmung durchzusetzen. Die Reformation diente ihnen zunächst dazu, die Fronten zu härten und den Kampf auf die Spitze zu treiben. Da der Rat in seiner Schwäche keine andere Möglichkeit sah, als sich diesen Bestrebungen frontal entgegenzustellen, war es der Bürgerschaft gelungen, dem Rat die Einführung der Reformation abzutrotzen und ihn schließlich sogar durch einen neuen Rat zu ersetzen. Hier zeigte sich, daß die Reformation wirklich ein Politikum ersten Ranges war.

4. In allen Fällen entstand die Reformation aus dem Interaktionsgeflecht zwischen Kirche, Rat und Bürgerschaft, wobei die Kirche – seltsam gelähmt – die politische Dominanz Rat und Bürgerschaft überlassen hatte. Die Reformation wurde nicht einseitig von einer politischen Instanz oder einer gesellschaftlichen Gruppe eingeführt. Sie stellte sich vielmehr als Ergebnis einer Interaktion ein. Die Alternative „Ratsreformation" oder „Gemeindereformation" hat es nur selten gegeben, nicht einmal Nürnberg ist ein eindeutiges Beispiel für eine Ratsreformation. Sowohl Rat als auch Gemeinde bzw. Bürgerschaft waren am Durchsetzungsprozeß der Reformation beteiligt. Das eine Mal lag die Führung mehr beim Rat, das andere Mal mehr bei der Gemeinde. Wo es darum ging, mögliche Konflikte gar nicht erst zum Ausbruch kommen zu lassen und die eigene Herrschaft zu festigen, konnte der Rat sich auf die Verfassung berufen, die ihn zu Sorge um Friede und Einigkeit in der Stadt verpflichtete, um die Einführung der Reformation zu rechtfertigen. Hier sprach das Bedürfnis nach städtischer Harmonie auf die Botschaft der Reformation an. Wo die Spannungen zwischen den gesellschaftlichen Gruppen allerdings größer waren, wie in Zürich und Mühlhausen, wurden die Konflikte mit Hilfe der Reformation ausgetragen. Die Rechtfertigung, gegen den Rat handeln zu dürfen, bezogen die Bürger ebenfalls aus der Verfassung, dieses Mal aus dem genossenschaftlich-egalitären Selbstverständnis der Stadtbewohner, das durch die Losungsworte der Reformation mit neuem Leben gefüllt wurde. Im Auseinandersetzungs-

geflecht der Stadt konnte die Reformation deshalb so gut gedeihen, weil sie verschiedenen Interessen entgegenkam: dem Rat, dem aufstrebenden Zunftbürgertum und den unteren Schichten, die immer wieder Druck auf die politische Führung auszuüben versuchten. Je nachdem, wo die Reformation zuerst Fuß faßte, entwickelte sie sich in einer ganz bestimmten Richtung: in Nürnberg, wo der Rat sie energisch in die Hand nahm, in der lutherischen Richtung; in Zürich, wo der Kleine Rat von der Mehrheit des Großen Rats und von Zwingli zur Reformation gedrängt wurde, in der kommunal-reformierten Richtung; und in Mühlhausen, wo das aufstrebende Zunfthandwerk den reformatorischen Antiklerikalismus zum Programm erheben mußte, um sich gegen einen wenig aufgeschlossenen Rat durchzusetzen, in radikalreformatorischer Richtung.

5. Die reformatorische Botschaft ist nicht nur als Kampfmittel benutzt worden, um politischen und sozialen Interessen zum Sieg zu verhelfen; die Stadtpolitik verfolgte auch aus rein religiösen Gründen das Ziel, die Erneuerung der Christenheit zu erreichen. Das eine Mal haben weltliche Belange im Vordergrund gestanden, das andere Mal geistliche. In den meisten Fällen haben sich aber beide miteinander vermischt. Das gilt für die Aufnahme einer religiösen Idee genauso wie für den Versuch, dieser Idee eine konkrete Gestalt zu geben. Resonanz fand das „rein und lauter" gepredigte Evangelium, weil ihm bestimmte gesellschaftliche Erfahrungen entgegenkamen oder weil es politischen und sozialen Interessen nützlich sein konnte. Nur selten, wenn überhaupt, hat sich das Evangelium die Bedingungen seiner Aufnahme selber geschaffen. War ein Reformationsprozeß in Gang gekommen, mochte er zunächst vielleicht, sieht man von den weltlichen Rezeptionsbedingungen der reformatorischen Idee einmal ab, ein rein religiös motivierter Prozeß gewesen sein; im weiteren Verlauf konnten aber politische und soziale Interessen in den Vordergrund treten und das weitere Geschehen beherrschen, an dessen Ende dann neben dem politischen und sozialen Erfolg auch der Übergang einer Stadt zur Reformation stand. Bei diesem Verlauf ist es schwer zu sagen, was die Akteure *eigentlich* bewegt hatte: ihr politisches und soziales Interesse oder ihre gehorsame, rein religiöse Antwort auf das Evangelium. Besonders deutlich wird das an der Entwicklung in Mühlhausen. Die antiklerikal zu verstehenden Losungsworte der Reformation trieben eine politisch-soziale Auseinandersetzung auf die Spitze, in der es zunächst mehr um politische Partizipation der aufstrebenden Handwerker ging als um die Einführung der Reformation. Erst nachdem die Handwerker ihr Ziel erreicht hatten, übernahm die religiöse Idee, die Vision von einem Reich der Gerechtigkeit und Brüderlichkeit auf Erden, die Führung und bestimmte die weiteren Ereignisse, bis sich im Bauern-

krieg wieder religiöse und weltliche Motive auf furiose Weise mischten. Für eine Zeit, in der Politisches, Soziales und Religiöses eng miteinander verwoben waren, wird man damit rechnen müssen, daß nicht alle Motive gleichzeitig und gleichgewichtig zusammenwirkten, sondern in zeitlicher Verschiebung einmal dieses und ein anderes Mal jenes dominierte, ohne daß ein Motiv je ganz weggefallen wäre. Die Reichsstadt in der mittelalterlichen Verfassung des *Corpus christianum* bot sich als ein idealer Boden an, auf dem sowohl weltliche als auch geistliche Impulse miteinander wirksam werden konnten. Der Reformation war Erfolg beschieden, solange sie sich im Rahmen des *Corpus christianum* bewegte, sobald sie aber diesen Rahmen sprengte, in radikal-theokratischer oder später in täuferisch-separatistischer Absicht, mußte sie scheitern.

Nicht zum Zuge kam die Reformation in jenen Reichsstädten, in denen die fünf angeführten Merkmale städtisch-reformatorischer Affinität nicht so entwickelt waren, daß eine Bewegung ausgelöst werden konnte, die es vermocht hätte, dem altgläubigen Einfluß auf Obrigkeit und Bürgerschaft den Boden zu entziehen. Doch das waren nur wenige Reichsstädte, die überwiegende Mehrheit war in den zwanziger und dreißiger Jahren zur Reformation übergegangen.

VI.

Der revolutionäre Kampf des gemeinen Mannes

Leopold von Ranke sah im deutschen Bauernkrieg von 1525 „das größte Naturereignis des deutschen Staates" und Karl Marx „die radikalste Tatsache der deutschen Geschichte".[1] Dem einen erschien die Empörung der Bauern im Grunde unbegreiflich, der andere beschrieb die bäuerliche Erhebung als den konsequenten Aufstand eines unterdrückten Volkes im Übergang vom Feudalismus zum Kapitalismus. Seither hat der Bauernkrieg eine wechselvolle und kontroverse Deutung erfahren. Er ist nicht nur in die Spannungen zwischen Ost und West hineingeraten, sondern hat auch innerhalb der westlichen Geschichtsschreibung eine unterschiedliche Beurteilung gefunden: von der „größten politisch-sozialen Massenbewegung der deutschen Geschichte"[2] auf der einen Seite zu einer „Episode in der ständischen Geschichte Deutschlands im 16. Jahrhundert"[3] auf der anderen. Auch unter Kirchenhistorikern oder solchen, die ihnen nahestehen, wird der Bauernkrieg kontrovers eingeschätzt. Heiko A. Oberman deutet ihn als eine „Glaubensrevolte", während Hans J. Hillerbrand die religiösen Aspirationen des Bauernaufstands weniger stark betont.[4] Schließlich steht der Zusammenhang zwischen Bauernkrieg und Reformation zur Diskussion. In der westlichen Geschichtsschreibung wird gewöhnlich nur eine lose Verbindung zwischen beiden angenommen, obwohl man anerkennt, daß die Reformation dem Aufstand der Bauern, verglichen mit den Erhebungen der vorreformatorischen Zeit, eine neue Legitimation verlieh und für überregionale Verbreitung sorgte. Intensiver als in seinem Buch über „Die Revolution von 1525" sieht Peter Blickle jetzt eine „enge Verschränkung von Reformation und Revolution".[5] Gelegentlich wird der Bauernkrieg als das große „Mißverständnis" der Reformation dargestellt, für das Martin Luther nicht zur Rechenschaft gezogen werden könne, oder als eine „Zäsur", die das Werk der Reformation ernstlich bedrohte. Die marxistisch-leninistische Geschichtswissenschaft zieht dagegen Reformation und Bauernkrieg zu einem einzigen frühbürgerlich-revolutionären Prozeß zusammen. Erst Reformation *und* Bauernkrieg (die Reformation mit ihrem bürgerlichen und der Bauernkrieg mit seinem revolutionären Element) ermöglichen es, die turbulenten Jahre zwischen 1517 und 1525 als eine „frühbürgerliche Revolution" zu begreifen. Die Reformation findet im Bauernkrieg ihre mit innerer revolutionärer Konsequenz sich herausbildende Spitze.[6] Immer deutlicher wird, daß der Begriff „Bauernkrieg" den Kampf des Volkes gegen die Herrschaftselite nur ungenau trifft. An diesem Kampf, der als demonstrative Verweigerung begann und erst von den Obrigkeiten zum Krieg erklärt wurde, beteiligten sich Bauern und Städter, denen das Recht auf politische Herrschaft vorenthalten wurde: der „gemeine Mann".

1. Vorgeschichte und Ursachen des Bauernkrieges

Der Bauernkrieg ist nicht plötzlich über die deutschen Territorien hereingebrochen. Bauernaufstände sind vielmehr schon im 13. und 14. Jahrhundert in der Schweiz, in Flandern, Frankreich und England zu beobachten, im 15. Jahrhundert im Zuge der hussitischen Bewegung in Böhmen und später als pfaffenfeindliche Wallfahrt zum Pfeifer von Niklashausen im Taubertal (1476), als „Armer Konrad" in Württemberg (1514) und als „Bundschuh" im Bistum Speyer, im Breisgau und am Oberrhein (1502, 1513 und 1517). Die Bezeichnung „Armer Konrad" geht auf einen volkstümlichen Standesnamen des Bauern zurück. Was Fürsten abschätzig meinten, wendeten die Bauern zu einer aufständischen Drohgebärde. Der „Bundschuh" erinnert an den mit langen Riemen gebundenen Schuh der Bauern (nur Ritter durften gespornte Stiefel tragen), der an die Fahne der Aufständischen geheftet wurde. Die Erhebungen am Vorabend der Reformation standen im Zeichen des „alten Rechts" und wollten die nach altem Herkommen geregelten Verhältnisse zwischen dem Grundherrn und den Hintersassen wiederherstellen. Das „alte Recht", um es kurz zu sagen, war ein „genossenschaftliches" Recht, das unter den Rechtspartnern im Sinne des Gewohnheitsrechts gefunden oder „gewiesen" wurde. Sofern nicht nur mündlich tradiert, waren die früheren Rechtsentscheidungen in sogenannten „Weistümern" aufgeschrieben worden, die beim Erweisen des Rechts in einem konkreten Rechtsstreit eine wichtige Rolle spielten. Doch schon der „Bundschuh" war ein Kampf um „göttliche Gerechtigkeit", so daß die Erhebungen um 1525, die ebenfalls im Zeichen des „göttlichen Rechts" standen und für „göttliche Gerechtigkeit" kämpften, in einem engen Zusammenhang mit den spätmittelalterlichen Aufständen zu sehen sind. Das „alte Recht" war ein lokal begrenzt geltendes Recht, und deshalb konnten die früheren Aufstände die Grenzen einzelner Grundherrschaften kaum überschreiten. Das „göttliche Recht" hat im „Bundschuh" einen Aspekt des „alten Rechts" besonders stark heraustreten lassen: Das „alte Recht" war nicht nur „gut", weil es alt war, es war das „gute, alte Recht", weil es „von

Gott" kam. Es war das Recht, das der Schöpfungsordnung entsprach. Das „göttliche Recht" hat im Bundschuh also nur die Dringlichkeit des alten Rechts, den Ernst der Forderungen, unterstreichen wollen und nimmt erst im Zusammenhang mit der Reformation den Charakter universaler Gültigkeit an. „Göttliches Recht" gilt fortan nicht nur hier und da. Es gilt überall, in allen Fragen und zu allen Zeiten. Es ist nicht mehr „altes Herkommen" und in Weistümern gesammelt, sondern steht in der Heiligen Schrift geschrieben. Und nicht von ungefähr überschreitet der Bauernkrieg 1525 die Grenzen der Territorien vom Südwesten nach Nordosten und von Südosten nach Westen, nachdem die Heilige Schrift den Laien erschlossen worden war. Auf den Nordwesten und Norden allerdings griff der Aufstand nicht über, auch nicht auf das Herzogtum Bayern. Die Einzigartigkeit des Bauernkriegs von 1525 wird relativiert, wenn die Verbindung zu den früheren Aufständen bedacht und die Nachgeschichte in die Betrachtung einbezogen wird. Auch nach der Niederlage von 1525 war der bäuerliche Widerstand nicht ganz gebrochen. Es kam später zu weiteren Protesten und Erhebungen in Oberösterreich, Ungarn, Bayern, Frankreich, England und Rußland.[7]

Die Ursachen für die ländlichen Unruhen zu bestimmen, ist aufgrund der zeitlichen und regionalen Differenziertheit der Aufstände nicht leicht. In den meisten Fällen trifft wohl mehreres aufeinander: wirtschaftliche Not und soziales Elend, Schwierigkeiten, gegenüber Grund- und Gerichtsherren Recht zu erhalten und politische Rechte im gemeindlichen Bereich uneingeschränkt wahrnehmen zu können, nicht zuletzt religiöser bzw. antiklerikaler Protest. Und doch muß danach gefragt werden, wie sich für die verschiedenen Ursachen übergeordnete Erklärungen finden lassen. Günther Franz, der mit seinem Bauernkriegsbuch jahrzehntelang die Szene der Interpretation beherrschte, sah die eigentliche Ursache für den bäuerlichen Kampf in dem Zusammenprall von territorialem Herrschaftsrecht und gemeindlichem Genossenschaftsrecht. Die Landesherren gingen dazu über, mit dem Römischen Recht, einem „gesetzten", geschriebenen, auf Herrschaft und nicht Genossenschaft abzielenden Recht, ihre Territorien administrativ zu vereinheitlichen; und das lief letztlich darauf hinaus, daß die relative Autonomie der bäuerlichen, in einigen Gegenden auch der bürgerlichen Gemeinde, eingeschränkt wurde. Darin sahen vor allem die wohlhabenderen Bauern, die Dorfehrbarkeit, einen Eingriff in ihre Freiheit und eine Beleidigung ihres politischen Selbstbewußtseins. Sie begehrten auf und führten einen „Kampf der Deutschen um das Reich".[8] So sehr Franz die verfassungsrechtliche Auseinandersetzung um das „genossenschaftliche" und das „herrschaftliche" Recht herausgearbeitet hat, so wenig hat er bedacht, daß die Bauern gegen die Grundherren genauso wie gegen die Landesherren aufstanden, obwohl der niedere Adel eigentlich von demselben Interesse erfaßt gewesen sein müßte wie die Dorfehrbarkeit, nämlich die Landesherren aus der Reichspolitik zurückzudrängen und ein Reich ohne Fürsten zu schaffen. Franz hat aber auch die sozialen und wirtschaftlichen, selbst die religiösen Gesichtspunkte dieses Kampfes und seiner Ursachen zu wenig berücksichtigt. So ist seine berühmte Darstellung nicht nur die klassische Deutung des Bauernkriegs aus der Tradition des Historismus, der in besonderem Maße ja der politischen und verfassungsrechtlichen Geschichte verpflichtet war, sondern auch eine Herausforderung, neuen Fragen in der Arbeit am Bauernkrieg nachzugehen.

Die marxistisch-leninistische Forschung macht für den Ausbruch des Bauernaufstands eine gesamtgesellschaftliche Krise verantwortlich, die durch das Eindringen frühkapitalistischer Wirtschaftsweise in den feudalistischen Lebensbereich entstand und dem Bauern neue und schwerere Lasten auferlegte, in den Städten den sogenannten „plebejischen Schichten" die letzten Grundlagen ihrer Existenz zu entziehen drohte. Reformation und Bauernkrieg waren der erste Schlag gegen den Feudalismus; die Reformation als erfolgreicher Angriff auf die Kirche, den ideologischen Grundpfeiler des Feudalismus, der Bauernkrieg als wenig erfolgreicher, ja, gescheiterter Vorstoß gegen die Grundherren, die Herrschaftselite des feudalistischen Gesellschaftssystems.[9] Es ist sicherlich richtig, die wirtschaftlichen Veränderungen zu betonen, die auf Bauern und unterbürgerliche Schichten drückten. Es ist aber mehr als fraglich, ob die wirtschaftliche und soziale Situation schon so stark frühkapitalistisch durchsetzt war, daß die Herrschenden nicht mehr konnten, was sie wollten, und die Beherrschten noch nicht konnten, was sie wollten.[10] Diese von Lenin gegebene Definition einer gesamtgesellschaftlichen Krise entbehrte für die frühe Reformationszeit jeder empirischen Grundlage, abgesehen davon, daß widersinnigerweise die Träger der „frühbürgerlichen Revolution" ausgerechnet diejenigen sozialen Gruppen gewesen sein sollten, die unter der progressiven frühen kapitalistischen Entwicklung litten, und teilweise diejenigen zu Gegnern der Aufständischen wurden, die aus dieser Entwicklung ihren Nutzen zogen.[11]

In die Kontroverse, die zwischen einer einseitig politischen und einer einseitig wirtschaftlichen Herleitung des Bauernkriegs entbrannt war, hat vor einigen Jahren David Warren Sabean eingegriffen. Seine Studie beschränkt sich auf den südlichen Teil Oberschwabens und wertet das oft nur noch bruchstückhaft vorhandene Archivmaterial aus, um das Ausmaß der wirtschaftlichen und sozialen Veränderungen am Vorabend der Reformation bestimmen zu können. Er stellt fest, daß die wirtschaftliche Lage der Bauern sich durch den Lehnszins nicht merklich verschlechterte, wohl aber durch einen enormen Bevölkerungszuwachs eine allgemeine wirtschaftliche Bedrohung aufzog. Die Grundherren weigerten sich, das Problem der Bevölkerungszunahme durch eine Realteilung der Lehnsgüter zu bewältigen. So entstand in kurzer Zeit eine wachsende Zahl von Besitzlosen und Tagelöhnern, die sich entweder als Häusler – oft unter dem Schutz der Grundherren oder der Landesherren – auf dem gemeinsamen Nutzungsland der vollberechtigten Dorfbewohner niederließen oder sich als Landsknechte verdingten. Da die Lehnsbauern durch eine Verkürzung der Laufzeiten für die Lehen und tiefgreifende Änderungen in den gewohnten Lehnsformen wirtschaftlich bedrängt wurden und nun die gemeinsame Nutzungsfläche, die Allmende, für Nebeneinkünfte auszufallen drohte, erwuchs ein innerdörflicher Konflikt, den die Lehnsbauern durch einen Kampf um die Sicherung und Erweiterung der Gemeinderechte gegen die Grundherren zu lösen versuchten. Die Bauern führten einen letztlich wirtschaftlich verursachten Kampf, der nicht nur gegen die „Herren, sondern auch die Tagelöhner gerichtet war".[12] Sabean kommt zu folgenden Ergebnissen: 1. Der Bauernaufstand war „eine Bewegung aus dem Dorf, die das Dorf zum Ziel hatte",[13] also nicht das Reich. 2. ist weder auf dem Lande noch zwischen Land und Stadt eine gemeinsame soziale Interessenlage zu beobachten. Selbst die Interessenlage im Dorf entwickelte sich zwischen den besitzenden Bauern und den Lohnarbeitern gegensätzlich und begann sogar, die Familienbande zu zerstören. Und 3. sind die religiösen Forderungen der Bauern als Rechtfertigung einer sozialen Neuordnung der Gemeindebewegung einzuordnen, die Spielraum für die Selbstverwaltung des Dorfes schaffen wollte.[14] Diese Forderungen sind auch mit den wirtschaftlichen Interessen aufs engste verknüpft. Damit hat Sabean für ein begrenztes, aber sehr wichtiges Aufstandsgebiet einige bisher allgemein gehaltene Thesen entweder bestätigt oder widerlegt. Dreierlei möchte ich kritisch anmerken: *Erstens* scheint mir das Problem der Interessenlage zwischen Stadt und Land noch nicht breit und tief genug erforscht zu sein, sie dürfte sich regional auch sehr unterschiedlich gestalten. Eine enge Marktverflechtung zwischen Stadt und Land könnte durchaus eine soziale Interessenlage geschaffen haben, die beide Räume partiell in Gleichklang hielt. *Zweitens* darf der Zusammenhang von kommunaler und religiöser Gemeindebewegung nicht auf die „soziale Funktion" reformatorischer Religiosität eingeschränkt werden. Um die enge Marktverflechtung zwischen Stadt und Land und eine genauere Beschreibung der frühkapitalistischen Auswirkungen auf dem Land hat sich kürzlich Tom Scott bemüht;[15] auf den religiösen Faktor werde ich unter dem Stichwort „Reformation und Bauernkrieg" noch eingehen. Und *drittens* dürfte die Quellenlage zu spärlich sein, um aus der sicherlich zu recht beobachteten sozialen Differenzierung im Dorf auf entgegengesetzte Positionen der Landbevölkerung im Kampf schließen zu können oder darin gar eine wichtige Ursache für den Ausbruch des Bauernkriegs überhaupt zu sehen.

Den wichtigsten Versuch, die Ursachen des Bauernkriegs zu bestimmen, hat Peter Blickle unternommen. Er legt ein Erklärungsmodell vor, das wirtschaftliche, politisch-rechtliche und religiöse Motive zum kommunalen Befreiungskampf des „gemeinen Mannes" verbindet. Dabei geht Blickle von der wirtschaftlichen Situation aus, wie sie sich für Grundherren und Hintersassen in und nach der Agrarkrise des 14. und 15. Jahrhunderts darstellt und sich für beide im Prozeß landesherrlichen Territorialausbaus verschärft. Die Grundherren geben den wirtschaftlichen Druck an die Hintersassen weiter, indem sie ihr Recht, Abgaben zu erheben, voll ausschöpfen, sich die Vererbbarkeit der Lehen im Todfall oft neu vergüten lassen, die Realteilung der Lehen trotz des Bevölkerungswachstums auf dem Lande untersagen und auf diese Weise die einzelnen Höfe entweder wirtschaftlich stärker belasten oder eine soziale Differenzierung durch den wirtschaftlichen Abstieg der nicht erbberechtigten Söhne in Kauf nehmen. Der innerdörfliche Konflikt, den diese Differenzierung auslöst, vermag den Konflikt zwischen Herrn und Bauern sogar für eine Weile zu überlagern. Die Grundherren beanspruchen die Allmende, Holzschlag, Wild- und Fischfang für sich selber und reaktivieren die Leibeigenschaft. Je rigider die Rechte des Leibherrn sind, um so größer ist der wirtschaftliche Nutzen: Forderungen aller Art können in dieser engsten personalrechtlichen Bindung am effektivsten durchgesetzt werden. Zu diesem wirtschaftlichen Druck gesellt sich die politische und rechtliche Einschränkung der Selbstverwaltung der dörflichen Gemeinde durch Landes- und Grundherren, bzw. durch Grundherren, die ihre Herrschaften zu kleinen Territorialstaaten ausbauen. Blickle schreibt: „Der kumulative Effekt, den die wachsenden wirtschaftlichen Schwierigkeiten, die zunehmenden sozialen Spannungen und die verstärkten herrschaftlichen Abhängigkeiten bewirkten, hatte eine krisenhafte und konfliktgeladene Situation geschaffen, wie sie in dieser Form wohl keines der vergangenen Jahrhunderte gekannt hatte."[16] Und so kommt es auf dem Tiefpunkt dessen, was die bäuerliche Gesellschaft ertragen kann, zu einem Aufstand, der eine besondere Legitimation und Stoßkraft durch das von der Reformation proklamierte „göttliche Recht" und die Stärkung des gemeindlichen Selbstbewußtseins der Bauern, aber verschiedentlich auch der nichtratsfähigen Bürger in den Städten erhält. Träger der kommunalen Erhebung ist der „gemeine Mann". Die wirtschaftlichen, sozialen, politischen und religiösen Belastungen des „gemeinen Mannes" münden in einen Kampf um die genossenschaftlich verfaßte Gemeinde. Und das bedeutet im Grunde eine Krise des feudalen Herrschafts- und Gesellschaftssystems. So ist es Blickle gelungen, die hier und da unterschiedlich benannten Ursachen des Bauernkriegs in einem bündigen Erklärungsmodell zu vereinigen. Freilich sind seine Beispiele vor allem aus den kleineren Territorien Südwestdeutschlands gewählt. Wo keine Überbevölkerung, sondern Bevölkerungsverlust und Wüstungen anzutreffen sind (Elsaß) oder die Leibeigenschaft keine Rolle spielte (Thüringen, Odenwald, Tirol), muß nach anderen Erklärungen gesucht werden. Vernachlässigt wird bei Blickle die wirtschaftliche Entwicklung von Handel, Gewerbe und Bergbau, die den Agrarbereich auch berührt und sich auf dem Land belastend ausgewirkt hat; und immer noch nicht hoch genug eingeschätzt wird in der zweiten Auflage seines Bauernkriegsbuchs der reformatorische Impuls für den kommunalen Befreiungskampf.[17] Doch seine Analyse und Argumentation bleiben insgesamt das Plausibelste, was in den letzten Jahren zum Bauernkrieg geschrieben wurde.

2. Forderungen und Ziele

Die Bauern, die sich zum Aufruhr zusammenrotteten, haben ihre Forderungen in Beschwerden, Artikeln, Briefen, Programmen oder Verfassungsentwürfen formuliert.[18] Diese Dokumente sind aus einem Beratungsprozeß innerhalb der bäuerlichen Versammlungen und paramilitärischen Haufen in verschiedenen Regionen hervorgegangen oder von einzelnen Verfassern aufgesetzt worden. Das bekannteste Dokument, zugleich dasjenige mit der weitesten Verbreitung, sind die *Zwölf Artikel:* „Die gründlichen und rechten Hauptartikel aller Bauernschaften und Hintersassen der geistlichen und weltlichen Obrigkeiten, durch welche sie sich beschwert vermeinen." Die Urheberschaft wurde gewöhnlich dem Kürschner Sebastian Lotzer und dem Prädikanten Christoph Schappeler aus Memmingen zugesprochen. Sie hatten, so wurde angenommen, aus den einzelnen Beschwerden und Forderungen der oberschwäbischen Bauernhaufen, Artikel zusammengestellt, auf die sich alle als Forderungskatalog und Kampfprogramm einigen konnten. Blickle hat neuerdings mit guten Gründen die Herkunft dieser Artikel aus dem Oberrheinischen wahrscheinlich gemacht, also dem Ursprungsgebiet des Aufstands, und er spricht davon, daß hier schon vor den Beratungen der oberschwäbischen Haufen die „kollektive Vernunft des Gemeinen Mannes" am Werk gewesen sei.[19] Grundforderungen sind beispielsweise die freie Wahl der Prediger durch die Gemeinden, die ausschließliche Verwendung des Kirchenzehnten für die Gemeinde, die Abschaffung der Leibeigenschaft, die kommunale Nutzung der Allmende, die Freigabe von Fischfang, Jagd und Holzschlag, die Einschränkung der Frondienste.

Begründet werden diese Forderungen mit dem Evangelium, d.h. die herkömmliche Legitimation mit dem „alten Recht“ wird abgelöst von dem „göttlichen Recht“, obwohl der Terminus technicus „göttliches Recht“ in den Zwölf Artikeln nicht auftaucht. Es heißt nur am Rande: „Dieweil alle Artikel im Worte Gottes begriffen sind.“[20] Jede Forderung wird mit der Heiligen Schrift begründet. Gewöhnlich wurde in diesen Artikeln ein gemäßigtes Programm der Bauern gesehen, insofern sie den Zustand früherer Zeiten nur wiederherstellen, nicht jedoch das System der Grundherrschaft sprengen und abschaffen wollten. Daß in diesen Artikeln nicht radikale, sondern gemäßigte Forderungen vorgetragen wurden, hat auch die marxistische Bauernkriegsforschung angenommen und aus diesem Grunde ganz allgemein zwischen gemäßigten und radikalen Gruppen und Zielen im Bauernkrieg unterschieden. Eine Wende in dieser Beurteilung hat Blickle eingeleitet. „Die Zwölf Artikel erschöpfen sich nicht in der Negation, in der Abwehr und Zurückdrängung herrschaftlicher Ansprüche, sie waren revolutionär in zweifacher Hinsicht; konkret durch den Leibeigenschafts-, Zehnt- und Pfarrwahlartikel, grundsätzlich durch die Inanspruchnahme des Evangeliums als gesellschafts- und herrschaftsgestaltendes Prinzip.“[21] Sowohl der Artikel über die Abschaffung der Leibeigenschaft als auch die Wahl des Pfarrers durch die Gemeinde und die Verweigerung des Zehnten zeigen, daß hier die Rechte der Grundherren in ihrer Substanz angetastet wurden: Die Grundherren sollten nicht mehr über die Personen verfügen dürfen; die personalrechtlichen Beziehungen waren aber das Herzstück der grundherrschaftlichen Verfassung. Die Grundherren sollten auch nicht mehr ihre Patronatsrechte in den Gemeinden wahrnehmen; das traf geistliche Grundherren nicht weniger als weltliche. Mit diesen Forderungen wären, hätten sie sich durchgesetzt, Grundpfeiler der herkömmlichen Herrschaftsverhältnisse zum Einsturz gebracht worden. Ähnlich argumentiert neuerdings auch der marxistische Historiker Günter Vogler: „Die eine autonome Stellung der Dorfgemeinden erstrebenden Untertanen konnten beteuern, daß sie die Obrigkeiten weiterhin anerkennen wollten. Das sagte aber noch gar nichts im Hinblick auf die Folgen, die sich aus einer Veränderung bisheriger Verhältnisse ergeben konnten. Die politische Aussage der Zwölf Artikel ist zwar nur auf ein Problem gerichtet, eben die Stellung der Dorfgemeinde, und sie korrespondiert insofern auch mit den weitgehend aus der gleichen Sphäre erwachsenden reformatorischen, sozialen und rechtlichen Forderungen dieses Programms. Aber Weiterungen waren nicht ausgeschlossen, da feudale Rechte der Obrigkeiten und feudale Beziehungen in Frage gestellt wurden.“[22] Zweierlei kommt noch hinzu: *erstens* weisen die Zwölf Artikel darauf hin, daß die Aufständischen sich weitere Neuerungen, sobald sie sich aus dem Evangelium ergäben, durchsetzen wollten. Bei der Brisanz, die die Heilige Schrift schon bisher entfalten konnte, mußte das die Grundherren in Schrecken versetzen. Und *zweitens* kann vermerkt werden, daß sich aus der Organisationsform der bäuerlichen Haufen entweder eine korporativ-bündische oder eine landschaftliche Verfassung ergeben hätte, die auf eine kommunale und republikanische Staats- und Gesellschaftsform hinauslaufen mußte und sich wohl durchgesetzt hätte, wenn der „gemeine Mann" erfolgreich gewesen wäre; eine korporativ-bündische Verfassung in den zerstückelten Territorien am Bodensee; eine landschaftliche Verfassung in größeren Flächenterritorien wie in Württemberg oder im Erzstift Salzburg, wo die Bauern den Klerus und den Adel aus den Landtagen verdrängen wollten.[23] Also nicht für sich genommen, sondern in den reformatorischen, organisatorischen und militärischen Rahmen gestellt, mußten die Zwölf Artikel umstürzlerisch und revolutionär wirken. So sind sie auch von Zeitgenossen aufgenommen worden; und einige rechneten mit der Möglichkeit, Gott könne den Aufstand der Bauern mit Erfolg krönen. Kurfürst Friedrich der Weise äußerte sich kurz vor seinem Tode: „Filleicht had man der armen leuten zu solchen aufrure orsache geben und sunderlichen mit vorbittung des word gotes. So werden die armen in fil wege von uns weltlichen und gaistlichen oberkaiten beschwerd. God wend sein zcorn von uns. Wil es got also haben, so wird es also hinaus gehen, das der gmain man regieren sal. Ist es aber sein gotlicher wille nicht und das es zu seinem lobe nicht vorgenomen, wird es bald anders. Lassent uns got bitten umb vorgebung unser sund und ins haimsetzen, er wird es alles fein nach seim willen und lobe schicken."[24]

Neben diesen Artikeln – das kann hier nur angedeutet werden – gab es noch andere, den sogenannten *Artikelbrief* oder die anonyme Flugschrift *An die Versammlung gemayner Pawerschafft*, die in ihren Forderungen radikaler waren, Verfassungsentwürfe von Wendel Hippler oder Friedrich Weigandt, auch die *Landesordnung* Michael Gaismairs in Tirol, die eine grundstürzende Neuordnung des staatlichen Aufbaus und der gesamten Gesellschaft anstrebten: eine „christliche, göttliche und gerechte Reformation" (Weigandt).[25] Die Heterogenität der Forderungen und Ziele im Bauernkriegsgeschehen war groß. Doch gemeinsam war allen der Wille, die Not und Bedrückung durch einen Aufstand zu beseitigen, die Herrschaft der Grund- und Landesherren zu brechen und ein kommunal-republikanisches oder gelegentlich ein kommunal-theokratisches Gemeinwesen aufzubauen. Ein kommunal-republikanisches Gemeinwesen lag in der Konsequenz des frühreformatorischen Gemeindeverständnisses, und ein kommunal-theokratisches legte sich bei Thomas Müntzer und seinen Anhängern als Reflex auf die in Thüringen geltende Amtsverfassung nahe. Diesen Thüringer Aspekt, eine gut durchorganisierte Verwaltungsbürokratie von Amtsleuten, hat Blickle nicht genügend gewürdigt. Die Theologie Müntzers war mit ihrem Bestreben, alte Autoritäts- und Herrschaftsverhältnisse aufzulösen und die ursprüngliche Schöpfungsordnung Gottes aufzurichten, doch ein präziserer Eingriff in die bestehende Gesellschaftsordnung, als Blickle es gesehen hat. Der Amtmann wurde sozusagen durch den charismatischen Propheten, der das Volk anführte, ersetzt. Aber doch war Blickle gut beraten, auch in der zweiten Auflage seines Bauernkriegsbuchs trotz mancher Einwände, die ihn erreichten, weiterhin von der „Revolution des gemeinen Mannes" zu sprechen, der Revolution und nicht einer Revolte, einem Aufstand oder einer Empörung.

3. Verlauf und Folgen

Der „Arme Konrad" und der „Bundschuh" waren etwas in den Hintergrund getreten, als die spektakulären Ereignisse um Martin Luther die Gemüter erregten. Unruhig wurde es auf dem Lande erst wieder im frühen Durchsetzungsprozeß der Reformation. In einigen oberdeutschen Territorien verweigerten die Bauern den Zehnten, der Unmut über die Pfaffen sprang von der Stadt aufs Land über, und der gemeine Mann begann, alle überkommenen Lasten abzuschütteln. Hier können nur einige Entwicklungsschwerpunkte des bäuerlichen Kampfes skizziert werden. Die klassische Beschreibung des Verlaufs, den dieser Kampf nahm, bleibt immer noch „Der deutsche Bauernkrieg" von Günther Franz.

Die ersten Erhebungen, die bald Kreise zogen, begannen schon im Frühsommer 1524 am Rande des Schwarzwalds in der Landgrafschaft Stühlingen. Vorher war es zu kleineren Aufständen in dem Landstädtchen Forchheim, das zum Bistum Bamberg gehörte, und in der Klosterherrschaft St. Blasien im Schwarzwald gekommen. „Noch weiter gingen die Bauern in dem Dorfe Eschbach bei Staufen. Sie wollten frei sein von allen Zehnten, Zinsen und Gütern und Adel und Pfaffen erwürgen."[26] Dörfliche Unruhen hatten sich auch seit 1522/23 in der Schweiz, um Schaffhausen und Zürich, zusammengebraut. Die Stühlinger Erhebung im Juni 1524, so stellt Franz es dar, war noch nicht vom Geist der Reformation getragen, und die Untertanen beriefen sich in ihren Forderungen noch nicht auf das „göttliche Recht".[27] Werden nur die Dokumente der Aufständischen beachtet, hat Franz zweifellos recht. Wird aber die Grenzlage zur Schweiz bedacht, in der es bereits eine rege reformatorische Propaganda gab und zu ersten antiklerikal-reformatorischen Aktionen gekommen war, dann fällt es schwer, die Erhebung in der Landgrafschaft noch zu den traditionell altrechtlichen Aufständen zu zählen. In das Stühlinger Gebiet könnte auch die Tätigkeit Balthasar Hubmaiers im benachbarten Waldshut ausgestrahlt haben. Zürich hatte ihn gegen die Bedrohung durch den vorderösterreichischen Landesherrn in Schutz genommen. So könnte der Bericht über den Beginn des Bauernkriegs in der Grafschaft Stühlingen historisch durchaus zuverlässig sein, wonach die Bauern „sich ainhellig Ratschlags entschlossen hetten, welcher Gestalt si dem Evangelio gewertig und der Gerechtigkait beistendig sein wölten."[28] Auch hinter den Artikeln, die noch nicht mit dem „göttlichen Recht" argumentieren und keine ausgesprochen reformatorischen Forderungen enthielten, könnten evangelische Gesinnung und reformatorisches Gemeinschaftsbewußtsein gestanden haben.[29] Die scharfe Trennung von altem Herkommen, göttlicher Gerechtigkeit und evangelischem Bewußtsein läßt sich für die frühen Jahre der Reformation historiographisch nicht konsequent durchhalten. Daraus folgt: Mit der Erhebung in Stühlingen hat der deutsche Bauernkrieg begonnen.

Diese Erhebung zog bald Unruhen im Hegau nach sich, die noch zusätzlich durch die militärischen Aktivitäten Herzog Ulrichs vom Hohentwiel aus geschürt wurden. Dieser Landesherr wollte notfalls mit einem neuen Bundschuh das Herzogtum Württemberg zurückerobern, aus dem er vertrieben worden war. Die Stühlinger und Hegauer Bauern konnten sich schließlich mit ihren Herren auf den Rechtsweg einigen. Sogleich brachen aber neue, heftigere und entschiedener vom „göttlichen Recht" geprägte Unruhen in den umliegenden Dörfern und Herrschaften aus. Sie griffen auf den Klettgau und den Breisgau über. Bald war die ganze Schwarzwaldgegend in Aufruhr.

Vom Oberrhein und Schwarzwald aus verbreitete sich die bäuerliche Empörung zu Beginn des Jahres 1525 wie ein Flächenbrand in Oberschwaben. Besonders schwer hatten die Untertanen der Fürstabtei Kempten unter der Leibeigenschaft zu leiden. Der Rechtsstreit zwischen dem Abt und den Untertanen schleppte sich hin, wuchs sich dann allerdings auf der Grundlage des „göttlichen Rechts" schnell zu einem allgemeinen Aufstand der Allgäuer Bauern aus und führte zur Gründung der „Christlichen Vereinigung der Landart Allgäu". Auch am Bodensee sammelten sich die Bauern. Geführt wurde dieser „Seehaufen" jedoch nicht von ihnen, sondern von landadligen Patriziern aus Lindau und Ravensburg, unterstützt wurde er von reformgesinnten Prädikanten. So tritt der reformatorische Charakter dieser überregionalen bäuerlichen Bewegung immer deutlicher hervor. Die Allgäuer und Bodenseebauern verbanden sich und nahmen in Memmingen Verbindung mit dem Baltringer Haufen auf, dem es gelungen war, in kürzester Zeit zum größten oberschwäbischen Haufen anzuwachsen. Er geriet bald unter den politischen Druck des Schwäbischen Bundes, der sich von der zunehmenden Stärke der

Aufständischen herausgefordert fühlte. Unter diesem Druck formulierten die Baltringer ihre Beschwerden in einer Mischform aus altrechtlichen und reformatorischen Forderungen und suchten Anschluß an die reformatorische Bewegung, die inzwischen die Reichsstadt Memmingen in ihren Bann gezogen hatte. Dort gelang es dem Kürschnergesellen Sebastian Lotzer, dem der Memminger Reformator Christoph Schappeler zur Hand ging, Beschwerden der Baltringer und Memminger zu den *Zwölf Artikeln* auszugestalten. Spätestens diese Artikel, mit denen sich die Aufständischen vieler Territorien identifizieren konnten, haben der Synthese von bäuerlicher Forderung und reformatorischem Erneuerungswillen einen weithin sichtbaren Ausdruck verliehen. Auf ihrer Grundlage schlossen sich dann auch die Aufständischen Oberschwabens zur „Christlichen Vereinigung" zusammen und gaben sich eine „Bundesordnung", mit der dieses Aufstandsgebiet rechtlich und organisatorisch zum Zentrum der Revolution von 1525 wurde.

Die „Christliche Vereinigung" verstand sich als ein Bündnis zur Verteidigung und nicht zum Angriff, obwohl es unter militanten und friedfertigen Anhängern zu Spannungen gekommen war. Wo die militanten Bauern sich durchsetzen konnten, haben die Haufen Klöster gestürmt und Burgen geschleift. So fielen ihnen Kloster und Schloß des verhaßten Fürstabts von Kempten mit reicher Beute in die Hände. Kurzfristig konnten sie den Widerstand der Grundherren in einigen Gegenden brechen. Auch die Bluttat in Württemberg, wo die adlige Besatzung von Weinsberg ermordet worden war, blieb eine Ausnahme. Insgesamt also herrschte unter den Aufständischen ein durchaus ambivalentes Verhältnis zur Gewaltanwendung, die in der Regel erst als Reaktion auf den gegnerischen Angriff folgte. Der Wille, dem Evangelium gemäß zu leben, verbot nämlich einen leichtfertigen Umgang mit der Waffe. Die Bauern wollten neue Verträge aushandeln und über ihre Beschwerden von unabhängigen Gerichten entscheiden lassen, die möglichst mit den Reformatoren Luther, Melanchthon und Zwingli, Osiander, Billican und Zell besetzt sein sollten. Weniger Skrupel herrschten in den gegnerischen Heerlagern, sobald sie sich stark genug fühlten und den Bauern nicht aus dem Wege gehen mußten. So berichtet eine Straßburger Gesandtschaft, was sie – der Chronologie vorgreifend – auf dem Schlachtfeld bei Zabern in der Pfalz beobachtete: „Aber vor der Stadt Zabern, draußen, ein gutes Stück Weg weit, lag es voll erstochener Bauern und dann in der Stadt über und über. Auf den Gassen und in den Häusern lag es voll erstochener Bauern und Bürger. An etlichen Enden lagen sie sehr dick übereinander und in etlichen Häusern in großer Anzahl und unter den Toren so viel, daß wir nur mit Mühe über sie ritten. Und sie wurden unter den Toren sehr von den Pferden zertreten."[30] Die Bauern wurden durch ihr ambivalentes Verhältnis zu bewaffneter Gewalt und durch die militärische Überlegenheit der fürstlichen Heere niedergezwungen. Sie bemühten sich zwar um eine angemessene militärische Ausrüstung, setzten gelegentlich kampferprobte Landsknechte ein, verfügten teilweise auch über modernes Kriegsgerät und erfanden neue Formen militärischer Organisation. Die Erfahrungen, die sie einst im defensiven Kampf gesammelt haben mochten, reichten aber nicht aus, um den Krieg zu gewinnen, sobald sie gezwungen wurden, wirklich zu kämpfen. Die Söldnerheere der Gegner hätten nur, wenn überhaupt, in der Offensive besiegt werden können.[31] Das erste Mal wurden die oberschwäbischen Haufen vom Schwäbischen Bund, der von Georg Truchseß von Waldburg geführt wurde, schon Anfang April 1525 bei Leipheim geschlagen. Im Grunde war das gar keine Schlacht: „Die Bauern gaben kampflos ihre Stellung preis und suchten sich vor der überlegenen Macht des Bundes auf die Stadt zurückzuziehen. Aus dem Rückzug wurde jedoch bald eine ‚Feldschlacht'. Die Fliehenden wurden durch die Reisigen in die Donau gedrängt oder durch die Landsknechte in den Stromauen erstochen. Gegen 1000 Bauern kamen um, über 4000 wurden gefangen. Bei den Bündischen waren nur einige Pferde verwundet worden. Zum ersten Male hatte es sich gezeigt, daß die Bauern keinen ernsthaften Widerstand zu leisten vermochten, daß der Kampf mit ihnen mehr eine blutige Verfolgung als eine Schlacht war."[32] Einer anderen Konfrontation wich der Truchseß aus, weil er die Übermacht der Bauernhaufen fürchtete. Zuviel hätte für den Schwäbischen Bund auf dem Spiel gestanden, wenn sein Heer geschlagen worden wäre. Der Feldherr warnte seine Truppen, die Bauern anzugreifen, und schloß den Vertrag zu Weingarten. Das war Mitte April 1525. Die Bauern erhofften sich von diesem Vertrag eine Lösung ihrer Probleme; im Grunde hatte der Vertrag aber nur ihre Schlagkraft gelähmt und ihre Niederlage eingeleitet. Der Schwäbische Bund nutzte nämlich die Zeit, die Bauern in Württemberg, Franken und im Schwarzwald, wo der *Artikelbrief* die bäuerlichen Forderungen radikalisiert hatte, zu schlagen. Nur Waldshut und der Klettgau konnten sich noch bis zur Schlacht bei Grießen im Herbst behaupten. Verheerend war die Wirkung, die von diesen erfolgreichen Zügen des Bundes auf die oberschwäbische Vereinigung ausging. Sie flößten Angst und Schrecken ein. Als der Truchseß am 15. Juli gegen die an der Leubas versammelten Allgäuer Bauern vorging – der Vertrag zu Weingarten war in seinem Feldzugsplan nur ein taktisches Manöver gewesen, das die Bauern hinhalten sollte – setzte sich eine kleine Schar zur Wehr, die anderen wichen zurück, und der Widerstand im Südwesten brach in sich zusammen.

Zwischen April und Juli 1525 hatten sich auch Bauern im Elsaß[33] und in der Pfalz, im Neckartal und im Odenwald, im Taubertal, in den Bistümern Würzburg und Bamberg, bei Fulda, auf dem Eichsfeld und in Thüringen erhoben. In Franken waren die zunächst sehr erfolgreichen Aufständischen (Odenwälder, Bildhäuser und Taubertaler Haufen), die auch Adlige (Götz von Berlichingen, Florian Geyer) und Städte (die Reichsstadt Rothenburg, kleinere Landstädte) auf ihre Seite ziehen konnten, vor Würzburg vom Schwäbischen Bund auf seinem bereits erwähnten Zug im Anschluß an den Weingartener Vertrag geschlagen worden.[34] In Thüringen schloß sich die Reichsstadt Mühlhausen unter der Führung Thomas Müntzers und Heinrich Pfeiffers dem Kampf an.[35] Martin Luther hatte sich auf seiner Reise ins Aufstandsgebiet bemüht, die Bauern zu beruhigen. Er richtete aber nichts aus. Verbittert und enttäuscht kehrte er nach Wittenberg zurück. Vor den Toren Frankenhausens wurden die Aufständischen – ähnlich wie bei Leipheim und vor Würzburg – mehr auf der Flucht als in offener Feldschlacht von den Heeren Philipps von Hessen und Georgs von Sachsen Mitte Mai vernichtend geschlagen. Ungefähr sechstausend Bauern wurden niedergemetzelt, die fürstlichen Heere verloren nur sechs Söldner. Im Samland waren die Bauern im September aufgestanden und niedergezwungen worden.[36] Im Salzburger Land, in Tirol, der Steiermark und Kärnten wurde der Widerstand endgültig erst Mitte 1526 gebrochen, nachdem Michael Gaismair, der ehemalige Sekretär des Brixener Bischofs, vergeblich versucht hatte, eine neue „Landesordnung" durchzusetzen und ein frührepublikanisches christliches Gemeinwesen zu errichten.[37] Der Sturm, der von 1524 bis 1526 übers Land fegte, hatte sich gelegt.

Zu unterstreichen ist, daß nicht nur Bauern in Aufruhr standen; auch in vielen Städten war es zu Unruhen gekommen, die mit dem bäuerlichen Kampf im Zusammenhang standen oder eine Verbindung suchten. Auch dort wurden, wie in Frankfurt am Main beispielsweise, Beschwerdeartikel vorgelegt und Forderungen erhoben, die zur Stärkung der kommunalen Selbstverwaltung führen sollten.[38] Peter Blickle spricht deshalb von einer Revolution des „gemeinen Mannes": *„der gemeine Mann ist der Bauer, der Bürger der landsässigen Stadt, der von reichsstädtischen Ämtern ausgeschlossene Städter, der Bergknappe"*.[39] Tatsächlich kämpften im Mansfeldischen, im Erzgebirge und in Tirol zahlreiche Bergknappen auf der Seite der Bauern. Gewöhnlich haben auch Geistliche aus der Stadt den reformatorischen Funken aufs Land überspringen lassen und die Forderungen der Bauern formuliert oder aktiv unterstützt.[40] Die Adligen wurden von den Bauern eingeladen oder aufgefordert, sich in ihre brüderlichen Vereinigungen einzugliedern. Einige Herren folgten aus Überzeugung, andere aus Gründen der Opportunität und wieder andere aus Zwang. Doch eine Allianz zwischen Ritter und Bauer – davon hatte der *Neu-Karsthans* geträumt – war nicht zustande gekommen.

Trotz gemeinsamer Ziele und ähnlicher Abläufe der Aufstände blieb der Bauernkrieg ein regional differenziertes Geschehen. Einerseits wird der Mangel an Vereinheitlichung ein Grund für das Scheitern der Revolution von 1525 gewesen sein, andererseits ist gerade der jeweils lokale oder regionale Zuschnitt des Kampfes der Grund für seinen Teilerfolg gewesen. Die marxistische Forschung nimmt eine zielstrebige Radikalisierung des gesamten Aufstands an und sieht den Höhepunkt im Vertrag von Weingarten.[41] Es wird aber kaum bemerkt, daß die ideologische Radikalisierung gerade an dem „Artikelbrief" und der Agitation Thomas Müntzers wahrgenommen wurde, die jedoch widersprüchlicherweise erst in der militärischen Niedergangsphase eigentlich eine Rolle spielten. Diese Beobachtung soll nur andeuten, wie schwierig es ist, die lokal und regional unterschiedlich ablaufenden revolutionären Prozesse auf einen Begriff zu bringen. Genaugenommen war es nicht eine Revolution, es waren revolutionäre Bewegungen des „gemeinen Mannes".

Die Folgen des Bauernkriegs wurden, in der traditionellen wie in der marxistischen Forschung bisher einheitlich beurteilt: die Bauern wurden zu Scharen, an die 100 000 Mann, niedergemetzelt oder nachträglich exekutiert, die Dörfer wurden in Brand gesteckt oder mit hohen Strafgeldern belegt, so daß das ländliche Gebiet für Jahrhunderte aus dem politischen Leben verschwand. Der Widerstand war gebrochen. Allerdings leitete inzwischen vor allem Blickle in der Beurteilung der Folgen eine Revision ein, indem er zeigte, daß den Landesherren für den wirtschaftlichen Ausbau der Territorien durchaus an einem leistungsfähigen und nicht geschwächten Bauernstand gelegen war. In verschiedenen Gegenden wurden die Forderungen der Bauern teilweise anerkannt und erfüllt; in anderen wurden Reformen durchgeführt, die insgesamt erträglichere Verhältnisse zum Ziel hatten.[42] Bereits auf dem Reichstag zu Speyer 1526 wurden Vorschläge erarbeitet, wenn auch nicht verabschiedet, die einen Kompromiß zwischen den *Zwölf Artikeln* und den Interessen der Herrschaftselite suchten. Allerdings ist schwer zu sagen, ob der Reichstag aus Furcht vor einem neuen Aufstand des „gemeinen Mannes" beriet oder um die Lage der Bauern auch wirklich zu verbessern.[43] Die „zweite Leibeigenschaft" hatte im südwestdeutschen Aufstandsgebiet keine rechte Chance mehr, und auf verschiedenen Landtagen konnten die Bauern ihre bereits früher erlangte Landstandschaft erhalten (Markgräflerland, Tirol, Salzburg) oder sie zum ersten Mal erlangen (Kempten und umliegende Herrschaften). Der absolutistische Untertanenstaat wurde noch nicht in der Niederlage der Bauern 1525/26 geboren.

4. Reformation und Bauernkrieg

Es kann kein Zweifel bestehen, daß der Bauernkrieg seine besondere Färbung und Stoßkraft durch die Reformation erhielt. Die reformatorische Predigt Luthers und Zwinglis hat schnell in den ländlichen Bereich hineingewirkt. Das Schlagwort von der „Freiheit eines Christenmenschen" oder dem „Priestertum aller Gläubigen", das sich mit einem neuen Gemeindeverständnis verband, hat die Bauern in ihrer Unfreiheit und Unmündigkeit besonders angesprochen und sie bestärkt, Kraft für ihren Existenzkampf aus der Hoffnung auf eine grundlegende Erneuerung der Christenheit zu schöpfen. Zahlreiche Prädikanten, die mehr oder weniger radikal den neuen Glauben verbreiteten, vor allem aber in ihrem verwirrenden, unausgeglichenen und nicht normierten Gedankenreichtum die antiklerikalen Ressentiments in der Bevölkerung schürten, trugen dazu bei, daß die Bauern ihre kommunalen Anliegen mit den Forderungen und Verheißungen der Reformation identifizierten und keine Veranlassung sahen, Geistliches und Weltliches voneinander zu trennen, wie Luther es tat. Bei den Bauern im Südwesten werden die zwinglische Verklammerung von Geistlichem und Weltlichem, vor allem auch der kommunale Zuschnitt seines reformatorischen Wirkens und sein Widerstandsrecht einen tieferen Eindruck hinterlassen haben, weil sie der sozialen und religiösen Erfahrung des Volkes entsprachen. Bei den Aufständischen in Thüringen wird die müntzersche Predigt, die Religiöses und Soziales miteinander verband und die Autorität „gottloser" Obrigkeiten angriff, gewirkt haben. Besonders aber das antiklerikale Agitationsmuster von klerikalem Bild und antiklerikalem Gegenbild mußte den Revolutionären einleuchten.[44] Sie verweigerten die Abgabe des Zehnten (so fingen nicht selten die Unruhen auf dem Lande an) und wollten ihn selber verwalten. Nur so schien die Zehntforderung in der Schrift gemeint zu sein.[45] Sie wollten sich den Geistlichen nicht „vorsetzen" lassen, sondern schritten zur eigenen Wahl des Prädikanten. Nicht die klerikale Hierarchie, sondern die bäuerliche Lebensgemeinschaft, die sich um die Heilige Schrift bildet, repräsentiert die wahre Kirche. So erklärten die Dorfmeister in Wendelstein dem Pfarrer, der vom Markgrafen berufen worden war und ins Dorf einzog: „Erstlich, so werden wir dich für kain herren, sunder allein für ein knecht und diener der gemaind erkennen, das du nit uns, sunder wir dir zu gebieten haben, und bevelhen dir demnach, das du uns das evangelion und wort Gottes lauter und klar nach der warheit mit menschenlere unverhengt und unbefleckt, treulich vorsagest."[46] Hier trifft klerikale Herrschaftsorganisation auf antiklerikal laizistisches Gemeindeverständnis; man kann es auch so sagen: Kirche als hierarchisch strukturierte Institution trifft auf Kirche als demokratisch arrangierte Kommunikation. Der Antiklerikalismus, den vor allem die geistlichen Grundherren auf sich zogen, ist geradezu die Form, in der die Reformation unter den Bauern Gestalt annahm. Er ist ein kommunal eingefärbter Antiklerikalismus. Nicht umsonst wollten die Bauern ihre Forderungen mit dem „göttlichen Recht" begründen. Dieses Recht war ihnen nicht nur ein Instrument zur Durchsetzung ihrer Ansprüche, sondern mehr noch das Gesetz für ein Leben, wie sie es nach dem Muster der biblischen Berichte führen wollten. Weil das Lebensgesetz ihrer Gemeinschaft oder Gemeinde in der Heiligen Schrift zu finden war, nannten sie die Bibel gelegentlich auch „Gottes Juristerei".[47] Sie übernahmen selber Verantwortung für die Erneuerung der Christenheit, wollten das göttliche Wort mehren und Gerechtigkeit fördern. So stößt im Bauernkrieg nicht nur Recht auf Recht, „altes" oder „römisches" auf „göttliches" Recht; es ist auch nicht allein die Legitimation der Forderungen durch das göttliche Recht, die dem Aufbegehren plötzlich eine neue Qualität und besondere Durchschlagskraft verleiht. Es entsteht vielmehr neue Gemeinschaft, bzw. die dörfliche Gemeinde wird als neue Gemeinschaft begriffen, die sich der grundherrlichen, die Bauern belastenden und bevormundenden Herrschaft widersetzt und Gemeinschaft in urchristlichem Sinne zu sein versucht. Den Vorwurf der Empörung und des Aufruhrs weisen die Bauern weit von sich. Das „Evangelium zu hören und demgemäß zu leben" kann nicht eine „Ursache der Empörung und des Ungehorsams" sein. Das Evangelium schafft, so meinen die Bauern in antiklerikaler Umkehrargumentation, gerade das Gegenteil von Zwietracht und Uneinigkeit in der Welt: „dieweil es eine Rede ist von Christo dem verheißenen Messias, dessen Wort und Leben nichts denn Friede, Geduld und Einigkeit lehret, also daß alle, die an diesen Christum glauben, lieblich, friedlich, geduldig und einig werden."[48] Die ständische Hierarchie muß einer Welt der Brüderlichkeit weichen. Ihre neue Gemeinschaft, konzipiert als „brüderliche Vereinigung", öffneten die Bauern auch den geistlichen und weltlichen Herren. Einige Herren folgten ihrer Einladung, die wenigsten wohl deshalb, weil sie der brüderliche Umgang untereinander überzeugt hätte, sondern weil sie Repressalien, wirtschaftlichen Ruin oder Tod fürchteten. Grundsätzlich hatte die Herrschaftselite, wie der Brief des bayerischen Gesandten Leonhard von Eck an seine Herzöge zeigte, nur Verachtung für die bäuerliche Nachbarschaftshilfe und Brüderlichkeit übrig: „Der Bauern brüderliche Liebe ist mir ganz zuwider. Ich habe mit meinen natürlichen und leiblichen Geschwistern nicht gern geteilt – geschweige denn mit Fremden und Bauern."[49] Doch unter den Bauern gilt: „Hie ist weder knecht noch herr, wir seind allzumal ayner in Christo". So wird es in der *Versamlung gemayner Pawerschafft* festgestellt und hinzugefügt, daß alle Glieder einen Leib unter dem Haupt Jesus Christus bilden.[50] Das ist ein biblisches Bild, das in der Situation von 1525 antiklerikale und revolutionäre Brisanz entfaltete. Und im Vorspann zu den *Zwölf Artikeln* wird nicht zufällig die Bauernschaft mit dem „Volk Gottes" identifiziert, das aus der Knechtschaft in Ägypten befreit wurde: Der „gemeine Mann" – das auserwählte Volk. Die Reformation des „gemeinen Mannes" ist eine kommunale Reformation gewesen: eine Gemeindereformation.

Der Bauernkrieg läßt sich tatsächlich als eine „Glaubensrevolte" begreifen, aber nicht in dem Sinn, daß er vor allem oder zuerst nur ein religiöser Aufstand gewesen wäre im Gegensatz zu einer sozialen Revolution. Gerade im Bauernkrieg zeigt sich, daß Religiöses und Soziales untrennbar verbunden sind. Religiöser Aufstand und soziale Revolution verschmelzen in der kommunalen Erfahrung und dem antiklerikal-kirchlichen Selbstverständnis der Bauern zu einer Einheit. Die krisenhafte Situation wirtschaftlichen und sozialen Drucks ließ die Bauern besonders auf die antiklerikalen Angriffe der reformatorischen Propaganda achten; die Versuche mit kommunaler Selbstverwaltung sogen die laizistischen Tendenzen des reformatorischen Kirchenverständnisses in sich auf. In der antiklerikalen Argumentation fanden die Bauern ein Muster, wie sie mit den Problemen ihrer gesamten Lebenswelt fertig werden konnten. Im Milieu des gemeinen Mannes wird die Reformation zu einer biblisch begründeten Aufforderung, den gesamten Lebensbereich in eine gottgewollte Ordnung umzugestalten; noch genauer: sie nimmt in dieser Aufforderung zu allererst Gestalt an. Sie ist eine „Gemeindereformation". Der Bauernkrieg gehört zum Urgestein reformatorischer Bewegungen.

Martin Luther hat in diesem Kampf für eine neue kirchlich-gesellschaftliche Ordnung nicht eine Reformation, sondern „reines Teufelswerk" gesehen, in dem das göttliche Wort fleischlich ausgelegt wurde. „Ich meine, daß kein Teufel mehr in der Hölle sei, sondern sie sind allzumal in die Bauern gefahren; das Wüten ist übergroß und über alle Maßen."[51] Er sah wohl die Lasten, unter denen die Bauern stöhnten; er warnte auch die Fürsten vor einer ungerechten Behandlung ihrer Hintersassen. Vor allem aber tadelte er die Bauern, sich ihr Recht selber holen zu wollen und Widerstand gegen die Obrigkeit zu leisten. In der kritischen Phase des Bauernkriegs, als es fast so aussah, die Bauern könnten ihre Herren bezwingen, schrieb Luther: „Solch wunderliche Zeiten sind jetzt, daß ein Fürst den Himmel mit Blutvergießen verdienen kann, besser, denn andere mit Beten"; und er fuhr fort: „drum, liebe Herren, erlöset hier, rettet hier, helft hier, erbarmt euch der armen Leute, steche, schlage, würge hier, wer da kann. Bleibst du drüber tot, wohl dir, seligeren Tod kannst du nimmermehr erlangen. Denn du stirbst im Gehorsam göttlichen Wortes und Befehls . . . und im Dienst der Liebe, deinen Nächsten zu retten aus der Hölle und des Teufels Banden."[52] An die Öffentlichkeit geriet dieses Pamphlet *Wider die räuberischen und mörderischen Rotten der Bauern* als Nachtrag zu seiner *Ermahnung zum Frieden auf die zwölf Artikel der Bauernschaft in Schwaben* allerdings erst, als die Bauern schon besiegt waren. Für die Wirkung dieser Worte ist Luther also nicht allein verantwortlich. Die verzögerte Drucklegung trug das ihre dazu bei. Die Wirkung war allerdings verheerend. Die einen, die schon im Blut wateten,[53] fühlten sich ermuntert, auch noch die geschlagenen Bauern zu hetzen und niederzumetzeln; die andern fühlten sich vom Reformator ganz und gar verlassen. Ihnen war unbegreiflich, zu welchem Zynismus er fähig war; stets hatten sie sich auf ihn berufen und ihn als Schiedsrichter in ihrer Auseinandersetzung mit Fürsten und Grundherren vorgeschlagen.[54] Luther hatte in einer weiteren Schrift zwar das sinnlose und brutale Wüten der „Tyrannen" verurteilt, sie „Bluthunde", „Schurken" und „Säue" gescholten,[55] aber er blieb dabei: Nicht dieses Wüten, sondern „Aufruhr ist eine Sintflut aller Untugend";[56] das Wüten der Tyrannen indessen muß man über sich ergehen lassen, „wenn Gott uns durch sie plagen will".[57] So wirkte sich die apokalyptisch aufgeladene Zwei-Reiche-Lehre im Bauernkrieg aus. Luther hatte sich den Blick dafür verstellt, daß die Bauern nicht als einzelne Christen ihre eigenen Richter sein wollten, sondern als Träger politischer Gewalt auf Gemeindeebene, also bereits in öffentlicher Funktion, handelten. Außerdem urteilte er über einen reformatorisch-gesellschaftlichen Vorgang theologisch, ohne die gesellschaftlichen Voraussetzungen seines eigenen Urteils zu reflektieren. Darin liegt teilweise die Feindseligkeit begründet, die seinem Urteil heute entgegengebracht wird.

Für Martin Luther vollzog sich auf dem Lande keine Reformation; und doch gab es eine Reformation, wenn wir den Zusammenhang von Antiklerikalismus, Kommunalismus und Reformation beachten, wie sie anders auf dem Lande zunächst gar nicht hätte ablaufen können. Strukturell ereignete sich auf dem Lande nämlich nichts anderes als in der Stadt: Reformerische Ideen erwuchsen aus Entwicklungen und stießen auf solche, die sich bereits in vorreformatorischer Zeit angebahnt hatten. Sie nahmen eine bäuerlich adäquate Gestalt an. Reformation auf dem Land war Revolution.

Wenn einige Reformatoren (Zwingli und die oberdeutschen Reformatoren urteilten milder als der Wittenberger Reformator) darin ein Mißverstehen ihrer reformatorischen Botschaft sahen, dann hätten sie ihre Gedanken im Blick auf die aufrührerische Situation auf dem Lande so formulieren müssen, daß sie nicht mißzuverstehen gewesen wären. Die aufständischen Bauern haben nicht nur reformatorisches Gedankengut aufgenommen, sie haben eine Reformation in der antiklerikal-reformerischen Atmosphäre ihrer Tage von Grund auf konzipiert und ins Werk gesetzt. Eine Untersuchung zum bäuerlichen Reformationsverständnis im Elsaß hat kürzlich Franziska Conrad vorgelegt und festgestellt, daß die Bauern weniger an der reformatorischen Heilslehre interessiert waren als an den Losungen der Reformation, die ihnen halfen, ihre alltägliche Wirklichkeit zu deuten und gemeinschaftlich zu bewältigen. Die Einstellung zur Heilslehre blieb im wesentlichen katholisch, während die Ethik reformatorische Züge annahm. Solche Untersuchungen müßten auch für andere Aufstandsgebiete durchgeführt werden, doch die Tendenz dieses Ergebnisses würde sich höchstwahrscheinlich bestätigen.[58] In der bäuerlichen Gesellschaft kann also nicht nur ein Rezeptionsprozeß, sondern auch und vielleicht sogar zuerst ein Entstehungsprozeß von Reformation auf dem Lande beobachtet werden; und das war eine „Gemeindereformation" oder eine „Revolution des gemeinen Mannes".

Mit der Niederlage der Bauern wurde für eine Weile die Reformation auf dem Lande zerstört. Ihr wuchsen zwar neue, radikale Flügel im Täufertum, sie wurden aber schnell wieder gestutzt. Auf dem Zweiten Reichstag zu Speyer 1529 wurde ein Gesetz erlassen, das die Ketzerei der Wiedertaufe mit der Todesstrafe aus Furcht vor einem neuen Aufstand des gemeinen Mannes ahndete. Besonders in den katholischen Territorien gingen Häscher, Richter, Henker ihren finsteren Geschäften nach. Es loderten die Scheiterhaufen, unzählige Männer und Frauen wurden ertränkt.[59] Als das landesherrliche Kirchenregiment dann ausgebaut wurde, befahlen die Territorialherren ihren Untertanen eine Konversion zum neuen Glauben, die nichts mehr mit dem laizistisch-kommunalen Selbstverständnis der Bauern zu tun hatte. Damals hatte sich für Deutschland ein anderer politischer und gesellschaftlicher Weg eröffnet: nicht der Weg in den territorialen Untertanenstaat absolutistischer Prägung, sondern ein Weg in ein republikanisches Gemeinwesen.[60] Doch aus der kommunalen Tradition war nach 1525 kaum noch politische, geistige und geistliche Inspiration zu erwarten.

Für Blickle fällt so ein dunkler Schatten auf die gesamte Reformation. Zwar wurde eine Verbesserung der bedrückenden Verhältnisse des „gemeinen Mannes" zunächst durch das kommunale Kirchenverständnis angestrebt, dann aber durch die Preisgabe dieses Verständnisses wieder verhindert. Der Ertrag der Reformation war im Hinblick auf den gesellschaftlichen Fortschritt der Menschen nicht eben positiv.[61] Die befreiende Kraft, die von Luther ausging, war zugleich eine „rückschlägige Kraft".[62] Es ist wohl richtig, den engen Zusammenhang zwischen Reformation und Bauernkrieg zu betonen, doch nicht so, daß der Bauernkrieg folgerichtig und zielstrebig in seinem Ablauf zur Spitze der Reformation wird, auch nicht in dem Sinne, daß der Ausgang des Bauernkriegs über den gesamten historischen Ertrag der Reformationszeit entscheidet. Ich meine, daß sich im antiklerikal-reformerischen Milieu mehrere miteinander zusammenhängende, sich gegenseitig stützende, einander überlappende, auch gegeneinanderlaufende Prozesse entwickelten, die bald eine selbständige Dynamik, eine eigene Entwicklung und eine jeweils besondere Gestalt herausbildeten. Es waren sozusagen mehrere reformerische und revolutionäre Kreise (nicht eine Revolution) entstanden, die das Geschehen des frühen 16. Jahrhunderts bestimmten: die Bewegung der Humanisten, das theologische schriftstellerische Wirken Luthers und anderer Reformatoren, der Aufstand der Reichsritter, die Unruhen und die Durchsetzung der Reformation in den Reichsstädten, die Revolution des gemeinen Mannes auf dem Land und die radikale Reformation, von der gleich zu sprechen sein wird. Nicht eine zielgerichtete Revolutionsdynamik, sondern eine Dynamik revolutionären Bewegungsreichtums charakterisiert die frühen Jahre der Reformation. Aus diesem Bewegungsreichtum entsprangen ganz unterschiedliche Impulse, die auf eine oft verwickelte Weise die Entwicklung der frühen Neuzeit zum Guten und zum Schlechten beeinflußt haben. Das Ende des Bauernkriegs markiert jene Stelle, da sich innere, geistige und religiöse Freiheit auf folgenschwere Weise für die Geschichte der Deutschen von äußerer, politischer Freiheit trennte.

VII.

Radikale Reformation

Das reformatorische Lager war ein Sammelbecken heterogener Gestalten und Bewegungen. Hier strömten vorsichtige Reformer und revolutionäre Enthusiasten, Bedächtige und Ungeduldige, Weitsichtige und Tiefgründige, Schlagfertige und Zauderer zusammen. Sehr bald stellte sich allerdings heraus, daß nicht nur verschiedene Charaktere und Temperamente zu gemeinsamem Kampf gegen die Kirche Roms angetreten waren. Es begannen auch unterschiedliche Reformziele und Strategien sichtbar zu werden. Gemeinsam war allen Geistern eine mehr oder weniger starke antiklerikale Energie; verschiedenartig waren die Konsequenzen, die aus der antiklerikalen Kampfstellung gezogen, und die Argumente, mit denen auseinanderstrebende Standpunkte, Worte und Aktionen begründet wurden. Die Spaltungen waren unvermeidlich, je entschiedener die reformatorischen Ideen zur Verwirklichung drängten. Martin Luther trennte sich von den „himmlischen Propheten“ und Ulrich Zwingli von den Täufern. Andreas Karlstadt versagte sich dem Bündnis mit Thomas Müntzer, und die tonangebenden Reformatoren halfen, die „Revolution des gemeinen Mannes“ niederzuschlagen. Gewöhnlich wurden die reformatorisch gesinnten Kräfte, die mit der lutherischen oder oberdeutschen Reformation in Konflikt gerieten, als „Schwärmer“ verteufelt oder als „Rottengeister“ gebrandmarkt. Sie entsprachen nicht der Norm des Reformatorischen. Nur wo sie sich für kurze Zeit durchsetzten, konnten sie diese Norm selbst aufrichten. Ansonsten wurden sie als Ketzer und Aufrührer, als Winkelprediger und Außenseiter, als Nonkonformisten und Utopisten gejagt und hingerichtet.

Die Gründe für die Risse im reformatorischen Lager waren unterschiedlicher Art. *Einmal* war es der Zusammenprall der reformatorischen Idee mit der politischen oder sozialen Wirklichkeit, der mehrere Lösungen für eine reformerische Bewältigung der Lebensprobleme nahelegte; ein *anderes Mal* war es die Unzufriedenheit mit dem erlahmenden Gang der Reformation oder der moralischen Wirkungslosigkeit der reformatorischen Botschaft; *zum dritten* war es das theologische Durchdenken der kirchenpolitischen Situation und der notwendigen Maßnahmen zur Erneuerung der Christenheit, das sich Argumente aus vergangener Zeit holte und bereits in der Tradition angelegte Spannungen unter dem Auseinandersetzungsdruck der Gegenwart verschärfte; und *zum vierten* waren es menschliche Schwächen, Temperamente und Rivalitäten, die zu Feindseligkeiten und Trennungen führten. Selten hatte nur *ein* Grund die Geister geschieden. Oft waren es mehrere. Am wichtigsten ist aber die Beobachtung, daß der Zerfall des reformatorischen Lagers nicht dem Eifer oder dem vermeintlichen Unverstand derjenigen anzulasten ist, von denen sich Luther und Zwingli trennten, auch nicht der Hartnäkkigkeit, mit der die Reformatoren ihre evangelischen Einsichten verteidigten, sondern daß dieser Zerfall in der komplizierten Bewegung angelegt war, die von antiklerikal-reformatorischen Erneuerungsimpulsen ausgelöst wurde und eine Mehrzahl reformatorischer Bewegungen aus sich heraus freisetzte, um eine Antwort auf die Erneuerungsbedürftigkeit von Kirche und Gesellschaft zu finden. Wo das Wort in den frühen Jahren der Reformation zur Tat drängte, mußte es in vielen Fällen zu einer Spannung zwischen einem radikalen und einem gemäßigten Vorgehen kommen. Die Radikalität entsprang nicht der guten oder bösen Absicht der Akteure; sie war eine Möglichkeit, die sich in der Konfrontation der neuen theologischen Erkenntnis mit der politischen und sozialen Realität auftat. Sie lag im Verwirklichungsdrang der reformatorischen Erkenntnis begründet.

„Radikal" ist kein unproblematischer Begriff.[1] Er beschreibt einen Vorsatz, der einen tiefgreifenden, an die Wurzel gehenden Wandel in Kirche und Gesellschaft nur durch einen Bruch mit der rechtlichen und gesellschaftlichen Ordnung der Gegenwart in Gang setzen konnte. In diesem Sinne hatten die Grundgedanken der Reformatoren in Wittenberg und Zürich ihre radikale Konsequenz offenbart, in diesem Sinne war die „Revolution des gemeinen Mannes" radikal; radikal war das Werk Thomas Müntzers, radikal waren auch die verschiedenen Bewegungen der Täufer und der Nonkonformismus einiger Spiritualisten und Antitrinitarier. Radikalität war nicht nur ein Merkmal derjenigen, die einen anderen Reformkurs steuerten als Luther und Zwingli, sondern der Reformation, sofern sie zur Tat drängte, allgemein. Deshalb ist es ein wenig verwirrend, die sich von den Hauptreformatoren abwendenden Gestalten unter dem typologischen Begriff der „Radikalen Reformation" zur Darstellung zu bringen. Und doch bietet sich dieser Begriff an, wenn *erstens* der Ursprung der „radikalen Reformation" im antiklerikal-reformatorischen Aufbruch der frühen Reformationszeit bedacht und als ein Merkmal der Reformation selber gedeutet wird, *zweitens* die gleitenden Übergänge von radikalen zu gemäßigten und von gemäßigten zu radikalen Reformlösungen beachtet und *drittens* Bündnisse und Kontroversen unter den Radikalen zur Kenntnis genommen werden. Die Zeit einer strengen typologischen Abgrenzung, Einordnung und Aufgliederung des reformatorischen Radikalismus ist jedoch vorüber.[2]

1. Das revolutionäre Wirken Thomas Müntzers

„Wohlan, wer den Müntzer gesehen hat, der mag sagen, er habe den Teufel leibhaftig gesehen in seinem höchsten Grimme.“[3] So hat Luther einen Mann verteufelt, der in seiner Nähe für eine radikale Reformation wirkte. Auch Müntzer war nicht auf den Mund gefallen. Aufgebracht über den Brief des Wittenbergers *An die Fürsten zu Sachsen von dem aufrührerischen Geist,* wütete er gegen „das geistlose, sanftlebende Fleisch zu Wittenberg“, den „Doktor Lügner“, den „Vater Leisetritt“ und schließlich gegen den „Erzteufel“. Das war nicht Gegnerschaft, wie sie unter Menschen gelegentlich offenbar unvermeidlich ist; das war Feindschaft, die dämonische und apokalyptische Züge trug. Jeder wähnte sich als Werkzeug Gottes im endzeitlichen Kampf gegen das Böse schlechthin, das im jeweils anderen leibhaftige Gestalt angenommen zu haben schien. Mit der Verteufelung hatte übrigens nicht Müntzer, sondern Luther begonnen. Wie dem auch sei: Der Kirchenhistoriker Karl Holl schrieb vor mehr als sechzig Jahren über Müntzer: „Ich betrachte diesen Führer als denjenigen, in dem der Gegensatz zu Luther zuerst zum deutlichen Bewußtsein über sich selbst gelangt, und ich nehme ihn zugleich ernster, als es sonst in der Kirchengeschichte üblich ist.“[4] Müntzer ist tatsächlich der große Gegensatz zu Luther. Müntzers Vision vom befreiten Volk, das nur von Gott „beherrscht“ wird, verträgt sich nicht mit dem Vorsatz des Reformators, die Christenheit so zu erneuern, daß geistliches Reich und weltliches Reich, Religion und Politik, getrennt bleiben; oder anders gesagt: daß religiöse Freiheit nicht zugleich zu politischer Freiheit wird. Der Gegensatz zwischen Luther und Müntzer war groß. Wenn Müntzer wirklich, wie Heinrich Böhmer meinte, „nächst Luther der selbständigste und originellste und daher auch einflußreichste Denker seiner Zeit gewesen“ ist,[5] dann ist dieser Gegensatz auch intellektuell erregend. Und er ist, solange das Verhältnis von religiöser zu politischer und gesellschaftlicher Freiheit umstritten ist, noch Gegenwart. Nicht Müntzer allein ist Gegenwart, wie Ernst Bloch einst meinte,[6] sondern der große Gegensatz: Luther und Müntzer zugleich.

Über Müntzer ist viel geschrieben worden: Polemisch-Haßerfülltes und Liebevoll-Zugewandtes, Kritisch-Überzogenes und Unkritisch-Verehrendes. Die Deutungs- und Forschungsgeschichte seines Wirkens ist ein Stück historisch-politischer Auseinandersetzung der letzten hundert Jahre, auch da, wo die polemische Glut, die apologetische Wärme abgekühlt sind, wo alles wissenschaftlich sachlich erläutert wird.[7] Müntzer stößt ab, und er zieht an. An ihm scheiden sich immer noch die Geister. Seine Sprache ist zupackend und schwer verständlich, seine Gedanken sind eigenwillig verschlossen und sprechen doch von Sehnsüchten, die Menschen zu allen Zeiten nach einem freieren und besseren Leben hegen. Er fordert auch dazu heraus, Aggressionen an ihm abzureagieren. Doch weder Sehnsüchte noch Aggressionen sollen diesen kurzen Bericht bestimmen.

Über die frühen Jahre Müntzers ist wenig bekannt. Er wird um 1490 in Stolberg am Harz geboren sein.[8] Das Studium begann er 1506 in Leipzig und setzte es 1512 in Frankfurt an der Oder fort.[9] Er wurde zum Magister artium promoviert und schloß das Studium mit dem „Bakkalaureus der Heiligen Schrift" ab. Viel mehr ist nicht bekannt. Dann tauchte er im Lager des allgemeinen Antiklerikalismus auf. Bereits im Mai 1514 wirkte er als Priester in Braunschweig für eine Erneuerung der Kirche und verband kirchliche mit sozialen Aktionen. Zugleich zeigt sich, daß er bereits in dieser frühen Zeit vom Geist mystischer Frömmigkeit erfüllt war, mehr noch: „daß Müntzers religiös-politische Zielsetzung nicht erst ein Produkt der Wittenberger Bewegung ist, sondern eher unter deren Einfluß bestärkt und verschärft sowie theologisch in Aufnahme und Abgrenzung weiter entfaltet wurde."[10] Deutlicher tritt sein antiklerikales Wirken in Jüterbog zutage, wo er sich mit den Franziskanermönchen anlegte. Er übte Kritik am Papst, an den Bischöfen und den Mißständen in der Kirche. Zusammen mit Franz Günther, dem ersten Magisterpromoventen Luthers, wird er dann in einer altgläubigen Streitschrift als „Lutheraner" erwähnt und angegriffen.[11] Ausgerechnet derjenige, dem zum ersten Mal in der Geschichte das Schmähwort „Lutheraner" nachgerufen wurde, sollte später zum erbittertsten Gegner Luthers werden. Müntzer war nach dem Studium nicht nur in Braunschweig, sondern auch in einigen Nonnenklöstern tätig, er muß sich auch in Wittenberg aufgehalten haben und in das Lager der Reformation eingeschwenkt sein. Im Jahr 1519 war er Augenzeuge der Disputation Luthers mit Johannes Eck in Leipzig und wurde schließlich von Luther in die aufstrebende Wirtschafts- und Handelsstadt Zwickau empfohlen. Dort sollte er den nicht ganz linientreuen, mehr dem Humanismus als der Reformation verpflichteten Stadtpfarrer Sylvius Egranus vertreten, der auf Studienreise ging. Müntzer konnte in Zwickau Fuß fassen, wechselte nach Egrans Rückkehr von der Marienkirche zur Katharinenkirche über, wo er stärkeren Kontakt zur einfacheren Bevölkerung, zu kleinen Handwerkern und Tuchknappen, fand. Er pflegte aber Beziehungen zu allen Schichten der Stadt, bis in den Rat hinein. Auch in Zwickau legte er sich schnell mit den mächtigen Franziskanern an und ging aus dem antiklerikalen Kampf mit gestärktem reformatorischen Selbstbewußtsein hervor: „Ich treibe nicht mein, sondern des Herrn Werk".[12] Bald hatte er als Gegenkonzept zu den Auffassungen des altgläubigen Klerus eine laizistische Frömmigkeit, einen fast antiintellektualistischen, demokratischen Geistglauben verbreitet, so daß er auch mit dem gelehrten Egranus in Konflikt geriet. Jetzt tobte ein erbitterter Streit zwischen beiden, und das Volk begann sich – zum Kummer des Rats – in der Stadt zu polarisieren. Als die Unruhen heftiger wurden und zu Handgreiflichkeiten und Aufläufen führten, mußte Müntzer die Stadt verlassen.[13] Auch Egranus zog fort. Müntzer wiegelte später ab und schrieb an Luther: „Wenn man mir aber die Schuld am Zwickauer Aufruhr zuschreibt, so wissen alle, außer den blinden Oberen, daß ich während der Erhebung im Bade gewesen bin und von solchen Dingen nichts ahnte." Ja, kühner noch: „Wenn ich nicht entgegengetreten wäre, so wäre in der folgenden Nacht der ganze Rat getötet worden."[14] Was in Zwickau wirklich vorgefallen war, läßt sich nicht mehr genau ermitteln. Auf jeden Fall kommt es fast überall, wo Müntzer fortan erscheint, über kurz oder lang zu turbulenten und aufrührerischen Situationen.

Müntzer wandte sich 1521 zunächst nach Prag und erwartete im Lande des „heiligen Kämpfers" Johannes Hus die große Reformation des Geistes. Die Böhmen verschlossen sich jedoch seiner Predigt und Agitation. Er mußte Prag verlassen, kehrte noch einmal zurück und versuchte seine Reformabsichten in dem berühmten „Prager Manifest" zu erläutern und zu begründen. Er konnte jedoch nicht Fuß fassen und zog weiter. Dieses Dokument, das sich in mehreren ungedruckten Fassungen erhalten hat, ist ein brodelndes Gemisch aus antiklerikalen Ausfällen gegen die „vermaledeiten Pfaffen", jene „Herren, die nur fressen und saufen", und Gedanken, die aus der Tradition der mittelalterlichen Mystik geschöpft sind. Das ist kein beiläufiges Pamphlet, sondern ein Dokument, in dem bereits die Umrisse einer eigenständigen Theologie sichtbar werden. Müntzer, der einen Sinn für die Pointe hatte, unterschrieb das Manifest: „Thomas Müntzer will keinen stummen, sondern einen redenden Gott anbeten."[15] Damit unterstreicht er den Gedanken, der seinen Antiklerikalismus rechtfertigt und sein Reformprogramm begründet. Er bestritt den Priestern der offiziellen Kirche die Legitimation ihres Amtes, weil sie die Stimme Gottes nicht im Inneren ihres Herzens vernommen hätten. Rechte Hirten sorgen dafür, daß die Schafe mit der lebendigen Stimme erquickt werden. Müntzer hat dem Antiklerikalismus eine theologische Rechtfertigung aus dem Geist der Mystik gegeben, die ja nicht nur quietistisches Versunkensein hinter Klostermauern bedeutete, sondern schon im Mittelalter gelegentlich mit Kirchenkritik verbunden war. Der Antiklerikalismus ist nicht nur eine willkommene Begünstigung der Reformbewegung. Er ist vor allem auch reformatorisches Programm. Müntzer will zeigen, daß die Herrschaft der Pfaffen an der erfahrbaren Autorität des redenden Gottes zerbricht. Und erfahren kann diese Autorität nur, wer sich in einem aufwühlenden Existenzkampf, der sich innerlich in qualvollem Leiden vollzieht, von seinen kreatürlichen Abhängigkeiten und Lüsten wegreißen und den „Dornen" und „Diesteln" reinigen läßt, so daß das Wort Gottes im „Abgrund der Seele" geboren und der Mensch „vergottet" werden kann. Dieser Vorgang trägt revolutionäre Züge. Der Heilsprozeß im Inneren des Menschen bricht nämlich die Sünde; er zerstört das Hörigkeitsverhältnis des Menschen gegenüber der stets fordernden und furchteinflößenden Welt und baut einen neuen, geisterfüllten Menschen auf, der nur Gott gehorcht. Die Furcht der Kreatur weicht der Furcht vor Gott. Der Heilsprozeß ist revolutionär, nicht nur weil er sich so eruptiv und existentialistisch aufwühlend vollzieht, sondern auch weil er alte Autorität zerstört und neue aufbaut. Und dieser Autoritätswechsel hat unmittelbar Konsequenzen für die Gestaltung der Welt. Die Abhängigkeits- und Unterdrükkungsverhältnisse der Menschen untereinander lösen sich auf, und eine Ordnung der Gesellschaft entsteht, in der Gott allein der Herr ist. So wird das „Reich dieser Welt", wie Müntzer den Böhmen verheißt, den Auserwählten übergeben werden.[16] Ihm schwebt eine „demokratisch" gestaltete Theokratie und eine theokratisch begründete „Demokratie" vor. Er teilt die Menschen – das ist eine direkte Konsequenz des antiklerikalen Kampfes, der sich mit mystischer Heilslehre und apokalyptischem Gerichtsgedanken verbindet – in Auserwählte und Gottlose ein. Der Gegensatz bleibt ein soziologisch aufweisbarer Dualismus. Die einen haben den Glauben erfahren, die andern bilden sich ihn nur ein oder „stehlen" ihn aus der Heiligen Schrift. Luther meinte, es sei unchristlich, jetzt schon zwischen Unkraut und Weizen zu scheiden. Müntzer dagegen trennt zwischen Gottlosen und Auserwählten. Das Unkraut muß ausgerottet werden, damit der Weizen zur vollen Ähre ausreifen kann. Hier fließt apokalyptisches Gedankengut in das mystische Grundkonzept ein. Bemerkenswert ist, daß die Gottlosen, die vernichtet werden müssen, nicht die große Menge der Ungläubigen sind, sondern nur der Klerus, der sich herrschaftsbesessen zwischen Gott und die Menschen stellt.[17] Zunächst sind es die altgläubigen Pfaffen, bald werden es auch die evangelischen Reformatoren sein, die sich mit ihrem Pochen auf den Buchstaben der Heiligen Schrift ein Auslegungsmonopol des christlichen Glaubens anmaßen, wie Müntzer meint, und sich zu „neuen Päpsten" aufwerfen. Er nennt sie „Schriftstehler" oder „Schriftgelehrte". Mit dem Kampf gegen Pfaffen und Schriftgelehrte beginnt die große Scheidung der Endzeit.

So formten sich Antiklerikalismus, Mystik und Apokalyptik zu einem reformatorischen Konzept. Mit diesen Gedanken zog Müntzer umher. Über ihn ist erst wieder mehr bekannt, als er im März 1523 eine Anstellung als Pfarrer in Allstedt fand. Das war eine kleine Ackerbürgerstadt, die von einem Rat regiert wurde. Gleichzeitig residierte dort ein Amtmann des Kurfürsten auf dem Schloß. Außerdem unterhielt der kurfürstliche Hof in dieser Landstadt ein Vorwerk, eine Schäferei und ein Gestüt. Es schien gar kein Problem zu sein, hier für eine Reformation zu wirken. Schon nach kurzer Zeit zeigten sich der Rat, der größte Teil der Bevölkerung, der Pfarrer Simon Haferitz, ja, sogar der kursächsische Amtmann auf dem Schloß für Müntzers reformatorische Ideen und Initiativen empfänglich. An Allstedt wird deutlich, daß die Reformation in den frühen zwanziger Jahren nicht nach einem festgefügten oder lutherisch gestanzten Konzept verlief. Reformation war zunächst alles, was die Menschen von Lasten befreite.

Müntzer ging behutsam vor. Er wollte die Menschen in einen Prozeß, den Glauben wirklich von Grund auf zu erfahren, hineinziehen und eine Reformation einleiten, die alle Lebensbereiche erfaßte. Eine Neuordnung der Gesellschaft mußte über eine neue Orientierung des Individuums erfolgen. Erziehung zur Reformation: das war sein Programm. Zu diesem Zweck hat er zunächst die beiden kleinen Traktate vom Glauben und von der Taufe 1523 geschrieben und 1524 veröffentlicht: *Von dem gedichteten Glauben* und *Protestation und Erbietung*.[18] Zugleich hat er den Gottesdienst reformiert, die Messe und Ämter eingedeutscht, lateinische Psalmen und Lieder in der Muttersprache singen lassen, Bibelworte nicht nur bruchstückweise, sondern in ganzen Kapiteln gelesen und fleißig gepredigt. Es ist „der armen, elenden, zerfallenden Christenheit weder zu raten noch zu helfen“, erklärte Müntzer später seinen fürstlichen Herren, „es sei denn, das die fleißigen, unverdrossenen Gottesknechte täglich die Bibel treiben mit Singen, Lesen und Predigen“.[19] Müntzer ließ seine liturgischen Arbeiten – noch vor Luthers deutscher Messe – in Druck gehen. Nicht Luther, sondern Müntzer war der „Vater des deutschen evangelischen Gottesdienstes und des evangelischen Gemeindeliedes“.[20] Die Heilige Schrift übrigens bedeutete Müntzer sehr viel, allerdings legte er sie nach einem anderen Prinzip aus als Luther: einerseits spiritualistisch und andererseits biblizistisch. Nicht der Buchstabe der Schrift erschloß das Heil, das im Glauben erfaßt wird; das tat allein der Heilige Geist im „Abgrund der Seele“. Die Schrift gab nur „Zeugnis“ von dem Weg zum Glauben. Hier wirkte eine bestimmte Auslegung der augustinischen Tradition „de spiritu et littera“ nach, wie sie auch von der mittelalterlichen Mystik aufgenommen worden war und in den mystischen und spiritualistischen Strömungen der Reformationszeit weiterlebte.[21] Dieses Prinzip ließ es aber auch zu, die Schrift sehr biblizistisch im Sinne des allgemeinen antiklerikalen Schriftgebrauchs als Norm einzusetzen, an der die Mißstände in Kirche und Gesellschaft gemessen wurden. War die Schrift nur „Zeugnis“, so war sie doch ein vom Geist inspiriertes Zeugnis und konnte von Geisterfüllten direkt auf die bestehenden Verhältnisse angewandt werden.

Allstedt grenzte an das Mansfelder Gebiet, wo Graf Ernst von Mansfeld sich gegen das Eindringen der Reformation wehrte. Vor den Toren Allstedts unterhielt ein Naundorfer Nonnenkloster die Wallfahrtskapelle zu Mallerbach. Diese Kapelle, die Müntzer einen „Ziegenstall“ nannte, ging eines Tages in Flammen auf, nachdem die Bürger der Stadt sich vorher schon geweigert hatten, die fälligen Steuern an das Nonnenkloster abzuführen. Die Gottesdienste Müntzers zogen viele Bauern, Bürger und Bergknappen aus der Umgebung an, und es wurde unruhig um Allstedt. Der kurfürstliche Hof sah sich genötigt, nach dem Rechten zu sehen. In seiner berühmten Fürstenpredigt vor Herzog Johann, dessen Sohn Johann Friedrich und Beratern des Hofes, wies Müntzer auf die Rolle der weltlichen Obrigkeiten hin. Sie haben die Auserwählten, die verfolgt werden, zu schützen und ihr Schwert zur Durchsetzung einer „trefflichen, unüberwindlichen, zukünftigen Reformation“ einzusetzen. Ihnen wird zugemutet, „die Gottlosen zu vertilgen“.[22] Sollten sie dazu nicht bereit sein, wird ihnen das Schwert, wie Daniel prophezeit, über kurz oder lang genommen werden.[23] Müntzer warb für eine geordnete Einführung der Reformation „von oben“, aber er drohte zugleich mit einem Widerstandsrecht „von unten“, denn in dem Hinweis auf Dan. 7,27 war bereits seine Auffassung vom Widerstandsrecht angedeutet, das in der Souveränität des Volkes gründet: „Aber das Reich, Gewalt und Macht unter dem ganzen Himmel wird dem heiligen Volk des Höchsten gegeben werden, des Reich ewig ist, und alle Gewalt wird ihm dienen und gehorchen.“ Wer sich Gott widersetzt, wird, wie die „Pfaffen Baals“ einst, erwürgt werden: „Anders mag die christliche Kirche zu ihrem Ursprung nicht wiederkommen.“[24] Auf eine Formel gebracht: Luther argumentierte vor allem mit Römer 13, Vers 1: „Jedermann sei untertan der Obrigkeit, denn sie ist von Gott“; Müntzer unterstrich dagegen Röm. 13, Vers 4: „Das meint auch Sant Paulus, da er vom Schwert saget der Regenten, daß es zur Rache der Bösen verliehen sei und Schutz der Frommen.“[25] Wenn die Obrigkeit versagt, hat sie sich selber um ihr Existenzrecht gebracht.[26] So kämpfte Müntzer gegen die weltlichen Obrigkeiten bald mit ähnlichen Argumenten wie gegen Pfaffen und Schriftgelehrte. Der antiklerikale Anfang der großen Scheidung begann sich zu einem antiobrigkeitlichen Ende auszuwachsen. Mit dem Weimarer Hof ging Müntzer zunächst noch einigermaßen glimpflich um, erbarmungslos hingegen mit den nachgeordneten altgläubigen Obrigkeiten. Friedrich von Witzleben beispielsweise wurde zu „aller Tyrannen Figur und Ursprung aller Empörung“ erklärt.[27] Drastischer wurde das Urteil über die Obrigkeit später in der *Ausgedrückten Entblößung* formuliert. Carl Hinrichs hat diese Auffassung, allerdings ohne ihren Ursprung im Geist der Mystik erkannt zu haben, prägnant zusammengefaßt: „Die ganze Fürstenherrschaft und weltliche Obrigkeit ist eine Angelegenheit der kreatürlichen Menschen. Kreaturen müssen notwendig Kreaturen als Beherrscher haben, sie fürchten und ihnen gehorchen. Die Wurzel des Bösen, um dessen willen die Fürsten als Henker und Büttel da sind, ist der Mangel an der reinen Furcht Gottes, die als Wegbereiterin des wahren Glaubens alles Kreatürliche im Menschen zerbricht und ihn damit auch von der Herrschaft der Kreatur im Inneren und Äußeren befreit. Der Durchbruch des wahren Glaubens bedeutet die Entwurzelung der Fürstenherrschaft von ihren innersten Bedingungen her."[28] Wo der wahre Glaube entsteht, verliert die weltliche Obrigkeit ihr Existenzrecht, und wo die Obrigkeit sich nicht schützend vor die Auserwählten stellt, hat sie sich selber das Gericht gesprochen. Sie muß vernichtet werden. Der neue Glaube ist eine revolutionäre Kraft, der Gottesfürchtige ein Revolutionär. Angelegt war diese „Theologie der Revolution" in Müntzers mystischem Glaubensverständnis von Anfang an; richtig zum Vorschein kam sie erst in der Konfrontation mit der weltlichen Obrigkeit. Wo die Obrigkeit sich kooperativ zeigte, wie später vorübergehend in Mühlhausen, konnte Müntzer ein doppeltes Obrigkeitsverständnis zur Geltung bringen: ein positives gegenüber der Obrigkeit in der Stadt und ein negatives gegenüber den feindlichen Fürsten.

Schnell spitzte sich die Lage in Allstedt zu. Müntzer wurde am Hof zu Weimar verhört und verwarnt, seine Druckerei wurde geschlossen, die Brandstifter von Mallerbach wurden dingfest gemacht. Ihm wurde jede weitere Agitation untersagt. Außerdem ging Luther jetzt mit dem „Brief an die Fürsten zu Sachsen" offen gegen ihn vor und versuchte, ihm das Wasser abzugraben. Müntzer wehrte sich, so gut er konnte. Vorher schon hatte er einen Bund zur Verteidigung des wahren Glaubens gegründet, der sich notfalls mit Waffen gegen die Feinde der Christenheit zur Wehr setzen sollte.[29] Müntzer nahm seine aus der Umgebung nach Allstedt geflohenen Anhänger vor einer drohenden Auslieferung in Schutz und agitierte weiter gegen die altgläubigen Obrigkeiten um Allstedt. Bald mußte er mit seiner Verhaftung rechnen, entwich im August 1524 heimlich über die Stadtmauer und kehrte Allstedt den Rücken.

Der Allstedter „Seelwarter", wie er sich nannte, begab sich in die Reichsstadt Mühlhausen am Harz. Dort hatte Heinrich Pfeiffer bereits eine Bewegung in Gang gebracht, die ähnlich radikal-reformatorische Züge wie die Reformation in Allstedt trug. Müntzer konnte dazu beitragen, daß der alte Rat abgelöst wurde; als dieser Rat aber wieder Herr der Lage war, mußten Pfeiffer und Müntzer die Stadt verlassen. Müntzer hielt sich kurze Zeit in Nürnberg auf, wo er seine gegen Luther gerichtete *Hochverursachte Schutzrede* in Druck gab, der Obrigkeit aber sonst nicht auffiel. Die Schutzrede wurde gleich nach Erscheinen eingestampft und ist der Nachwelt nur in wenigen Exemplaren überliefert. Dann hielt er sich einige Monate am Oberrhein, im Hegau und Klettgau auf, wo der „gemeine Mann“ die ersten Anstalten traf, sich gegen geistliche und weltliche Grundherren zu erheben. Genaues ist über seinen Aufenthalt im Süden nicht herauszufinden. Möglicherweise trägt der Verfassungsentwurf, der unter den Papieren Balthasar Hubmaiers gefunden wurde, Müntzers Züge.[30] Als die Erhebung sich von Süden nach Norden bewegte, eilte Müntzer wieder nach Mühlhausen. Pfeiffer war bereits da, und es gelang ihnen, den Rat aufzulösen und einen „ewigen Rat“ einzusetzen. Im April 1525 stand Thüringen im Aufstand. Ungefähr sechzigtausend Bauern und Bürger hatten sich erhoben.

In Zwickau, Prag und Allstedt hatte Müntzer beobachtet, wie sehr die geistlichen und weltlichen Autoritäten das arme, gemeine Volk ausnutzten, so daß es vor lauter Sorge um die Nahrung keine Kraft mehr hatte, sich auch noch um das eigene geistliche Wohl zu bemühen. Die Obrigkeiten hielten das Volk in der sündhaften Furcht vor den Kreaturen, klagte Müntzer, anstatt es anzuhalten, allein Gott zu fürchten. Weiter hatte er den Fürsten erklärt, nicht die Begehrlichkeit des Volkes, sondern die Habsucht der Obrigkeiten sei die Ursache des Aufruhrs. „Sieh zu, die Grundsuppe des Wuchers, der Dieberei und Räuberei sein unser Herrn und Fürsten, nehmen alle Kreaturen zum Eigentum: die Fisch im Wasser, die Vögel im Luft, das Gewächs auf Erden muß alles ihr sein (Jes. 5). Darüber lassen sie dann Gottes Gebot ausgehen unter die Armen und sprechen: ‚Gott hat geboten: Du sollst nit stehlen.‘ Es dienet aber ihn nit. So sie nun alle Menschen verursachen, den armen Ackermann, Handwerkmann und alles, das da lebet, schinden und schaben (Micha 3). So er sich dann vergreift am allergeringesten, so muß er hängen. Da saget denn der Doktor Lügner: Amen. Die Herren machen das selber, daß ihn der arme Mann feind wird. Die Ursach des Aufruhrs wollen sie nit wegtun.“[31] So verstand es sich ganz von selbst, daß Müntzer ins Lager der Bauern einschwenkte und immer glühender für ihre Unterstützung warb: „Dran, dran dieweil das Feuer heiß ist. Lasset euer Schwert nicht kalt werden ... Schmiedet pinkepanke auf den Ambossen Nimrods. Werfet ihnen den Turm zu Boden.“[32] Er begann, sich mit seinem Gefolge aus Mühlhausen auf einen bewaffneten Kampf mit den Fürstenheeren einzustellen, und zog mit einem Haufen unter der Regenbogenfahne nach Frankenhausen. Für ihn braute sich im Aufeinanderzurücken der feindlichen Heere das Weltgericht am Ende der Tage zusammen. Er war sich des Sieges sicher. Ein erster Angriff konnte abgewehrt werden. Dann wurde verhandelt.

Die Fürsten hielten sich nicht ganz an die Abmachungen, überraschten die Bauern mit einem erneuten Angriff. Alles stürmte auseinander. Die fliehenden Bauern wurden verfolgt und auf der Flucht scharenweise niedergemetzelt. Müntzer floh nach Frankenhausen und versteckte sich auf einem Dachboden. Als er von den Söldnern aufgestöbert wurde, stellte er sich krank. Beinahe wäre er seinem Schicksal entkommen, wenn ihn der Sack mit den Kopien seiner Briefe nicht verraten hätte. Müntzer wurde gefoltert, mahnte seine Anhänger zum Aufgeben, um weiteres Blutvergießen zu vermeiden, wies die Schuld an dem Aufruhr aber von sich, ebenso die Schuld an der Niederlage. Die Aufständischen hätten immer noch mehr den eigenen Nutzen als die Ehre Gottes gesucht, schrieb er aus dem Gefängnis zu Heldrungen nach Mühlhausen und fügte hinzu: an seinem Tod sollte sich niemand ärgern, es sei „zur Förderung den Guten und Unverständigen geschehen".[33] Müntzer ist im Feldlager zu Mühlhausen ungebrochen vor seinen Henker getreten. Mit den Bauern und Bürgern, die in den Aufstand traten, teilte er das Feindbild: den Klerus und die weltliche Obrigkeit; und er setzte sich – wie der „gemeine Mann" – für eine Veränderung der Herrschaftsverhältnisse ein. Bedeutete der mystische revolutionäre Umbruch im Inneren des Menschen zugleich eine revolutionäre Umgestaltung der äußeren Ordnung, dann ist unschwer einzusehen, daß Müntzers Ziele theologisch tiefer begründet und mit der apokalyptischen Dimension, die er ihnen gab, auch weiter gespannt waren als die Ziele der Bauern. Und doch ging es den Bauern nicht nur um das Abwerfen wirtschaftlicher Lasten und sozialen Drucks, sondern durchaus auch um ein gemeinsames Leben, das sie in Verantwortung vor Gott führen wollten. Müntzer und die Bauern entstammten im Grunde demselben antiklerikalen Milieu, in dem nicht alles politisch und theologisch säuberlich zueinander paßte, in dem aber vieles sehr ähnlich war. Hier konnten Bündnisse wachsen, wie zwischen Müntzer und den Bauern, hier konnten auch Gegensätze aufbrechen, wie zwischen Luther und Müntzer oder Luther und den Bauern. Müntzer wollte das Volk befreien und unter die Herrschaft Gottes stellen, indem er Autoritäts-, Abhängigkeits- und Herrschaftsbeziehungen, wie sie von Menschen internalisiert worden waren, auflöste und neue aufbaute. Nicht Menschen herrschen über Menschen, sondern Gott ist Herr. Damit blieb Müntzer nicht im Rahmen der theologischen Anthropologie, sondern griff direkt in das feudalistische Rechtsgefüge personaler Beziehungen ein. Er löste die alte Gesellschaftsordnung auf und formte sie tendenziell zu einer demokratisch gestalteten Theokratie um: einer Welt der Brüderlichkeit unter der Herrschaft Gottes. So fügte sich Müntzer in den Kampf seiner Zeit ein, einer Zeit, die sich gesellschaftlich neu ordnen mußte, wie umgekehrt der „gemeine Mann" in Thüringen sich seinen

Gedanken öffnete, weil er sich von ihm verstanden glaubte. Müntzer war der prominenteste Anführer im Lager der Aufständischen. Von ihm muß eine große Ausstrahlungs- und Überzeugungskraft ausgegangen sein.

In der Geschichte der Christenheit ist Müntzer ein seltenes Beispiel dafür, daß der Rekurs auf die Innerlichkeit nicht einer Überwindung der bestehenden Verhältnisse im Wege stehen muß, sondern diese Überwindung mit starker Konsequenz nach sich zieht. So konnte er tief in das religiöse und soziale Problemgeflecht der Reformationszeit eingreifen. Der Entwurf einer neuen gesellschaftlichen Ordnung aus der Innerlichkeit des „vergotteten" Menschen, so fragmentarisch dieser Entwurf auch blieb, wird nicht realistisch gewesen sein.[34] Doch ebensowenig wäre es in der Erfahrungs- und Gedankenwelt Müntzers realistisch gewesen, vor dem Problemdruck seiner Zeit, wie er ihn empfand, zurückzuweichen und das Leben nicht für eine Welt der Brüderlichkeit zu wagen, wie der „gemeine Mann" sie erhoffte.

2. Die radikalen Alternativen der Täufer

Karlstadt war außer Gefecht gesetzt, Müntzer hingerichtet und die „Revolution des gemeinen Mannes" niedergeschlagen. Doch die Kraft der radikalen Reformation war nicht erloschen. Nach 1525 wuchs dem Radikalismus, vorbereitet im Aufbruch der Reformation und im Bauernkrieg, eine neue Bewegung zu: das Täufertum.

Auch in dieser Bewegung waren antiklerikal-reformatorische Impulse wirksam. Martin Luther hatte das „Priestertum aller Gläubigen" begründet und propagiert. Es wurde von vielen auch in die Tat umgesetzt, besonders konsequent aber von den Täufern. Im Mai 1523 schrieb Johannes Brötli, der sich in der radikalen Szene Zürichs bewegte und später zu den Täufern zählte, an die Landvogtei von Sargans: „Das wir alsam priester sigend, will ich kundlich machen uß der helgen geschrifft an vil orten ... so ist es ouch billig, das er megi thund wie ein ander mensch, wiben oder nit wiben, Christus ist der obrist priester und ist unser allen houpt und wir sind sine glider. Nun, ist das houpt ein priester, so sind die hend und die finger ouch priester und die bein und fuß und zechen ouch und der lib und ouch die glider."[35] Laien begannen zu predigen, Abendmahl miteinander zu feiern und zu taufen, nicht nur Männer, sondern auch Frauen. Daß Frauen in den „Winkeln" predigten und für ihren Glauben warben, ist belegt; daß sie auch tauften, wird zwar von den Obrigkeiten gelegentlich behauptet, ist aber nicht erwiesen. Wie dem auch sei, soweit wie die Täufer hatte der Wittenberger Reformator die Laisierung der Kirche nicht getrieben.

Unter den führenden Täufern der ersten Generation befanden sich viele ehemalige Mönche und Priester. Sie hatten mit der kirchlichen Hierarchie und dem Klerikerstand, mit ihrem Vorleben, gebrochen und im Gegenzug ein antiklerikal-laizistisches Kirchenwesen geschaffen. Luther hatte die Siebenzahl der Sakramente auf das Abendmahl und die Taufe verringert, Karlstadt und Zwingli hatten mit ihrer symbolischen Deutung von Brot und Wein das Abendmahl entsakralisiert, die Täufer nun griffen auch das traditionelle Verständnis und die Praxis der Taufe an. Sie weigerten sich, die Kinder gleich nach der Geburt zur Taufe zu bringen (ähnliches klingt schon bei Karlstadt und Müntzer an), und gingen dazu über, die Erwachsenen zu taufen. Getauft wurde, wer den Glauben bezeugen konnte und sich zu einem Leben im Gehorsam gegenüber dem Wort Gottes verpflichtete. So legte Felix Mantz in seiner *Protestation und Schutzschrift,* möglicherweise in engster Anlehnung an eine verlorengegangene Taufschrift Karlstadts,[36] den Taufbefehl Jesu (Matth. 28, 28 f.) aus: „Aus diesen Worten kann man klar erkennen, wie die Apostel den Befehl Christi, wie er oben nach Matthäus zitiert wurde, verstanden, nämlich so: Wenn sie auszögen, sollten sie alle Völker lehren, daß alle Gewalt im Himmel und auf Erden Christus übergeben sei und daß in seinem Namen jedem Vergebung der Sünden widerfahren werde, wenn er an ihn glauben, seinen Sinn ändern und entsprechend rechtschaffene Werke tun werde. Nach Annahme dieser Worte und Empfang des Heiligen Geistes, der sich bei denen, die die Ansprache von Petrus gehört hatten, durch das Hervorbrechen der Zungenreden kundtat, wurden sie auch mit Wasser begossen, damit sie, wie sie innerlich durch den Empfang des Heiligen Geistes gereinigt worden waren, auch äußerlich mit Wasser begossen wurden als Zeichen der innerlichen Reinigung und des Absterbens gegenüber den Sünden."[37] Die erste Erwachsenentaufe, die im Januar 1525 von dem Laien Konrad Grebel an dem entlaufenen Mönch Georg Blaurock aus Graubünden in einem Zürcher Bürgerhaus vollzogen wurde, brach mit einer langen kirchlichen Tradition und wurde zu einem offensiven Zeichen des täuferischen Antiklerikalismus. Ein antiklerikales Zeichen war diese Taufe, weil sie erstens in der Konsequenz frühreformatorischer Klerus- und Sakramentskritik lag und zweitens bewußt alle Elemente eines kirchlichen Ritus abgestoßen hatte. Mit einer Schöpfkelle wurde in einer einfachen Zeremonie Wasser auf das Haupt des Täuflings gegossen. Getauft wurde an Brunnen, Seen und Flüssen, im Wirtshaus. Die Vielfalt biblischer Taufberichte wurde zu neuem Leben erweckt. Die Taufe war aus dem Kultus, so könnte man sagen, in den Alltag zurückgekehrt. Die Taufe der Täufer erschöpfte sich aber nicht nur in der antiklerikalen Geste, sondern brachte auch Protest gegen die weltliche Obrigkeit zum Ausdruck. Wer die Taufe verweigerte, mußte wissen, daß er sich gegen die gesellschaftliche Ordnung seiner Tage stellte, denn die Kindertaufe war nicht nur ein kirchlicher, sondern auch ein gesellschaftlicher Initiationsritus. Mit dieser Taufe wurde der Mensch ein Glied am *Corpus christianum*. Die Täufer kündigten also ihre Gliedschaft in der kirchlichen, politischen und rechtlichen Gemeinschaft des christlichen Abendlandes auf und gefährdeten Recht und Ordnung ihrer Zeit.

Die weltlichen Obrigkeiten waren nicht ohne Grund beunruhigt und fürchteten, zumal die Täufer sich in Windeseile verbreiteten, einen neuen Aufstand des gemeinen Mannes. Taufkritik wurde als Akt der Solidarität mit den aufständischen Bauern wahrgenommen, ja mit deren Zielen identifiziert: „wo sy den wydertoff in ein fürgang bringen und behopten möchten, so wolltend sy darnach alle obrigkeit lichtlich hinwegthun und undertrucken."[38] Noch einmal aber konnten sich die Obrigkeiten eine revolutionäre Erschütterung des Landes nicht leisten. Sie erließen Mandate gegen die Täufer, Häscher stellten „Wiedertäufern" nach, geistliche und weltliche Richter verurteilten sie zu hohen Strafen oder zum Tode. Felix Mantz wurde 1527 in der Limmat ertränkt, andere wurden verbrannt oder kamen in dunklen, nassen Verliesen um. Die Konsequenz der Taufe war Verfolgung, nicht selten sogar Martyrium. Es gab Täufer, die vor dieser Konsequenz zurückschreckten und widerriefen; es gab auch Täufer, die standfest in den Tod gingen. Wer sich taufen ließ, wußte in der Regel, was ihn erwartete. Er nahm das Kreuz auf sich. Die Täufer sahen sich auf einmal in die Situation der frühen Christen versetzt und versuchten, dem apostolischen Beispiel zu folgen.

Verfolgt wurden die Täufer übrigens von altgläubigen und evangelischen Autoritäten. Auf dem Zweiten Reichstag zu Speyer 1529 sorgten die katholischen und evangelischen Reichsstände gemeinsam im sogenannten Wiedertäufermandat für ein reichsrechtlich begründetes Vorgehen gegen die Täufer. Taufverweigerung und Wiedertaufe wurden hart verfolgt, Hartnäckige und Rädelsführer mit dem Tode bestraft. Dieses Mandat wurde in den habsburgischen Landen besonders streng durchgesetzt, in Reichsstädten und Territorien, die zum evangelischen Glauben übergegangen waren, wurde die Strafpraxis milder gehandhabt.[39] Luther und Melanchthon sahen in den Täufern Gotteslästerer und Aufrührer. Sie bestätigten das Reichsgesetz,[40] während oberdeutsche Reformatoren ihren Obrigkeiten Zurückhaltung im strafrechtlichen Umgang mit den Täufern empfahlen. Hier wurden – das gilt auch für die Landgrafschaft Hessen – Täufer nur selten oder gar nicht mehr hingerichtet. Auf Glaubensfreiheit mußten die Täufer jedoch vergeblich warten. Auch nach diesem Reichstag verbreiteten sich täuferische Bewegungen noch in Mähren und im niederdeutschen Sprachgebiet. In einigen niederländischen Gegenden wurde das Täufertum in den dreißiger Jahren zur ersten protestantischen Massenbewegung, bevor der Calvinismus dort Fuß fassen konnte.[41] Nichtsdestoweniger hatte der Reichstag zu Speyer 1529 die Sterbestunde des Täufertums eingeläutet.

Die Taufe war ein markantes Merkmal, das die religiöse und soziale Eigenart dieser radikalen Bewegung nach 1525 zum Ausdruck brachte; und doch war das Täufertum keine einheitliche Bewegung. Es genügt bereits ein Blick auf die Argumente, mit denen die neue Taufpraxis begründet wurde, um zu sehen, wie weit diese Begründungen voneinander abwichen. Einmal war die Taufe ein „Pflichtzeichen" (Balthasar Hubmaier), d.h. der Gläubige verpflichtete sich vor der Gemeinde, ein Leben in der Nachfolge Jesu Christi zu führen. Ein anderes Mal war sie ein eschatologisches Zeichen (Hans Hut), d.h. sie versiegelte den „Auserwählten", um ihn vor der Strafe im Endgericht zu bewahren. Und ein drittes Mal war sie ein „Bundeszeichen" (Melchior Hoffman, auf andere Weise auch Pilgram Marpeck), d.h. Zeichen eines Bundes, der zwischen Gott und dem Menschen geschlossen wurde. Es ließen sich noch mehr Varianten zusammentragen.[42] Wenn Hubmaier in der Taufpraxis Huts ein Teufelswerk sah, war das sicherlich stark übertrieben. Es spiegelte sich aber in dieser Polemik doch die innere Zerrissenheit einer Bewegung wider, die von ihren Gegnern gewöhnlich als eine Einheit wahrgenommen wurde. Auch die ältere Forschung, die sich die Kategorien zur Deutung des Täufertums nicht von Zwingli und Luther, Melanchthon und Bullinger aufdrängen ließ, sondern die Täufer aus ihrem eigenen Recht verstehen wollte, ging von der Einheit des Täufertums aus. So etwa stellte man sich seine Entstehung und Entwicklung vor: Das Täufertum war in Zürich entstanden und verbreitete sich in wenigen Jahren in Süddeutschland, Mitteldeutschland, Tirol und Mähren, über Straßburg zog es den Rhein hinunter und fand ein starkes Echo in den Niederlanden, in Ostfriesland und im westfälischen Münster, wo es den Täufern gelang, das Regiment der Stadt zu übernehmen und 1534/35 ein apokalyptisches „Königreich" zu errichten. Schließlich wurden die versprengten Täufer, sofern sie friedfertig waren, von Menno Simons, einem ehemaligen Priester aus Witmarsum in Westfriesland, gesammelt und betreut. Sie verbreiteten sich weit in den Ostseeraum hinein und kamen in weltabgewandten, stillen Gemeinschaften, sogenannten Mennonitengemeinden, zur Ruhe. Zweierlei wurde behauptet: *erstens,* daß das Täufertum sich in raschem, zielstrebigem Wuchs aus seiner Wurzel in Zürich herausgebildet hätte, und *zweitens,* daß das friedfertige Täufertum gegenüber militanten Abweichungen oder schwärmerischen Auswüchsen als „normativ" zu gelten habe. Diese Annahmen der älteren Täuferforschung sind inzwischen erschüttert worden. Zum einen wurde die monogenetische Sicht des Täufertums von einer polygenetischen abgelöst. Nur wenn mehrere Entstehungsherde angenommen werden, läßt sich die innere Zerrissenheit des Täufertums erklären.[43] Und zum anderen wurde der Gedanke an die Normativität des ursprünglichen Täufertums aufgegeben, da die Anfänge sich in einem anderen Licht darstellen und gerade noch nicht die Züge aufweisen, die für das „normative Täufertum" charakteristisch sind.[44] Es liegt im Charakter von Bewegungen begründet, daß sie die Normativität ihrer Identität zu keiner Zeit in sich selber tragen, sondern stets nach einer angemessenen Antwort auf ihre jeweilige Auseinandersetzungssituation suchen. Wer von einem normativen Täufertum spricht, muß von Kirchengründung und fester Gemeindestruktur ausgehen; doch davon kann zunächst überhaupt nicht die Rede sein. Es begann mit Bewegung und nicht mit Kirche.

Die Männer, die sich im Januar 1525 in Zürich und Zollikon taufen ließen, waren schon vorher in die Ereignisse verwickelt, die zur Reformation Zwinglis führten. Sie brachen das Fastengebot auf spektakuläre Weise, sie stritten mit den Mönchen, sie störten altgläubige Predigten und stürmten die Bilder in den Kirchen. Sie lernten von Zwingli und trafen sich beim Buchhändler Andreas Castelberger, ebenfalls einem späteren Täufer, zu gemeinsamem Bibelstudium – eine gemischte Gesellschaft aus Geistlichen, Gelehrten und Handwerkern. Wo es galt, die Reformen in Gang zu bringen, waren sie dabei. Ihr Vorgehen gegen den altgläubigen Klerus war aggressiver als die Predigt Zwinglis. Besonders Konrad Grebel, der Patriziersohn und Humanist, tat sich hervor und wurde zu „einem entschiedenen und beharrlichen Bekämpfer allen Klosterwesens".[45] Diese radikale Gefolgschaft war dem Reformator zunächst ganz recht. Sie erzeugte ein antiklerikales Klima, das den Rat zum Handeln zwang. Zwingli selbst brauchte den Rat nicht zu drängen, er konnte vielmehr, um seine Stellungnahme gebeten, die Beratungen des Rats behutsam, aber bestimmt in seinem Sinne beeinflussen. Der Rat verbot die antiklerikalen Aktivitäten der Radikalen genauso wie die Provokationen, die vom altgläubigen Klerus ausgingen, und stellte um des Friedens willen die Weichen für eine evangelische Predigt in der Stadt.[46]

Weitere Anstöße zu reformerischen Schritten kamen aus den Zürcher Landgemeinden. In Höngg hatte Simon Stumpf, der bereits beim Fastenbrechen dabei gewesen war, erste Zweifel an der Abgabe des Zehnten geschürt und die Zehntverweigerungen im Herbst 1522 gerechtfertigt. Das Kloster Wettingen, dem der Zehnt teilweise geschuldet wurde, sah sich um seine Einnahmen geprellt und strengte ein gerichtliches Verfahren beim Bischof in Konstanz an. Stumpf fühlte sich indessen nur dem Rat in Zürich als dem Gerichtsherrn von Höngg verpflichtet. Der Rat versuchte, den Streit ohne Schaden für Stumpf zu schlichten, das Kloster war damit jedoch nicht zufrieden und brachte den Fall vor die eidgenössische Tagsatzung. Nun wurden die Zürcher Reformationsereignisse zu einem überregionalen Problem. Die Tagsatzung stellte sich gegen Zürich, konnte aber den vor allem vom Großen Rat eingeschlagenen Weg zur Reformation nicht ernsthaft aufhalten. Vielleicht ist dieser Weg jetzt in Zürich auch um so selbstbewußter beschritten worden. Der Rat blieb hart und hatte den Bischof auf diese Weise bewogen, sich aus diesem Streit zurückzuziehen. In der Zwischenzeit konnte Zwingli die Auseinandersetzungen um Stumpf dazu nutzen, die Einberufung einer öffentlichen Disputation zu erreichen, um die Schriftgemäßheit der Predigt in Zürich endgültig in aller Öffentlichkeit durchzusetzen. Diese Disputation fand im Januar 1523 statt. Und noch in einem anderen Fall mußte der Rat eingreifen. Die Gemeinde Witikon fühlte sich kirchlich nicht ausreichend vom Großmünsterkapitel in Zürich versorgt und stellte auf eigene Faust zu Weihnachten 1522 Wilhelm Reublin als Pfarrer ein, der dort nach gescheiterten Reformversuchen in Basel schon einige Zeit ausgeholfen hatte. Der Streit, den die Gemeinde eigenmächtig vom Zaun gebrochen hatte, wurde vorläufig beigelegt. Sie durfte ihren Pfarrer behalten, mußte sich aber verpflichten, für seinen Unterhalt selber zu sorgen, und darüber hinaus den Zehnten weiterhin nach Zürich abzuführen.

In dieser Zeit zogen Zwingli und seine Freunde noch an einem Strang. Doch die Initiativen aus den Landgemeinden hatten die Reformation in der Stadt nicht nur vorangetrieben. Sie begannen jetzt auch, die Geschlossenheit des reformatorischen Lagers zu sprengen. Die unmittelbare Ursache für diese Entwicklung war der verdrängte, aber noch nicht gelöste Konflikt um den Zehnten. Von Höngg sprang die Forderung nach Abschaffung des Zehnten wie ein Funke auf Witikon, Zollikon und andere Dörfer über. Wilhelm Reublin, der sich über die „unnützen Pfaffen" des Großmünsters geäußert haben soll und Empörung über den Zehnten geschürt hatte, überredete die Gemeinden dazu, sich gemeinsam an den Rat zu wenden, um gegen die Zehntforderungen des Großmünsterkapitels Protest einzulegen und die Abschaffung aller Abgaben zu erzwingen. Der Rat bestand jedoch auf der Abgabe, versprach aber, den Mißbrauch des Zehnten abstellen zu lassen. Zwingli stellte sich jetzt auf die Seite des Rates und rechtfertigte in seiner Predigt *Von göttlicher und menschlicher Gerechtigkeit* die Zuständigkeit der weltlichen Obrigkeit in irdischen Angelegenheiten. Er meinte nicht, daß die Obrigkeit über die Auslegung des Wortes Gottes befinden dürfe, wohl aber die Probleme der Kirchenordnung regeln müsse. Konrad Grebel empörte sich über Zwingli, schimpfte ihn einen „elenden Schwätzer" und „Erzschriftgelehrten" und solidarisierte sich mit den Forderungen der Landgemeinden. Von seiner antiklerikalen Kampfstellung her war er daran interessiert, daß gerade die Kirchenordnung aus dem Worte Gottes reformiert würde. Auch Simon Stumpf kritisierte den Reformator, setzte sich über die Anordnung des Rates hinweg, ermunterte seine Gemeinde zur Zehntverweigerung und äußerte sich skeptisch über die Erfolgsaussichten der Reformation in Zürich. Diese Reformation werde nicht gelingen, soll er gesagt haben, es sei denn, man schlüge zuvor alle Pfaffen zu Tode. Die Gemüter waren erregt, und das reformatorische Lager brach auseinander.

Die tiefere Ursache für diesen Bruch wird in der besonderen Situation der Landgemeinden zu suchen sein. James M. Stayer hat darauf hingewiesen, daß diese Gemeinden nicht nur die kirchlichen Verpflichtungen abbauen wollten, sondern auch nach größerer Autonomie gegenüber dem Zürcher Rat strebten.[47] Die bäuerlichen Forderungen vom Oberrhein und Bodensee waren auch auf das Zürcher Herrschaftsgebiet übergesprungen und mischten sich mit den antiklerikalen Aktionen der Radikalen. Reublin war „der Bundschuh auf der Kanzel“.[48] Die Abschaffung des Zehnten und die eigene Wahl der Pfarrer halfen den Zürcher Landgemeinden, sich als geschlossene Kommunen aufzubauen und ihre Autonomie gegenüber dem Rat in Zürich zu erreichen. Das hat der Rat offensichtlich erkannt und verhindern wollen. Zwingli kam ihm dabei zu Hilfe. Wenn also Grebel und andere Freunde in der Stadt sich jetzt gegen Zwingli aussprachen und mit Reublin und Stumpf zogen, dann haben sie sich die aufständischen Ziele der Landgemeinden zu eigen gemacht und ihren antiklerikalen Kampf in eine politische Auseinandersetzung einmünden lassen: Die Radikalen formierten sich zu einer religiös-sozialrevolutionären Bewegung. Sie suchten jetzt nach Gelegenheiten, um deutlich zu machen, daß die Reform der Kirche von den Gemeinden und nicht vom Rat beschlossen werden müsse. Mit neuer Heftigkeit wurde die endgültige Abschaffung der Messe gefordert, und Bilderstürme setzten ein. Die Radikalen nahmen die Säuberung der Kirche nun ganz in die eigenen Hände. Der Rat sah sich genötigt, für Ordnung zu sorgen, und berief eine zweite Disputation ein. Auf dieser Disputation im Oktober 1523 war deutlich geworden, daß Messe und Bilderverehrung nicht schriftgemäß seien. Zwingli überließ es aber dem Rat, diese Erkenntnis in praktische Reformen umzusetzen. Dagegen begehrten seine radikalen Schüler öffentlich auf. Die Gemeinde hatte gesprochen. Warum sollte sie noch auf Beschlüsse des Rates warten müssen? Der bereits vorher sichtbar gewordene Bruch war jetzt endgültig.

Zwingli bestand darauf, dem Rat die Kompetenz zur praktischen Durchführung der Reformation zu überlassen, während die Radikalen diese Kompetenz der kirchlichen Gemeinde vorbehielten. Gewöhnlich wurde dieser Dissens auf zwei unterschiedliche ekklesiologische Konzepte zurückgeführt: Zwingli habe die Volkskirche gewollt, die radikalen Gefolgsleute jedoch eine Freikirche. Sieht man aber genauer hin, stimmt diese Alternative nicht. Sowohl Zwingli als auch die Radikalen strebten eine Reform ganzer Kommunen an. Zwingli ging es um die Stadt Zürich als obrigkeitliches Zentrum eines Territoriums – und da war die politische Autorität der Rat, während es den Radikalen um die Kommunen der Landgemeinden ging – und da gab es noch keine etablierte politische Instanz. So mußte die Gesamtheit der Gemeinde als Gegenstück zum Rat erscheinen. Um Befreiung in einer konkreten Situation wurde gestritten und nicht um die kirchenrechtliche Frage, ob die weltliche Obrigkeit überhaupt ein Wort in der Reformation mitzureden habe. Wo sich eine politische Instanz bereits gebildet hatte oder auf den radikalen Reformkurs einzuschwenken bereit war, wie in Waldshut unter der Führung Balthasar Hubmaiers, da wurde selbstverständlich eine volkskirchlich-obrigkeitliche Reformation angestrebt. So erklärt sich auch, daß die Radikalen auf dem Lande Anhang unter den Bauern fanden und Schutz bei den Aufständischen suchten. Die Verbreitung der radikalreformerischen Vorstellungen ließ sich mühelos mit den Zielen der Aufständischen verbinden, so daß gelegentlich von einer Massenbewegung gesprochen werden konnte.[49] Die Radikalen in der Stadt wurden dagegen bald vom Rat und von Zwingli abgedrängt und mußten sich viel eher als ihre Freunde auf dem Lande mit ihrer kirchenpolitischen Ohnmacht abfinden. So kam es, daß der Grebelkreis in seinem berühmten Brief an Thomas Müntzer vom September 1524 den Eindruck erweckte, dieser Brief sei das Gründungsdokument einer Freikirche.[50] Aus den Landgemeinden kam jetzt auch der Impuls, die Taufe an Säuglingen zu verweigern. Damit wurde ein antiklerikaler Schlag gegen den Zwangscharakter der alten Kirche geführt. Möglicherweise zündeten hier Gedanken, die im Anschluß an Schriften Andreas Karlstadts unters Volk gebracht worden waren.[51] Der Grebelkreis nahm diese Gedanken auf und führte sie in seine Auseinandersetzung mit Zwingli ein. Die Tauffrage löste große Unruhe aus und zwang den Rat, im Januar 1525 eine Disputation über die Taufe abhalten zu lassen. Dort prallten die Meinungen hart aufeinander. Die Radikalen fühlten sich schließlich in die Enge getrieben und vollzogen mit der ersten Wiedertaufe Ende Januar 1525 auch institutionell, ohne allerdings schon eine Freikirche zu gründen, den Bruch mit der Zürcher Reformation. Aus den Radikalen wurden Täufer, in der Stadt genauso wie auf dem Lande. Hier war es ein kleiner leidensbereiter Kreis und dort vorerst noch eine militante Massenbewegung. Der Rat ließ weitere Disputationen einberufen und ging allmählich dazu über, rechtlich gegen die Täufer einzuschreiten. Am 6. März

1526 erließ er das erste Mandat, das die Todesstrafe auf Wiedertaufe verfügte.

Das frühe Täufertum war eine dynamische, religiös-sozialrevolutionäre Bewegung. Erst nach den enttäuschenden Erfahrungen mit Zwingli und dem Zürcher Rat, die sie immer mehr in die Defensive drängten, sahen sich die Radikalen zum Bruch mit der offiziellen Kirche gezwungen. Auf dem Lande standen sie in Aufruhr und wollten eine gesamtgesellschaftliche Erneuerung der Christenheit herbeiführen. In der Stadt schwankten sie noch zwischen dem ursprünglichen volkskirchlichen und einem freikirchlichen Reformkurs. Wenn der Zürcher Grebelkreis davon überzeugt war, daß „mehr als genug Weisheit und Rat in der Schrift" sei, „wie man alle Stände, alle Menschen lehren, regieren, weisen und fromm machen soll", dann nahm er noch nicht die typisch freikirchlich-separatistische Haltung gegenüber dem weltlichen Bereich ein, so sehr er bereits von dem Bewußtsein geprägt war, mit seinen Gleichgesinnten möglicherweise als leidende Minderheit in der Welt leben zu müssen.[52] Das beste Beispiel für den schwankenden Kurs dürfte Konrad Grebel selber sein. Als er aus Zürich ausgewiesen worden war, hatte er in der Ostschweiz immer noch für eine Reformation ganzer Kommunen zu wirken versucht. Ekklesiologisch wollten die Täufer in Stadt und Land dasselbe. Die einen konnten ihre Ziele offener und ungebrochener verfolgen, die anderen mußten sich einschränken und mit ihrem Denken auf eine neue Situation einstellen. Selbst der vielgerühmte Pazifismus des Grebelbriefes steht nicht in einem grundsätzlichen Gegensatz zur revolutionären Haltung der Täuferführer auf dem Lande, von denen bekannt ist, daß sie sich gelegentlich gegen obrigkeitliche Zugriffe von bewaffneten Bauern schützen ließen.[53] Das aufständische Lager selbst schwankte nämlich zwischen gewaltlosen und gewaltsamen Aktionen gegen geistliche und weltliche Autoritäten. Erst die Niederlage der Bauern stürzte die Täufer in eine Krise und sorgte dafür, daß sich die angedeuteten freikirchlichen Konturen zu einem neuen Selbstverständnis verfestigen konnten. Formuliert wurde es in der *Brüderlichen Vereinigung* von Schleitheim 1527. Nicht im Aufbruch des Täufertums, sondern erst hier wurde die Freikirche geboren.

Die Schleitheimer Artikel enthalten die bekannten Grundsätze des Täufertums: Glaubenstaufe, Bann, Eidesverweigerung, Ablehnung des Wehrdienstes und obrigkeitlicher Ämter, die Gemeinde der wahrhaft Glaubenden, freie „Hirten"-Wahl, das Abendmahl als Ausdruck christlicher Gemeinschaft untereinander. Der Artikel über die „Absonderung von der Welt" verleiht diesen Grundsätzen ihren tiefen Sinn und ihre innere Kraft. Diese Täufer riefen nicht dazu auf, dieses oder jenes in der Welt zu meiden, sie hatten vielmehr eine grundsätzliche Absonderung im

Auge. Hier ist das Reich des Lichts, dort das Reich der Finsternis. Hier herrscht Christus, dort herrscht Belial. Das eine Reich ist jetzt schon der „Tempel Gottes". Die Menschen, die hier leben, haben mit den Menschen, die dort leben, nichts gemeinsam.[54] Die Täufer grenzten sich rigoros ab. Sie vertraten einen strikten Dualismus.

Sie grenzten sich zunächst von der offiziellen Kirche ab, vor allem von der Kirche der Reformation. Das Modell einer abgesonderten, auf dem freien Entschluß der Gemeindeglieder gründenden, sich den obrigkeitlichen Reglementierungen verweigernden Kirche betrachteten sie nun als das Reformziel, das Zwingli angeblich angestrebt, jedoch bald wieder aus den Augen verloren habe. Diese freie Kirche, die sie als Wiederherstellung der urchristlichen Gemeinde verstanden, sollte jetzt in ihren Reihen mit Hilfe einer festen Ordnung, die der „Regel Christi" (Matth. 18, 15 ff.) nachgebildet war und schon im Zürcher Täuferkreis und bei Balthasar Hubmaier eine Rolle gespielt hatte, Gestalt annehmen.

Sie grenzten sich sodann von der bürgerlichen Gemeinde, von der „Welt" ab. Wie sich bald zeigte, verweigerten sie Andersgläubigen den Gruß, nannten einander Brüder, trugen einfache Kleider, mieden die Gottesdienste und waren bereit, einander zu helfen, gelegentlich sogar Hab und Gut miteinander zu teilen. Sie verweigerten den Dienst mit der Waffe, übernahmen keine obrigkeitlichen Ämter und wollten Streitigkeiten nicht vor Gericht verhandeln. So wurde ihre Gemeinschaft zu einer „Gegenwelt", zum Prototyp einer besseren Gesellschaft.

Diese Artikel stießen auch die eigene Vorgeschichte, eine volkskirchliche Täuferreformation, ab. Nachdem die Bauernaufstände niedergeschlagen waren und überall nach Veteranen und Sympathisanten gefahndet wurde, haben die Täufer in Schleitheim, das mitten im Aufstandsgebiet lag, begonnen, sich auch von den revolutionären Absichten und Zielen der Aufständischen grundsätzlich abzusetzen. Die Täufer, mit denen die volkskirchliche Täuferreformation verschmolzen war, wollten deutlich machen, daß ihre Reformation fortan weder eine Reformation „von oben" mit Hilfe obrigkeitlicher Macht, noch eine Reformation „von unten" mit Hilfe revolutionärer Gewalt sei. Sie suchten einen dritten Weg. Übersehen wurde bisher, daß die Abkehr von den Aufständischen mehr eine Umdeutung der revolutionären Einstellungen und Forderungen als eine radikale Neuschöpfung war. Sie stellte eine Metamorphose der revolutionären „Gemeindereformation" dar.[55] Einige Beispiele sollen das belegen. Die Bauern forderten die freie Wahl der Pfarrer, die sie aus den Einkünften des Zehnten entlöhnen wollten; die Täufer wählten ihren „Hirten" selbstverständlich aus der eigenen Mitte und muteten den Gemeindegliedern zu, für seinen Unterhalt zu sorgen, wenn er „Mangel haben sollte". Die Bauern verweigerten den Obrigkeiten, mit denen sie im Streit lagen, den Eid; die Täufer gaben der Eidesverweigerung, die mit der Loyalitätsforderung der Obrigkeit kollidieren mußte, eine neutestamentliche Begründung. Die Bauern wählten die Form der „Artikel", um ihr revolutionäres Programm zu formulieren und Einmütigkeit in den Haufen herzustellen; die Täufer gaben ihrer programmatischen Einheit ebenfalls in Artikeln Ausdruck. Die Bauern, die ihre kämpferische Solidarität in Anrede- und Verhaltensformen biblischer Brüderlichkeit demonstrierten, schlossen sich im Schwarzwald beispielsweise zur „Christlichen Vereinigung und Bruderschaft" zusammen; die Täufer, die einander Brüder und Schwestern nannten, erreichten in Schleitheim eine „Brüderliche Vereinigung". Die Bauern wandten den „weltlichen Bann" an und sonderten sich von jedem ab, der nicht bereit war, zu ihnen zu stehen. Die Täufer schränkten den Bann auf den kirchlichen Bereich ein. Sie „mieden" jeden, der nicht bereit war, den Spuren Jesu Christi zu folgen, und sonderten sich von den „Kindern der Finsternis" ab. Nach innen gewandt, diente der Bann dazu, die Gemeinden reinzuhalten. Diese Beispiele sprechen eine beredte Sprache. Die Täufer verwarfen jetzt zwar konkrete Forderungen der einst aufbegehrenden Bauern, vor allem die Militanz, untergründig aber bewahrten sie ihnen ihre Solidarität. Sie übernahmen auch die Konsequenzen: Sie mußten mit Verfolgung und Tod rechnen.

Schließlich grenzten sich die Täufer von den „falschen Brüdern" ab. Falsche Brüder waren wohl die Täufer, die sich nicht um die konkreten Konsequenzen ihres Glaubens sorgten und „die Freiheit des Geistes und Christi" zum Anlaß nahmen, die Mißstände in der Christenheit auf sich beruhen zu lassen. Gemeint sein könnte mit diesem Vorwurf Hans Denck. Als Michael Sattler, der mutmaßliche Verfasser der Schleitheimer Artikel, in Straßburg weilte, wirkte dort auch der Nürnberger Täufer. Beide verfolgten unterschiedliche Reformkonzepte, und Sattler konnte die Anziehungskraft der mystisch-spiritualistischen Frömmigkeit Dencks auf täuferische Kreise beobachten. Diesem Einfluß wollte er jetzt ein für allemal ein Ende bereiten. Mit den „falschen Brüdern" könnten auch diejenigen gemeint sein, die nach dem Grundsatz handelten: „der Glaube und die Liebe könnten alles tun und leiden und ihnen könne nichts schaden oder verdammlich sein, weil sie gläubig seien".[56] Zu denken wäre hier an die ausschweifenden Enthusiasten im Gebiet von St. Gallen. Die Abgrenzung gegen diese Brüder ist scharf und ein Akt der Selbstreinigung gewesen. Sie bestätigt noch einmal die Absicht, nach den Schwankungen der Frühzeit endlich einen eindeutigen Reformkurs zu steuern. In Schleitheim grenzten sich die Schweizer Brüder nach außen und nach innen ab. Das Reformprogramm hieß jetzt nicht mehr Säuberung der bestehenden Christenheit, sondern Absonderung von der Welt. Dies Programm deutete sich in den ersten Umrissen schon an, nachdem die Zürcher Radikalen ihre kirchenpolitische Ohnmacht erfahren hatten. In dieser Zeit fingen sie an, die Bibel mit den Augen von Ohnmächtigen zu lesen; und ein Ohnmächtiger liest sie anders als ein Mächtiger. Zunächst waren sie „nur Zuhörer und Leser der evangelischen Prediger" gewesen, und dann nahmen sie die Lektüre der Heiligen Schrift selber in die Hand. Sie lasen sie mit neuen Augen.[57] Vor allem die ethischen Anweisungen und die Aussagen zur Gestalt der Kirche nahmen sie wörtlich. So gelangten sie nach und nach zu der Einsicht, daß die Gemeinde Jesu Christi eine kleine, zwar entschlußfreudige, aber auch leidende, eine abgesonderte und wehrlose Gemeinschaft sei. Von dieser Einsicht im September 1524, die noch in den Rahmen der antiklerikal bestimmten ursprünglichen Reformabsichten paßte, zur praktischen Verwirklichung der Freikirche war es ein weiterer Schritt. Er wurde erst nach 1525 im Zürcher Unterland und 1527 in Schleitheim am Oberrhein vollzogen. Die Geburt der Freikirche ist aus dem Zusammenhang von antiklerikal-reformatorischer Aggressivität, kirchenpolitischer Ohnmacht und biblischer Lektüre zu erklären. Die Freikirche selbst war eine radikale Alternative zur Kirche Roms und zu den Reformkirchen in Wittenberg und Zürich.

Andere Wege gingen die Täufer, die Hans Hut mit seinen Vorstellungen von der inneren Läuterung des Menschen und der großen Scheidung von Auserwählten und Gottlosen am Ende der Tage sammelte. Dieser Täuferapostel hat ein Täufertum eigener Art vertreten.[58] In seinen Anschauungen lebte die Gedankenwelt Thomas Müntzers fort, dem er voller Hoffnung auf das unmittelbar bevorstehende Gericht Gottes über die Gottlosen in die Schlacht bei Frankenhausen gefolgt war. Hut hat die Niederlage der Bauern miterlebt; es gelang ihm aber zu entkommen und sich der Bestrafung zu entziehen. Er gab nicht auf, wie so viele, sondern setzte sein Engagement für das „arme Volk" fort und trug das Anliegen Müntzers, sich jeder geistlichen Bevormundung und sozialen Unterdrükkung zu widersetzen, in einer verschlechterten Situation weiter. Die antizipierte Chronologie des Weltgerichts mußte allerdings geändert werden, wollte er an der Niederlage nicht irre werden. Eine apokalyptische Deutung des Geschehenen half ihm weiter. In Thomas Müntzer und Heinrich Pfeiffer, die vor den Toren Mühlhausens gepfählt und zur Schau gestellt worden waren, sah er die beiden in der Offenbarung des Johannes geweissagten Zeugen, deren gewaltsamer Tod das Signal für die letzte Zeit der jeweils dreieinhalb Jahre dauernden apokalyptischen Trübsal war. Noch hätten die Auserwählten das Tal der Leiden zu durchschreiten und sich auf das große Gericht, das nun Pfingsten 1528 erwartet wurde, vorzubereiten. Hut setzte allerdings nicht mehr auf die Bauern, sondern auf die heranrückenden Türken, die endlich Rache an den Gottlosen nehmen würden und denen die Auserwählten erst zum letzten Schlag zur Hand gehen sollten. Bis dahin empfahl Hut seinen Anhängern, das Schwert, das Müntzer im Kampf gezogen hatte, wieder in die Scheide zu stecken. Was manche als Hinwendung zum täuferischen Pazifismus deuteten, war in Wahrheit nur aufgeschobene Revolution.[59] Auch Huts Ideen waren eine Antwort auf die politischen Erfahrungen nach dem Bauernkrieg: In seiner Ohnmacht wartete er darauf, daß die Mächtigen vom Stuhl gestoßen und die Auserwählten in die Herrschaft über die Erde eingesetzt würden.

Hans Hut der als fliegender Buchhändler viel reiste, entfaltete eine rege Missionstätigkeit in Mittel- und Oberdeutschland, bis nach Österreich und Mähren. Überall sammelte er Gleichgesinnte, indem er mit seinem „Evangelium aller Kreatur", einer Müntzer nachempfundenen Leidensmystik, zur Buße und Läuterung aufforderte, nicht zuletzt unter den Enttäuschten des Bauernkriegs. Wie die Kreatur dazu bestimmt ist, für den Menschen als dem höheren Wesen aufgeopfert zu werden, so hat der Mensch, Trübsal und Leid als Werk Gottes, des Höchsten, zu erdulden, um auf diese Weise ans Ziel seiner Bestimmung zu gelangen, sein Heil und seine Seligkeit. So gab Hut dem Leiden einen Sinn und richtete die zerbrochene Hoffnung wieder auf. Er bereitete die Auserwählten mit der Taufe auf das bald anbrechende Gottesreich vor.[60] Seine Taufe trug einen ganz anderen Charakter als die Taufe der Schweizer Brüder nach Schleitheim. Er „versiegelte" die Auserwählten mit dem Kreuzeszeichen auf der Stirn, um sie vor dem Zorn des Weltgerichts zu bewahren, während die Schleitheimer Brüder in der Taufe den aktiven Beitritt zu einer von der Welt jetzt schon abgesonderten, sichtbaren Gemeinde sahen. Konsequenterweise finden wir in dem weiten Gebiet, das unter dem Einfluß Huts stand, auch keine festumrissenen Täufergemeinden. Es waren nur lose Sammlungen. Um den Unterschied auf eine Formel zu bringen: Die Schweizer Brüder schieden sich schon jetzt auf sichtbare Weise von den „Kindern der Finsternis"; das Hutsche Täufertum, das weiter verbreitet war, bereitete die Menschen allererst auf die große Scheidung vor. Wohl rief Hut seine Anhänger zur Absonderung von der „Welt" auf; er meinte vor allem aber die leidvolle Säuberung des Herzens von jeder Anhänglichkeit an das Kreatürliche. Die Absonderung wurde verinnerlicht und hatte keine gemeindebildende Kraft.

Hans Hut wurde gefaßt und kam Ende 1527 vermutlich bei einem Ausbruchsversuch aus dem Gefängnis in Augsburg auf mysteriöse Weise ums Leben. Seine Bewegung löste sich nach dem Ausbleiben des Weltgerichts um 1530 auf, während das Schweizer Täufertum allmählich seine Vitalität verlor und in weltabgewandten Gemeinden zu erstarren begann. Beide Richtungen, sowohl die Schweizer Täufer als auch die Anhänger

Huts, waren in ihrem Aufbruch sehr stark von den sozialen Unruhen geprägt, die im Bauernkrieg revolutionäre Kraft entfaltet hatten. Beide Gruppen schlugen jedoch ganz verschiedene Wege ein, um mit ihren Enttäuschungen fertig zu werden. Es wurden zwei täuferische Reformkonzepte entwickelt, die unterschiedlicher Art waren. Das eine konzentrierte sich auf Akte der Verweigerung, um die Urgemeinde wiederherzustellen, das andere bereitete auf das große Gericht vor, dem eine Welt des Friedens und der Brüderlichkeit folgen sollte. Wie wenig beide Gruppen zueinander paßten, zeigte sich auf der sogenannten Märtyrersynode in Augsburg 1527. Dort waren Täufer zusammengekommen, die sich um den apokalyptischen Mystizismus Huts, um die mystische Irenik Dencks und den separatistischen Pazifismus der Schweizer Brüder scharten. Durchgesetzt hat sich das Hutsche Täufertum, wenn Hut sich auch dareinfügen mußte, seine apokalyptische Endzeitspekulation zur Geheimlehre zu erklären, die nicht öffentlich propagiert werden sollte. Trotz dieses Zugeständnisses konnte zwischen den verschiedenen Täuferrichtungen aber keine gemeinsame Basis für die missionarische Arbeit gefunden werden.

Ein Täufertum, das aus den Wurzeln wuchs, denen auch Huts Agitation entsprungen war, fand eine moderatere Gestalt im missionarischen Wirken Melchior Rincks, der Hessen und Thüringen durchzog und die Erinnerung an die geistlichen Impulse Müntzers wachhielt; an die apokalyptisch-revolutionären erinnerte indessen der Plan Hans Römers, 1528/29 Erfurt einzunehmen und zum Zentrum einer weltweiten Täuferherrschaft auszugestalten. Direkte Impulse des Hutschen Täufertums haben sich in der Gemeinschaft der Hutterer erhalten, die den Namen des Tiroler Täuferführers Jakob Huter trug und sich in Mähren zu einem Gemeinwesen in vollkommener Gütergemeinschaft ausgebildet hat.[61] Was Hut für die Zeit nach dem Weltgericht voraussah, wurde jetzt schon praktiziert: Hab und Gut wurden brüderlich miteinander geteilt, ebenso Arbeit und geistliche Andacht. Es entstanden die berühmten mährischen Bruderhöfe. Die Unduldsamkeit der mährischen Brüder gegenüber anderen Täufern zeigt aber noch einmal, wie heterogen das Täufertum in sich war.

Ganz anderer Art schließlich war das Täufertum, das im niederdeutschen Sprachgebiet verbreitet wurde. Es braucht hier nur kurz skizziert zu werden, da es seine besonders wirksame Gestalt erst nach 1530 angenommen hat. Dies Täufertum geht auf den gelehrten Kürschner Melchior Hoffman aus Schwäbisch-Hall zurück, der in den Sturmjahren der Reformation als Laienprädikant durch Livland, Schweden und Schleswig-Holstein zog, um für die Sache Luthers zu werben. Er suchte besonders jene Orte auf, „in denen der Kampf zwischen dem alten und neuen

Glauben noch in der Schwebe hing",[62] und fand je nach politischer Interessenlage das eine Mal im einfachen Volk und das andere Mal im Patriziat oder bei Hofe Resonanz. Sein kämpferischer Antiklerikalismus, seine Neigung zum Spiritualismus in der Abendmahlsfrage (von Andreas Karlstadt entfacht), seine radikalreformatorischen Ambitionen (von Prädikanten in Livland übernommen) und seine apokalyptischen Visionen haben schließlich zum Bruch mit dem Wittenberger Reformator geführt. Über Ostfriesland gelangte Hoffman bald nach Straßburg, jener vorübergehenden Zufluchtsstätte bekannter Freigeister und zahlreicher Glaubensflüchtlinge. In dieser Stadt kam er mit Täufern in Berührung, vor allem mit Anhängern Hans Dencks und Hans Huts, auch mit dem Gärtner Clemens Ziegler, der dem Täufertum nahestand und dessen sozialkritischer Spiritualismus für Unruhen in der Stadt gesorgt hatte. Hier fand Hoffman die theologischen Argumente, die ihm halfen, die endgültige Abkehr von der offiziellen Reformation zu artikulieren, von der er sich auch in Straßburg enttäuscht sah. Darüber hinaus bestätigten die ekstatischen und bizarren Prophezeiungen Lienhard und Ursula Josts seine apokalyptische Grundstimmung und gaben seinen endzeitlichen Spekulationen neuen Auftrieb. Er übernahm von den Täufern die Taufe auf das Bekenntnis des Glaubens und streifte mit dem Glauben an den Universalismus der göttlichen Gnade und der Lehre von der Willensfreiheit des Menschen, wie Denck und Ziegler sie teilweise auch unters Volk getragen hatten, die letzten Reste lutherisch geprägter Glaubensvorstellung ab. Sein apokalyptisches Sendungsbewußtsein war aber so exhaltiert und eigengeprägt, daß er das apokalyptische Täufertum Oberdeutschlands, das von Flüchtlingen nach Straßburg getragen worden war, allmählich umformte. Er bemühte sich, die Menschen innerlich zu läutern, im Glauben zu festigen und durch die Taufe, den Bund zwischen Gott und Mensch, in die endzeitliche Gemeinde der Heiligen einzugliedern. Er sah große apokalyptische Auseinandersetzungen voraus und propagierte die Wiederkunft Christi, die durch die Säuberung der Welt von den Gottlosen und die Aufrichtung eines Friedensreiches vorbereitet werden mußte. Eine entscheidende Rolle in diesem Endkampf wurde den freien Reichsstädten, allen voran Straßburg, zugewiesen. Sie sollten sich zum Krieg gegen Kaiser, Papst und Irrlehrer rüsten, die Täufer hingegen sollten nicht zu den Waffen greifen, sondern als die „apostolischen Sendboten" gemeinsam mit den „beiden Zeugen" der Offenbarung den „Kuß vom ewigen Frieden in alle Welt" bringen und das geistliche Jerusalem, in dem König und Prophet in frommer Eintracht herrschen werden, durch die Taufe aufbauen. Der Grundstein für die spätere Theokratie in Münster war gelegt, so wenig behauptet werden kann, daß das münsterische Täuferreich der apokalyptischen Vision Hoffmans genau entsprochen hätte.

Hoffman sollte in Straßburg verhaftet werden, weil er mit dem Titelblatt seiner *Auslegung der Offenbarung des Johannes* den Kaiser beleidigt und die Stadt außenpolitisch in Schwierigkeiten gebracht hatte, außerdem die Kühnheit besaß, vom Rat eine Kirche für die Gottesdienste der Täufer zu verlangen. Er konnte fliehen und zog 1530 nach Emden in Ostfriesland, gründete dort eine große Gemeinde und fand auch Eingang in die Niederlande. Die holländische Bevölkerung war, durch die vorreformatorische Sakramentskritik in weitem Maße der alten Kirche entfremdet, für die Lehren Hoffmans offensichtlich besonders empfänglich. Und so wurde sein Täufertum vor allem unter der vorübergehenden Führung von Jan Matthys, die erste weitgestreute reformatorische Bewegung in den Niederlanden. Erklärt wird der Zulauf, den der Kürschner fand, auch mit der verschlechterten wirtschaftlichen und sozialen Situation in diesem Land.[63] Das melchioritische Täufertum korrespondierte, ähnlich wie schon das mittel- und oberdeutsche, mit politischen und sozialen Erfahrungen. Es bot mit der Verkündigung vom Anbruch der neuen Welt besonders jenen Trost und Zuversicht, die in der Misere der alten Welt zu scheitern drohten, vor allem Absteigern und Depravierten. Das schloß aber nicht aus, daß sich auch Wohlhabende in diese Bewegung hineinziehen ließen.

Hoffman, der in Straßburg das „Neue Jerusalem" erwartete, wurde dort 1533 schließlich für die restlichen zehn Jahre seines Lebens ins Gefängnis geworfen. Seine Bewegung wuchs im Norden jedoch weiter und fand in dem „Königreich zu Münster" einen besonders berüchtigten Ausdruck. Die anfängliche Friedfertigkeit der Täufer schlug in apokalyptische Militanz um. Anders als Hoffman es sich dachte, entstand eine Theokratie, die sich am Ende der Tage zum weltweiten Kampf gegen die Gottlosen rüstete. In anderer Gestalt setzte sich diese Bewegung auch in jenem Täufertum fort, das der spiritualistisch orientierte David Joris hinter sich scharte, oder in jenem, das der entlaufene Priester Menno Simons in langwierigen Auseinandersetzungen von revolutionärer Militanz löste und zur Friedfertigkeit erzog, nicht zu sprechen von den apokalyptischen Hasardeuren, die unter der Führung Jan van Batenburgs das Land mit Feuer, Mord und Schrecken überzogen. Äußerlich ähnelte das mennonitische Täufertum den Gemeinden der Schleitheimer Brüder. Sein Geist war aber melchioritisch. Im wesentlichen war es dieses und in geringerem Maße das Schweizer Täufertum, das die Jahrhunderte überdauerte.

Claus-Peter Clasen hat das Täufertum eine „kleinere Episode" in der Geschichte des 16. Jahrhunderts genannt und die Wirkungslosigkeit dieser Bewegung auf ihren Mangel an „common sense" zurückgeführt.[64] Statistisch gesehen hat er recht. Ob sich die geistlichen und weltlichen

Autoritäten dieses Jahrhunderts aber von bloßer Phantasterei so stark beunruhigen ließen, daß sie zu den drakonischsten Maßnahmen greifen mußten, um diese Bewegung zu vernichten, ist fraglich. Das hieße ja, auch ihnen den Blick für die Realität absprechen. Ähnlich wie die Bauern haben die Täufer den Bestand der Gesellschaft bedroht. Sie zogen nicht aus der Geschichte aus, wie Peter Blickle meinte.[65] Sie versuchten vielmehr, die religiösen und sozialen Probleme auf eine andere Weise zu lösen, als es ihnen in Kontinuität mit der bisherigen Geschichte möglich schien. Allenfalls läßt es sich so sagen: Sie brachen alte Geschichte ab, gelegentlich ist das ein notwendiger Akt, um eine neue zu begründen.

3. Die subversive Frömmigkeit der Spiritualisten

Auch die Wurzeln der Spiritualisten reichten in das antiklerikal-reformatorische Kampfmilieu zurück. War der Klerus ins Visier der Kritik geraten, weil er nicht mehr dem Leitbild des „homo spiritualis" entsprach, haben die Spiritualisten gerade dieses Leitbild zur Norm des Christen schlechthin erhoben. Sie haben es allerdings auch verändert. Der geistliche Mensch wurde nicht nur aus den hierarchischen Bindungen ständischer Verfassung, sondern aus allen ekklesiologischen Zusammenhängen überhaupt gelöst. Das fromme, vom göttlichen Geist ergriffene Individuum wurde nämlich gegen die Institution der Kirche mit ihren Heilsmitteln und Ordnungen ausgespielt. Die Lehre vom Priestertum aller Gläubigen hatte unter den Reformatoren und ihren radikalen Anhängern zur Kommunalisierung des kirchlichen Lebens geführt – hier weniger, dort mehr. Die Spiritualisten haben diese Lehre aber so sehr ins Extrem getrieben, daß eine äußerlich vermittelte kirchliche Sozialisation, auch in ihren brüderlichsten Formen, verworfen wurde. Die Verinnerlichung des Heils war das reformatorische Programm der Spiritualisten; die Veräußerlichung der abendländischen Religiosität verfiel radikaler Kritik. So endete die Erneuerung der Christenheit in einer individualistisch verstandenen christlichen Existenz. Sie läßt bereits die ersten Umrisse neuzeitlicher Subjektivität ahnen, die später im Zeitalter der Aufklärung die traditionelle Kirchlichkeit des Katholizismus und Protestantismus zu erschüttern begann.

„Spiritualismus" ist kein genauer Begriff. Er schwankt zwischen dem biblischen Grundgedanken, daß der Geist Gottes unserem Geist Zeugnis gibt, und einer philosophischen Prämisse, die Irdisches und Himmlisches auf eine Weise auseinanderhält und zusammendenkt, wie sie sich, vereinfacht gesagt, aus der Verschmelzung von biblischem und griechischem Denken ergibt. Vor allem um diese Prämisse zu bezeichnen, hat sich „Spiritualismus" seit dem letzten Jahrhundert als ein theologiegeschichtlicher und typologischer Begriff eingebürgert.[66] Er soll die Denkform, die zu einer dualistischen Trennung von Innen nach Außen geführt hat, von jenem theologischen Ansatz unterscheiden, der sich einer solchen Trennung widersetzt, im Blick auf die Reformationszeit also von den Hauptreformatoren und den Täufern.

Der Spiritualismus ist nicht ohne Tradition. Er geht vielmehr auf die Theologie Augustins zurück, die das mittelalterliche Denken stark beeinflußt hat. So wird in der augustinischen Begrifflichkeit der Bereich des Äußeren dem „Buchstaben" und der Bereich des Inneren dem „Geist" zugeordnet. Oder in anderen Begriffen ausgedrückt: es wird ein Dualismus behauptet zwischen „res", den göttlichen Dingen, und „signum" dem kreatürlichen Zeichen, modern gesprochen, zwischen Gott und Materie. Das Eigentümliche besteht nun darin, daß von den Kreaturen kein Weg zu Gott führt. Weder das Wort der Heiligen Schrift noch die Sakramente, weder die menschlichen Werke noch die Priester vermögen dorthin zu führen. Zwischen Kreatürlichem und Göttlichem liegt eine „ontologische Schranke", die kein Mensch überwinden kann.[67] Das Heil stellt sich nur ein, wenn Gottes Geist diese Schranke im Inneren des Menschen durchbricht und den Menschen von innen her geistlich verwandelt.

Mit diesem spiritualistischen Ansatz ließ sich das Konzept der lutherischen Rechtfertigungslehre auf den ersten Blick mühelos verbinden. In beiden Fällen war Gott es, der dem Menschen allein zum Heil verhalf. So konnten jene, die in einer spiritualistisch ausgerichteten Frömmigkeitstradition standen, in das Lager der Reformation einschwenken und im antiklerikal-reformatorischen Kampfmilieu ihre kirchenkritischen Waffen einsetzen. Sie wurden zu Gefährten der Reformation. Andere wiederum, die sich durch die Rechtfertigungsbotschaft Luthers befreit fühlten, konnten, sofern ihnen die theologische Argumentation des Reformators im einzelnen zu kompliziert oder unverständlich war, zu den einfacheren Argumenten aus der Tradition des Spiritualismus greifen, um ihre neue Situation zu durchdenken und ihr religiöses Verhalten zu begründen. Genauer betrachtet steckte im Spiritualismus aber bereits der Keim für eine Entfremdung von der lutherischen Reformation. Schwerlich miteinander zu vereinbaren waren nämlich die Anschauungen vom Menschen, die hinter beiden Positionen standen. Für Luther war der Mensch Sünder, und als Sünder wurde er von Gott angenommen. Im Spiritualismus dagegen lebte die mittelalterliche Vorstellung vom trichotomen Aufbau des Menschen fort: Leib, Seele und Geist. Leib und Seele waren der Sünde verfallen, der Geist lag gefangen, doch er umschloß noch einen Rest unversehrter Gottebenbildlichkeit. An diesen Rest konnte das Wirken des göttlichen Geistes anknüpfen und den ganzen Menschen von innen her in eine „neue Kreatur“ verwandeln. Als die Enttäuschung über die moralische Wirkungslosigkeit der Reformation nach 1522 weite Kreise zu ziehen begann, trat der Unterschied zwischen der lutherischen Rechtfertigungslehre und dem spiritualistisch konzipierten Heilsprozeß immer deutlicher zutage. Die Spiritualisten konnten in der Rechtfertigungslehre Luthers nur einen *forensischen* Akt sehen, eine Freisprechung des Menschen von Sünde. Von ihren Voraussetzungen her konnten sie aber nicht den *wirksamen* Sinn der Rechtfertigung erkennen, den Luther auf seine Weise auch im Auge hatte. Sie sahen nur, daß der Wittenberger „billige Gnade“ predigte und dem bitteren Ernst, mit dem das Werk Gottes im Menschen erlitten werden mußte, aus dem Wege ging. Schuld an der moralischen Wirkungslosigkeit der Reformation war, so meinten sie, der Reformator selbst, der sich weigerte, eine Lehre von der Wiedergeburt des Menschen im Rahmen seiner Rechtfertigungslehre zu entfalten. Diese Kritik kam bei Karlstadt und Müntzer, bei Denck und Hut, Hoffman und anderen Täufern, bei Caspar von Schwenckfeld und Sebastian Franck zu Wort.

Bereits die Reihe dieser Namen deutet an, daß der Begriff „Spiritualismus“ geeigneter ist, eine weitverbreitete theologische Denkweise als eine festumrissene Gruppe innerhalb der radikalen Reformation zu beschreiben – eine Denkweise übrigens, die nicht auf das Lager der Radikalen beschränkt war, sondern bei Erasmus von Rotterdam ebenso eine Rolle spielte wie bei Ulrich Zwingli. Gustav Adolf Benrath hat kürzlich diesen weiten Begriff zu differenzieren versucht, um ihn für eine typologische Ausfächerung des reformatorischen Lagers doch noch nutzen zu können. Er spricht von einem libertinistischen, einem apokalyptischen und einem humanistischen Spiritualismus und unterscheidet diese Formen von einem mystischen Spiritualismus.[68] Ebenso könnte man einen täuferischen Spiritualismus hinzufügen und auf diese Weise die gesamte radikale Reformation unter den Begriff des Spiritualismus stellen. Es ist nämlich nicht einzusehen, warum Karlstadt, Müntzer, Hut, Denck und David Joris Spiritualisten gewesen sein sollten, während Hoffman, Bernhard Rothmann und Menno Simons, die einen starken spiritualistischen Einschlag aufweisen, zu den Täufern gezählt werden. Selbst Hubmaier ist im Grundgefüge seiner Theologie vom Spiritualismus bestimmt.[69] Mir scheint es sinnvoll zu sein, um die fruchtlos gewordene Diskussion über eine Typologie der radikalen Reformation nicht wieder zu beleben, den Begriff „Spiritualisten“ auf einen engeren Kreis zu beschränken und ihn vor allem, wie in den herkömmlichen Typologien, mit Caspar von Schwenckfeld und Sebastian Franck zu verbinden. Diese Männer haben den spiritualistischen Dualismus und die Entwertung der äußeren Heilsmittel und kirchlichen Ordnungen am konsequentesten und reinsten durchgehalten. Hier gibt es keine libertinistischen, apokalyptischen und humanistischen Beimischungen, die in der Lage wären, das spiritualistische Grundkonzept in der einen oder anderen Weise zu verändern und die einzelnen Gestalten jeweils treffender zu charakterisieren als der Spiritualismus selber.

Caspar von Schwenckfeld (1489–1561) entstammte einer alten niederschlesischen Adelsfamilie im Herzogtum Liegnitz. Er studierte in Köln und Frankfurt an der Oder und trat in den höfischen Dienst; zuletzt war er Ratgeber Friedrichs II. von Liegnitz. Um 1519 geriet er in den Bannkreis der lutherischen Reformation und begann für die Erneuerung der Kirche zu wirken. Vorübergehend wurde er sogar zum Anführer der reformatorischen Bewegung in Niederschlesien. Er nahm Verbindung mit dem reformgesinnten Rat von Breslau auf und geriet nach vergeblichen Versuchen, den Bischof der Stadt und der weiten Diözese Schlesiens auf die Seite der Reformation zu ziehen, in einen ernsten Konflikt mit dem altgläubigen Klerus. Es war Schwenckfeld schon 1522 gelungen, Herzog Friedrich, der gleichzeitig Oberlandeshauptmann von Niederschlesien war, für die Reformation zu gewinnen und 1524 zu einem Reformationsmandat zu überreden. Der Bischof verließ Breslau, nachdem das Mandat auf dem Fürstentag erlassen wurde, und zog sich in sein weltliches Territorium zurück. Das war der erste Sieg der Reformation in Niederschlesien. Doch Schwenckfeld wurde seines Erfolges nicht mehr froh. Ihm waren nämlich schon zwei Jahre zuvor erste Zweifel an der Durchschlagskraft der reformatorischen Botschaft und an der reformatorischen Lehre selbst gekommen. „Er gewann allmählich die Überzeugung, daß das Ausbleiben der von ihm selbst erwarteten allgemeinen religiösen Erneuerung in der teils mißverstandenen, teils falschen reformatorischen Rechtfertigungslehre wurzele, die den Gnadenempfang an keine Vorbedingung, nämlich Askese, knüpfe, die Willensfreiheit des Menschen völlig verneine und die Bedeutung der Werke gänzlich aus dem Rechtfertigungsgeschehen eliminiere.“[70] Mit dieser Kritik trat er nach dem Fürstentag an die Öffentlichkeit. Luther selbst wurde allerdings noch verschont.

Zum Bruch mit Luther kam es erst, als Schwenckfeld in den Streit eingriff, den Karlstadt und Zwingli um das Abendmahlsverständnis Luthers 1524/25 vom Zaun gebrochen hatten. Luther lehnte die Transsubstantiation von Brot und Wein in Leib und Blut Christi während der Messe ab, an der realen Präsenz Christi in den Abendmahlselementen, vermittelt durch die biblischen Einsetzungsworte, hielt er jedoch fest. Schwenckfeld bestritt nun mit Karlstadt und Zwingli auch diese Präsenz und kritisierte den Rückfall in die Werkgerechtigkeit, der von Luthers Lehre, wie er es sah, drohen mußte. Das einfache Volk würde zu der Annahme verführt, daß schon der Genuß von Brot und Wein das Heil wirken könne. Gemeinsam mit dem Humanisten Valentin Krautwald, einem einfallsreichen Exegeten, entwickelte Schwenckfeld ein Abendmahlsverständnis, das solchen Mißbrauch ausschließen sollte. Beide lehnten die Vorstellung von der realen, d.h. körperlichen Präsenz Christi in den Elementen ab, nicht jedoch diejenige einer spirituellen Gegenwart.

Weil er an der spirituellen Gegenwart festhielt, mußte er – gerade umgekehrt – die reale Präsenz aufgeben. Hier kam der spiritualistische Dualismus zum Zuge: mit dem Fleisch Christi, das himmlisch und göttlich ist, kann nur der innere Mensch kommunizieren; das Abendmahl, das äußerlich genossen wird, ist bloß ein Hinweis auf das vorangegangene geistliche Geschehen. Dieser Dualismus war so rigoros, daß auf das äußere Ritual auch ganz verzichtet werden konnte, wenn es galt, einem Mißverständnis zu wehren oder einen Mißbrauch zu verhindern. So verordnete Schwenckfeld, der ohnehin davon ausging, daß die Gestalt der wahren Kirche noch nicht zum Vorschein gekommen sei, einen „Stillstand". Das Abendmahl sollte erst wieder gefeiert werden, wenn das Volk durch intensive Unterweisung zur geistlichen Kommunikation mit Christus in der Wiedergeburt geführt worden sei. Schwenckfeld selbst hat sich nach 1526 nicht mehr am Abendmahl beteiligt. Luther lehnte dieses Abendmahlsverständnis ab und sorgte dafür, daß Schwenckfeld bald als Sakramentsschänder abgestempelt und verfolgt wurde. In Schlesien entstand auf einmal ein unabgesprochenes altgläubig-reformatorisches Bündnis gegen die Schwenckfelder im Herzogtum Liegnitz.[71]

Spiritualistisch ausgelegt wurde auch die Taufe. Schwenckfeld unterschied zwischen der inneren und der äußeren Taufe, biblisch gesprochen, zwischen Geist- und Wassertaufe. Die innere Taufe war das Heilsgeschehen, die äußere der Hinweis auf dieses Geschehen. So konnte Schwenckfeld die Säuglingstaufe ablehnen, ohne die Wiedertaufe (wie die Täufer) vollziehen zu müssen, die den äußeren Ritus viel zu stark betont hätte. Die Wassertaufe wollte er an den jungen Katechumenen nach Abschluß der religiösen Unterweisung vornehmen; eine Rechenschaft über den Vollzug der inneren Taufe wollte er nicht verlangen. Das war wenig konsequent, denn die Wassertaufe konnte jetzt der Geisttaufe folgen, ihr aber ebensogut vorausgehen. Schlimmstenfalls konnte die Geisttaufe ganz ausbleiben. Vielleicht ist diese Inkonsequenz noch ein letztes Zugeständnis an die bestehende Kirche gewesen. Doch im Grunde war dem Spiritualisten die Wassertaufe ebenso gleichgültig wie die äußere Gestalt der Kirche.

1529 spitzte sich die Lage zu. Die Krone Böhmens, der Schlesien unterstand, war 1528 an Erzherzog Ferdinand von Österreich gefallen, dessen reformationsfeindliche Politik allmählich auch auf Niederschlesien durchschlug. Der Herzog von Liegnitz mußte sein Amt als Oberlandeshauptmann abtreten und konnte den Schwenckfeldern nicht mehr Schutz bieten. Schwenckfeld kehrte seiner Heimat den Rücken und zog nach Straßburg. Die tolerante Reformationspolitik dieser Stadt hatte zahlreiche Dissidenten angelockt: Andreas Karlstadt und Melchior Hoffman, Pilgram Marpeck und die Spiritualisten Jakob Kautz, Hans Bünderlin und Sebastian Franck; der Antitrinitarier Michael Servet war da und der unruhig umherziehende Arzt Paracelsus. Dort wirkten auch der Botaniker und Arzt Otto Brunfels und der Gärtner Clemens Ziegler in spiritualistischem Sinn für eine Erneuerung der Christenheit. Im Gespräch mit Hoffman entwickelte Schwenckfeld seine Christologie und Inkarnationslehre weiter,[72] und in der Begegnung mit Marpeck wurde der Keim für die spätere Auseinandersetzung zwischen Schwenckfeld und den oberdeutschen Täufern gelegt. Die Ablehnung der Realpräsenz war Schwenckfeld als guter Ruf in den Süden vorausgeeilt und öffnete ihm die Türen zu den Häusern der Straßburger Prädikanten. Er war ein geschätzter Gesprächspartner; und erst als es Martin Bucer 1533 gelang, mit Hilfe des Magistrats eine rigide Kirchenordnung durchzusetzen und die Dissidenten abzudrängen, sah auch Schwenckfeld sich gezwungen, die Stadt zu verlassen. Er konnte den Eingriff der weltlichen Obrigkeit in die kirchlichen Angelegenheiten nicht ertragen und sah seinen Traum von der freien Entfaltung verschiedener Bekenntnisse in Straßburg schwinden. Er zog im oberdeutschen Raum umher, fand einflußreiche Gönner und stieß immer wieder auf Feinde. Ein reformatorisches Wirken, wie es ihm für kurze Zeit in Schlesien möglich war, konnte er trotz seiner regen schriftstellerischen Tätigkeit nirgends mehr entfalten.

Caspar von Schwenckfeld hat in den mystischen Spiritualismus und in den Pietismus des 17. Jahrhunderts hineingewirkt; in Nordamerika entstand sogar eine kirchliche Gemeinschaft, die seinen Namen trägt: die „Schwenckfelder Church". Der andere große Spiritualist der Reformationszeit, Sebastian Franck (1499–1542), hat weniger das kirchliche als vielmehr das kulturelle Leben in Deutschland beeinflußt. „In hundert Rinnsalen", schrieb Wilhelm Dilthey, „fließen seine Ideen der modernen Zeit entgegen."[73] Seine schriftstellerische Tätigkeit hat Franck nach 1530 begonnen und mit seinem Hauptwerk *Chronika, Zeitbuch und Geschichtsbibel* (1531) eigentlich erst begründet. Die Bedeutung der spiritualistischen Grundgedanken für die historische und geschichtsphilosophische Arbeit steht in einem engen Zusammenhang mit den reformationsgeschichtlichen Ereignissen nach den Reichstagen zu Speyer (1529) und Augsburg (1530). Wichtig im Rahmen der frühen Reformation ist vor allem der Weg, auf dem Franck zum Spiritualismus fand.

Das Grundstudium hat Franck, der aus einer Handwerkerfamilie in der kleinen Reichsstadt Donauwörth stammte, in Ingolstadt absolviert. Dort wird er auch die Theologen Johann Eck und Balthasar Hubmaier, den späteren Täuferführer, gehört haben. Ein Theologiestudium schloß er in Heidelberg an, allerdings nicht an der Universität, sondern am Dominikanerkolleg, das der Universität angegliedert war. Seine Ausbildung bewegte sich in traditionellen Bahnen. Höchstwahrscheinlich erlebte er in Heidelberg auch die berühmte Disputation Martin Luthers vor dem Ordenskapitel der Augustinerkongregation im Mai 1518. Von dem Auftritt des Wittenbergers wird er ebenso beeindruckt gewesen sein wie seine Kommilitonen Martin Bucer, Johannes Brenz und Martin Frecht, die späteren Reformatoren Straßburgs, Schwäbisch Halls und Ulms. Nach dem Studium wirkte Franck als Priester im Bistum Augsburg. Welche Position er damals einnahm, ob eine altgläubige oder schon eine reformgesinnte, ist nicht mehr zu erkennen. 1524 tauchte er in Nürnberg auf, wo die Reformation auf gutem Wege war, und bat um eine Anstellung. Er wurde als Kaplan nach Büchenbach bei Schwabach geschickt. 1527/28 übernahm er, um seine spärlichen Einkünfte aufzubessern, eine Pfarrstelle im benachbarten Gustenfelden. An beiden Orten wirkte er in reformatorischem Sinn und versah sein Amt mit großem Ernst.

Aus der Bahn warf ihn die Arbeit an der Übersetzung der „Diallage", die Andreas Althamer, evangelischer Pfarrer in Eltersdorf, gegen den jungen Rektor der Nürnberger Lateinschule zu St. Sebald geschrieben hatte. Diese Schrift war eine Auseinandersetzung mit dem mystischen Spiritualismus Hans Dencks. Franck besorgte eine recht freie Übertragung und beschäftigte sich intensiv mit der Differenz im Rechtfertigungsverständnis Luthers und Dencks. Franck stand auf der Seite der Lutheraner, ihm wird aber auch Dencks Kritik an der lutherischen Predigt eingeleuchtet haben. Offensichtlich teilte er die Sorge des Schulmeisters aus eigener Erfahrung im Pfarramt, wenn er in der Vorrede zur „Diallage" schrieb: „Vor uns waren Werkheilige ... jetzt sind wir Wortheilige und Maulchristen, so sicher, als sei es schon ausgefochten und haben nichts mehr zu tun, so doch das kein Glaub ist, dem nicht gute Frücht folgen."[74] In der Arbeit an dieser Übersetzung werden Franck Gedanken gekommen sein, die vom Spiritualismus Dencks nicht mehr weit entfernt waren. Hat er sich von Denck schon früher beeinflussen lassen oder ist er aus eigener Kraft zu neuen Ufern aufgebrochen?

In Nürnberg wirkte Hans Denck, der ebenfalls in Ingolstadt studiert und bei Erasmus in Basel gelernt hatte, nicht nur in der Schule, sondern schaltete sich auch in die reformatorischen Auseinandersetzungen ein. Er verkehrte mit den „gottlosen Malern", mit denen er sich 1525 vor dem

Rat der Stadt verantworten mußte,[75] und traf mit Thomas Müntzer und Hans Hut zusammen. In sein Denken nahm er humanistische Einflüsse auf, ebenso mystisches Gedankengut, teils von Müntzer übernommen, teils aus den Quellen der mittelalterlichen Mystik selbst geschöpft, und verband alles zu einem Spiritualismus eigener Art. Nach der Ausweisung aus Nürnberg wandte Denck sich dem Täufertum zu, ohne sein spiritualistisches Grundkonzept allerdings aufgeben zu müssen. Mit diesem radikalen Kreis in Nürnberg, der nach 1525 immer deutlicher auch täuferische Züge annahm, hatte Franck Kontakt. Er könnte die spiritualistisch-täuferische Atmosphäre, die dort herrschte, allmählich verinnerlicht haben. Vieles spricht dafür, daß er den Spiritualismus zunächst nicht direkt übernahm, sondern über die spiritualistischen Anklänge, die er auch in den frühen Schriften Luthers fand, auf die neue Bahn gelenkt wurde. Zu sagen, Franck hätte „zeit seines Lebens einen spiritualistischen lutherischen Glauben" gehabt,[76] geht wohl zu weit. Die Hinwendung zur erasmischen Lehre von der Freiheit des menschlichen Willens und die sehr präzise Aufnahme mystischer Vorstellungen, die sowohl bei Denck als auch bei Müntzer zu beobachten sind, deuten einen schrofferen Bruch mit der lutherischen Vergangenheit nach 1528/29 an. Aber vieles spricht dafür, daß es der lutherische Spiritualismus war, der Francks Abkehr von der Kirche und Hinwendung zum mystischen Spiritualismus förderte.

Franck hatte seine Reformhoffnung vorübergehend wohl aufs Täufertum gesetzt.[77] In seiner Türkenchronik von 1530 und in der Geschichtsbibel von 1531 wurde diese Hoffnung aber schon wieder aufgegeben. Ihm ist jede Gestalt der Kirche verdächtig. Nach dem Niedergang der Apostelkirche, meint Franck, ist die Zeit einer „ecclesia visibilis" überhaupt vorbei. Was jetzt zählt, ist die Geistkirche. In einem Brief an Johannes Campanus (1531), einen Antitrinitarier, schreibt Franck: „Weil nun aber die äußerlichen Satzungen und Sakramente durch Verwüstung des Antichristen nach der Zeit der Apostel nicht vertilgt, sondern mißbraucht und besudelt worden sind, ließ Gott alle Dinge, auf die die Zeichen und äußerlichen Gaben allein hindeuten, in Wahrheit durch den Geist in seiner unsichtbaren Kirche geschehen. Er läßt den Teufel, der doch nichts anderes sucht als das Äußerliche, mit den äußerlichen Mißbräuchen und Sakramenten walten, wie auch mit der äußerlichen Beschneidung, dem Königreich, Sabbat, Tempel, Opfer und beschneidet mittlerweile die Herzen der Seinen mit dem Geist und dem Feuer in der Wahrheit, die nicht vertilgt ist."[78] Unter die sichtbaren Kirchen ist der Antichrist gefahren; dort herrscht der Teufel. Christus dagegen herrscht in der Seele des Menschen durch den Heiligen Geist. Das ist spiritualistischer Dualismus, wie er sich vorzüglich dafür eignete, aus der antiklerikalen Situation der Reformationszeit grundsätzliche Konsequenzen für eine Erneuerung der Christenheit zu ziehen.

Um 1531 dichtet Franck das Lied *Von vier zwieträchtigen Kirchen, deren jede die andere hasset und verdammet.* Er verwirft die päpstliche, lutherische, zwinglische und täuferische Kirche. Die Täufer stehen ihm aber noch am nächsten, da sie den beschwerlichen Weg des Martyriums gewählt haben:

> „Leiden drob Not,
> Welthaß und Tod.
> Deshalb ohne Spott
> näher bei Gott
> als die drei andern Haufen."[79]

So nehmen die Täufer wenigstens ein Zeichen ernst, an dem die unsichtbare Kirche allenfalls zu erkennen ist, nämlich das Leiden. Das andere Zeichen ist die Liebe. Wo beide fehlen, kann die Geistkirche nicht entstehen.

Obwohl Franck in den oberdeutschen Städten, wohin ihn sein angefochtenes und unstetes Leben verschlug, Verbindungen mit Täufern und Spiritualisten, nicht zuletzt mit Caspar von Schwenckfeld pflegte, schloß er sich keiner Gruppe an und versuchte auch nicht, einen eigenen Kreis von Gleichgesinnten um sich zu scharen. Er war ein Einzelgänger.

In seinen Büchern kritisierte Franck nicht nur den päpstlichen Klerus, die lutherische Rechtfertigungslehre und die äußere Gestalt der Kirche. Diese Bücher enthielten auch Kritik an den moralischen Mißständen im Volk, an politischer Anmaßung in geistlichen Dingen und an sozialer Ungerechtigkeit. Darüber hinaus warben sie, je länger desto eindringlicher, für eine individualistische Frömmigkeit, die mit dem Vorstellungsgut des mystischen Spiritualismus beschrieben wird. In der Sicht des Geistes, der im Menschen wirkt, erscheinen Natur und Geschichte als Manifestationen, die Gott zu erkennen geben. Und in dieser Sicht werden diejenigen, die von Päpsten und Konzilien als Ketzer verdammt wurden, zu Zeugen der Wahrheit. Sie bringen an den Tag, was die Herrschenden verdecken. Sich dem Urteil der Herrschenden zu entziehen, ist eine Methode, die in den Augen Francks zu einer „unparteiischen" Geschichtsbetrachtung führt. Die Historie, wie er sie treibt, ist ein Stück frühneuzeitlicher Ideologiekritik und ist, wie kürzlich treffend ausgeführt wurde, subversiv.[80] Sebastian Franck hat die Welt nicht verändern können, daran hinderte ihn letzlich sein endzeitlich bestimmter Skeptizismus, aber er hat es auf eine stillere Weise als Thomas Müntzer versucht.

Neben Karlstadt und Müntzer, den Täufern und den Spiritualisten – auch die aufständischen Bauern gehören dazu –, zählen noch die Antitrinitarier zum Lager der radikalen Reformation. Johannes Campanus wurde bereits erwähnt; der wichtigste Vertreter aber war Michael Servet. Da sein Buch *De Erroribus Trinitatis* 1531 erschien und erst in den dreißiger und vierziger Jahren für erregte Diskussionen sorgte, genügt es, auf diesen Leugner der Heiligen Dreifaltigkeit nur hinzuweisen, um mit ihm das Bild radikalreformatorischer Vielfalt wenigstens abrunden zu können.

Die radikale Reformation war keine einheitliche Bewegung. Sie setzte sich vielmehr aus einem vielstimmigen Protest gegen den altgläubigen Klerus, weltliche Obrigkeiten und gemäßigte Reformatoren zusammen. Sie war ein Sammelbecken für entschiedenen Protest, der sich in unterschiedlichsten gesellschaftlichen Kreisen äußern konnte: im Patriziat und unter Intellektuellen, unter Handwerkern und Bauern, vor allem aber in den verarmten Schichten der Städte. Das geistige Angebot der radikalen Reformation war vielseitig genug, um verschiedenen Bedürfnissen genüge tun zu können. Diese Reformation erschöpfte sich aber nicht in religiösem und sozialem Protest. Sie bildete auch verschiedene, selten zueinander passende Formen kirchlicher Gemeinschaft und gesellschaftlicher Institutionen aus. Gelegentlich begründete sie sogar einen krassen, gemeinschaftsfeindlichen Individualismus. Insgesamt war der Radikalismus eine mögliche, ganz und gar nicht abwegige Konsequenz, die besonders der „gemeine Mann" aus dem gegenbildlich zum altgläubigen Klerus entwickelten „Priestertum aller Gläubigen" zog. Oft entstand der Radikalismus aus Enttäuschung über die vermeintliche oder tatsächliche Wirkungslosigkeit der reformatorischen Botschaft und die zögernden Schritte zur Reform. Die Radikalen wollten die begonnene Reformation vollenden. Im Blick auf die Wittenberger Unruhen, den Antiklerikalismus der frühen Reformation in den Städten, den Bauernkrieg und das Täufertum in Tirol, Mähren und den Niederlanden gilt aber auch umgekehrt, daß der Radikalismus der erste Ausdruck reformatorischer Energie überhaupt war, die zur Praxis drängte. Diese Praxis entsprang nicht überspannter oder fehlgeleiteter Phantasie; sie war ein Schluß, der sich antiklerikal-reformatorischer „Vernunft" in einer Situation nahelegte, die als besonders angespannt und belastend empfunden wurde.

VIII.

Reformation und Politik im Reich

Das Jahr 1517 bedeutete nicht nur eine Zäsur in der Geschichte der abendländischen Christenheit, es wurde auch als Einschnitt in die politische Geschichte Europas empfunden. Das Mittelalter ging zu Ende, und die Neuzeit begann. Doch gewichtige Gründe sprechen gegen die Annahme eines zu tiefen Einschnitts, wie das folgende Summarium Winfried Beckers auf eindrückliche Weise zeigt: „Die Anfänge der französischen Staatswerdung, gefördert durch die neue Auffassung der Legisten, liegen in der Zeit Philipps des Schönen (1285–1314); die Territorialisierung Deutschlands, die endgültig erst 1918 aufgehoben worden ist, war im Spätmittelalter grundgelegt worden; die starken Impulse zur Zentralisierung, Straffung und zur ständisch-herrschaftlichen Umbildung der Reichsverfassung brachte die Reichsreform am Vorabend der Reformation; die selbständige, weil Rücksichten auf die Einheit der Christenheit abstreifende Außenpolitik der europäischen Staaten entfaltete sich bereits um die Mitte des 15. Jahrhunderts."[1] Die großen Tendenzen europäischer Politik sind über die Reformation hinweggegangen.[2] Sollte das erste Reformationsjahrzehnt tatsächlich ein weltgeschichtliches Ereignis gewesen sein, wie oft behauptet wurde,[3] müßte die Bedeutsamkeit dieser Jahre nicht in der politischen Entwicklung, sondern woanders gesucht werden: in der Theologie, den religiösen und sozialen Bewegungen, im Hörsaal, auf der Kanzel und in den Flugschriften, in Propaganda und Gerüchten, in Protesten, Aufläufen und Empörungen. Hier zeigte sich viel von der umwälzenden Kraft. Reformation vollzog sich zu allererst im Medium von Bewegung und nicht im Medium von Politik, also unterhalb der Ebene, auf der Politik getrieben wurde. Die politischen Instanzen im Reich, in den Territorien und in den Reichsstädten wurden von der Wucht, mit der die Reformation aufbrach, überrascht. Sie waren genötigt zu reagieren und mußten erst Erfahrungen im Umgang mit einem neuen Konflikt sammeln, bevor sie wieder Herr der Lage wurden. Und doch war die Reformation schon früh auf der Tagesordnung der Reichstage, in den Beratungen an den fürstlichen Höfen und in den Ratsstuben der Reichsstädte erschienen, so daß sie in einem doppelphasigen Prozeß sowohl einen gesellschaftlichen als auch einen staatlichen Charakter annahm. Sie war eine soziale und politische Bewegung, eine soziale in einem definierten Sinn von Bewegung, worauf im nächsten Kapitel eingegangen wird, eine politische in einem lockeren Verständnis von Bewegung, d. h. die politischen Beratungen und Auseinandersetzungen nahmen die Problematik auf, wie sie von der Reformation als religiös-sozialer Bewegung ausgelöst worden war. Umgekehrt wirkten die politischen Aktivitäten auf den Reichstagen, in den Territorien und in den Reichsstädten auf den Entwicklungsgang der reformatorischen Bewegungen ein. Dieses Wechselverhältnis soll kurz dargestellt werden.

1. Vom Ablaßstreit zur „Luthersache"

Es zählt zu den Paradoxien der Geschichte, daß die Verknüpfung von Reformation und Politik ausgerechnet mit der Person herbeigeführt wurde, die theologisch am sensibelsten und öffentlich am entschiedensten für ihre Trennung eingetreten war: mit Martin Luther. Er stand 1521 in Worms vor Kaiser und Reich, berief sich allein auf sein an die Heilige Schrift gebundenes Gewissen und weigerte sich, auch nur „etwas" von seinen Schriften zu widerrufen. Das Gewissen eines einzelnen war gegen die Politik des Reiches aufgestanden. Der standfeste Reformator vor Karl V., dieses Bild hat sich der Nachwelt eingeprägt. Doch genau betrachtet war diese Demonstration theologischer Unabhängigkeit nur auf der Grundlage einer tiefgewirkten Verflechtung der beginnenden Reformation mit den politischen Auseinandersetzungen im Reich möglich.

Bereits der Angriff auf den Ablaß war mehr als nur ein theologisch-akademischer Streit. Luther hatte 1516 zunächst gegen den Ablaß allgemein gepredigt, wurde aber bald davor gewarnt, seinem Kurfürsten das einträgliche Ablaß- und Reliquiengeschäft zu verderben. Der Wittenberger Theologieprofessor nahm sich die Ermahnung seiner Obrigkeit offensichtlich zu Herzen, denn im darauffolgenden Jahr wiederholte er seine Ablaßkritik nicht mehr in dieser allgemeinen Form, sondern richtete sie gezielt gegen die skandalöse Begründung, die Kurfürst und Erzbischof Albrecht von Mainz dem Handel mit dem Petersablaß in einer *Instructio* gegeben hatte. Ein solcher Angriff konnte dem sächsischen Kurfürsten nur recht sein, da er die finanzielle Position seines Rivalen schwächen mußte. So waren die Ablaßthesen dazu angetan, die Spannungen zwischen den Herrscherhäusern Hohenzollern und Kursachsen auf die Spitze zu treiben und den kurialen Einfluß auf eine besonders effektive Weise, wie sich bald herausstellen sollte, in den deutschen Territorien zurückzudrängen. Längst war der Ablaßhandel ein Instrument territorialer Politik geworden, und jede Kritik am Ablaß, so theologisch sie auch gemeint war, mußte mit der öffentlichen Wirksamkeit ihrer politischen Implikation rechnen.[4]

Diese Implikation verschaffte der theologischen Kritik nicht nur öffentliche Resonanz, sondern gewährte Luther auch bald politischen Schutz, so daß er trotz des Ketzerprozesses, den die Dominikaner angestrengt hatten, und trotz der Bannandrohungsbulle in aller Freiheit reden, schreiben und handeln konnte; in dieser Zeit entwickelte sich sein reformatorisches Sendungsbewußtsein, und es entstanden auch seine großen Reformationsschriften. Die kursächsischen Räte wußten unterdessen auf diplomatischem Wege das Schlimmste abzuwenden; sie bewahrten ihn vor dem Gang nach Rom, der wahrscheinlich seinen Tod auf dem Scheiterhaufen bedeutet hätte, und erreichten unter Hinweis auf die Verfahrensregeln der Reichsachtverhängung, daß er vor Kaiser und Reichsständen gehört wurde. Selbst als Luther sich dem Rat seiner Gönner versagte, die theologischen Spitzensätze zu widerrufen, um den in greifbare Nähe gerückten Reichsabschied einer politischen Kirchenreform wenigstens noch zu retten, ließen die antirömisch und antikaiserlich eingestellten Stände ihn nicht fallen – dahinter stand nicht unbedingt theologische Überzeugung, mit Sicherheit politische Berechnung. Zu tief war der Riß zwischen Zentral- und Partikulargewalt inzwischen geworden, als daß man sich die Gelegenheit entgehen lassen konnte, die aufgewühlte „Luthersache“ als Katalysator im politischen Kampf zu nutzen, auch wenn es richtig sein wird, diesen Reichstag von dem Bemühen des Kaisers und der Reichsstände her zu deuten, eine unerbittliche Konfrontation zu vermeiden.[5]

Nach langwierigen Verhandlungen wurde schließlich die Reichsacht über den Wittenberger Mönch verhängt und im Wormser Edikt veröffentlicht. Martin Luther und seine Anhänger sollten vernichtet oder zum Schweigen gebracht und jeder sollte verfolgt werden, der Kritik an der Kirche und am Klerus übte.[6]

Der Kaiser war nicht abgeneigt, über eine politische Kirchenreform zu verhandeln, er war aber fest entschlossen, die Wittenberger Reformation mit Stumpf und Stiel auszurotten. Wilhelm Borth hat darauf hingewiesen, daß Karl V. allerdings kaum als bloßer Vollstrecker des kurialen Begehrens handelte. Er gründete die Reichsacht nicht auf das Häresieurteil, sondern nur auf die Hartnäckigkeit des Reformators, den Widerruf seiner häretischen Schriften zu verweigern. „In Worms setzte sich damit die Rücksicht auf rein politische und reichsrechtliche Faktoren gegen die Ansprüche des Ketzerrechts und der geistlichen Gewalt durch. Die Luthersache hatte reichsrechtlich-politisch bedingte ‚Verlaufsformen‘ angenommen, die ihre ursprüngliche Bedeutung als Ketzerfrage immer mehr überlagerten und verfälschten.“[7] Der Kaiser verfolgte eine

Kirchenpolitik aus eigenem Recht und trug ungewollt viel dazu bei, die Reformation vom Makel des Häretischen zu entlasten und den Landesherren ein gutes Gewissen zu verschaffen, wenn sie dazu übergingen, die Reformationspolitik in ihren Territorien auf eigene Faust zu betreiben.

Daß der Vollzug des Wormser Edikts in vielen Territorien und Reichsstädten verschleppt, abgeschwächt oder auf Widerstand stoßen würde, war im Entwicklungsgang der „Luthersache" angelegt. Selbst Karl V. hatte darauf verzichtet, das ausgefertigte Edikt dem sächsischen Kurfürsten zuzustellen. Der scharfe Ausdruck der Reformationsfeindlichkeit hatte wohl genügt, die Reichseinheit im praktischen Vollzug der Politik sollte indessen nicht aufs Spiel gesetzt werden. Sie schien wichtiger zu sein als die Lösung der „Luthersache" im Sinne der Kurie. So entwickelte sich die politische Implikation der beginnenden Reformation nicht nur zum Schutzschild für den Reformator selber, sondern bildete in den folgenden Jahren auch einen Schirm, unter dem die Reformation als eine Massenbewegung wachsen konnte. Auch das zählt zu den seltsamen Paradoxien der Reformationsgeschichte: Die Reichsstände hatten vor einer überstürzten Bestätigung des Kirchenbanns mit dem Hinweis auf einen drohenden Aufstand des „gemeinen Mannes" gewarnt[8] – und nun war es gerade die Obstruktionspolitik gegen das Edikt in den Territorien, die reformatorisch-revolutionäre Bewegungen heranwachsen ließ.

2. Von der Kirchenreform zur Reformation

Das Wormser Edikt war nicht Reichsgesetz, sondern nur eine strafrechtliche Anordnung, die der Kaiser, unter beschränkter Mitwirkung der Reichsstände, gegen die lutherische Reformation erlassen hatte. Insofern bewegte sich die Obstruktionspolitik der territorialen und reichsstädtischen Stände rechtlich in einer problematischen Zone. Das Problem von Rechtsverstoß oder Rechtsbruch, das sich mit der Reformation stellte, wurde von dem politischen Kampf um die Macht zwischen Kaiser und Landesherren verschleiert, indem die Landesherren versuchten, ihren Machtzuwachs sofort in neue reichsrechtliche Regelungen umzusetzen. Auf diese Weise erhielt die schleichende Entmachtung der Zentralgewalt einen Schein von Legalität – und mit ihr die Reformation, solange das Edikt wirkungslos blieb.

Auf dem Wormser Reichstag wurde die „Luthersache" nebenher verhandelt und nicht in einem Reichsabschied, sondern nur in einem Mandat geregelt. Anders war das auf dem Zweiten Reichstag zu Nürnberg 1522/23. Hier geriet das Reformationsproblem auf die Tagesordnung der reichsständischen Verhandlungen und fand Eingang in einen Reichsabschied, der das Wormser Edikt für undurchführbar erklärte. Die Kurie hatte sich bemüht, die Reichsstände zur Vollstreckung der Bannbulle und des Edikts zu bewegen, doch mit ihrem Drängen nur das Gegenteil erreicht: Die „Luthersache" wurde im Reichsregiment und in der Versammlung der Reichsstände noch deutlicher von der Ketzerproblematik gelöst und für die Regelung auf einem zukünftigen Konzil offengehalten. Das war eine Niederlage der Kurie, auch des kaiserlichen Statthalters Ferdinand von Österreich, und ein Sieg der Reichsstände. Ihnen war es gelungen, fortan selber über das Schicksal der Reformation auf der höchsten Ebene des Reiches mitbestimmen zu können. Außerdem konnten sie den Papstwechsel von Leo X. zu Hadrian VI. dazu nutzen, der Kurie die Bereitschaft zur Beseitigung der Gravamina abzutrotzen und ihrem eigentlichen Ziel ein Stück näherzukommen. Dabei erwies sich die für den Papst unangenehme Forderung nach einem freien Konzil auf deutschem Boden als Drohung, die ihre Wirkung nicht ganz verfehlte. Der neue Papst hatte ein bemerkenswertes Schuldbekenntnis auf dem Reichstag verlesen lassen: „Die heilige Schrift verkündet laut, daß die Sünden des Volkes in den Sünden der Geistlichkeit ihren Ursprung haben ... Wir wissen wohl, daß auch bei diesem Heiligen Stuhl schon seit manchem Jahr viel Verabscheuungswürdiges vorgekommen: Mißbräuche in geistlichen Dingen, Übertretungen der Gebote, ja daß alles sich zum Ärgeren verkehrt hat. So ist es nicht zu verwundern, daß die Krankheit sich vom Haupt auf die Glieder, von den Päpsten auf die Prälaten verpflanzt hat. Wir alle, Prälaten und Geistliche, sind vom Wege des Rechts abgewichen, und es gab schon lange keinen einzigen, der Gutes tat (Ps. 13,3)."[9]

Dieses Bekenntnis ließ die Reichsstände hoffen und bestärkte sie in ihrer Politik. Mit dem Erfolg der Reichsstände war eine neue Konstellation eingetreten: Die Glaubensfrage wurde einer geistlichen Entscheidung vorbehalten, während die politische Lösung der Kirchenreform, vor allem der Gravamina, mit reichsrechtlicher Legitimation territorialer Politik anvertraut wurde, die zu dieser Zeit allerdings noch darauf ausgerichtet war, eine gemeinsame Lösung für das ganze Reich zu finden. Das war eine politisch erreichte Trennung von Reformation und Politik, von Reformation als Angelegenheit des Glaubens und Reformation als Aufgabe der weltlichen Obrigkeit. Luther hatte auf theologischem Weg eine Trennung gesucht, um eine von Gott gewirkte Reformation vorzubereiten; die Fürsten vollzogen sie politisch, um ihren Kampf gegen die Gravamina zur Wiederherstellung alter, guter Kirchenverhältnisse zum Erfolg zu führen. Motive und Interessen waren jeweils andere, wie sich unter den Reichsständen ja nicht nur Sympathisanten, vielmehr auch Gegner der lutherischen Lehre befanden. Doch die politisch vollzogene Trennung war der realistische Rahmen, in dem sich das weitere Wirken des Reformators bewegte. Die Rede von der gottgewirkten Reformation blieb Utopie.

Das Thema der von Luther eingeleiteten Reformation war inzwischen zwar auf die Tagesordnung des Reichstages geraten, verhandelt wurde aber nicht über diese Reformation, sondern weiterhin über die Möglichkeit, die reichsständische Gravaminapolitik zu einem erfolgreichen Ende zu führen und die Kirchenhoheit der weltlichen Obrigkeiten zu festigen. Die Reformation wurde nicht direkt, sondern nur indirekt gefördert, sie wurde politisch „benutzt", dafür aber eine Entscheidung für oder gegen sie noch offengehalten; und gerade darin fand sie ihre Chance, zu einer geschichtsmächtigen Bewegung heranzuwachsen.

Trotz des Nürnberger Reichsabschieds konnte der gesetzliche Anspruch des Wormser Edikts nicht aufgehoben werden. Dieses Nebeneinander erzeugte vielmehr einen Konflikt, der auf dem Dritten Nürnberger Reichstag 1524 die Beratungen sofort beherrschte. Die Mehrheit der Reichsstände war daran interessiert, den Einfluß der Kurie noch weiter zurückzudrängen, da sich ihre angekündigte Reformbereitschaft nach dem plötzlichen Tod Hadrians nicht erfüllt hatte, und faßte den Vorsatz, die offene Frage der Reformation auf einem Nationalkonzil in Speyer gegen Ende des Jahres zu entscheiden. Krasser konnte die Kirchen- und Lehrhoheit des Papstes nicht in Frage gestellt werden. Die Reichsstände beschritten den Weg zu einer Nationalkirche, indem sie sich über das von Rom verhängte Ketzerurteil gegen den Wittenberger Augustinermönch hinwegsetzten. Um diesen Vorsatz zum Beschluß erheben zu können, mußten die Reichsstände aber auf einen Kompromiß eingehen, nämlich das Versprechen abgeben, gleichzeitig das Wormser Edikt zu vollstrecken, mit der Einschränkung jedoch: „sovil inen muglich."[10] Diese Nötigung zum Kompromiß war ein geschickter Schachzug der Gegenseite. Nun hatte auch das Wormser Edikt die Dignität eines Reichsgesetzes erhalten, der Konflikt war erst recht auf die Spitze getrieben worden. Vorbereitungen für ein Nationalkonzil wurden zwar getroffen, doch der Kaiser wußte die Einberufung dieser Versammlung schließlich zu verhindern.

Der Weg zum Nationalkonzil war versperrt, ebenso die Aussicht, das Wormser Edikt in allen Territorien durchsetzen zu können. Die politische Situation hatte sich verhärtet. Die Kurie ging nun dazu über, mit Österreich, Bayern und geistlichen Landesherren dieser Region getrennt zu verhandeln. Sie war bereit, einer gemäßigten, nicht romkritischen Kirchenreform zuzustimmen, wenn die Landesherren ihrerseits sich eindeutig hinter das Wormser Edikt stellten, um dem ketzerischen Unwesen ein Ende zu bereiten. Das war das Ergebnis des *Regensburger Konvents.* Hier liegen die Ansätze für das Entstehen einer altgläubigen Front in der Reichspolitik. Dem entsprach eine reformatorische Frontbildung im Norden. Philipp von Hessen und Albrecht von Brandenburg, der Hochmeister des Deutschen Ordens, stellten sich eindeutig auf die Seite der Reformation, Kursachsen gab seine abwartende Taktik nach dem Tod Friedrichs des Weisen auf und bekannte sich ebenfalls zum neuen Glauben, auch in einigen Reichsstädten drängten Bewegungen in diese Richtung; schließlich erhob sich der „gemeine Mann" im Südwesten und versetzte bald weite Teile Deutschlands in Aufruhr.

Als die Stände sich auf dem Ersten Reichstag zu Speyer 1526 trafen, war es altgläubigen und reformgesinnten Landesherren in gemeinsamer Anstrengung bereits gelungen, die revolutionäre Erhebung niederzuschlagen. Die einen sahen in diesem Aufstand eine teuflische Ausgeburt der Glaubensspaltung, die andern eine Empörung der Bauern gegen die Lasten, die ihnen „von der geistlichkeit mit unermesslicher drangsall wider das heilig evangelium und gebot gottes auferlegt" worden seien.[11] Über die Ursachen des Bauernkrieges wurde kontrovers diskutiert, einig waren die Reichsstände sich aber darin, einen weiteren Aufruhr zu verhindern.[12] Die einen wollten drakonische Maßnahmen gegen die aufmüpfigen Untertanen ergreifen, die andern die sozialen und wirtschaftlichen Belastungen mildern; doch im Reichsabschied ist von Reformmaßnahmen keine Rede mehr, die strenge Linie hatte sich durchgesetzt. Dafür wurden erhebliche Konzessionen hinsichtlich des Wormser Edikts abgehandelt. Bis zu einer endgültigen Regelung der Glaubensfragen auf einem freien Konzil durften die Reichsstände die jeweils eingeschlagenen Wege ihrer Reformationspolitik trotz der weiterbestehenden Gültigkeit des Wormser Edikts fortsetzen, „wie ein jeder solches gegen Gott und Kayserl. Majestät erhoffet und vertraut zu verantworten".[13] Auf diese Weise meinten sie, dem „gemeinen Mann" den Boden für eine neue Erhebung entziehen zu können. Wer die Reformation inzwischen nicht mehr nur formal als taktisches Argument im politischen Machtkampf benutzt, sondern sich auch ihren inhaltlichen Zielen genähert hatte, mußte versuchen, ihre Entwicklung unter die eigene Kontrolle zu bringen, um ihr den obrigkeitskritischen Stachel zu ziehen, der sich in der „Revolution des gemeinen Mannes" bemerkbar gemacht hatte.

Erst mit dem Bauernkrieg und den Beratungen zu Speyer hatten die reformgesinnten Reichsstände einen reichsrechtlich abgesicherten Ansatz gefunden, die Reformation politisch in den Griff zu bekommen. Hatte man sich vorher einigermaßen selbständig entwickelt, so ging man jetzt dazu über, ein evangelisches Landeskirchentum aufzubauen. Unter strenger obrigkeitlicher Aufsicht wurde die reformatorische Bewegung institutionalisiert, nicht in ihrer revolutionären Vielfalt, sondern in einer

Form, die sich obrigkeitlicher Kirchenreformpolitik einfügte. Das Ergebnis dieses Prozesses hat Peter Blickle so beschrieben: „Die ‚Verstaatlichung der Reformation' bedeutete für das Landesfürstentum eine bemerkenswerte Macht- und Autoritätssteigerung: durch die Säkularisation des kirchlichen Besitzes, der oft ein Drittel des Grund und Bodens innerhalb des Territoriums umfaßte, durch die Aufhebung des geistlichen Gerichts und die Übertragung seiner Kompetenzen auf landesfürstliche Behörden, durch die Beseitigung der Bischöfe und die Überführung ihrer Rechte auf die als ‚Notbischöfe' figurierenden Landesfürsten."[14] Dieser Prozeß verlief allerdings schleppender, als diese Beschreibung suggeriert; und doch muß er bereits ein für die Altgläubigen alarmierendes Ausmaß angenommen haben, als der Zweite Reichstag zu Speyer 1529 zusammentrat. Auf diesem Reichstag setzte sich eine Korrektur des Reichsabschieds von 1526 durch: „So haben Wir Uns, samt Churfürsten, Fürsten, Prälaten, Graffen, und anderen Ständen entschlossen, daß diejenige, so bey obgedachtem Kayserl. Edict biß anhero blieben, nun hinfüran auch bey demselbigen Edict biß zu dem künfftigen Concilio verharren, und ihre Unterthanen darzu halten sollen und wollen. Und aber bey den anderen Ständen, bey denen die andere Lehren entstanden, und zum Theil ohn merckliche Auffruhr, Beschwerd und Gefährd nicht abgewendt werden mögen: Soll doch hinführo alle weitere Neuerung biß zu künfftigem Concilio, so viel möglich und menschlich, verhütet werden."[15] Nun waren es die Altgläubigen und nicht mehr die reformgesinnten Stände, die die weitere Entwicklung der Glaubensfrage offenzuhalten versuchten. Letztere wollten den eingeleiteten Reformationsprozeß in ihren Territorien und Städten nicht mehr aufhalten und legten gegen diesen Beschluß der Mehrheit Protest ein. Man wandte sich gegen die Art, mit der der einmütig gefaßte Abschied von Speyer 1526 durch einen rechtlich minderqualifizierten Mehrheitsbeschluß außer Kraft gesetzt wurde, und führte ins Feld, „daß in den sachen gottes ere und unserer selen haile und seligkeit belangend. ain jeglicher fur sich selbs vor gott steen und rechenschaft geben muss".[16] Aus den Ständen, „bey denen die andere Lehren entstanden", wurden noch auf diesem Reichstag die „Protestanten": Kurfürst Johann von Sachsen, Landgraf Philipp von Hessen, Markgraf Georg von Brandenburg-Ansbach, Herzog Ernst von Braunschweig-Lüneburg, Fürst Wolf von Anhalt und vierzehn Reichsstädte, darunter Straßburg, Nürnberg, Reutlingen, Ulm, Konstanz und Memmingen.

Wie Luther einst in Worms beriefen sie sich jetzt selber auf ihr Gewissen und reklamierten für sich das Recht auf Religionsfreiheit. Allerdings hatte diese Forderung nur in einem oberflächlichen Sinne etwas mit einer evangelisch begründeten Gesinnung zu tun; zuviel Pathos und theologischer Tiefsinn liegen darin, wenn behauptet wird, der Protest sei „herausgeboren aus der Eigenart jener evangelischen Glaubensgesinnung, welche Luther in sich darstellt und durch seine gewaltige zeugenkräftige Verkündigung wie ein neues Leben auf andere übertragen hatte.“[17] Das Urteil fällt nüchterner aus, wenn man bedenkt, daß das Recht freier Religionsausübung nicht als allgemeines Menschenrecht galt, sondern nur als Recht weltlicher Obrigkeit, die danach strebte, im eigenen Herrschaftsgebiet den Charakter der Religionsausübung selber zu bestimmen und sich die territoriale Kirchenhoheit nicht von Mehrheitsbeschlüssen einer übergeordneten politischen Instanz einschränken zu lassen. Auf diese Art verbanden sich für die Reichsstände reformatorische Erkenntnis und politisches Erfordernis in einer bedrängten Stunde der Reichspolitik. Mit der *Protestation* hat sich erstmals auf dem Reichstag eine evangelische Fraktion gebildet, die nicht länger bereit war, sich um eine reichsrechtliche Absicherung der Kirchenreform zu bemühen, sondern dem Reichstag in einem trotzigen Akt jedes Recht bestritt, Fragen des Glaubens und der Kirchenhoheit entscheiden zu können. Wollten diese Reichsstände das inzwischen gewonnene kirchenpolitische Terrain nicht preisgeben, blieb ihnen angesichts des Speyerer Mehrheitsbeschlusses gar keine andere Wahl, als dem Reichstag jede Kompetenz in Religionsangelegenheiten abzusprechen – im Grunde war das die äußerste Konsequenz territorialstaatlicher Politik.

Der Kaiser mußte darin einen Affront sondergleichen sehen, einen Verstoß gegen geltendes Recht, einen schweren Landfriedensbruch. Um auf dem Verhandlungsweg weiterzukommen, forderte Karl V. die dissentierenden Stände auf, ihr religiöses Bekenntnis zur Prüfung vorzulegen. Das geschah auf dem Augsburger Reichstag 1530. Allerdings warteten die Protestanten, denen es nicht gelungen war, sich auf dem Marburger Religionsgespräch zwischen Luthers und Zwinglis Position in der Abendmahlsfrage zu einigen und die südwestdeutschen Reichsstädte mit Hessen und Kursachsen zu einer politisch-militärischen Front zusammen zu führen, mit drei Bekenntnissen auf: die Lutheraner mit der *Confessio Augustana,* Straßburg, Konstanz, Memmingen und Lindau mit der *Tetrapolitana* und Zwingli mit der *Ratio Fidei.* Der Kaiser ließ die Bekenntnisse widerlegen, besonders die *Confessio Augustana,* und lehnte sie ab. Das Wormser Edikt wurde in aller Schärfe erneuert, die Wiederherstellung der geistlichen Jurisdiktion und die Rückgabe der kirchlichen Güter gefordert. Wer sich diesem Reichsabschied nicht fügte, mußte mit militärischem Eingriff rechnen. Eine weitere Entscheidung im Kampf um die Reformation konnte auf dem Wege der Reichstagsverhandlungen nicht mehr gesucht werden. Die Gewichte begannen sich von politischer Kirchenreform *und* Reformation zu Reformation *und* militärischer Bündnispolitik zu verlagern. Am Ende wird der Dreißigjährige Krieg stehen. Augsburg 1530 markiert einen wichtigen Einschnitt: In dem Augenblick, in dem eine formulierte reformatorische Lehre von den Reichsständen in die Verhandlungen eingebracht wird, scheitert der Beratungsprozeß über eine gemeinsame politische Kirchenreform im Reich endgültig, so sehr Philipp Melanchthon sich in der *Confessio Augustana* auch bemühte, die Gemeinsamkeiten im altgläubigen und reformatorischen Bekenntnis zu betonen. Das Reich zerfiel in zwei Blöcke konfessioneller Kirchenbildung. Nicht mit dem Thesenanschlag 1517, nicht mit Worms 1521, auch nicht mit dem Bauernkrieg 1525, sondern mit Speyer 1529 und Augsburg 1530 begann die politisch sich verfestigende Glaubensspaltung im Reich.

Das Scheitern einer gemeinsamen reichsständischen Kirchenreform, die zur Gründung einer „Nationalkirche" hätte führen können, leitete den Siegeszug der Reformation in zahlreichen deutschen Territorien und Städten ein, bald auch in Schweden, Dänemark, Norwegen und England. Freilich war das eine Reformation, die mit einer straffen Kirchenordnung und einer dem weltlichen Arm unterstellten, theologisch überwachten Geistlichkeit mehr den kirchlich-politischen Inhalten der territorialen Kirchenreform entsprach als den laizistischen, kommunalen, der radikalen und revolutionären Vitalität jener Bewegungen, die unterhalb der politischen Ebene aus eigenem Recht gleichsam entstanden waren. Zwar wurde es vom politischen Machtkampf auf höchster Ebene verdeckt, aber radikal war auch diese politisch abgesicherte Reformation: Sie hatte die Friedens- und Rechtsordnung des Reiches zerstört und nicht nur dem Papst, sondern auch dem Kaiser das Recht genommen, die Kirchenhoheit im Reich auszuüben. Solange die weltlichen Obrigkeiten sich gegenseitig in Schach hielten und in den eigenen Herrschaften unangefochten regierten, umgab die Reformation ein Hauch von Legitimität. Unter dem Schutz politischer Macht veränderte sich das kirchliche Leben in Stadt und Land, die Normativität des Faktischen begann zu wirken und setzte einen Prozeß religiösen, sozialen und kulturellen Wandels in Gang, der in fruchtbaren und leidvollen Entwicklungen das Gesicht der westeuropäischen und nordamerikanischen Zivilisation prägen sollte.

3. Von politischer Bewegung zu staatlicher Ordnung

Die Reformation hat sich auf zwei Ebenen entwickelt: *zum einen* im Lebensbereich des „gemeinen Mannes", der Geistlichen und Gelehrten, der ratsfähigen Bürger und ihrer Ratgeber, unter Künstlern und Literaten, auf eine spektakuläre Weise auch unter Reichsrittern und *zum andern* an den Fürstenhöfen, in den Ausschüssen und Versammlungen der Reichstage. In beiden Bereichen entwickelte sie sich verhältnismäßig selbständig. Die theologischen Impulse, die von den Reformatoren ausgingen, wirkten stärker im ersten Bereich und fanden Aufnahme auf ganz unterschiedliche Art, so daß bald eine Vielzahl religiös-sozialer Bewegungen entstand. Hier wurden die neuen Predigten gehört, die Flugschriften gelesen. Hier wurden Maßnahmen ergriffen, um die Aufmerksamkeit der Obrigkeiten auf die Reformation zu lenken. Überzeugt haben nicht die schwierigen theologischen Gedankengänge, sondern einfache, treffende Losungen. Aber die Kraft des Gedankens und Wortes, dem Leben der Menschen Sinn und Richtung zu geben, war hier stärker als auf der Ebene hoher Politik. Dort drangen die religiösen Inhalte der reformatorischen Lehre erst nach dem Ersten Reichstag zu Speyer als politische Argumente in formelhafter Weise ein. In der *Protestation* heißt es: „so gedenken wir mit der gnad und hilf gottes entlich bei dem zu beleiben, das allein gottes wort und das h. evangelion alts und neus testaments in den biblischen buchern verfast lauter und rain gepredigt werde und nichtz das dawider ist; dann daran als an der ainigen warheit und dem rechten richtscheit aller cristlichen leer und lebens kann niemand irren noch fehlen. Und wer darauf paut und pleibt, der besteet wider aller porten und hellen, so doch dagegen aller menschlicher zusatz und thand fallen mues und vor got nit besteen kan."[18] Ähnlich konnte der „gemeine Mann" im Bauernkrieg formulieren; und doch ist die Wirkung eine andere gewesen: unter den hohen Herren gilt es, die evangelische Norm aufzurichten, um den Rechtsanspruch des Wormser Edikts außer Kraft zu setzen und eine territoriale Kirchenpolitik zu begründen. Unter dem „gemeinen" Volk galt es, den Anspruch des Klerus von sich zu weisen und die Autonomie der laizistischen, kommunalen Frömmigkeit zu rechtfertigen, die in städtischen Aufläufen, im Bauernkrieg oder im Täufertum eine obrigkeitskritische, revolutionäre Wirkung entfalten konnte. Hier löste sie Herrschaft auf, dort stärkte sie Herrschaft.

Die Reformation konnte Revolution begründen oder Herrschaft sichern, je nachdem an welchem gesellschaftlichen und politischen Ort sie Resonanz fand. Wer behauptet, die Einführung des landesherrlichen Kirchenregiments sei die „Fortsetzung des Bauernkriegs ‚mit anderen Mitteln'" gewesen,[19] weil hier Bedürfnisse des „gemeinen Mannes" befriedigt wurden, die in den Forderungen des Bauernkriegs nicht Erfüllung finden durften, verkennt das vorrangige Interesse der reformgesinnten Stände an einer politischen Kirchenreform, um die volle Kirchenhoheit über ihre Territorien zu erlangen. Der Bauernkrieg war Zwischenspiel und Peripetie, aber nicht das Motiv zur Durchsetzung einer landesherrlichen Reformation. Es ist schwer vorzustellen, daß sich diejenigen, die für eine herrschaftsüberwindende Reformation eingetreten waren, jetzt von einer herrschaftsbestimmten Reformation zufriedenstellen ließen. Eher trifft die Deutung zu, die im Sinne sozialer Dialektik davon spricht, daß die Gemeindereformation nach dem Bauernkrieg in eine Fürstenreformation umgeschlagen sei.[20] Nimmt man jedoch einen doppelphasigen Prozeß an, in dem Reformation entstand, auf der gesellschaftlichen und der politischen Ebene, müßte man sich die gesamte Entwicklung von 1517 bis 1529 noch anders vorstellen: „unten" nimmt die Reformation in unterschiedlichen Bewegungen Gestalt an, kennzeichnend ist die Heterogenität der sozialen Schichten, die an ihr interessiert waren, und der Reformziele, auch der theologischen Begründungen, wobei der kommunale Charakter von Massenbewegungen in Stadt und Land besonders ins Auge fällt; „oben" entsteht eine Reformation, die den Bedürfnissen nach territorialer Herrschaftssicherung und Machtentfaltung entgegenkommt und ihnen dient.

Beide Prozesse setzten fast gleichzeitig ein; auf politischer Ebene dauerte es aber wesentlich länger, bis die Reformation dort Tritt faßte, dafür waren Dauer und Wirkung um so nachhaltiger. Die Entwicklungsdynamik dieser Bewegungen ist in dem Augenblick erlahmt, als es den weltlichen Obrigkeiten gelungen war, selber ein durchsetzungsfähiges Reformationskonzept zu entwickeln. Und das war kein dem Gesetz der Dialektik gehorchendes Konzept, das an die Gemeindereformation negativ fixiert gewesen wäre, sondern es nahm ambivalente Elemente der reformatorischen Lehre auf: sie konnten den revolutionären Elan des „gemeinen Mannes" beflügeln, sie konnten auch den Herrschenden bewußt machen, daß ihr politisches Ziel einer territorialen Kirchenreform nur auf dem Wege einer religiösen Neuorientierung zu erreichen war. Die reformatorische Botschaft hatte schon vor 1525 begonnen, vom Denken der Obrigkeiten Besitz zu ergreifen. Der Bauernkrieg hatte in dieser Beziehung keine inhaltliche Veränderung herbeigeführt, sondern nur die Einsicht gefördert, mehr als bisher die Inhalte der reformatorischen Lehre im politischen Handeln zur Geltung zu bringen. Aber das war kein plötzlicher Sinneswandel, sondern ein allmählicher Vorgang, in dem politische Überlegung und theologische Beratung durch die Reformatoren enger zusammenwuchsen. Politisches Handeln und theologischer Rat, nie ganz einmütig, stützten einander und trieben einander voran. In die Breite wirkte die Reformation, wie Landesherren und Magistrate es sich wünschten, schon vor den Reichstagen von Speyer und Augsburg. Diese Wirkung beschrieb Luther in seiner zornigen *Warnung an seine lieben Deutschen*, die er nach dem bedrohlichen Ausgang des Augsburger Reichstags 1531 veröffentlichte: „Denn unser Evangelium hat, Gottlob, viel Gutes geschafft. Es hat zuvor niemand gewußt, was das Evangelium, was Christus, was Taufe, was Beichte, was Sakrament, was der Glaube, was Geist, was Fleisch, was gute Werke, was die Zehn Gebote, was Vaterunser, was Beten, was Leiden, was Trost, was weltliche Obrigkeit, was Ehestand, was Eltern, was Kinder, was Herren, was Knecht, was Frau, was Magd, was Teufel, was Engel, was Welt, was Leben, was Tod, was Sünde, was Recht, was Vergebung der Sünden, was Gott, was Bischof, was Pfarrherr, was Kirche, was ein Christ, was Kreuz sei. In Summa: wir haben gar nichts gewußt, was ein Christ wissen soll, alles ist durch die Papstesel verdunkelt und unterdrückt worden."[21] Hier werden zweifellos die Themen lutherischer Schriften und Traktate aufgezählt, als hätte mit ihnen die Christianisierung Deutschlands erst begonnen, wobei übersehen wird, daß der einst so aufrührerische „gemeine Mann" vieles eigenwillig verstanden und eine andere Reformation geprobt hatte. Aber doch dürfte in groben Umrissen der Erziehungsprozeß skizziert worden sein, der im Volk einsetzte und von den Reformatoren gelenkt und überwacht wurde. Das politische Interesse der Obrigkeiten an der Reformation schuf den Raum, in dem Gesetz und Evangelium, Buße und Verheißung, Trost und Zuversicht in einer Weise verkündigt wurden, wie sie in den altgläubigen Herrschaftsgebieten unbekannt war.

In der frühen Reformationszeit wurden politische Tendenzen, z. B. der Ausbau der Territorien und die Zurückdrängung der geistlichen Jurisdiktion in den Reichsstädten, durch die reformatorischen Aktivitäten verstärkt oder zu ihrem Ziel geführt; in dieser Zeit bahnten sich aber auch Veränderungen an, die neue Entwicklungen einleiteten: die evangelischen Reichsstädte büßten den Schutz durch den Kaiser ein, die südwestdeutschen Reichsstädte mußten ihre Bündnispolitik aufgeben, die Schweizer Verhältnisse angestrebt hatte, wie sich überhaupt die politische Bedeutsamkeit der Städte vom Südwesten allmählich auf den Nordosten verlagerte.

Politik und Religion waren damals ineinander verschränkt – auch im Reformationsverständnis des „gemeinen Mannes" und in der religiösen „Absonderung" der Täufer –, deshalb mußte die reformatorische Botschaft aber noch lange nicht in ihrer politischen oder gesellschaftlichen Funktion aufgehen. Zweifellos übte sie eine solche Funktion aus, aber sie konnte auch Tiefen im Menschen erreichen, die politisches Handeln kritisch begleiteten oder veränderten. Luthers grimmig-irritierende Drohung, sich nach Augsburg 1530 einem möglichen Aufstand des Volkes gegen die evangeliumsfeindliche Politik der Altgläubigen nicht widersetzen zu wollen, gehört dazu. Überraschenderweise flackerte in der *Warnung* noch einmal reformatorische Radikalität auf. Und doch war die Reformeuphorie nach dem Bauernkrieg allmählich der Enttäuschung und der Ernüchterung gewichen; Lethargie griff in weiten Teilen Deutschlands um sich und wirkte sich lähmend auf das kirchliche Leben aus. Im Norden, wo es zunächst noch zu spontanen antiklerikalen Bewegungen für die Reformation kam, setzte dieser erlahmende Prozeß erst später ein. Verkündigung und christliches Leben begannen auseinanderzuklaffen, wenn sie überhaupt je zur Deckung gekommen waren; bald sollte auch die Kreativität, die gelegentlich aus solcher Spannung entspringt, Formalismus und Orthodoxie weichen. Bewegung, auch politische, verschwand, Ruhe und Ordnung kehrten ein.

IX.

Die revolutionäre Dynamik reformatorischer Bewegungen

Es ist nicht leicht, die frühen Jahre der Reformation so auf den Begriff zu bringen, daß das Signifikante des reformatorischen Aufbruchs in seiner Tiefe und Weite in den Blick gerückt wird. Viele Darstellungen dieser Epoche verzichten aus diesem Grunde ganz auf einen Begriff, der sowohl den Inhalt als auch die Struktur der reformatorischen Ereignisse, ihre Entstehung, ihren Verlauf und ihre Eigenart gegenüber der vorausgehenden und nachfolgenden Epoche, erfaßt. Nur die Epochenbezeichnung „Zeitalter der Reformation", die Leopold von Ranke in Umlauf brachte, wird mit großer Selbstverständlichkeit benutzt. Anders als früher beschränkt sich „Reformation" bei Ranke aber nicht mehr auf kirchliche Erneuerung, sondern ist, wie Rainer Wohlfeil in seinem informativen Abriß über wechselndes Reformationsverständnis schrieb, auf die „Wechselwirkung von geistigem und staatlichem Leben" ausgeweitet.[1] Diese Epochenbezeichnung stellt einen Titel dar, unter dem allerdings bald unterschiedliche Akzentuierungen reformatorischer Erscheinungen und divergierende historisch-politische Beurteilungen des Reformationsgeschehens einen Platz fanden: konservative und liberale jeglicher Spielart, evangelische und katholische. Von diesem Begriff, der die Zeit von 1517 bis 1555 umschloß, konnte keine konzeptionelle Kraft ausgehen, die in der Lage gewesen wäre, über die Zäsuren einer herkömmlich eingeschätzten Chronologie hinaus, den Verlauf der Reformation von der systematischen Problematik her zu skandieren und zu deuten. Dieses weite Verständnis von Reformation setzt sich bis in die Gegenwart fort, doch es wurde gelegentlich auch wieder gestutzt und mit jenem theologischen Inhalt gefüllt, den Martin Luther ihm zeitweise in polemisch übersteigernder Absicht gegeben hatte. Reformation sei nicht die Tat der Menschen, sie sei einzig und allein die Tat Gottes.[2] Das hat Heiko A. Oberman sogar auf den Einfall gebracht, in dem Wittenberger nicht den Reformator, sondern nur den *Vorreformator* zu sehen und die Sache der Reformation selbst dem historischen Urteil zu entwinden, das deren Bedeutsamkeit im Entwicklungsgang zwischen Mittelalter und Neuzeit zu erfassen versucht.[3] Weder das weite noch das enge Verständnis von Reformation hilft uns heute weiter, die heterogene Vielfalt historischer Erscheinungen so zu ordnen, daß das Signifikante der Reformationszeit erkennbar wird. „Reformation" bedarf einer spezifischen Deutung, die zwischen der besonderen Intention der Sache – nicht nur in der pointierten Art Luthers, sondern auch in der Weise Zwinglis, Müntzers, der Bauern und der Täufer – und dem allgemeinen Ausdruck des von ihr durchsetzten Geschehens zu vermitteln versteht. Unter den Deutungen, die darauf eingehen, treten zwei noch näher zu betrachtende Konzepte besonders hervor: die „Theorie der frühbürgerlichen Revolution", die Max Steinmetz erstmals 1960 zur Diskussion stellte, und die „Gemeindereformation", deren Konzept Peter Blickle erst kürzlich über frühere Andeutungen hinaus entwickelt hat.[4]

1. Zur „Theorie der frühbürgerlichen Revolution"

Argwohn gegenüber einem allgemeinen Reformationsverständnis hegte zunächst die marxistische Geschichtsschreibung. Friedrich Engels erinnerte in seinem berühmten Bauernkriegsbuch von 1850 an die „revolutionäre Tradition" des deutschen Volkes und verwies auf den Deutschen Bauernkrieg, aber nicht auf die Reformation Martin Luthers.[5] Reformation erschien ihm, so wichtig sie als bürgerliche Bewegung war, doch als Gegenbegriff zu Revolution: im Zeichen der Reformation wurde die Revolution vernichtet. Die „Fürstenreformation" Martin Luthers, so verschärfte M.M. Smirin diesen Kontrast, hatte über die „Volksreformation" Thomas Müntzers gesiegt.[6] Die Geschichtsschreibung der Deutschen Demokratischen Republik nahm den Begriff der „Volksreformation" auf, knüpfte aber gleichzeitig an die Äußerungen des späten Engels an, der sich in Andeutungen über die „Revolution Nr. 1 der Bourgeoisie" ergangen und den inneren Zusammenhang von Reformation und Bauernkrieg stärker als bisher betont hatte. Er meinte, daß mit Reformation und Bauernkrieg gemeinsam der erste Schlag gegen den Feudalismus geführt und mit der Reformationszeit der europäische bürgerliche Revolutionszyklus eingeleitet worden sei, der seinen Höhepunkt in der Französischen Revolution fand. Doch erst die marxistisch-leninistische Historiographie hat über diese Andeutungen hinaus einen Weg gefunden, Reformation und Bauernkrieg im streng durchdachten Modell einer auf ihren Höhepunkt zulaufenden Revolution zu verbinden und ihr den ‚Klasseninhalt' und die ‚Aufgabe' einer frühbürgerlichen Revolution zuzuweisen, die den Übergang der feudalistischen ‚Gesellschaftsformation' zur bürgerlich-kapitalistischen markierte. Die Entfaltung dieser Theorie ist unter den marxistischen Historikern nicht ohne kontroverse Diskussionen verlaufen, sie hat auch einen Wandlungsprozeß durchgemacht. Darauf ist inzwischen oft hingewiesen worden.[7] Hier braucht nur festgehalten zu werden, daß sich mit der Einbeziehung der Reformation in das Revolutionsverständnis die Möglichkeit auftat, auf der einen Seite stärker den ideologischen Charakter dieser ersten bürgerlichen Revolution zu betonen (bereits Karl Marx sah in der Reformation eine „Bewußtseinsrevolution") und auf der anderen Seite doch ihren sozialrevolutionären Charakter zu erhärten. Wer den welthistorischen Aspekt stärker als den nationalen ins Auge faßte, konnte es sich leisten, der Reformationszeit die Aufgabe zuzuschreiben, das Bewußtsein der Menschen auf die Erfordernisse einer bürgerlich-kapitalistischen Gesellschaft einzustellen, die sich erst allmählich durchsetzte. Man war der These Max Webers nahegekommen, daß der „Geist des Kapitalismus" in der „protestantischen Ethik" wurzele. Wer sich indessen auf den Phasenverlauf und den Höhepunkt des revolutionären Prozesses in Deutschland konzentrierte, mußte herausarbeiten, daß Reformation und Bauernkrieg ein ökonomisch-soziales Problem zu lösen versuchten, das sich in der gesamtgesellschaftlichen Krise am Ausgang des Mittelalters gestellt hatte.[8] Auch in dieser Sicht, die in der marxistischen Geschichtsschreibung vorherrscht, ist der weltgeschichtliche Aspekt der Reformationszeit nicht ohne Belang. Er trägt zur Auffassung bei, daß der „bürgerliche" Inhalt den revolutionären Prozeß in seiner Bewegungsrichtung bestimmt und das Scheitern des Bauernkriegs „nichts an der Richtung der geschichtlichen Bewegung zu ändern" vermochte, wie schon Engels 1875 im Vorwort zur dritten Ausgabe seines „Deutschen Bauernkriegs" schrieb. Seit der Aufklärung wurde die frühe Reformationszeit in der historisch-politischen und konfessionell-polemischen Publizistik, weniger in den geschichtswissenschaftlichen Abhandlungen, als eine revolutionäre Zeit geschildert und die Wittenberger Reformation als Revolution bezeichnet. Das geschah aus ganz unterschiedlichen Gründen: *zum einen* versuchte man, das mächtig erwachende Pathos der Freiheit in der reformatorischen Tat Luthers zu verankern, um sich der eigenen Freiheitstradition zu versichern oder um den Protestantismus dem neuen Geist der Zeit zu öffnen; *zum andern* spielte man den revolutionären Aufbruch Luthers kritisch gegen jenen Protestantismus aus, der in der Orthodoxie erstarrt war oder sich nach der Französischen Revolution in einer antirevolutionären Haltung gefiel; *und drittens* nutzte man im Katholizismus die antirevolutionäre Stimmung im Volk, um den Protestantismus von seinen revolutionären Anfängen her in Mißkredit zu bringen. Umgekehrt wurde der Revolutionsbegriff gelegentlich auch dort verwandt, wo man für Luther gegen die politische oder soziale Revolution der Bauern Partei ergriff; man reservierte diesen Begriff für die Theologie des Reformators, um sie aus den Niederungen menschlicher Aufsässigkeit in die Sphäre des reinen Gedankens oder göttlicher

Offenbarung zu heben. Das alles war oberflächlich und unbestimmt. Überzeugende Auffassungen von einer Revolution in Deutschland, die Reformation und Bauernkrieg umschlossen hätte, waren selten. Die „Theorie der frühbürgerlichen Revolution" ist bisher das fruchtbarste Modell, das, selbst aus den geistigen Grundlagen der Revolutionsgeschichte erarbeitet, auf die frühen Jahre der Reformation angewandt wurde. Es hat die Aufmerksamkeit von den agitatorisch-tumultuarischen Erscheinungen auf den Inhalt jener gesellschaftsumwälzenden Auseinandersetzungen gelenkt, die mit den Kräften der alten Gesellschaftsordnung nicht mehr aufzuhalten waren und eine bürgerliche Gesellschaft zum Ziel hatten. Wo die feudalistische Gesellschaftsordnung als eine Unrechts- und Unterdrückungsordnung von weiten Kreisen der Bevölkerung im Medium ihres religiösen Bewußtseins und ihrer kirchlichen Praxis empfunden wurde und ein neues Rechts- und Ordnungsbewußtsein sich nachhaltig in Predigt, Publizistik, aufsehenerregender Agitation und weitem Aufruhr zu Wort meldete, ist es nicht abwegig, die Sprache und das Begriffsmaterial der Revolution zu nutzen, um diese Vorgänge zu rekonstruieren und zu charakterisieren. Dagegen ist überhaupt nichts einzuwenden. Fraglich ist nur, ob die frühen Reformationsjahre sich tatsächlich in einem vom Inhalt der bürgerlichen Revolution her konzipierten Modell einfangen lassen. Dieser Einwand muß begründet werden.

1. Die historische Grundvoraussetzung für einen revolutionären Umbruch in der Reformationszeit ist die Annahme einer gesamtgesellschaftlichen Krise am Vorabend der Reformation. Darüber wurde bereits im ersten Kapitel berichtet. Hier genügt es, die Kritik an dieser Annahme noch einmal kurz zu umreißen. Obwohl in einzelnen Lebensbereichen schwerwiegende Krisen zu beobachten sind, waren diese doch nicht von der Art, daß sie die gesamte Gesellschaft gelähmt oder funktionsunfähig gemacht hätten. Von einer gesamtgesellschaftlichen Zuspitzung der Krise, die das Umkippen der feudalistischen Gesellschaftsformation in eine bürgerliche hätte zur Folge haben müssen, kann keine Rede sein. Einer umfassenden Krise in einem Bereich oder einer Region stehen intakte, stabile Verhältnisse in anderen gegenüber. Daraus ist ein wichtiger Schluß zu ziehen: Fehlt der Krise ihre sich zuspitzende Konzentration, ist es kaum möglich, noch eine Revolution mit einem eindeutigen, konzentrierten, eben *dem bürgerlichen* Inhalt zu erwarten. So diffus die Krisensituation ist, so diffus wird auch der Charakter der Revolution sein. Sie kann durchaus bürgerliche Elemente enthalten, ist aber deshalb in ihrem Substrat noch längst keine bürgerliche, auch nicht die Frühform einer solchen Revolution.

2. Der bürgerliche Inhalt kommt in den einschlägigen Äußerungen zur „Theorie der frühbürgerlichen Revolution" mehr im Hinweis auf den

Protest gegen die feudalistische Gesellschaftsordnung zur Sprache als in der Behandlung dessen, was programmatisch erreicht werden soll. Das freie Verfügungsrecht über das Eigentum, die Trennung von Arbeit und Kapital (freie Lohnarbeit), die Regulierung des Produktions- und Reproduktionsbereichs durch den Markt, die positive Bewertung des individuell-egoistischen Wettbewerbs im Berufsleben, der Anspruch auf politische Mitgestaltung und rechtliche Gleichstellung aller Bürger, religiöse Toleranz: diese Merkmale einer bürgerlichen Gesellschaft, wie sie später entstand, sind nicht im entferntesten mit den Zielsetzungen dieser Revolution identisch, selbst wenn man von einer Frühform ausgeht. Sie steht oft sogar in einem Widerspruch dazu. Es gibt wohl Einstellungen und Forderungen, deren Affinität zur bürgerlichen Gesellschaft in den folgenden Jahrhunderten zutage tritt, denen aber in der frühen Reformationszeit noch die Konsistenz fehlt, die es rechtfertigte, Reformation und Bauernkrieg überhaupt den Charakter einer „frühbürgerlichen“ Revolution zuzuschreiben. Gemessen an der „bürgerlichen Gesellschaft“ ist die gesellschaftliche Entwicklungstendenz dieser Jahre noch diffus und unbestimmt.

3. Eine bürgerliche Revolution, wenn sie wirklich diesen Namen verdient, müßte von Menschen getragen sein, die bürgerliche Ziele verfolgten. Doch das ist nicht der Fall. Gerade diejenigen, die ein vitales Interesse an der Einführung frühkapitalistisch-bürgerlicher Wirtschaftsformen hatten und bereits von deren ersten Errungenschaften profitierten, wie große Kaufleute, Verlags- und Bankherren, weltliche und geistliche Landesfürsten, standen nicht auf der Seite der Revolution; und umgekehrt übten gerade die Reformatoren scharfe Kritik an den neuen wirtschaftlichen Usancen: an Zins, Wucher, Fürkauf, Monopolen. Wer sich auf breiter Front erhob, waren die Bauern, die gewiß keine bürgerlich-kapitalistischen Ziele im Auge hatten; desgleichen setzten sich weite Teile des Stadtbürgertums und der städtischen Unterschichten für die Reformation ein. Auch hier wird es nicht das aufkeimende „bourgeoise“ Klasseninteresse gewesen sein, das sie auf die Seite der Reformation trieb, sondern eher ein kommunales Selbstverständnis, das eine größere Affinität zu einer brüderlich-egalitären Gesellschaft aufwies als zu einer vom Besitzindividualismus inspirierten „Eigentumsmarktgesellschaft“, wie Crawford B. Macpherson die sich erst im 17. Jahrhundert herausbildende bürgerliche Gesellschaft charakterisierte.[9] Die soziale Interessenlage ist noch nicht so eindeutig polarisiert und vermochte deshalb weder den Phasenverlauf der Revolution zu bestimmen, noch die verschiedenen Kräfte und Bewegungen, deren Heterogenität in neueren marxistischen Forschungen durchaus wahrgenommen wird, letztlich positiv oder negativ ins rechte, nämlich frühbürgerlich-revolutionäre Verhältnis zueinan-

der zu setzen. Nicht zu bestreiten ist allerdings, daß bestimmte Züge der Reformation, nicht des Bauernkriegs, einer Verbügerlichung Europas vorgearbeitet haben: die Aufhebung der Sonderrechte für die Geistlichen, die Säkularisierung des Kirchenguts, die Abschaffung des geistlichen Fürstentums in weiten Teilen Deutschlands, die Aufhebung der Klöster, die Verringerung der Feiertage, die neue Einstellung zu Arbeit, Armut und Bettel. Doch mit dem Konzept der „frühbürgerlichen Revolution" läßt sich das Signifikante der frühen Reformationszeit nicht erfassen.

2. Zum Konzept der „Gemeindereformation"

Ein anderer Versuch, das inhaltlich Wesentliche der frühen Reformationsjahre von 1517 bis 1525 begrifflich zu fassen, wurde von Peter Blickle unternommen. Seine Annäherung an die Reformationsgeschichte erfolgte über die Beschäftigung mit dem Bauernkrieg, den er in einer grundlegenden Untersuchung als „Revolution des gemeinen Mannes" charakterisierte.[10] Im ländlichen Bereich kam es unter dem Eindruck der evangelischen Predigt und der Losung von „göttlicher Gerechtigkeit" zu einer Erhebung, die sich gegen die Prinzipien der grundherrschaftlich bestimmten Agrarverfassung richtete und eine neue gesellschaftliche Ordnung aus dem Erfahrungszusammenhang des Kommunalismus zum Ziel hatte. Dem Prinzip grundherrschaftlicher Abhängigkeit des Bauern, das längst die dem Lehnswesen einst innewohnende Idee einer partnerschaftlichen Schutz- und Pflichtgemeinschaft eingebüßt hatte, stand das Prinzip einer genossenschaftlichen Bewältigung der Lebensprobleme gegenüber, das sich nach der Auflösung der Villikationen allmählich herausbildete und die grundherrschaftliche Abhängigkeit zu untergraben begann. Beide Prinzipien bestanden zunächst nebeneinander und regelten das Leben im Dorf; als die Agrarkrise im späten Mittelalter aber zu einer Feudalkrise überhaupt wurde, kam die Gegensätzlichkeit dieser Prinzipien zum Vorschein. Das Prinzip der „Herrschaft" geriet in Widerspruch zum Prinzip der „Genossenschaft", der Bauer erhob sich gegen den Grundherrn. Das war nicht rebellische Aufsässigkeit, sondern, auch am Maßstab politologischer Theorie gemessen, Revolution. „Was der Revolutionsbegriff zum Ausdruck bringen soll, ist die Überzeugung, daß die Bewegung von 1525 nicht eine Addition von unbegreiflichen Einzelaktionen auf dem Niveau regionaler Rebellionen war, sondern eine bewußt gewollte, im Verlaufsprozeß rationalisierte und mit ihren ethischen Kategorien anspruchsvolle Bewegung zur Selbstverwirklichung des Menschen."[11]

Blickle schätzte den Anteil der Reformation an dieser Revolution zunächst nicht allzu hoch ein. Er bestand im wesentlichen darin, daß die reformatorische Botschaft dem neuen Rechtsbewußtsein der Bauern eine biblisch-universale Begründung gegeben hatte, die das „göttliche Recht“ zu einer scharfen und überregional wirksamen Waffe im bäuerlichen Kampf werden ließ. Die zunächst auf die rechtliche Legitimationsfunktion eingeschränkte Bedeutung der Reformation für den Bauernkrieg hat Blickle jedoch später erweitert und „die Revolution von 1525 als eine Entfaltung der Reformation“ selbst verstanden.[12] Die Bauern wollten also nichts anderes, als die Reformation auf dem Lande einführen; umgekehrt heißt das: Reformation wurde in der ländlichen Gesellschaft als Revolution aufgenommen. So wird zwar noch nicht die Reformation insgesamt, aber doch die *Reformation* auf dem Lande als Revolution beschrieben. Ein Ansatzpunkt, dieses Konzept auch auf die städtische Reformation zu übertragen, ergibt sich aus der Bestimmung der revolutionären Trägerschicht. Es war der „gemeine Mann“, der die Revolution machte, d.h. der nichtherrschafts- bzw. nichtratsfähige Bauer und Städter. Der „gemeine Mann“ in der Stadt besaß zwar das Bürgerrecht, war aber von den öffentlichen Ämtern ausgeschlossen; er begehrte gegen seine Obrigkeit, den Rat der Stadt, auf und setzte sich mit politischen Forderungen und oftmals spektakulärer, aufmüpfiger Aktion für die Einführung der Reformation ein. Ob es zu einem Bündnis mit den aufständischen Bauern kam oder in den Städten um 1525 allgemein der Ruf nach der Predigt des Evangeliums erscholl, es war der „gemeine Mann“, der den Rat nötigte, die ersten offiziellen Schritte zur Reformation einzuleiten.

Der „gemeine Mann“ in der Stadt schöpfte seine proreformatorische Energie aus demselben Erfahrungszusammenhang wie der Bauer im Dorf, nämlich einem wachsenden Bewußtsein, die Belange des Lebens kommunal bzw. genossenschaftlich regeln zu können. Der Geist der reformatorischen Botschaft, mit ihrer herrschaftskritischen und laizistischen Spitze, entsprach dem Geist des Kommunalismus, verstärkte ihn und trieb den „gemeinen Mann“ zur Tat. Wie im Dorf so mischte sich auch in der Stadt Religiöses mit Politischem und Sozialem zu einem Verständnis von Reformation, das revolutionäres Feuer entfachte. Den Inhalt dieser „Revolution des gemeinen Mannes“, die in der Stadt wohl mehr eine revolutionäre *Bewegung*, wie ich meine, als eine Revolution war, bildete die „Gemeindereformation“.[13] In ihr zeigte sich für kurze Zeit das Signifikante der frühen Reformationszeit, das in der Niederlage der Aufständischen 1525 schon wieder unterging. Die Reformation schlug, wie Blickle formulierte, dialektisch in die Fürsten- bzw. Ratsreformation um. In einer weltflüchtig-verkümmerten Form lebte die „Gemeindereformation“ noch eine Weile im Täufertum fort.

Wie die marxistischen Historiker findet auch Blickle gute Gründe, die reformatorischen Ereignisse in revolutionärem Sinne zu deuten. Er füllt die Revolution allerdings mit einem Inhalt, der sich als Zuspitzung einer historischen Entwicklung nahelegt und nicht als Anfang einer möglichen, noch gar nicht absehbaren Geschichte. Das gibt seiner Analyse eine feste Quellengrundlage und stellt einen einfacheren, argumentativ weniger verschlungenen Zusammenhang von Reformation und Bauernkrieg her.

Es scheint hier aber angebracht, auch Blickles Konzept in einigen Punkten kritisch zu betrachten.

1. Es ist nicht abwegig, eine Übereinstimmung zwischen der Reformation auf dem Lande und den frühreformatorischen Unruhen in der Stadt festzustellen. Doch vielleicht handelt es sich dabei mehr um eine Entsprechung als um eine in sich identische Erscheinung, die im Begriff der „Gemeindereformation“ zu stark auf einen einzigen Begriff gebracht wird. Auf dem Lande bildete sich eine Revolution heraus, die eine gewisse Konsistenz von Protest, Strategie, Programmatik und Verlauf aufwies; in der Stadt waren es eigentlich nur revolutionäre Ansätze, Anläufe und Aktionen, die zwar das Erscheinungsbild der städtischen Politik für kurze Zeit bestimmten, aber nicht den Charakter der reformatorischen Prozesse insgesamt prägten: daran beteiligt waren neben der „Gemeinde“, für die sich der „gemeine Mann“ einsetzte, auch der Rat, seine Berater und Ausschüsse und nicht zuletzt die reformgesinnte Geistlichkeit. Anders als beim „gemeinen Mann“ war das Handeln von Ratsmitgliedern, Beratern und Geistlichen viel weniger vom Geist des Kommunalismus bestimmt, sondern aus Gründen innerstädtischer Stabilität auch politischen Prinzipien der Herrschaftssicherung verpflichtet, aber auch theologischen Grundsätzen, die das Heil der städtischen Gemeinschaft ebenso im Auge hatten, wie auch vorrangig das des einzelnen. Das Interaktionsfeld aller reformatorisch wirkenden Kräfte macht den Charakter der frühen Reformationszeit aus. Sinnvoller als von einer Gemeindereformation scheint es mir zu sein, von einer revolutionären Bewegung in der Stadt zu sprechen, die sich den Zielen einer Gemeindereformation verpflichtet wußte, aber über die amorphe oder diffuse Gestalt einer Bewegung kaum hinaus gekommen ist. Eine Gemeindereformation ist nur in seltenen Fällen, z.B. im thüringischen Mühlhausen, in Orlamünde an der Saale und in Waldshut am Oberrhein, vorübergehend verwirklicht worden. Reformation in der Stadt war mehr als Gemeindereformation.

2. Auf dem Lande stellte sich das Problem des Kommunalismus ein wenig anders dar als in der Stadt. Im Dorf bildeten die Dorfgenossen eine Gemeinde, die von ihrer inneren Struktur her im Widerspruch zur Grundherrschaft stand. Hingegen herrschte in der Stadt so etwas wie ein

städtisch-kommunales Selbstbewußtsein der Bürger, das alle umfaßte, auch den Rat, der Herrschaft ausübte. Selbst wo er sich von der Bevölkerung abgeschlossen hatte, war seine Politik wenigstens teilweise von einem kommunalen Selbstverständnis getragen. Genaugenommen vereinigte der Rat in der spätmittelalterlichen Stadt die Ambivalenz zweier Prinzipien in sich: das genossenschaftliche und das herrschaftliche. Vielleicht liegt es an der stärkeren sozialen Differenzierung in der Stadt und an dieser Ambivalenz des Rates, daß die Bemühungen des „gemeinen Mannes“ über den Charakter einer revolutionären Bewegung nicht hinauskommen konnten. Möglicherweise fand der Rat schließlich deshalb Wege, gerade dort seine kommunale Verantwortung wahrzunehmen, wo es galt, die Stadt aus der Herrschaftsstruktur der römischen Hierarchie zu lösen und den Konfliktstoff, der in der sozialen Differenzierung der Stadtbewohner zu tage trat, unter Kontrolle zu halten. So falsch es wäre, für diese Jahre eine „Ratsreformation“ anzunehmen, gewöhnlich ist die Reformation in den Städten nur durch Druck der nichtratsfähigen Schichten auf den Rat eingeführt worden, darf doch nicht übersehen werden, daß gerade der Rat auch die früh- und nicht erst die spätreformatorische Entwicklung in der Stadt entscheidend geprägt hat. Nicht nur der Anstoß zur Reformation, sondern die Reformation selber, wie sie in der Stadt Gestalt annahm, muß in Betracht gezogen werden. Außerdem läßt sich das Ende der gemeindereformatorischen Bewegung in der Stadt nicht so eindeutig auf das Jahr 1525 begrenzen wie die Revolution auf dem Lande. Noch in den späten zwanziger und frühen dreißiger Jahren ist diese Bewegung ein auslösender Impuls für die Einführung der Reformation in den Städten. Diese Unterschiede zwischen Stadt und Land legen es nahe, nicht die „Gemeindereformation“ als allgemeine Etikettierung für die frühen Reformationsjahre zu wählen, sondern nur von zwei ähnlichen, aber doch relativ selbständigen revolutionären Bewegungen in der Stadt und auf dem Lande auszugehen, in denen das Leitbild einer „Gemeindereformation“ auf unterschiedliche Weise wirksam war.

3. Gegen die allgemeine Charakterisierung der frühen Reformationszeit als „Gemeindereformation“ sprechen noch andere Beobachtungen. Die theologischen Impulse, die von den Reformatoren ausgingen, setzten nicht nur kommunal-reformatorische Bewegungen in Gang, sie ergriffen auch Mönche und Nonnen und veranlaßten sie, die Klöster zu verlassen; eine breite Klosteraustrittsbewegung setzte ein, die nicht vom Leitbild der „Gemeindereformation“ inspiriert gewesen sein wird. Reformatorische Gedanken wurden auch vom Adel aufgenommen und mündeten in den Reichsritteraufstand 1522/23. Schließlich drang apokalyptisches und mystisches Gedankengut aus dem späten Mittelalter in die reformatorische Propaganda ein und wurde in Flugschriften und Predigten unters

Volk gebracht. Es konnte wohl in kommunalem Milieu Aufnahme finden, hat aber die Struktur einer gemeindlichen Religiosität auch häufig verändert. Das Wirken Thomas Müntzers lief beispielsweise darauf hinaus, den kommunal-horizontalen Aspekt einer brüderlich-egalitären Gemeinschaft mit dem vertikalen einer Theokratie zu verbinden: Gemeinschaft und Herrschaft wurden miteinander verbunden. Durch diese Beobachtungen wird die Eindeutigkeit des Begriffs „Gemeindereformation" erschüttert.

3. Ein Modell religiös-sozialer Bewegungen

Charakteristisch für die frühen Jahre der Reformation scheint mir das plötzliche Auftreten verschiedener reformerischer Bewegungen zu sein, so daß von einem signifikanten Bewegungsreichtum in den zwanziger Jahren des 16. Jahrhunderts gesprochen werden kann: antiklerikale, humanistische, reformatorische, radikal-reformatorische, reichsritterliche, bäuerliche, städtische Bewegungen. Das entscheidende Kennzeichen dieser Bewegungen ist, daß sie die Erneuerung der Christenheit mit einer energischen Konzentration anstrebten, wie sie den Reformbewegungen im späten Mittelalter noch fremd war. Grund dieser Konzentration war die Wiederentdeckung des göttlichen Wortes, seiner verheißungsvollen und unerbittlichen Normativität für das geistliche *und* weltliche Leben. Diese Wiederentdeckung gab dem lange empfundenen Unbehagen an dem Zustand von Kirche, Gesellschaft, Frömmigkeit und Politik einen eindeutigen Ausdruck, dem Protest eine gezielte Stoßkraft und dem Willen zur Reform das Pathos der Unwiderstehlichkeit. Doch es war nicht nur das Wort, das zu reformerischer Tat drängte, es kam noch etwas anderes hinzu. Deutlicher hervorgetreten waren nunmehr die Ursache des Unbehagens und das Ziel des Protests, so daß die Reformeuphorie ein konkretes, für alle greifbares Angriffsziel erhielt: den Klerus. „Now matters long complained of as unjust were given a final stamp of unacceptability by being shown to be contrary of the Word of God. This transition was the more easily made since the clergy, with their legal and economic privileges, were regarded as a major cause of social grievance."[14] Das reformatorische Wortverständnis verlieh dem Argwohn, der allenthalben gegenüber dem Klerus aus verschiedenen Gründen gehegt wurde, theologische Tiefe und, in der überzeugungskräftigen Losung vom „Priestertum aller Gläubigen", eine soziale Spitze, die in die Forderung mündete, den geistlichen Stand ganz abzuschaffen und seine Herrschaftsinstrumente zu vernichten. Auf diese Weise konnte der Antiklerikalismus zum Kristallisationskern einer religiös-sozialen Bewegung werden. Der „Aufstand gegen den Priester" war der Anfang der Reformation in Deutschland.

Nur bei oberflächlicher Betrachtung ist es möglich, von *einer* Bewegung zu sprechen. Im Grunde erwuchsen aus dieser in sich selbst schon bewegungsreichen reformatorisch-antiklerikalen Bewegung verschiedene Bewegungen. Sie strebten zwar alle eine Erneuerung von Kirche und Gesellschaft an, wichen aber in ihrer Zielprogrammatik, ihrer Trägerschicht, ihren Strategien und der theologischen Begründung ihres jeweiligen Selbstverständnisses in hohem Maße voneinander ab. Heterogenität und nicht Homogenität ist das Kennzeichen dieses Bewegungsreichtums, der die Jahre von 1517 bis 1529 umfaßt: langsam wächst, sich kraftvoll entfaltet und schließlich erlahmt. Die Reformation war nicht *eine* „soziale Bewegung",[15] auch nicht zunächst nur *eine „evangelische* Bewegung", die bald soziale Attribute erhielt,[16] sondern ein Mit-, Über- und Gegeneinander verschiedener religiös-sozialer Bewegungen. Auf dem Plural hat besonders Rainer Wohlfeil bestanden;[17] und die Symbiose von Religiösem und Sozialem kommt recht anschaulich im Antiklerikalismus zum Ausdruck, sofern die Geistlichkeit ein kirchlicher und ein gesellschaftlicher *Stand* zugleich war, die Kirche nicht eigentlich als *Corpus Christi mysticum,* sondern vor allem als „Heilsanstalt", wie die Theologen sagen, oder als tragende Säule des *Corpus christianum* in Erscheinung trat.

Häufiger als von Revolution ist von Bewegung, von religiöser und sozialer Bewegung, die Rede, wenn die Reformation beschrieben wird. Dieser Begriff kann die Reformation insgesamt meinen: die reformatorische oder die evangelische Bewegung; er kann aber auch nur die Bewegungen meinen, die die Entwicklung zu großen Reformationskirchen begleitet oder gestört haben: humanistische, bäuerlich-revolutionäre und radikalreformatorische Bewegungen. Wo immer dieser Begriff erscheint, bringt er gewöhnlich sehr vage Vorstellungen von Dynamik, Enthusiasmus und Euphorie zum Ausdruck. Nicht bedacht wird, daß „soziale Bewegung" von ihrem real- und begriffsgeschichtlichen Ursprung in den revolutionären Auseinandersetzungen des 18. und 19. Jahrhunderts her einen bestimmten Inhalt hat. Der Begriff „Bewegung" taucht gelegentlich allerdings schon früher auf, wenn auch auf eine noch nicht klar bestimmte, so aber doch im revolutionären Zusammenhang wahrgenommene Weise. So wird er beispielsweise in der kaiserlichen Proposition für den Reichstag zu Speyer 1526 benutzt, wenn sie darauf hinweist, „das sich vil Irtumb newerung vnnd lere wider cristliche religion, der kirchen wol vnnd lang hergebracht gebrauch, das gemelt key. edict. ordnung vnnd etlichen reichstag abschied mit etwas trefflichen grossen aufruren, *bewegungen* vnnd emporung gegen den geistlichen vnnd weltlichen Obrigkeiten in Teutzscher Nation teglich zutragenn vnnd meren, auch sonst nit wenig mengell vnnd gebrechen Teutzscher Nation von den weltlichen wider die geistlichen vnnd hinwiderumb von dem geistlichen wider die weltlichen, auff vorigen reichstagen vbergeben."[18] Wer den Begriff Bewegung unter Hinweis auf die mangelnde Quellennähe ablehnt, wird in Zukunft eine andere Begründung suchen müssen, abgesehen davon, daß Quellennähe nicht das ausschlaggebende Kriterium für die Verwendbarkeit moderner Begrifflichkeit zur Erhellung der alteuropäischen Vergangenheit sein kann. Darauf hat kürzlich Winfried Schulze noch einmal hingewiesen, der die bäuerlichen Aufstände und Revolten des 16. Jahrhunderts mit guten Gründen als „soziale Bewegungen" deutet.[19]

Joachim Raschke hat kürzlich die Merkmale einer „sozialen Bewegung" in einem großartigen *historisch-systematischen Grundriß* erarbeitet und eine umsichtig formulierte Definition vorgeschlagen: „Soziale Bewegung ist ein mobilisierender kollektiver Akteur, der mit einer gewissen Kontinuität auf der Grundlage hoher symbolischer Integration und geringer Rollenspezifikation mittels variabler Organisations- und Aktionsformen das Ziel verfolgt, grundlegenderen sozialen Wandel herbeizuführen, zu verhindern oder rückgängig zu machen."[20] Diese an modernen Bewegungen gebildete politologische Definition gilt, obwohl ihr Autor sie auf die neuzeitliche Bewegungsgeschichte beschränkt wissen will, auch für diejenigen Bewegungen, die in der frühen Neuzeit aufbrachen, wenn man davon ausgeht, daß „Religiöses" und „Soziales" nicht voneinander getrennt werden dürfen, sondern als eine Einheit gefaßt werden müssen. Das soll an den einzelnen Gliedern dieser Definition gezeigt werden.

1. *Ein mobilisierender kollektiver Akteur:* Bewegung kommt nur zustande, wo es einem Individuum, einer Idee oder einer Gruppe gelingt, Gefolgschaft zu finden und diese durch Propaganda und Agitation zu vergrößern und „in Bewegung" zu halten. Für Individuum kann „Reformator" eingesetzt werden: Luther, Karlstadt, Zwingli oder Müntzer, auch die zahlreichen Stadtreformatoren. Daß reformatorische Prozesse durch die Predigt und das Wirken eines Reformators in Gang kamen, steht außer Zweifel. Für Idee ließe sich „reformatorische Erkenntnis" oder etwas aus der Vielzahl reformatorischer Losungsworte einsetzen, wie „Predigt des Evangeliums" oder „Priestertum aller Gläubigen" oder „Freiheit eines Christenmenschen" oder „göttliches Recht". Reformatorische Impulse gingen auch von kleinen Gruppen aus, z. B. einer humanistischen *sodalitas,* einer Laiengruppe wie den „Zwickauer Propheten" oder einem Bibellesekreis. Festzuhalten ist, daß mit „Bewegung" nicht die Predigt oder das theologische Schaffen eines Reformators bezeichnet

werden kann, sondern nur die in der Interaktion von Reformator und Gefolgschaft entstehende, wechselseitig aufeinander einwirkende Kommunikation. Das hat Konsequenzen für die Darstellung der Reformationsgeschichte. So kann beispielsweise nicht von der Reinheit einer Bewegung gesprochen werden, indem die Reinheit an den theologischen Aussagen eines Reformators gemessen wird. Die theologischen Aussagen sind eines, die Bewegung, die von ihnen ausgelöst oder verstärkt wurde, ein anderes. Historisch wirksam wurde nicht die Idee als solche, in ihrer reinen Gestalt, sondern in der Art und Weise, wie sie „zündete", Menschen in Bewegung setzte und in Bewegung hielt. Sie konnte auch mißdeutet oder mißbraucht werden, mehr unbewußt als bewußt. Unter diesem Gesichtspunkt ist Reformationsgeschichte immer auch ein Stück Rezeptionsgeschichte.

2. *Eine gewisse Kontinuität:* Auch dieses Merkmal trifft auf die frühe Reformationszeit zu, sonst wären die einzelnen Bewegungen, die aufgezählt wurden, historisch gar nicht zu identifizieren. Sie weisen Gemeinsamkeiten auf, die vor allem in einem mehr oder weniger vehementen Antiklerikalismus bestehen, sie haben aber sehr früh auch schon ein eigenes Profil ausgeprägt und ein eigenes Bewußtsein ihrer Differenziertheit entwickelt. Die Kontinuität der Bewegung schließt übrigens nicht aus, daß diese sich in einem steten Prozeß der Veränderung befindet und neue Bewegungen aus sich hervorzubringen vermag. Beispielsweise ist die Vielfalt innerhalb des radikalreformatorischen Lagers dafür ein augenfälliger Beleg.

3. *Eine hohe symbolische Integration:* Einen hohen Grad symbolischer Integration erhalten die Bewegungen in der frühen Reformationszeit durch die Front, in der sie entstanden und gegen die sie kämpften, besonders durch den Antiklerikalismus, der als spätmittelalterliche Bewegung in der Reformationszeit anschwoll und sich auf vielerlei Weise ausdrückte und seine Gestalt wechselte. Alle reformatorischen Bewegungen sind im Grunde antiklerikale Bewegungen. Eine andere Ausprägung fand die symbolische Integration im „Wir-Gefühl", das in bäuerlich-kommunalen und täuferischen Bewegungen besonders gepflegt wurde. Dort ist von „brüderlichen Vereinigungen" die Rede, deren Genossen oder Mitglieder sich nicht ganz ohne provokatorische Absicht „Brüder" und „Schwestern" nannten. Die urchristliche egalitäre Gemeinschaft wurde wiederbelebt. Abtrünnige, Verräter und Abweichler wurden mit dem „Bann" gestraft und ausgestoßen.

4. *Eine geringe Rollenspezifikation:* Damit ist gemeint, daß „ohne oder außerhalb formeller Mitgliedschaft ... vielfältige und wechselnde Partizipationsformen möglich" sind.[21] Es ist zu beobachten, wie einzelne Personen einmal hier und einmal dort auftauchten, ein Wechsel zwischen

humanistischen, reformatorischen, bäuerlichen und täuferischen Bewegungen also festzustellen ist. Das eine Mal machten sie in einer Bewegung nur mit, das andere Mal übernahmen sie in einer anderen eine Führerrolle. Die personelle Fluktuation zwischen den Bewegungen war für die frühe Reformationszeit kennzeichnend. Die Bereitschaft Reformgesinnter, wieder in den Schoß der alten Kirche zurückzukehren, muß ebenso registriert werden, wie die Bereitschaft zum Widerruf unter den Täufern, Karlstadts Einschwenken ins reformierte Lager der Schweiz und die Abkehr zahlreicher Humanisten von Luther.

5. *Variable Organisations- und Aktionsformen:* Der Grad an Organisation war in den meisten Bewegungen gering, um so vielfältiger waren die Aktionsformen, z.B. die antiklerikalen Verweigerungs- und Angriffsrituale, bäuerliches Protestverhalten und Aufstandsgesten. Zum Element des Organisatorischen zählt auch der Versuch, eine Bewegung etwa in die Strukturen städtischer Verfassung und politischer Institutionen zu überführen, um ihr auf diese Weise einen möglichst effektiven Wirkungsraum zu erschließen und den größtmöglichen Grad an politischer Veränderung zu erreichen. Das konnte durch Druck auf die Obrigkeit geschehen, durch erhöhte politische Partizipation oder den Sturz der weltlichen Obrigkeit. Zum Organisatorischen sind auch jene spontanen Einrichtungen zu rechnen wie „Haufen" oder „Vereinigungen" im Bauernkrieg, „Bibellesekreise" und Konventikel im frühen Täufertum, aus denen später neue Ordnungen entstanden oder hätten entstehen können. Als der Prozeß der Institutionalisierung der Reformation um 1530 einsetzte, war die Dynamik reformatorischer Bewegungen erlahmt, bewegliche Ordnungen waren erstarrt.

6. *Die Ziele:* Die religiös-sozialen Bewegungen der Reformationszeit strebten eine Erneuerung der Christenheit an, d.h. sie wollten einen Wandel herbeiführen, der Kirche und Gesellschaft betraf. Das konnte sich auf Teilbereiche beziehen, aber auch die reformatorische und revolutionäre Veränderung der gesamten Gesellschaft von Grund auf meinen. Wandel konnte durch innovatorisch-progressive Umgestaltung der bestehenden Ordnung ins Auge gefaßt werden oder dadurch, daß eingerissene Zustände wieder rückgängig gemacht werden sollten. So erklärt sich beispielsweise das Nebeneinander verschiedener Zielvorstellungen im Bauernkrieg oder in der radikalen Reformation, im Zwinglianismus und im Luthertum. Außerdem müssen die Ziele einer Bewegung nicht von vornherein klar bestimmt gewesen sein, sie können sich in der Bewegung selbst erst allmählich zu größerer Klarheit und Eindeutigkeit herausbilden, auch verändern. Radikale Ziele verkümmern zu gemäßigten, reformerische verwandeln sich in revolutionäre. Gerade dieses Entwicklungspotential macht die Dynamik der frühen Reformationsjahre aus. Die

Heterogenität der Ziele, die allenthalben zu beobachten ist, läßt sich am besten in dem latent-manifesten Charakter von Bewegungszielen zur Darstellung bringen, die auf ganz unterschiedliche Ursachen verweisen können. Raschke hat eine Kombination strukturanalytischer, sozialpsychologischer und interaktionistischer Theorienansätze vorgeschlagen, um die komplizierte Ursachenfrage von Bewegungen klären zu können.[22] Diese Kombination erweist sich auch für die frühe Reformationszeit als hilfreich: kirchliche, wirtschaftliche und soziale Strukturen werden brüchig und erzeugen Widersprüche (struktureller Ansatz); Unmut und Unzufriedenheit mit den Verhältnissen können sich in Bewegungen Ausdruck verschaffen (sozialpsychologischer Ansatz); in antiklerikaler Agitation und in Widerstandsgesten werden Unzufriedenheit und Kritik auf kommunikative Weise „dramatisiert" und in Bewegung gesetzt (interaktionistischer Ansatz). Das ist im einzelnen an konkreten Beispielen gezeigt worden. In der Vielfalt von Ursachen ist die Heterogenität der Ziele begründet. Was für neuzeitliche Bewegungen festgestellt wurde, gilt auch für die der Reformationszeit: „Das Unfertige, der Suchcharakter ist das Kennzeichen der meisten Bewegungen."[23]

Die Bewegungen in der Reformationszeit formieren sich gegen bestehende Ordnungen und Institutionen und versuchen, ihr Ziel eines religiös-sozialen Wandels gegen geltende Werte, Normen und Gesetze durchzusetzen bzw. obrigkeitlich legitimierten Veränderungsprozessen mit Widerstand zu begegnen. Jede reformerische Bewegung mußte, wenn sie ihre Absichten nicht aufgeben wollte, in irgendeiner Form auf latente oder manifeste Weise Gesetz und Recht brechen: z.B. das Wormser Edikt von 1521, das jede Agitation für die Reformation unter Strafe stellte. Die Einführung der Reformation verstieß gegen das Reichsrecht in dem Augenblick, in dem das Edikt Bestandteil von Reichsabschieden wurde, wie der Antiklerikalismus in seiner theologischen Radikalität und seinen praktischen Konsequenzen das Kanonische Recht verletzte, aber auch weltliches Recht, das dem Klerus eine privilegierte gesellschaftliche Stellung garantierte. Mit Antiklerikalismus und Reformation ist auch ein Wandel von Werten angezeigt: das Selbstverständnis des Laien hat sich geändert, seine Einstellung zum Gottesdienst und zur Berufsarbeit, teilweise zum Eigentum und zur Obrigkeit. Unter diesen Gesichtspunkten ist jede reformerische Bewegung in der frühen Reformationszeit eine radikale bzw. revolutionäre Bewegung gewesen. Selbst wenn sie sich als eine gemäßigte, den Schutz oder die Mithilfe der Obrigkeiten suchende Reformbewegung darstellte (humanistische, lutherische, zwinglische Bewegungen), birgt sie in ihrem Kern radikale bzw. revolutionäre Potenz und Energie. Besonders augenfällig wird das am Doppelgesicht des Zwinglianismus. Er konnte auf der Zürcher Landschaft die bäuerliche

Bewegung revolutionär anfachen, während er in Zürich selbst einen obrigkeitlich-gemäßigten Kurs zur Einführung der Reformation einschlug. Nicht einleuchtend erscheint folgende Feststellung bei Winfried Becker: „Die Reformation konnte eine konfessionelle Revolution ohne angemessenen, statistisch faßbaren sozialen Wandel sein. Vielleicht war sie so ein Beweis dafür, daß sozialer Wandel gerade ohne Revolution erfolgen kann."[24] Abgesehen davon, daß für die frühen Jahre der Reformation noch nicht von einer Konfessionsbildung gesprochen werden kann, waren gerade die reformatorischen Bewegungen eine vielgestaltige Antwort auf sozialen Wandel, wie er sich in verschiedenen Bereichen, kirchlichen, rechtlichen, gesellschaftlichen und wirtschaftlichen, vollzog; diese Bewegungen zielten auch auf solchen Wandel.

Der Keim zur Differenzierung des reformatorischen Lagers in gemäßigte und radikale Bewegungen liegt bereits in der Konfrontation der reformatorischen Erkenntnis mit den kirchlichen, politischen und gesellschaftlichen Ordnungen. In dieser Konfrontation enthüllen sich auch die radikalen Züge der Reformation. Sie zeigen sich nicht in der theologischen Idee oder Erkenntnis an sich, sondern in der diesen Ideen innewohnenden Tendenz zur Verwirklichung in einer konkreten gesellschaftlichen Situation, in ihrer Eigenschaft, Bewegungen in Gang zu setzen. An der gängigen Auffassung vom Verwirklichungsprozeß der Reformation muß also eine Korrektur vorgenommen werden: Die Radikalität der Reformation war nicht das Ergebnis einer späteren Steigerung der reformatorischen Energie, sondern der erste Ausbruch dieser Energie selbst. Wo Reformation sich durchzusetzen begann, zeigte sie zunächst ihr radikales und revolutionäres Gesicht, in den Wittenberger Unruhen, im Reichsritteraufstand, in antiklerikal-kommunalen Bewegungen, in der bäuerlichen Gemeindereformation. Das Gefälle ging nicht von gemäßigter zu radikaler, sondern von radikaler zu gemäßigter Reformation.

Die Beobachtung eines radikalen bzw. revolutionären Ansatzes einer jeden religiös-sozialen Bewegung in der Reformationszeit ist ein gewichtiges Argument gegen die Annahme einer sich steigernden und auf einen radikalen Höhepunkt zulaufenden „frühbürgerlichen Revolution"; und die Beobachtung von Bewegungen, die sich nicht nur in ihrem äußeren Erscheinungsbild, sondern auch in ihrer theologischen Substanz differenziert darstellten, sperrt sich gegen die inhaltliche Fixierung der frühen Reformationsjahre allgemein auf das Konzept der „Gemeindereformation", so wirksam zweifellos gerade die ausgeprägt kommunalen Bewegungen waren. Das Modell religiös-sozialer Bewegungen, mit ihren Gemeinsamkeiten, Abweichungen und Antagonismen, scheint mir die eigentümlich latent- bzw. diffus-revolutionäre Dynamik der Jahre zwischen 1517 und 1529 auf angemessenere Weise erklären zu können.

X.

Die Ambivalenz einer Epoche

Jahre, in denen die Einheit der abendländischen Christenheit zerbrach, eine neue religiöse und politische Kultur heranwuchs und der „gemeine Mann" eine Revolution entfachte, wie sie in der deutschen Geschichte bisher einmalig war, verdichten sich im historischen Bewußtsein mühelos zu einer Epoche. Eine Epoche drückt etwas Einzigartiges und Bedeutsames aus; ihr Gesicht hat Profil, ihre Gestalt Kontur. Epoche erscheint als Kollektivperson, sie hat einen eigenen Geist und übernimmt, nach dem Willen mancher Historiker, sogar Aufgaben, verstärkt Tendenzen oder markiert eine Etappe im Fortschritt der Menschheit. Eine Epoche wird allerdings nicht von der Geschichte gemacht, sondern nur von denjenigen, die sich an Geschichte erinnern, Epoche ist kein historisches Phänomen, sondern eine historiographische Vorstellung. Der Historiker hat es in der Hand, die Länge einer Epoche zu bestimmen, er muß nur überzeugende Argumente dafür finden; er kann die Eindeutigkeit und Konsistenz historischen Geschehens betonen, er kann auch die Ambivalenzen eines Zeitalters herausstreichen und darin das Einzigartige und Bedeutsame sehen. Die frühen Jahre der Reformation waren in höchstem Grade ambivalent. Das zeigt sich in allen Bereichen: in Religion und Kirche, Wirtschaft, sozialer Ordnung und Politik.

1. Die Gemeinde der Laien und die Kirche der Amtsträger

In wenigen Jahren hat sich das Bild des kirchlichen Lebens verändert. Einer formelhaft stilisierten Polemik gegen den altgläubigen Ritus ist sicherlich nur bedingt zu trauen, tendenziell vermittelt sie jedoch einen durchaus zuverlässigen Eindruck: auf der einen Seite ein ungeordnetes Treiben, ein Kommen und Gehen, in einer mit zahlreichen Bildern und Tafeln prunkvoll ausgestatteten Kirche, wo Priester die Messe an verschiedenen Altären zelebrieren und Ablaßhändler ihren Geschäften nachgehen; auf der anderen Seite eine wohlgeordnete Gemeinde, die einem Prediger auf der Kanzel andächtig lauscht. Zerstreute Geschäftigkeit weicht nüchterner Konzentration. Das ausschweifende Gepränge und die luxuriöse Repräsentation des mittelalterlichen Klerus, Zeichen einer *ecclesia triumphans*, schwinden dahin und werden durch rituelle Schlichtheit ersetzt: ein schmuckloses geistliches Gewand, eine einfache Liturgie in deutscher Sprache, ein unfeierliches Austeilen von Brot und Wein, die Predigt im Zentrum des Gottesdienstes als klare Auslegung der Heiligen Schrift. Die Schmucklosigkeit des Kirchenraumes und die Vereinfachung des Gottesdienstes fallen besonders in Oberdeutschland und in der Schweiz auf. Hier wurden die Kirchen rigoroser gereinigt als in den Gegenden des lutherischen Einflusses, der Gottesdienst bewußter „rationalisiert". Noch einfacher ging es unter den Täufern zu. Sie trafen sich in Häusern, Felshöhlen und Scheunen, am Feldrand, in Wäldern und auf Flüssen zum Gottesdienst, ohne Gesang und Orgelton, ohne Bilder und kostbares Gerät. Dieser Gottesdienst fand im Alltag statt. Der klerikale Zauber war verflogen.

Aus dem Gottesdienst des Klerus wurde der Gottesdienst des Laien. Bauern und Städter traten dafür ein, ihre Pfarrer selber zu wählen. Die Kirche, in der Priester, Bischöfe und der Papst herrschten, wurde von der Gemeinde abgelöst, in der die Glieder sich als Brüder und Schwestern begegneten, einander halfen und die Pfarrer der Gemeinde dienten. Das war das Kirchenverständnis des „gemeinen Mannes", für das vorübergehend auf breiter Front gekämpft wurde: *ecclesia militans*. In einigen täuferischen Bewegungen wurde daraus eine wehrlose, leidende und verfolgte Gemeinschaft, die dem Bild der christlichen Urgemeinde am ehesten entsprach. In anderen täuferischen Gruppen entwickelte sich indessen apokalyptische, revolutionäre Militanz: alles zusammen Variationen des frühreformatorischen Antiklerikalismus.

Unübersehbar waren die Früchte des Aufstands gegen die Priester. Der altgläubige Klerus verschwand in vielen Territorien und Reichsstädten, Klöster wurden aufgelöst. Die Präsenz der römischen Kirche, die sich in Gassen und auf Plätzen in Kutte und Soutane darstellte, in Wallfahrten, Prozessionen und Kirchweihfesten ebenso allgegenwärtig war, wie im Ablaßhandel und in zahlreichen Feiertagen, löste sich auf. Die Losung vom „Priestertum aller Gläubigen" hatte schnell und gründlich gewirkt, allerdings nicht in ihrer äußersten Konsequenz. Es dauerte gar nicht lange und die evangelische Geistlichkeit etablierte sich als eine pastorale Führungsschicht gegenüber den Laien. Neue Geistliche urteilten über die Rechtgläubigkeit, nahmen den Auftrag zur Predigt für sich allein in Anspruch und wachten über die Moral im Volk. Der Schrecken, den Winkelprediger und Unberufene, Erleuchtete und Geistbegabte, „himmlische Propheten", wie Luther schimpfte, in den frühen Jahren der Reformation unter den Ordnungsliebenden verbreitet hatten, trug nicht unerheblich dazu bei, daß reformatorische Bewegungen in Amtskirchen erstarrten. Doch diese Entwicklung kann nicht im Sinne eines dialektischen Umschlags verstanden werden. Sie entsprang vielmehr der reformatorischen Einsicht, daß die Erneuerung der Christenheit in einer neuen evangelischen Lehre, der *vera doctrina,* wurzeln müsse, wenn sie zum Erfolg führen sollte. Die reine Lehre herauszustellen und zu überwachen, verlangte nach einer intensiven theologischen Arbeit und einer angestrengten Predigttätigkeit von besonders ausgebildeten und gelehrten Männern. Ein doppelter Impuls lag also dem reformatorischen Geschehen zugrunde: vom „Priestertum aller Gläubigen" her konnte sich eine Gemeindekirche entwickeln, von der „reinen Lehre" her die Amtskirche. Der eine Entwicklungsstrang führte in die „Revolution des gemeinen Mannes", der andere entsprach aufs vorzüglichste der territorialen Kirchenpolitik. Amtskirche und landesherrliches Kirchenregiment arbeiteten bald Hand in Hand. Daß der Ansatz einer Laien- bzw. Gemeindekirche auf spektakuläre Weise Realität annahm, aber bald erdrückt wurde und die evangelische Amtskirche sich erfolgreich entfalten konnte, gehört zu den auffälligsten Ambivalenzen dieser Epoche.

Wenn es auch möglich ist, die Entwicklung der Amtskirche auf einen reformatorischen Grundansatz zurückzuführen, heißt das nicht, daß die Reformatoren selbst diese Entwicklung von ganzem Herzen begrüßt hätten. Luther hatte sich zwar vehement gegen die revolutionäre Reformation des „gemeinen Mannes" gewandt, auf dem Weg ins landesherrliche Kirchenregiment wird ihm aber der Abstand seiner Kirche zur ursprünglich intendierten Reformation doch schmerzlich bewußt geworden sein, der Mangel an spontaner Reaktion auf die *viva vox evangelii,* die Notwendigkeit von Visitation und Disziplinierung. Hanns Rückert meinte, „daß die historische Gestalt der aus der Reformation hervorgegangenen Kirche um ein Stück mittelalterlicher ist als die Reformation selbst, wenn man unter Reformation den reformatorischen Ansatz in Luthers Theologie versteht."[1] Eine Ambivalenz kommt also auch zum Ausdruck, sobald man Gewolltes und Erreichtes miteinander vergleicht, theologische Theorie und kirchliche Praxis.

2. Zwischen alter und neuer Eigentumsordnung

Der reformatorische Antiklerikalismus hatte nicht nur die geistliche Autorität, sondern auch die wirtschaftliche Macht des Klerus zerstört – freilich nur dort, wo die Reformation festen Fuß fassen konnte. Der Handel mit dem Ablaß, mit Pfründen und Palien wurde eingestellt, Zins und Zehnt vorübergehend verweigert und die wirtschaftliche Konkurrenz des klösterlichen Gewerbes in vielen Städten zurückgedrängt, geistliche Herrschaften wurden säkularisiert und die Kirchengüter, weite

Ländereien, den weltlichen Obrigkeiten übereignet. In den Städten flossen die Einkünfte aus den Klosterwirtschaften oder der Erlös der säkularisierten Güter in den „gemeinen Kasten", der zum Aufbau einer Armenfürsorge diente.

Mit der Reformation ist keine neue, Wirtschaft und Gesellschaft bestimmende Eigentumsordnung entstanden, keine Ordnung, die die grundherrschaftliche bzw. feudalistische abgelöst hätte. Wohl aber hat sich die theoretische Begründung des Eigentums und die ethische Einstellung zum Eigentum geändert.[2] Die Reformatoren in Wittenberg und Zürich kämpften an zwei Fronten. Einerseits wiesen sie die Auffassung mönchischer Askese zurück, „daß die christliche Vollkommenheit stehe darinne, daß man nichts Eigens habe",[3] andererseits wehrten sie die Kritik am privaten Eigentum und die Ansätze zur Gütergemeinschaft ab. Der asketische Verzicht auf Eigentum beschränkte sich auf die *vita contemplativa* des geistlichen Standes und berührte nicht die Eigentumsverhältnisse im weltlichen Bereich. Die radikalreformatorischen Forderungen nach Gütergemeinschaft dagegen wandten sich an die Laien und drohten, die herkömmliche Gesellschaftsordnung aus den Angeln zu heben.

Die radikale Kritik an der Eigentumsordnung wurde unterschiedlich begründet und brachte verschiedene Zielvorstellungen hervor. Johannes Lindenmaier, der wohl noch vor 1523 eine Gleichverteilung des Besitzes forderte, ist ein Prädikant gewesen, der zwischen dem reformatorischen und radikalreformatorischen Lager schwankte. Ihm ging es um die „Überwindung des Grundwiderspruchs zwischen der durch scharfe Besitzungleichheit charakterisierten gesellschaftlichen Wirklichkeit und dem christlichen Liebesgebot sowie der reformatorischen Botschaft von der Gleichheit aller vor Gott".[4] Thomas Müntzer hat nach peinlichem Verhör gestanden, daß in seinem *Christlichen Verbündnis* das „omnia sunt communia" angestrebt wurde. Praktiziert wurde die Gütergemeinschaft wohl noch nicht. Auch die Enteignungen, die während der Züge im Thüringer Aufstandsgebiet bekannt wurden, werden nicht grundsätzliche Konfiskationen, sondern nur Strafmaßnahmen gegen Feinde seines Verbündnisses gewesen sein.[5] Und doch liegt die Gütergemeinschaft in der Konsequenz seines Denkens. Reiche und Arme lebten seiner Meinung nach in der Furcht vor den Kreaturen, sofern sie von ihrem Verlangen nach irdischen Gütern oder ihren elementaren Bedürfnissen nach Nahrung und Kleidung abhängig seien. Ein geistlicher Wandel könnte jedoch nur eintreten, wenn sie sich von der kreatürlichen Ordnung lösten. Sich ihrem Zwang zu entziehen und zum Glauben zu kommen, sei dem „gemeinen, armen Mann" aber schier unmöglich, da die Ausbeutung durch die Obrigkeiten zu schwer auf ihm laste. Die rechtlichen Beziehungen zwischen Person und Sache, wie sie das grundherrschaftliche Eigentum charakterisieren, werden aufgelöst und neu geordnet. Herrschaftsrechte und ausbeutende Abhängigkeitsverhältnisse gehören der kreatürlichen, aber nicht der göttlichen Ordnung an, die in einem Reich menschlicher Freiheit und brüderlich egalitärer Gemeinschaft nach dem Muster der Urgemeinde errichtet werden muß.

In den bäuerlichen Aufstandsbewegungen um 1525 wurde die bestehende Eigentumsordnung gewöhnlich nicht direkt angegriffen. Die Forderungen der Bauern an die Grundherren, die auf dem Boden lastenden Abgaben zu mildern, die Allmende wieder ganz freizugeben, Wasser und Wald der Dorfgemeinde zur Nutzung zu überlassen, erwecken zunächst den Eindruck, als sei nur die Wiederherstellung ursprünglicher grundherrschaftlicher Verhältnisse angestrebt worden. Bedenkt man aber, daß mit diesen Forderungen auch die Kommunalisierung des Großen Zehnten, die Umverteilung des Klosterguts und die Verdrängung des Klerus aus der Landschaft einhergehen konnten, ja daß gelegentlich, wenn nicht das Eigentum, so doch die ans Eigentum geknüpften Herrschaftsrechte des Adels bestritten wurden, schließlich in der *Tiroler Landesordnung* sogar die Enteignung des Adels zur Deckung der allgemeinen Gerichtskosten, die Privatisierung des bäuerlichen Bodens und die „Verstaatlichung" des Bergwerks vorgesehen waren, dann dürfte es nicht schwerfallen, im Bauernkrieg einen Prozeß zu sehen, der die bestehende Eigentumsordnung allmählich zerrütten mußte. Unterstützt wird dieser Eindruck von dem entschiedenen, politisch, religiös und wirtschaftlich motivierten Kampf der Bauern gegen die Leibeigenschaft. Sie konnte zwar auch während der bestehenden mittelalterlichen Eigentumsordnung für gewisse Zeiten und Regionen ihre Bedeutung verlieren, ohne daß sich an dieser Ordnung grundsätzlich etwas geändert hätte, doch in der Reformationszeit waren mehr oder weniger alle Forderungen, Aktionen und Zielvorstellungen der Bauern zumindest latent darauf ausgerichtet, die traditionelle Sozialstruktur des Eigentums zu zersetzen. Dabei war die Entwicklungstendenz einer neuen Ordnung noch keineswegs abzusehen. Manches deutet auf Allgemeinbesitz und Gütergemeinschaft, anderes auf eine Entwicklung zu einem frühkapitalistischen Umgang mit Eigentum, wenn beispielsweise Bauern den auf ihrem Land lastenden Zins verweigern und das Land weiter veräußern.[6] Noch war im bäuerlichen Bereich alles im Fluß.

Trotz der Niederlage der Bauern war die Hoffnung auf eine gerechtere Verteilung der materiellen Güter nicht erloschen. So hat Hans Hergot in seiner Utopie *Von der neuen Wandlung eines christlichen Lebens* (1527) den Gedanken an einen gewaltsamen Umsturz der gesellschaftlichen Ordnung zwar aufgegeben, zielbewußt sagt er aber ihre grundsätzliche Veränderung voraus, die Gott herbeiführen würde: „Und es werden die leutte alle erbeyten ynn gemeyn, eyn ytzlicher wo zu er geschickt ist und was er kan, und alle ding werden ynn gemeynen brauch komen, so das es keyner besser haben wirdt denn der ander."[7] Ihm schwebte ein bäuerlich-gewerblicher Konsum- und Produktionskommunismus, der klösterlichen *vita communis* nachgestaltet, im Rahmen einer universalen christlichen Gemeinschaft vor.

Was Hergot vorhersagte, setzten die Hutterischen Brüder einige Jahre später in Mähren in die Tat um, ohne daß ihnen die *Neue Wandlung* bekannt gewesen wäre. Diese täuferische Bewegung fand aus der Erfahrung wirtschaftlicher Not und dem Bemühen, das Gemeindeideal der Urchristenheit wiederherzustellen, allmählich zu einer festen Form der Gütergemeinschaft, die auf den sogenannten Bruderhöfen praktiziert wurde.[8] Die Gemeinschaft der Güter, vom urchristlichen Liebes- oder Konsumkommunismus konsequenterweise zu einem Produktionskommunismus erweitert, zeigte den Charakter der wahren Kirche, die sich als Alternative zur Gesellschaft ihrer Zeit verstand. Mit der Kombination von landwirtschaftlicher und gewerblicher Produktion setzten die Hutterer sich aber nicht an die Spitze der frühkapitalistischen Entwicklung, so innovativ und erfolgreich ihre gewerbliche Produktion in Mähren auch war, sie gewährten den Angehörigen der Bruderhöfe vielmehr umgekehrt gerade Schutz vor der krisenhaften Bedrohung des Handwerks und der bäuerlichen Existenz durch den sich abzeichnenden wirtschaftlichen Umbruch. Wohl lösten die Hutterer die bestehende Eigentumsordnung für ihre Anhänger auf, nach außen hin waren sie jedoch bereit, grundherrschaftliche Forderungen, die auf von ihnen erworbenem Boden lasteten, abzulösen oder zu erfüllen. Gegenüber der Situation von 1525 zeigten diese Täufer, daß eine kommunale Eigentumsordnung sich nicht allgemein, sondern nur noch in der Absonderung verwirklichen ließ.

Anders stellte sich die Eigentumsproblematik bei Luther dar. Für ihn war Eigentum kein selbständiges Thema. Es ergab sich vielmehr aus dem Zentrum seines theologischen Angriffs auf die mittelalterliche Lehre von der Werkgerechtigkeit. Den guten Werken wird jede meritorisch-soteriologische Funktion abgesprochen. Darunter fällt auch der asketische Verzicht auf privates Eigentum. So konnte Luther die alltägliche Berufsarbeit aufwerten und zum Ausdruck sorgloser Liebe zu Gott, die sich dem Nächsten zuwendet, erklären. Der theologische Zusammenhang, in dem über das Eigentum nachgedacht wird, ist der Dienst am Nächsten. Verzicht auf privates Eigentum entspringt nach Luther egoistischem Heilsverlangen, aber nicht dem Bedürfnis, dem Nächsten zu dienen. Das Gebot der Nächstenliebe fordert geradezu das persönliche Eigentum.

Wer es antastet, entzieht dem Christen die Grundlage für die Bewährung des Glaubens in der Liebe zum Nächsten. Aus dem christlichen Verständnis der Nächstenliebe leitet Luther eine „bis an die äußerste Grenze gehende Achtung vor dem Eigentum des andern" ab.[9]

Mit dieser theologischen Begründung des privaten Eigentums verbindet Luther aber nicht den Gedanken der absoluten, auf Wettbewerb eingestellten Verfügungsgewalt über das Eigentum. Die Verfügungsgewalt findet vielmehr an der Bedürftigkeit des Nächsten ihre Grenze. „Also ist itzund deyn nicht mehr deyn, sondern deyns nehisten."[10] Luther meint jedoch nicht das ganze Gut, sondern nur den Teil, den man nach eigener standesgemäßer Versorgung und Amtsausübung übrig hat. Das christliche Liebesgebot nimmt dem Eigentum zwar den eigennützigen Charakter, geht aber nicht soweit, es ganz in eine Gütergemeinschaft einzufordern. Allenfalls fließt ein Teil des von der Obrigkeit eingezogenen Kirchenguts in einen „gemeinen Kasten" und wird den Bedürftigen gegeben oder geliehen. Gütergemeinschaft müßte dagegen nur Müßiggang, Habsucht und Anarchie fördern. Deutlicher noch als bei Luther tritt bei Philipp Melanchthon zutage, daß der Christ eigentlich gar kein Eigentum, sondern nur ein ihm von Gott übertragenes Lehen verwaltet.[11] Er hat deshalb kein Recht auf Eigentum, so sehr das Eigentum der Lohn für die ihm aufgetragene Arbeit ist; wird es ihm genommen, sollte er es fahren lassen. Wohl aber wird die Obrigkeit angewiesen, das Eigentum der Untertanen zu schützen und die Eigentumsordnung zu erhalten.

Systematischer als Luther hatte Melanchthon das Eigentum in den *Ordo politicus* eingefügt, der dazu diente, das Zusammenleben der Menschen zu gewährleisten. Obwohl Melanchthon die Einstellung Luthers zum Eigentum grundsätzlich teilte, übte das Gebot der Gütergemeinschaft eine anziehende Kraft auf ihn aus, die er erst allmählich in Auseinandersetzung mit den radikalreformatorischen Bewegungen überwandt. Dabei gab er die theologische zugunsten einer naturrechtlichen Argumentation auf: „Das Privateigentum ist ein Gebot des Naturrechts für den Status der natura corrupta."[12] Ergänzt wurde die nachdrückliche Bestätigung des privaten Eigentums, das auch von der Obrigkeit nicht eigenwillig angetastet werden durfte, durch eine soziale Pflicht, nämlich in einem „System der Verträge" für die notwendige „communitas der ökonomischen Güter" zur Erhaltung der menschlichen Gemeinschaft zu sorgen.[13]

Auch Ulrich Zwingli bestätigte das private Eigentum, doch erschienen ihm Erwerb und Besitz von Eigentum problematischer als den Wittenberger Reformatoren. Er hatte die verheerenden moralischen und politischen Folgen des Reislaufens und Pensionswesens vor Augen, auch die Unfähigkeit der Altgläubigen, mit Armut und Bettelei fertig zu werden.

Beides führte er auf einen falschen Umgang mit materiellen Gütern zurück. Aber nicht nur Geldgier, sondern schon der bloße Besitz von Eigentum war für Zwingli Sünde: „Daraus nun, daß alle Dinge Privateigentum geworden sind, lernen wir alle, daß wir Sünder sind; und wenn wir von Natur nicht schlecht wären, so wäre doch der Besitz von Privateigentum eine so große Sünde, daß uns Gott um ihretwillen verdammte; denn was er uns frei gibt, das machen wir zum Privateigentum."[14] Trotz dieser grundsätzlichen Feststellung hat Zwingli der Forderung nach Gütergemeinschaft nicht nachgegeben, nicht einmal das Verlangen der Bauern konsequent unterstützt, sich aus ihrer Leibeigenschaft zu lösen.[15] Nachdem der Mensch die ursprüngliche Liebesgemeinschaft im Sündenfall zerstört hat, schützt Gott das Eigentum durch sein Gebot „Du sollst nicht stehlen" (Exodus 20,15) und bewahrt das menschliche Gemeinwesen vor Unruhe und Selbstzerstörung, die aus egoistischem Streben nach privatem Eigentum sonst erwachsen müßten. Daraus folgt dreierlei: Eigentum darf nur zur Befriedigung der notwendigen Bedürfnisse verwendet werden, was darüber hinaus vorhanden ist, muß den Armen gegeben werden; die Obrigkeit wird angehalten, die Enteignung der Klöster und Stiftungen vorzunehmen und das Kirchengut für eine geregelte Versorgung der Armen zu verwenden; ihr wird schließlich auch aufgetragen, die Bevölkerung vor übermäßigem Zins und vor Wucher genauso wie vor dem Pensionswesen zu schützen. So wird das Gemeinwesen in Zürich zwar nicht zu einer reinen Liebesgemeinschaft umgeformt, doch unter den Bedingungen irdischer Existenz in Analogie zu dieser Gemeinschaft gestaltet.

Die lutherischen Reformatoren haben nicht das Privateigentum, über das man verfügen könne, gefordert, sondern nur das auf den persönlichen Bedarf ausgerichtete, dem Nächsten oder dem Gemeinwohl verpflichtete Eigentum. Als die grundherrschaftliche Eigentumsordnung sich zu wandeln begann, haben sie diese Ordnung geradezu zum Grundmodell ihrer theologischen Aussage erhoben und mit reformatorischer Autorität bestätigt. Die Grundherren konnten ihr Eigentum zur standesgemäßen Lebensführung mit gutem Gewissen nutzen, weil sie die Bauern ja an ihrem Eigentum durch Verlehnung teilnehmen ließen. Sie wurden nur ermahnt, ihre Untertanen nicht übermäßig zu belasten. Die Bauern durften keinen Anspruch auf wirklich freies und privates Eigentum an Grund und Boden erheben, wenn es andern genommen werden mußte. Nicht einmal aus ihrer Leibeigenschaft durften sie sich lösen, denn dies käme einem Raub an herrschaftlichem Eigentum der Herren gleich.[16] Den Stadtbürgern wurde ihr privates Eigentum ebenfalls bestätigt, und die wirtschaftlich in Not geratenen Handwerker und Kaufleute wurden von Luthers Kritik an Zins, Wucher und Monopolen in ihrem Existenzkampf bestärkt. Mit der Aufwertung der Berufsarbeit und dem Versuch, das Bettelwesen einzudämmen, hat Luther die Voraussetzung für ein bürgerliches Arbeitsethos geschaffen, mit seinem Eigentumsverständnis hat er der Tendenz zum Kapitalismus aber entgegengewirkt. Die allmähliche Gestaltveränderung des Eigentums in den sich herausbildenden frühkapitalistischen Wirtschaftsprozessen hat er dennoch nicht verhindern können.

So waren die frühen Reformationsjahre nicht nur ambivalent im Hinblick auf die unterschiedliche Auslegung des Gebotes christlicher Nächstenliebe, aus der die jeweiligen Einstellungen zur Eigentumsordnung entsprangen, sondern auch im Hinblick auf die Differenz, die zwischen der Absicht und der Wirkung des einflußreichsten Reformators selbst besteht. Von den unterschiedlichen reformatorischen Ansätzen her hätte sich keine Entwicklung zu einer bürgerlichen „Eigentumsmarktgesellschaft" ergeben. Offensichtlich war die Kraft des theologischen Gedankens zu schwach, die wirtschaftlichen Tendenzen tiefgreifend zu beeinflussen. Sie gingen über die Absichten der Reformatoren hinweg, zogen sie in ihren Bann oder verdrängten sie mit Gewalt.

3. Gesellschaftliche Auflösung und soziale Disziplinierung

Die ständische Ordnung der mittelalterlichen Gesellschaft war ins Wanken geraten, als der erste Stand, die Geistlichkeit, im Namen des „Priestertums aller Gläubigen" abgeschafft wurde. Was dem spätmittelalterlichen Antiklerikalismus nicht gelungen war, ereignete sich unter dem Eindruck der reformatorischen Botschaft in wenigen Jahren: der soziale Dualismus von Geistlichen und Laien wurde aufgelöst. Priester, Mönche und Nonnen mußten lernen, sich fortan als Laien in der Gesellschaft zurechtzufinden. Unzählige Klosterfrauen kehrten zu ihren Familien zurück oder fanden in Hospitälern und Siechenhäusern ein neues Betätigungsfeld, andere heirateten und gründeten eigene Familien. Priester und Mönche mußten sich einen neuen Beruf suchen. Viele wechselten einfach nur die Konfession und wurden weiterhin von ihren Gemeinden versorgt. Oft siegte der Opportunismus und mit ihm das Verlangen, sich auf die bequemste Weise durchs Leben zu schlagen, über die eigentliche Glaubensüberzeugung. Andere besuchten die Universitäten und bereiteten sich in aller Gründlichkeit auf das neue evangelische Pfarramt vor; wieder andere nutzten die öffentlichen Mittel und ließen sich „umschulen": sie wurden Handwerker und Kaufleute, fanden Unterschlupf in „bürgerlichen" Berufen. Nicht wenige wurden allerdings auch aus der Bahn geworfen und führten ein unstetes Leben. Einige stießen zu den aufständischen Bauern und zogen als rebellische Prediger, als Propagandisten der Revolution, von Ort zu Ort, während andere unter den Täufern und Spiritualisten auftauchten. Nonkonformismus war ihnen auf die Stirn gebrannt und verurteilte sie, ein Leben im Untergrund zu führen.

Das Aufgehen des geistlichen Standes in einer laizistischen Gesellschaft war kein großes Problem. Das erstaunt um so mehr, als die Abschaffung eines Standes doch das Gefühl sozialer Sicherheit empfindlich in Mitleidenschaft ziehen mußte, das die traditionelle Verfassung den Ständen sonst gewährte. Offensichtlich wogen die Probleme, die der Klerus für Kirche und Gesellschaft darstellte, aber schwerer als die Befürchtung, die Gesellschaft könne nach diesem „Aufstand gegen die Priester" aus den Fugen geraten. Der weltliche Stand, d.h. hier der Adel, fühlte sich stark genug, die Aufgabe einer politischen Ordnungsmacht in der Christenheit allein zu übernehmen und für die Stabilität der ständisch verfaßten Gesellschaft zu sorgen. So war es möglich, mit Hilfe des reformatorischen Laienprinzips die Spitze der mittelalterlichen Ständepyramide abzubrechen, ohne die ständische Grundlage der Gesellschaft zu gefährden. Das Laienprinzip, das den klerikalen Herrschaftsanspruch erfolgreich überwand, konnte sich jedoch auch mühelos gegen die weltliche Herrschaft richten, besonders dann, wenn es sich mit dem genossenschaftlichen bzw. kommunalen Verlangen des „gemeinen Mannes" verband, die eigenen politischen und administrativen Belange in den Gemeinden selber zu regeln. Durch die theologische Neubegründung der weltlichen Obrigkeit als einziger Ordnungsmacht hatte Luther diese Tendenz des Laienprinzips in Grenzen halten wollen, während Bauern, Städter und radikale Reformatoren gerade danach strebten, sie verstärkt durchzusetzen. So zeigte sich auch im gesellschaftlich wirksamen Impuls, der vom „Priestertum aller Gläubigen" ausging, ein ambivalenter Zug der frühen Reformationsjahre: einerseits stärkte er die weltliche Macht, die sich vorher die Herrschaft mit dem Klerus teilen mußte, andererseits schwächte er sie vorübergehend.

Mit der Losung vom „Priestertum aller Gläubigen" ging auch eine Aufwertung der Berufsarbeit einher. Wirklicher Gottesdienst ist nicht das Vollkommenheitsstreben in der *vita contemplativa,* wie die Mönche meinten, sondern die *vita activa* als Dienst am Nächsten. Mit Recht ist darin eine wichtige Voraussetzung für die Entfaltung eines Arbeitsethos gesehen worden, das den Weg in eine kapitalistische Gesellschaft bahnen half. Freilich fehlte dem von Luther geprägten frühreformatorischen Berufsverständnis noch der Zug, der die traditionelle berufliche Gliederung für die neue, auf bürgerlichem Eigentumsrecht und Wettbewerb gegründete Wirtschaftsweise verfügbar machte. Die zünftische mußte von einer entstehenden Ordnung des Marktes abgelöst, die Berufswelt flexibel werden. Doch Luther mahnte jedermann, in seinem Beruf als an einem von Gott zugewiesenen Ort zu bleiben und nicht begierig nach Höherem und Aussichtsreicherem zu streben. Berufliche Mobilität wurde durch dieses Berufsverständnis nicht gefördert, eher verhindert. Eine ethisch begründete Flexibilität der Berufe ist dagegen im Lager der radikalen Reformation zu beobachten. Hier wurden Stimmen laut, die für einen Berufswechsel eintraten, wenn der alte Beruf nicht den Normen christlicher brüderlicher Ethik entsprach: Söldner, Richter, Notar, überhaupt jede berufliche Betätigung im obrigkeitlichen Amt. Damit wurde kein Weg zur kapitalistischen Gesellschaft gewiesen, aber doch das Bewußtsein für die Möglichkeit genährt, sich über berufsständische Gliederungen im Namen einer brüderlich-egalitären Ordnung hinwegsetzen zu können. So wirkt sich die Reformation auch hier ambivalent aus: einerseits verstärkt sie die gesellschaftsstabilisierende Ordnung der Berufswelt, andererseits löst sie berufliche Ordnungen auf und fördert den Berufswechsel, der eine ständisch gegliederte Gesellschaft in Gefahr bringen konnte.

Auch soziale Bindungen anderer Art wurden gelockert oder gelöst. Am bekanntesten ist das Bemühen der Bauern, sich aus dem Stand der Leibeigenschaft zu befreien. Die allgemeine Reformeuphorie steckte die Bauern an und flößte ihnen Mut ein, gegen diese Einschränkung ihrer persönlichen Freiheiten aufzubegehren. Doch es waren besonders die lutherischen Reformatoren, die dafür wenig Verständnis zeigten und die Bauern in ihren ursprünglichen Stand zurückdrängten. Auch das ist ein ambivalenter Zug dieser Zeit: Erwartungen größerer Freiheit wurden geschürt, aber nicht erfüllt. Weniger bekannt sind Fälle, wie sie unter Täufern vorkamen, daß nämlich Ehemänner oder -frauen ihre Partner aus Glaubensgründen verließen, Haus und Hof und Familie aufgaben, um mit Gleichgesinnten davonzuziehen. Die mildere Form war, den Partner zu meiden, die strengere, ihn zu verlassen. Zwischenmenschliche Beziehungen wurden neu geordnet und den Anforderungen einer brüderlich-egalitären Gemeinschaft angepaßt. Das bedeutete bis zu einem gewissen Grade eine Gleichstellung von Mann und Frau, wie sie damals eigentlich nicht üblich war, ein Phänomen, das noch genauer erforscht werden muß.[17] Das konnte aber auch die tendenzielle Möglichkeit bedeuten, die Ehe zugunsten polygamer Beziehungen aufzulösen, wie dies in einigen Täuferkreisen praktiziert wurde.[18] Luther hatte der Ehe zwar den sakramentalen Charakter genommen und sie zu einem „weltlichen ding" erklärt, aber paradoxerweise sowohl die Form der Eheschließung als auch das eheliche Leben selbst einer viel schärferen Aufsicht unterstellt, als dies in vorreformatorischer Zeit üblich war. Die gesellschaftlich geduldeten Formen vorehelicher oder außerehelicher Sexualität wurden rigoros beschnitten, die Ehe wurde in einem, früher nur selten gefeierten gottesdienstlichen Akt in der Kirche geschlossen, die Auflösung der Ehe selbst zwar erleichtert, aber der strengen Kontrolle der Ehe- und Sittengerichte unterstellt. Die Frau wurde keineswegs dem Mann gleichgestellt: sie hatte dem Mann, der familiären Obrigkeit, in gehorsamer Untertänigkeit zu dienen. So zeigen sich im Bereich von Ehe und Familie wohl Änderungen,[19] die aber ambivalenter Natur sind: einerseits lösen sich zwischenmenschliche Bindungen auf, andererseits werden die ehelichen Beziehungen einer Disziplinierung ausgesetzt, wie sie in dieser rigorosen Weise sogar dem Spätmittelalter fremd war.

Soziale Disziplinierung war auch am Werk, wenn es darum ging, die Bettelei abzuschaffen. Die Armenfürsorge, die schon vor der Reformation angestrebt wurde, erhielt durch die Reformation einen kräftigen Aufschwung. Arme wurden aus dem „gemeinen Kasten" versorgt, von Armut Bedrohte finanziell unterstützt. Dieser Akt organisierter Nächstenliebe war aber durchaus zwiespältig: Er erhöhte nicht den Grad menschlicher Freiheit unter den Armen, sondern schränkte ihn ganz erheblich ein. Vagabundierende Bettler wurden ausgewiesen, einheimische Bettler und Arme registriert, während man die Unterstützung selbst vom sittlichen Wohlverhalten abhängig machte; Bettler und Arme wurden schließlich, diese Entwicklung bahnte sich jedoch gerade erst an, gesellschaftlich ausgegrenzt, um später in Arbeitshäusern zu bürgerlicher Arbeitsamkeit gezwungen zu werden.[20] Das war eine seltsame Art, christliche Nächstenliebe in gesellschaftlichen Nutzen zu verwandeln.

4. Politische Phantasie und obrigkeitliche Ordnung

Auch die politische Entwicklung trug ambivalente Züge. Besonders eindrücklich zeigte sich ihr Doppelgesicht im Bauernkrieg. Hier trafen zwei Grundprinzipien politischen Handelns aufeinander: das herrschaftliche und das kommunale. Landes- und Grundherren hatten aus unterschiedlichen Gründen ihre Herrschaftsrechte verschärft und den politischen Druck auf den „gemeinen Mann" verstärkt. Dieser versuchte sich zur Wehr zu setzen und nutzte die reformatorischen Losungen, um den Widerstand gegen die Obrigkeiten zu rechtfertigen und eine Reformation aus eigenem Bedürfnis zuwege zu bringen. So bahnte sich in den frühen Reformationsjahren eine Zerreißprobe zwischen zwei politischen Entwicklungen an, die im Mittelalter ihren Ursprung hatten: dem auf Herrschaftsrecht setzenden Ausbau der Territorien stand das Streben nach gemeindlicher Autonomie gegenüber, das von genossenschaftlichen

Vorstellungen getragen wurde. Dabei ist nicht zu verkennen, daß der reformatorische Impuls stärker auf der Seite des „gemeinen Mannes" wirkte als auf der Seite der Herrschaftselite. Unter den Aufständischen war die Reformation Antriebskraft und Ziel, in die Überlegungen der Landesherren fanden reformatorische Erkenntnisse erst allmählich Eingang, sie bestimmten noch nicht den Pulsschlag der Politik. Altgläubige und Reformgesinnte schlugen den Aufstand gemeinsam nieder. Einen ausgesprochen reformatorischen Akzent verlieh eigentlich nur Luther dem Kampf der Herrschenden gegen den „gemeinen Mann". Für ihn stand das rechte Verständnis des Evangeliums auf dem Spiel, das der Geist des aufständischen Kommunalismus nicht bewahren könne, während es unter dem Schutz herrschaftlicher Politik wirksame Entfaltung finde. Reformatorische Erkenntnisse waren also in der Lage, sich sowohl mit dem Kommunalismus als auch mit dem Territorialismus zu verbinden. Hier gelang die Verbindung eher, dort später. Daß die kommunale Reformationsbewegung um 1525 gescheitert war, lag nicht am reformatorischen Impuls der Territorialpolitik, die damit begonnen hatte, einem neuen Kirchen- und Staatsverständnis den Weg zu bahnen, sondern an der militärischen Gewalt, mit der Herrschaft durchgesetzt wurde. So bedauerlich es ist, daß Luther sich von seinen Affinitäten zur kommunalen Reformation getrennt hatte und viele Hoffnungen begraben half, war diese Art der Reformation unter den herrschenden Verhältnissen des ausgehenden Mittelalters nicht lebensfähig. Fortan gingen von ihr nur noch Anstöße zur Reformation aus, die von den weltlichen Obrigkeiten alsbald aufgenommen und der Territorial- bzw. Magistratspolitik angepaßt oder zurückgewiesen wurden. Nur im Rahmen einer obrigkeitlich überwachten Reformation war es noch möglich, von der „Freiheit eines Christenmenschen" zu künden.

Die lutherische Trennung von geistlichem und weltlichem Reich hat wesentlich dazu beigetragen, daß der Prozeß der Säkularisierung sich im Abendland fortsetzen und verstärken konnte: auf politischem, kulturellem und wissenschaftlichem Gebiet. Eine andere, gegenläufige Tendenz entwickelte sich in der radikalen, dem bäuerlichen Kommunalismus besonders nahestehenden Reformation, vor allem bei Thomas Müntzer und in einigen täuferischen Bewegungen. Hier wurde der Laie, von klerikaler Bevormundung rigoros befreit, auf eine neue Weise wieder „klerikalisiert", vergeistlicht; nicht nur der Laie, sondern auch die Herrschaftsordnung, die er anstrebte, die Theokratie, widersetzte sich dem Prozeß der Säkularisierung. Eine ähnliche, säkulare Tendenzen aufhaltende Wirkung entfalteten auch die theokratischen Impulse, die aus der Schweizer Reformation erwuchsen und später in Schottland und in den Neuenglandstaaten für eine Weile das gesellschaftliche Leben prägten.

Wo die Reformation eingeführt war, bekundeten die weltlichen Obrigkeiten ein intensives politisches Interesse an dem Aufbau einer neuen Kirche. Sie hatten erkannt, daß die Reformation dem Gemeinwesen nur förderlich sein konnte, solange sie mit der territorialen bzw. reichsstädtischen Politik in Einklang stand. Gelegentliche Versuche der evangelischen Geistlichkeit, sich als ein zweites Machtzentrum zu etablieren, wurden sofort bekämpft. Geduldet wurde allenfalls eine kritische Beratung, wie Luther sie beispielsweise im Hinblick auf die militärische Bündnispolitik zugunsten der Reformation pflegte, solange man die Macht hatte, sich über theologische Ratschläge letztlich auch hinwegzusetzen und eigenen Einsichten zu folgen.[21] Die Reformation hatte sich in einer Zeit ereignet, in der die Landesherren bestrebt waren, mit einer eigenständigen territorialen Kirchenpolitik die kurialen Machtansprüche Roms zurückzudrängen. Gründlicher und anders, als es voraussehbar war, wurde die geistliche und weltliche Autorität des Papstes gebrochen. Die Landesherren konnten den römischen Machtverfall nutzen, um die eigene Kirchenpolitik zu festigen und selbständige Landeskirchen zu errichten. Das brachte die Kirche aber in eine prekäre Lage. Die spannungsvolle Balance, die zwischen geistlicher und weltlicher Macht im Mittelalter geherrscht hatte, auch die Trennung von geistlichem und weltlichem Regiment, wie Luther sie theologisch begründete und auf andere Weise die Täufer vollzogen, wurde, wenn nicht theoretisch, so doch praktisch weitgehend aufgegeben. So ist in der frühen Reformationszeit zweierlei zu beobachten: einerseits fand die Kirche eine Gelegenheit, sich aus einem eigenständigen theologischen Ansatz heraus zu erneuern, andererseits verliert sie ihre Selbständigkeit und gerät zunehmend in eine innere Abhängigkeit vom weltlichen Arm. Wie das öffentliche Leben – mit Zucht-, Sitten-, Zensur- und Polizeiordnungen – wurde auch die Kirche ein Opfer obrigkeitlicher Disziplinierung.

Was in den Bewegungen der Reformation aufgebrochen war, religiöse Vitalität und politische Phantasie, Verheißung einer größeren Freiheit und Hoffnung besserer Zeiten, brach wieder zusammen und läßt die frühen Reformationsjahre, die bis in die Gegenwart immer wieder als Quelle religiöser Orientierung und Fundgrube konfessioneller Identität dienten, als eine Epoche erscheinen, die in die Ferne einer anspruchsvollen Utopie entrückt ist.

Anmerkungen

Einleitung

1 Georg Wilhelm Friedrich Hegel, Vorlesungen über die Philosophie der Geschichte, Werke in zwanzig Bänden, Bd. 12, Frankfurt/M. 1970, S. 491.

2 Friedrich Engels, Marx-Engels, Werke, Bd. 20, 9. Aufl. Berlin (Ost) 1986, S. 312.

3 Friedrich von Bezold, Geschichte der deutschen Reformation, Berlin 1890, S. 872; Theodor Brieger, Die Reformation. Ein Stück aus Deutschlands Weltgeschichte. Berlin 1917, S. 390.

4 Zit. n. Siegfried Bräuer, Das Lutherjubiläum 1933 und die deutschen Universitäten I, in: Theologische Literaturzeitung 108, 1983, S. 650.

5 Thesen über Martin Luther. Zum 500. Geburtstag. In: Zeitschrift für Geschichtswissenschaft 29, 1981, S. 892.

6 Vgl. Johannes Janssen, Geschichte des deutschen Volkes seit dem Ausgang des Mittelalters, Bd. 2, 14. Aufl. Freiburg i. Br. 1886.

7 Friedrich Nietzsche, Werke. Kritische Gesamtausgabe, Fünfte Abteilung, Bd. 2, Berlin und New York 1973, S. 284 (Die fröhliche Wissenschaft, Fünftes Buch 358).

8 Ernst Bloch, Thomas Münzer als Theologe der Revolution, Frankfurt/M. 1962, S. 170.

9 Thomas Mann, Deutschland und die Deutschen, in: Essays, Bd. 2, Politik, hg. von H. Kurzke, Frankfurt/M. 1977, S. 286. Freilich sieht Th. Mann auch, daß Deutschland mit Luther „in der menschlichen Kultur einen gewaltigen Schritt vorwärts getan – oder sollte ihn getan haben ... Und wer wollte leugnen, daß Luther ein ungeheuer großer Mann war; groß im deutschen Stil, groß und deutlich auch in seiner Doppeldeutigkeit als befreiende und zugleich rückschlägige Kraft, ein konservativer Revolutionär."

10 Ebd., S. 287.

11 Karl Holl, Ges. Aufsätze zur Kirchengeschichte, I, Tübingen 2. u. 3. Aufl. 1923, S. 486 f.

12 Paul Joachimsen, Die Reformation als Epoche der deutschen Geschichte, hg. von O. Schottenloher, München 1951; Gerhard Ritter, Die Neugestaltung Europas im 16. Jahrhundert, 3. Aufl. Berlin 1967; Erich Hassinger, Das Werden des neuzeitlichen Europa 1300–1600, 2. Aufl. Braunschweig 1964 (1. Aufl. 1959); Stephan Skalweit, Reich und Reformation, Frankfurt/M. 1967.

13 Wilhelm Maurer, Luther und die Schwärmer (Schriften des Theol. Konvents Augsburg. Bekenntnisses VI), Berlin 1952, S. 23.

14 Adolf Laube, Max Steinmetz und Günter Vogler, Illustrierte Geschichte der deutschen frühbürgerlichen Revolution, Berlin (Ost) 1974; vgl. auch Adolf Laube, Günter Vogler u. a., Die Epoche des Übergangs vom Feudalismus zum Kapitalismus von den siebziger Jahren des 15. Jahrhunderts bis 1789 (Deutsche Geschichte, Bd. 3), Berlin (Ost) 1983.

15 Max Steinmetz, Die historische Bedeutung der Reformation und die Frage nach dem Beginn der Neuzeit in der deutschen Geschichte, in: R. Wohlfeil (Hg.), Reformation oder frühbürgerliche Revolution? München 1972, S. 67.

16 A. Laube u. a., Illustrierte Geschichte, S. 5.

[17] Vgl. z. B. Günter Vogler, Reformation als „frühbürgerliche Revolution". Eine Konzeption im Meinungsstreit. In: P. Blickle u. a. (Hg.), Zwingli und Europa, Zürich 1985, S. 47–70.
[18] Bernd Moeller, Deutschland im Zeitalter der Reformation, Göttingen 1977.
[19] Ebd., S. 9.
[20] Ebd., S. 6.
[21] Peter Blickle, Die Reformation im Reich, Stuttgart 1982, S. 5.
[22] Peter Blickle, Die Revolution von 1525, 1. Aufl. München 1975, 2. Aufl. 1981.
[23] P. Blickle, Die Reformation im Reich, S. 111.
[24] Peter Blickle, Gemeindereformation. Die Menschen des 16. Jahrhunderts auf dem Weg zum Heil. München 1985.
[25] P. Blickle, Die Reformation im Reich, S. 158.
[26] Otto Brunner, Das „ganze Haus" und die alteuropäische „Ökonomik", in: Neue Wege der Verfassungs- und Sozialgeschichte, 2. Aufl. Göttingen 1968, S. 103–127.
[27] Hugo von Hofmannsthal, Buch der Freunde, Frankfurt/M. 1965, S. 30.
[28] Peter Berger, Zur Dialektik von Religion und Gesellschaft. Elemente einer soziologischen Theorie. Frankfurt/M. 1973, S. 4.
[29] Ebd., S. 33.
[30] Ebd., S. 16.

I. Krisen und Reformen im späten Mittelalter

[1] Johan Huizinga, Herbst des Mittelalters. Studien über Lebens- und Geistesformen des 14. und 15. Jahrhunderts in Frankreich und in den Niederlanden. 11. Aufl. Stuttgart 1975.
[2] Hellmut Diwald, Anspruch auf Mündigkeit um 1400–1555 (Propyläen Geschichte Europas, Bd. 1), Frankfurt/M. 1975.
[3] Hartmut Boockmann, Einführung in die Geschichte des Mittelalters, 3. Aufl. München 1985, S. 53; Hermann Kellenbenz, Deutsche Wirtschaftsgeschichte, Bd. 1: Von den Anfängen bis zum Ende des 18. Jahrhunderts. München 1977, S. 147.
[4] Wilhelm Abel, Strukturen und Krisen der spätmittelalterlichen Wirtschaft, Stuttgart und New York 1980.
[5] David W. Sabean, Landbesitz und Gesellschaft am Vorabend des Bauernkriegs, Stuttgart 1972, S. 66.
[6] Wolfgang von Stromer, Eine industrielle „Revolution" des Spätmittelalters? In: U. Troitzsch und G. Wohlauf (Hg.), Technik-Geschichte. Historische Beiträge und neuere Ansätze. Frankfurt/M. 1980, S. 113.
[7] Clemens Bauer, Wirtschaftsgeschichtliche Probleme des 15. Jahrhunderts, in: Die Welt zur Zeit des Konstanzer Konzils, hg. vom Konstanzer Arbeitskreis für mittelalterliche Geschichte, geleitet von Th. Mayer. Konstanz und Stuttgart 1965, S. 83–97.
[8] W. von Stromer, Eine industrielle „Revolution" des Spätmittelalters? S. 114 f.
[9] E. Maschke und J. Sydow (Hg.), Gesellschaftliche Unterschichten in den Südwestdeutschen Städten, Stuttgart 1967.
[10] H. Kellenbenz, Deutsche Wirtschaftsgeschichte, S. 144.
[11] Bernd Moeller, Deutschland im Zeitalter der Reformation, Göttingen 1977, S. 15.
[12] Will Durant, Das Zeitalter der Reformation, Kulturgeschichte der Menschheit, Bd. 9, Frankfurt/M. 1982, S. 20.
[13] G. Franz (Hg.). Thomas Müntzer. Schriften und Briefe. Krit. Gesamtausgabe. Gütersloh 1968, S. 256.

14 Friedrich Engels, Der Deutsche Bauernkrieg, Marx-Engels, Werke, Bd. 7, 8. Aufl. Berlin (Ost) 1982, S. 353.

15 H. Denzinger und A. Schönmetzer (Hg.), Enchiridion Symbolorum et Declarationem de Rebus Fidei et Morum, editio XXXIV, Freiburg i. Br. 1965, S. 279 ff.

16 H. Diwald, Anspruch auf Mündigkeit, S. 17.

17 Marsilius von Padua, Der Verteidiger des Friedens (Defensor Pacis), Darmstadt 1958, S. 243 und 245.

18 B. Moeller, Deutschland im Zeitalter der Reformation, S. 40.

19 Bernd Moeller, Frömmigkeit in Deutschland um 1500, in: Archiv für Reformationsgeschichte 56, 1965, S. 5–30. Vgl. auch Joseph Lortz, Zur Problematik der kirchlichen Mißstände im Spät-Mittelalter, in: Trierer Theologische Zeitschrift 58, 1949, S. 1–26; S. 212–227; S. 257–279; S. 347–357.

20 John Bromyard (14. Jh.), zit. n. W. Durant, Das Zeitalter der Reformation, S. 35. Dieses frühe Zeugnis ist keine Seltenheit, ähnliche Zeugnisse nehmen seither massenweise zu.

21 H. Diwald, Anspruch auf Mündigkeit, S. 28.

22 Erasmus von Rotterdam, Handbüchlein des christlichen Streiters, Olten und Freiburg i. Br. 1952, S. 130.

23 W. I. Lenin, Werke, Bd. 31, 3. Aufl. Berlin (Ost) 1966, S. 71.

24 Marx-Engels, Werke, Bd. 4, S. 279.

II. Die Anfänge der Reformation im Antiklerikalismus

1 Hans Sachs, Die Wittenbergisch Nachtigall, die man jetzt höret überall, in: G. Jäckel (Hg.), Kaiser, Gott und Bauer. Die Zeit des Deutschen Bauernkrieges im Spiegel der Literatur. Berlin (Ost) 1975, S. 339.

2 Ebd., S. 340 ff.

3 Gesprechbiechlin neüw Karsthans, in: Martin Bucers Deutsche Schriften, Bd. 1, Gütersloh 1977, S. 406 (leicht modernisierte Wiedergabe).

4 Franz Rueb, Ulrich von Hutten. Ein radikaler Intellektueller im 16. Jahrhundert. Berlin 1981, S. 82.

5 Sebastian Brant, Das Narrenschiff, Stuttgart 1964, S. 388.

6 Gesprechbiechlin neüw Karsthans, S. 424 (modernisierte Wiedergabe).

7 Hans Sachs. Nachtigall, S. 343.

8 E. Böcking (Hg.), Ulrich von Huttens Schriften, Bd. 4, Leipzig 1860, S. 256.

9 Robert W. Scribner, For the Sake of Simple Folk. Popular Propaganda for the German Reformation. Cambridge 1981.

10 Martin Warnke, Durchbrochene Geschichte? Die Bilderstürme der Wiedertäufer in Münster 1534/35, in: ders. (Hg.), Bildersturm. Die Zerstörung des Kunstwerks. München 1978, S. 65–98.

11 Zu Karneval und Reformation vgl. Robert W. Scribner, Reformation, Karneval und die „verkehrte Welt“, in: R. van Dülmen und N. Schindler (Hg.), Volkskultur. Zur Wiederentdeckung vergessenen Alltags (16.–20. Jahrhundert). Frankfurt/M. 1984, S. 117–152.

12 Theodor Wiedemann, Geschichte der Reformation und Gegenreformation im Lande unter der Ems, Bd. 1, Prag 1879, S. 81 f.

13 E. Böcking (Hg.), Hutten, Bd. 4, S. 267.

14 Anton Störmann, Die städtischen Gravamina gegen den Klerus am Ausgang des Mittelalters und in der Reformationszeit, Münster 1916.

[15] Henry J. Cohn, Anticlericalism in the German Peasants' War, in: Past and Present 83, 1979, S. 3–31.

[16] Erasmus von Rotterdam, Ausgewählte Schriften, hg. von W. Welzig, Bd. 2, Darmstadt 1967, S. 145.

[17] A. Störmann, Die städtischen Gravamina, S. 268.

[18] Zum Begriff reformatorischer Öffentlichkeit vgl. Rainer Wohlfeil, Einführung in die Geschichte der deutschen Reformation, München 1982, S. 123 ff.

[19] Gesprechbiechlin neüw Karsthans, S. 276 (modernisierte Wiedergabe).

[20] Jacob Burckhardt, Die Kultur der Renaissance in Italien, Leipzig 1925, S. 185, zit. in: Max Steinmetz, Humanismus und Reformation in ihren gegenseitigen Beziehungen, in: E. Ullmann (Hg.), Kunst und Reformation, Leipzig 1982, S. 8.

[21] M. Steinmetz, Humanismus und Reformation, S. 14. Vgl. zu diesem Thema auch: Bernd Moeller, Die deutschen Humanisten und die Anfänge der Reformation, in: Zeitschrift für Kirchengeschichte 70, 1959, S. 46–61.

[22] E. Böcking (Hg.), Hutten, Bd. 1, Leipzig 1859, S. 217.

[23] Joachim Matthes, Religion und Gesellschaft. Einführung in die Religionssoziologie I, Reinbek 1967, S. 34, spricht im Anschluß an Otto Brunner von einem „Auseinandertreten einer christlichen Klerikerkultur und einer christlichen Laienkultur." Vgl. Otto Brunner, Das Problem einer europäischen Sozialgeschichte, in: Neue Wege der Verfassungs- und Sozialgeschichte, 2. Aufl. Göttingen 1968, S. 95: „Bewegung zur Laisierung".

[24] Zit. in der Fassung von F. Rueb, Hutten, S. 72.

[25] E. Böcking (Hg.), Hutten, Bd. 3, 1862, S. 506 und S. 525.

[26] Gerhard Brendler, Das Menschenbild in der frühbürgerlichen Revolution, in: E. Ullmann (Hg.), Kunst und Reformation, S. 13 f.

[27] Bernhard Lohse, Martin Luther. Eine Einführung in sein Leben und sein Werk. München 1981, S. 54.

[28] Ebd., S. 55.

[29] A. Störmann, Die städtischen Gravamina, S. 11.

[30] Friedrich Myconius, Geschichte der Reformation, hg. von O. Clemen, Leipzig 1914, S. 22.

[31] Luther Deutsch. Die Werke Martin Luthers in neuer Auswahl für die Gegenwart, Bd. 2, hg. von K. Aland, Stuttgart und Göttingen 1962, S. 32 (WA 1, S. 530).

[32] Heiko A. Oberman, Luther. Mensch zwischen Gott und Teufel. Berlin 1981, S. 202.

[33] Luther Deutsch, S. 58 (WA 1, S. 600).

[34] Ebd., S. 59 (WA 1, S. 602).

[35] Ebd., S. 76 (WA 1, S. 616).

[36] Heinz Scheible, Die Gravamina, Luther und der Wormser Reichstag 1521, (Ebernburg Hefte 5), Grünstadt 1971, S. 58–74.

III. Der Kampf eines „Riesen" oder der „junge Luther".

[1] Friedrich Engels, Marx-Engels, Werke, Bd. 20, 9. Aufl. Berlin (Ost) 1986, S. 312.

[2] Klaus Mann, Der Wendepunkt. Ein Lebensbericht. Reinbek b. Hamburg 1981, S. 9.

[3] Gerhard Brendler, Martin Luther. Theologie und Revolution. Berlin (Ost) 1983, S. 7.

[4] Gerhard Ebeling, Luther. Einführung in sein Denken. Tübingen 1964, S. 71.

[5] Vgl. neuerdings Eike Wolgast, Die Wittenberger Theologie und die Politik der evangelischen Stände. Studien zu Luthers Gutachten in politischen Fragen. Gütersloh 1977, S. 31 f.

[6] Bernhard Lohse, Der Durchbruch der reformatorischen Erkenntnis bei Luther (Wege der Forschung 123), Darmstadt 1968.

[7] Luther Deutsch. Die Werke Martin Luthers in neuer Auswahl für die Gegenwart, hg. von K. Aland, Bd. 2, Stuttgart und Göttingen 1962, S. 20 (Martin Luther, Werke, Weimar = WA 54, S. 186).

[8] Luther Deutsch, Bd. 2, S. 20 (WA 54, S. 186).

[9] Jean Wirth, Luther. Etude d'histoire religieuse. Genf 1981, S. 117 ff. Luther äußerte sich bei Tische so: „Diese Kunst hat mir der Geist Gottes auf dieser cloaca eingegeben" (WAT 2, S. 177). Eine andere Deutung bei Heiko A. Oberman, Die Reformation, Göttingen 1986, S. 93 f.

[10] Bernhard Lohse, Martin Luther. Eine Einführung in sein Leben und sein Werk. München 1981, S. 157.

[11] Luther Deutsch, Bd. 10, S. 45 (WA Briefe I, S. 208).

[12] Luther Deutsch, Bd. 2, S. 275 (WA 7, S. 161).

[13] Luther Deutsch, Bd. 2, S. 172 (WA 6, S. 498).

[14] WA 7, S. 25 f. (Luther Deutsch, Bd. 2, S. 256). Da die zitierten Stellen aus der „Freiheit eines Christenmenschen" zu den wichtigsten Äußerungen Luthers zählen, werden sie originalgetreu wiedergegeben (Anm. 14 und 15).

[15] WA 7, S. 21 (Luther Deutsch, S. 251).

[16] Luther Deutsch, Bd. 2, S. 316 (WA 8, S. 325).

[17] Luther Deutsch, Bd. 2, S. 161 (WA 6, S. 408).

[18] Luther Deutsch, Bd. 2, S. 160 (WA 6, S. 408).

[19] Schmalkaldische Artikel XII, in: Die Bekenntnisschriften der evangelisch-lutherischen Kirche, Göttingen 1930, S. 460.

[20] Karl Marx, Marx-Engels, Werke, Bd. 1, 9. Aufl. Berlin (Ost) 1974, S. 386.

[21] Dr. Martin Luthers Sämmtliche Schriften, hg. von J. G. Walch, Bd. 18, St. Louis, Mo., 1888, Sp 435 (WA 6, S. 336).

[22] Walch, Sp. 424 (WA 6, S. 328).

[23] Luther Deutsch, Bd. 2, S. 159 (WA 6, S. 407).

[24] Zum Arbeitsbegriff vgl. Konrad Wiedemann, Arbeit und Bürgertum. Die Entwicklung des Arbeitsbegriffs in der Literatur Deutschlands an der Wende zur Neuzeit. Heidelberg 1979.

[25] Günter Fabiunke, Martin Luther als Nationalökonom, Berlin (Ost) 1963; vgl. auch Hermann Lehmann, Luthers Platz in der Geschichte der politischen Ökonomie, in: Martin Luther. Leben, Werk, Wirkung. Berlin (Ost) 1983, S. 279–294.

[26] Walch, Sp. 452 (WA 6, S. 347).

[27] Johannes Heckel, Im Irrgarten der Zwei-Reiche-Lehre (Theologische Existenz heute, NF 55). München 1957.

[28] Heiko A. Oberman, Luther. Mensch zwischen Gott und Teufel. Berlin 1981, S. 247.

[29] H. A. Oberman, Luther, S. 64; WA Tischreden I, Nr. 624, S. 294.

[30] Luther Deutsch, Bd. 1, S. 172 (WA 56, S. 269); S. 174: „ja er versteht es aus dem Leben selbst besser als aus der Lehre".

[31] Luther Deutsch, Bd. 1, S. 175 (WA 56, S. 277).

[32] Luther Deutsch, Bd. 1, S. 240 und S. 248 (WA 56, S. 454 und S. 479).

[33] Luther Deutsch, Bd. 2, S. 213 (WA 6, S. 541).

[34] Martin Brecht, Martin Luther. Sein Weg zur Reformation 1483–1521. Stuttgart 1981, S. 217.

[35] Heiko A. Oberman, Werden und Wertung der Reformation, 2. Aufl. Tübingen 1979, S. 238.

[36] Gottfried Maron, Das katholische Lutherbild der Gegenwart (Bensheimer Hefte 58), Göttingen 1982, S. 50 ff.

37 Luther Deutsch, Bd. 2, S. 160 (WA 6, S. 407).
38 H. A. Oberman, Luther, S. 146 f.
39 G. Ebeling, Luther, S. 24.
40 Otto Dann, Das Recht auf Gleichheit im ersten Jahrzehnt der Reformation, in: Schöpferische Nachfolge. Festschrift für Heinz Eduard Tödt, hg. von Ch. Frey und W. Huber (Texte und Materialien der Forschungsstätte der Ev. Studiengemeinschaft Reihe A Nr. 5), Heidelberg 1978, S. 205–230.

IV. Der frühe Lauf der reformatorischen Botschaft

1 Martin Luther, Werke, Weimar (fortan: WA), Briefe 2, S. 332.
2 Luther Deutsch, Bd. 10, Die Werke Martin Luthers in neuer Auswahl für die Gegenwart, hg. von K. Aland, Stuttgart 1959, S. 92.
3 James S. Preus, Carlstadt's Ordinaciones and Luther's Liberty. A Study of the Wittenberg Movement 1521–22. Boston 1974, S. 34.
4 Ebd., S. 17, Anm. 21.
5 Ebd.
6 Andreas Karlstadt, Von beiden gestalden der heylige Messze, Wittenberg 1521, Div. r.
7 J. S. Preus, Carlstadt's Ordinaciones, S. 23 f.
8 Ebd., S. 32, Anm. 78 ff.
9 Heinrich Bornkamm, Martin Luther in der Mitte seines Lebens. Das Jahrzehnt zwischen dem Wormser und dem Augsburger Reichstag. Aus dem Nachlaß hg. von K. Bornkamm. Göttingen 1979, S. 64 f.
10 Ulrich Bubenheimer, Andreas Bodenstein von Karlstadt und die Reform von Gottesdienst und Leben, in: Martin Luther – Zeuge des Glaubens in Kirche und Gesellschaft, hg. vom Evang. Bildungswerk Berlin, 1983, S. 65–79.
11 Nikolaus Müller, Die Wittenberger Bewegung. 1521 und 1522. Die Vorgänge in und um Wittenberg während Luthers Wartburgaufenthalt. 2. Aufl. Leipzig 1911, S. 181 (mod. Wiedergabe).
12 Luther Deutsch, Briefe, S. 116 (WA Briefe 2, S. 455).
13 Martin Brecht, Luther und die Wittenberger Reformation während der Wartburgzeit, in: G. Vogler (Hg.), Martin Luther. Leben, Werk, Wirkung. Berlin (Ost) 1983, S. 83 (für Luther), J. S. Preus, Carlstadt's Ordinaciones, S. 30 (für Karlstadt).
14 Luther-Deutsch, Bd. 4, S. 64 (WA 10, III, S. 8); vgl. Ulrich Bubenheimer, Andreas Bodenstein von Karlstadt, in: M. Greschat (Hg.), Gestalten der Kirchengeschichte, Bd. 5: Reformationszeit I, Stuttgart 1980, S. 110.
15 Gerhard Ebeling, Luther. Einführung in sein Denken. Tübingen 1964, S. 71.
16 M. Brecht, Luther und die Wittenberger Reformation, S. 79.
17 Martin Luther, WA 15, S. 336.
18 Calvin A. Pater, Karlstadt as the Father of the Baptist Movements: The Emergence of Lay Prostestantism. Toronto, Buffalo, London 1984.
19 Vgl. Volker Press, Adel, Reich und Reformation, in: W. J. Mommsen u. a. (Hg.), Stadtbürgertum und Adel in der Reformation. Studien zur Sozialgeschichte der Reformation in England und Deutschland. Stuttgart 1979, 130–183; ders., Die Ritterschaft im Kraichgau zwischen Reich und Territorium 1500–1623, in: Zeitschrift für die Geschichte des Oberrheins 121, 1974, S. 35–98.
20 M. Luther, WA 6, S. 469.
21 Volker Press, Ein Ritter zwischen Rebellion und Reformation. Franz von Sickin-

gen (1481–1523). In: Blätter für pfälzische Kirchengeschichte und religiöse Volkskunde 50, 1983, S. 151(7)–177(33).

22 Zum Problem der Öffentlichkeit vgl. Rainer Wohlfeil, Einführung in die Geschichte der deutschen Reformation, München 1982, S. 123 ff.; vgl. auch vorher Gerhard Ebeling, Luther, S. 55. Zur Bedeutung der Predigt Bernd Moeller, Einige Bemerkungen zum Thema: Predigten in reformatorischen Flugschriften, in: H.-J. Köhler (Hg.), Flugschriften als Massenmedium der Reformationszeit, Stuttgart 1981, S. 261–268.

23 Robert W. Scribner, Flugblatt und Analphabetentum. Wie kam der gemeine Mann zu reformatorischen Ideen? In: H.-J. Köhler (Hg.), Flugschriften, S. 66.

24 Neuere Flugschriftenausgaben: A. Laube u. a. (Hg.), Flugschriften der frühen Reformationsbewegung. Bde. 1 und 2, Vaduz 1983; A. Laube und H. W. Seiffert (Hg.). Flugschriften der Bauernkriegszeit, Berlin (Ost) 1975.

25 Robert W. Scribner, For the Sake of Simple Folk, 1981.

26 Hella Tompert, Die Flugschrift als Medium religiöser Publizistik. Aspekte gegenwärtiger Forschung. In: J. Nolte u. a. (Hg.), Kontinuität und Umbruch. Theologie und Frömmigkeit in Flugschriften und Kleinliteratur an der Wende vom 15. zum 16. Jahrhundert. Stuttgart 1978, S. 212.

27 Hans-Joachim Köhler, Die Flugschriften. Versuch der Präzisierung eines geläufigen Begriffs. In: Festgabe für Ernst Walter Zeeden zum 60. Geburtstag (Reformationsgeschichtliche Studien und Texte, Suppl. Bd. 2), Münster 1976, S. 50.

28 H. Tompert, Die Flugschrift als Medium religiöser Publizistik, S. 221.

29 Die katholischen Flugschriften sind nicht in die gängigen Flugschriftensammlungen aufgenommen worden.

30 Bernd Moeller, Was wurde in der Frühzeit der Reformation in den deutschen Städten gepredigt? In: Archiv für Reformationsgeschichte 75, 1984, S. 176–193.

31 Susanne Ritter, Die kirchenkritische Tendenz in den deutschsprachigen Flugschriften der frühen Reformationszeit, phil. Diss. Tübingen 1970, S. 82.

32 Ebd., S. 128.

33 Heinz Scheible, Reform, Reformation, Revolution. Grundsätze zur Beurteilung der Flugschriften, in: Archiv für Reformationsgeschichte 65, 1974, S. 113 f.

34 H. Scheible, Reform, S. 116 ff.

35 Steven E. Ozment, Reformation in the Cities. The Appeal of Protestantism to Sixteenth-Century Germany and Switzerland. New Haven and London 1975, S. 90.

36 Adolf Laube, Ideal und Wirklichkeit – zur Krisenstimmung in der Reformationsbewegung, in: G. Vogler (Hg.), Luther, S. 91–104.

37 Paul Russell, „Your sons and your daughters shall prophesy . . .“ Common People and the Future of the Reformation in the Pamphlet Literature of Southwestern Germany to 1525. In: Archiv für Reformationsgeschichte 76, 1983, S. 122–140.

38 Heinrich von Kettenbach, Apologie und Verantwortung Martin Luthers wider der Papisten Mordgeschrei, in: A. Laube (Hg.), Flugschriften, Bd. 1, S. 576 f.

39 Vgl. Werner Lenk, Die Reformation im zeitgenössischen Dialog, Berlin (Ost) 1968.

40 Paul Russell, Lay Theology in the Reformation. Popular Pamphleteers in Southwest Germany 1521–1525. Cambridge 1985.

41 Bernd Moeller, Stadt und Buch. Bemerkungen zur Struktur der reformatorischen Bewegung in Deutschland, in: W. J. Mommsen u. a. (Hg.), Stadtbürgertum und Adel in der Reformation, S. 25–39.

42 Vgl. Adolf Laube, Zur Rolle sozialökonomischer Fragen in frühreformatorischen Flugschriften, in: H.-J. Köhler (Hg.), Flugschriften als Massenmedium, S. 205–224.

43 Marc Lienhard, Held oder Ungeheuer? Luthers Gestalt und Tat im Lichte der zeitgenössischen Flugschriftenliteratur. In: Lutherjahrbuch 45, 1978, S. 56–79.

[44] O. Schade (Hg.), Satiren und Pasquille aus der Reformationszeit, Band 2, Hildesheim 1966, S. 108–113.

[45] Bob Scribner, Luther-Legenden des 16. Jahrhunderts, in: G. Vogler (Hg.), Martin Luther, S. 377–390.

V. Reichsstadt und Reformation

[1] Arthur G. Dickens, The German Nation and Martin Luther, 2. Aufl., London 1976, S. 182.

[2] Neuerdings Hartmut Boockmann, Die Stadt im späten Mittelalter, München 1986.

[3] Kersten Krüger, Die deutsche Stadt im 16. Jahrhundert. Eine Skizze ihrer Entwicklung. In: Zeitschrift für Stadtgeschichte, Stadtsoziologie und Denkmalspflege, 2. Jg. 1975, S. 41.

[4] Bernd-Ulrich Hergemöller, Krisenerscheinungen kirchlicher Machtpositionen in hansischen Städten des 15. Jahrhunderts, in: W. Ehbrecht (Hg.), Städtische Führungsgruppen und Gemeinde in der werdenden Neuzeit, Köln und Wien 1980, S. 316.

[5] Geiler von Kaysersberg, Die Emeis. Dis ist das buch von der Omeissen. vnnd auch Herr der Könnig ich diente gern, Straßburg 1517, f. 28 v. Vgl. auch Francis Rapp, Réformes et Réformation á Strasbourg. Église et Société dans le diocèse de Strasbourg (1450–1525), Paris 1974; Rolf Kiessling, Bürgerliche Gesellschaft und Kirche in Augsburg im Spätmittelalter. Ein Beitrag zur Strukturanalyse der oberdeutschen Reichsstadt. Augsburg 1971.

[6] F. Rapp, Réformes et Réformation, S. 450 f.

[7] Bernd Moeller, Frömmigkeit in Deutschland um 1500, in: Archiv für Reformationsgeschichte 56, 1965, S. 5–30.

[8] Erasmus von Rotterdam, Ausgewählte Schriften, Lat. und dt., hg. von W. Welzig, Bd. VI: Colloquia familiaria. Vertraute Gespräche. Darmstadt 1967, S. 255.

[9] Bernd Moeller, Reichsstadt und Reformation, Gütersloh 1962, S. 28.

[10] Ebd., S. 13.

[11] Ebd., S. 37.

[12] Ebd., S. 55.

[13] Bernd Moeller, Kleriker als Bürger, in: Festschrift für H. Heimpel, Göttingen 1970, S. 971; ders., Luther und die Städte, in: Aus der Lutherforschung. Drei Vorträge, hg. von der gemeinsamen Kommission der Rheinisch-Westfälischen Akademie der Wissenschaften und der Gerda-Henkel-Stiftung, Köln 1983, S. 83.

[14] Steven E. Ozment, The Reformation in the Cities. The Appeal of Protestantism to Sixteenth-Century Germany and Switzerland. New Haven und London 1975, S. 9.

[15] Vgl. Thomas A. Brady, Ruling Class, Regime and Reformation in Strasbourg 1520–1555, Leiden 1978, S. 9.

[16] B. Moeller, Reichsstadt und Reformation, S. 29.

[17] Th. A. Brady, Ruling Class, S. 12.

[18] Robert W. Scribner, Civic Unity and the Reformation in Erfurt, in: Past and Present 66, 1975, S. 29–60; vgl. neuerdings auch Th. A. Brady, Turning Swiss: Cities and Empire, 1450–1550. Cambridge 1986.

[19] Günter Vogler, Nürnberg 1524/25. Studien zur Geschichte der reformatorischen und sozialen Bewegung in der Reichsstadt. Berlin (Ost) 1982.

[20] Th. A. Brady, Ruling Class, S. 12 ff.

[21] Hans-Christoph Rublack, Gescheiterte Reformation. Frühreformatorische und

protestantische Bewegungen in süd- und westdeutschen geistlichen Residenzen, Stuttgart 1978.

22 Forschungsberichte von Hans-Christoph Rublack, Forschungsbericht Stadt und Reformation, in: Bernd Moeller (Hg.), Stadt und Kirche im 16. Jahrhundert, Gütersloh 1978, S. 9–26; Kaspar von Greyerz, Stadt und Reformation. Stand und Aufgaben der Forschung. In: Archiv für Reformationsgeschichte 76, 1983, S. 6–63.

23 Hans Sachs, Ein Lobspruch der Stadt Nürnberg, in: G. Jäckel (Hg.), Kaiser, Gott und Bauer. Die Zeit des Deutschen Bauernkrieges im Spiegel der Literatur. Berlin (Ost) 1975, S. 92.

24 G. Vogler, Nürnberg, S. 18.

25 Ebd., S. 24.

26 Gottfried Seebaß, Stadt und Kirche in Nürnberg im Zeitalter der Reformation, in: B. Moeller (Hg.), Stadt und Kirche, S. 66–86.

27 G. Vogler, Nürnberg; Heinrich Richard Schmidt, Reichsstädte, Reich und Reformation. Korporative Religionspolitik 1521–1529/30. Stuttgart 1986, S. 51–57; S. 152–180; anders noch Seebaß: „Weder gibt es eine evangelische Bewegung ohne oder gegen den Rat, noch eine dem Bürger durch den Rat oktroyierte ‚neue Lehre'" (S. 257).

28 G. Pfeiffer (Hg.), Quellen zur Nürnberger Reformationsgeschichte, Nürnberg 1968, S. 199.

29 Zit. nach Gottfried Seebaß, Der Nürnberger Rat und das Religionsgespräch vom März 1525, mit den Akten Christoph Scheuerls und anderen unbekannten Quellen, in: Jahrbuch für Fränkische Landesforschung 34/35, 1975, S. 494.

30 G. Pfeiffer (Hg.), Quellen, S. 355.

31 Gottfried Seebaß, Die Reformation in Nürnberg, in: Mitteilungen des Vereins für Geschichte der Stadt Nürnberg 55, 1967/68, S. 268. Das bezieht sich auf den Bereich, der bisher vom kirchlichen Recht geregelt wurde; „in den Bereich des öffentlichen Lebens" hat die Reformation „kaum umgestaltend eingegriffen" (S. 264).

32 Arthur Rich, Die Anfänge der Theologie Huldrych Zwinglis, Zürich 1949; Gottfried W. Locher, Die Zwinglische Reformation im Rahmen der europäischen Kirchengeschichte, Göttingen 1979, S. 87 ff.; Ulrich Gäbler, Huldrych Zwingli. Eine Einführung in sein Leben und sein Werk. München 1983, S. 47: „Luthers Theologie spielt in Zwinglis Entwicklung nur am Rande eine Rolle."

33 U. Gäbler, Huldrych Zwingli, S. 34.

34 U. Gäbler, Huldrych Zwingli, S. 42.

34a Vgl. Arthur Rich, Die Anfänge der Theologie Huldrych Zwinglis, S. 79 ff. Anders Gottfried W. Locher, Die Zwinglische Reformation, S. 68 ff. Vgl. dazu neuerdings U. Gäbler, Huldrych Zwingli, S. 47.

35 Huldreich Zwinglis sämtliche Werke (Corpus Reformatorum, Bde. 88–101), I. S. 106 (fortan: Z).

36 Gottfried W. Locher, Zwingli und die schweizerische Reformation (Die Kirche in ihrer Geschichte. Ein Handbuch, hg. von B. Moeller), Göttingen 1982, S. 20.

37 Die Chronik des Bernhard Wyss, 1519–1530, hg. von G. Finsler, Basel 1901, S. 19.

38 Vgl. G. W. Locher, Die Zwinglische Reformation, S. 81.

39 Z I, S. 466.

40 Z I, S. 467 (mod. Wiedergabe).

41 Z I, S. 471.

42 Heiko A. Oberman, Werden und Wertung der Reformation. Vom Wegestreit zum Glaubenskampf. Tübingen 1977, S. 292.

43 Bernd Moeller, Zwinglis Disputationen. Studien zu den Anfängen der Kirchen-

spaltung und des Synodalwesens im Protestantismus, in: Zeitschrift der Savigny-Stiftung für Rechtsgeschichte 87, 1970, S. 273–324; 90, 1974, S. 213–364; hier I, S. 319.

44 Heiko A. Oberman, Werden und Wertung, S. 256.
45 Z II, S. 493.
46 Z II, S. 496.
47 Z II, S. 497.
48 Z I, S. 343 ff.
49 Z II, S. 497.
50 Z II, S. 504.
51 J. F. G. Goeters, Ludwig Hätzer ca. 1500 bis 1529. Spiritualist und Antitrinitarier, Gütersloh 1957.
52 Z II, S. 678 ff.
53 Z II, S. 784.
54 Martin Haas, Huldrych Zwingli und seine Zeit, 3. Aufl. Zürich 1982, S. 142.
55 Walther Köhler, Zürcher Ehegericht und Genfer Konsistorium, Bd. 1: Das Zürcher Ehegericht und seine Auswirkung in der deutschen Schweiz zur Zeit Zwinglis. Leipzig 1932; Roger Ley, Kirchenzucht bei Zwingli, Zürich 1948.
56 Ulrich Gäbler, Huldrych Zwingli, S. 16.
57 Z XIV, S. 424.
58 Gerhard Günther, Mühlhausen in Thüringen, Berlin (Ost) 1975, S. 44.
59 Dietrich Lösche, Achtmänner, Ewiger Bund Gottes und Ewiger Rat, in: Jahrbuch für Wirtschaftsgeschichte, Berlin (Ost) 1960, S. 141.
60 W. P. Fuchs (Hg.), Akten zur Geschichte des deutschen Bauernkriegs in Mitteldeutschland, Bd. 2, Neudr. Aalen 1964, S. 16 f.
61 G. Franz (Hg.), Thomas Müntzer, Schriften und Briefe. Kritische Gesamtausgabe. Gütersloh 1968, S. 436.
62 Reinhard Jordan, Chronik der Stadt Mühlhausen in Thüringen, Bd. 1, Mühlhausen 1900.
63 W. P. Fuchs (Hg.), Akten zur Geschichte des deutschen Bauernkrieges in Mitteldeutschland, Bd. 2, Neudr. Aalen 1964, S. 48 (mod. Wiedergabe).
64 R. Jordan, Chronik, S. 184.
65 Günther Franz, Der deutsche Bauernkrieg, 10. Aufl. Darmstadt 1975, S. 257.
66 G. Franz (Hg.), Thomas Müntzer, S. 343.
67 W. P. Fuchs (Hg.), Akten zur Geschichte des Bauernkrieges in Mitteldeutschland, S. 897.
68 Gottfried Seebaß, Reformation in Nürnberg, S. 252.

VI. Der revolutionäre Kampf des gemeinen Mannes

1 Leopold von Ranke, Deutsche Geschichte im Zeitalter der Reformation (hist.-krit. Ausgabe, hg. von P. Joachimsen), Meersburg und Leipzig 1933, S. 126; Karl Marx, Marx-Engels, Werke, Bd. 1, 9. Aufl. Berlin (Ost) 1974, S. 386.
2 Walther Peter Fuchs, Das Zeitalter der Reformation (Gebhardt, Handbuch der deutschen Geschichte, Bd. 8, hg. von H. Grundmann), München 1973, S. 112.
3 Walther Hubatsch, Frühe Neuzeit und Reformation in Deutschland, Frankfurt/M. 1981, S. 156.
4 Heiko A. Oberman, Tumultus rusticorum: Vom „Klosterkrieg“ zum Fürstensieg. Beobachtungen zum Bauernkrieg unter besonderer Berücksichtigung zeitgenössischer Beurteilungen. In: Zeitschrift für Kirchengeschichte 85, 1974, S. 172; Hans

Joachim Hillerbrand, The German Reformation and the Peasants' War, in: L. P. Buck und Z. W. Zophy (Hg.), The Social History of the Reformation, Columbus, Ohio, 1972, S. 106–136.

[5] Peter Blickle, Die Reformation im Reich, Stuttgart 1982, S. 111; vgl. auch ders., Die Revolution von 1525, 2. Aufl. München 1981, S. 244.

[6] Max Steinmetz, Die dritte Etappe der frühbürgerlichen Revolution. Der deutsche Bauernkrieg 1524 bis 1526. In: R. Wohlfeil (Hg.), Der Bauernkrieg 1524–26. Bauernkrieg und Reformation. München 1975, S. 65–89.

[7] Winfried Schulze (Hg.), Europäische Bauernrevolten der frühen Neuzeit, Frankfurt/M. 1980.

[8] Günther Franz, Der deutsche Bauernkrieg, 10. Aufl. Darmstadt 1975, S. 288.

[9] Vgl. beispielsweise die Darstellung in A. Laube und G. Vogler, Die Epoche des Übergangs vom Feudalismus zum Kapitalismus von den siebziger Jahren des 15. Jahrhunderts bis 1789 (Deutsche Geschichte, Bd. 3), Berlin (Ost) 1983, S. 143–188.

[10] Vgl. W. I. Lenin, Werke, Bd. 31, 3. Aufl. Berlin (Ost) 1966, S. 71.

[11] Vgl. Rainer Wohlfeil, Reformation in sozialgeschichtlicher Betrachtungsweise, in: S. Hoyer (Hg.), Reform, Reformation, Revolution, Leipzig 1980, S. 95–113.

[12] David W. Sabean, Landbesitz und Gesellschaft am Vorabend des Bauernkriegs, Stuttgart 1972, S. 118.

[13] Ebd., S. 17.

[14] Ebd., S. 116.

[15] Tom Scott, Bemerkungen zum Begriff „Gemeiner Mann". Das Stadt-Land-Verhältnis zur Zeit des Bauernkrieges, in: F. Dörrer (Hg.), Die Bauernkriege und Michael Gaismair, Innsbruck 1982, S. 299 ff.; ders., Reformation and Peasants' War in Waldshut and Environs: A Structural Analysis, in: Archiv für Reformationsgeschichte 69, 1978, S. 82–102 und 70, 1979, S. 140–168; ders., Freiburg and the Breisgau. Town-Country Relations in the Age of Reformation and Peasants' War. Oxford 1986.

[16] P. Blickle, Die Revolution von 1525, S. 88.

[17] Vgl. Tom Scott, The Peasants' War: A Historiographical Review: Part I and II, in: The Historical Journal 22, 3 und 4, 1979, S. 695 ff.

[18] G. Franz (Hg.), Quellen zur Geschichte des Bauernkrieges, München 1963.

[19] Peter Blickle, Nochmals zur Entstehung der Zwölf Artikel im Bauernkrieg, in: P. Blickle (Hg.), Bauer, Reich und Reformation (Festschr. f. Günther Franz), Stuttgart 1982, S. 308.

[20] G. Franz (Hg.), Quellen, S. 178.

[21] P. Blickle, Revolution, S. 27.

[22] Günter Vogler, Der revolutionäre Gehalt und die räumliche Verbreitung der oberschwäbischen Zwölf Artikel, in: P. Blickle (Hg.), Revolte und Revolution in Europa (Beiheft 4 NF zur Historischen Zeitschrift), München 1975, S. 219.

[23] P. Blickle, Revolution, S. 196 ff.

[24] W. P. Fuchs (Hg.), Akten zur Geschichte des Bauernkrieges in Mitteldeutschland, Neudr. Aalen 1964, S. 91.

[25] G. Franz (Hg.), Quellen, S. 374–381.

[26] G. Franz, Bauernkrieg, S. 100.

[27] Ebd., S. 101.

[28] Ebd., S. 86.

[29] Hans-Jürgen Goertz, Aufstand gegen den Priester. Antiklerikalismus und reformatorische Bewegungen. In: P. Blickle (Hg.), Bauer, Reich und Reformation, S. 198 f.

[30] G. Franz, Der deutsche Bauernkrieg von 1525, hg. in zeitgenössischen Zeugnissen, Berlin 1926, S. 271.
[31] Zur militärischen Problematik s. Siegfried Hoyer, Das Militärwesen im deutschen Bauernkrieg 1524–1526, Berlin (Ost) 1975.
[32] G. Franz, Bauernkrieg, S. 132.
[33] Francis Rapp, Die soziale und wirtschaftliche Vorgeschichte des Bauernkrieges im Unterelsaß, in: B. Moeller (Hg.), Bauernkriegsstudien (Schriften des Vereins für Reformationsgeschichte Nr. 189, Jg. 82, 2), Gütersloh 1983, S. 29–46.
[34] G. Franz, Bauernkrieg, S. 176 ff.
[35] Manfred Bensing, Thomas Müntzer und der Thüringer Aufstand 1525, Berlin (Ost) 1966.
[36] Heide Wunder, Der samländische Bauernaufstand von 1525. Entwurf für eine sozialgeschichtliche Forschungsstrategie. In: R. Wohlfeil (Hg.), Bauernkrieg, S. 143–176.
[37] Jürgen Bücking, Michael Gaismair. Reformer, Sozialrebell, Revolutionär. Seine Rolle im Tiroler „Bauernkrieg“ (1525/32). Stuttgart 1978; Walter Klaassen, Michael Gaismair. Revolutionary and Reformer. Leiden 1978.
[38] Otthein Rammstedt, Stadtunruhen 1525, in: H.-U. Wehler (Hg.), Der Deutsche Bauernkrieg 1524–1526 (Geschichte und Gesellschaft, Sonderheft 1), Göttingen 1975, S. 239–276.
[39] P. Blickle, Revolution, S. 195.
[40] Justus Maurer, Prediger im Bauernkrieg, Stuttgart 1979.
[41] Vgl. Max Steinmetz, Die dritte Etappe der frühbürgerlichen Revolution, S. 73 ff.
[42] P. Blickle, Revolution, S. 243 ff.
[43] Rainer Wohlfeil, Der Speyerer Reichstag von 1526, in: Blätter für pfälzische Kirchengeschichte und religiöse Volkskunde 43, 1976, S. 5–20.
[44] Zum Antiklerikalismus im Bauernkrieg s. Henry J. Cohn, Anticlericalism in the German Peasants' War, in: Past and Present 83, 1979, S. 3–31.
[45] Zur Zehntproblematik in der Reformationszeit s. Gunter Zimmermann, Die Antwort der Reformatoren auf die Zehntenfrage. Eine Analyse des Zusammenhangs von Reformation und Bauernkrieg. Frankfurt/Bern 1982.
[46] G. Franz (Hg.), Quellen, S. 316.
[47] An die Versammlung gemayner Pawrschafft, in: H. Buszello, Der deutsche Bauernkrieg von 1525 als politische Bewegung, Berlin 1969, S. 157.
[48] G. Franz (Hg.), Quellen, S. 175 (mod. Wiedergabe).
[49] G. Franz, Der deutsche Bauernkrieg 1525, hg. in zeitgenössischen Zeugnissen, S. 119.
[50] An die Versammlung, S. 157.
[51] Luther Deutsch. Die Werke Martin Luthers in neuer Auswahl für die Gegenwart, hg. von K. Aland, Bd. 7, Stuttgart und Göttingen 1967, S. 193 f. (WA 18, S. 359).
[52] Luther Deutsch, Bd. 7, S. 197 (WA 18, S. 361).
[53] Luther Deutsch, Bd. 7, S. 390 (Kommentar von K. Aland).
[54] G. Franz (Hg.), Quellen, S. 149 f.
[55] Luther Deutsch, Bd. 7. S. 224 (WA 18, S. 400).
[56] Luther Deutsch, Bd. 7, S. 221 (WA 18, S. 398).
[57] Luther Deutsch, Bd. 7, S. 224 (WA 18, S. 401).
[58] Franziska Conrad, Reformation in der bäuerlichen Gesellschaft. Zur Rezeption reformatorischer Theologie im Elsaß, Stuttgart 1984.
[59] Hans-Jürgen Goertz, Die Täufer. Geschichte und Deutung. München 1980, S. 127–143.
[60] P. Blickle, Revolution, S. 274 ff.
[61] P. Blickle, Die Reformation im Reich, S. 157 ff.

[62] Thomas Mann, Deutschland und die Deutschen, in: Essays, Bd. 2, Politik, hg. von H. Kurzke, Frankfurt/M. 1977, S. 286.

VII. Radikale Reformation

[1] Vgl. H.-J. Goertz (Hg.), Radikale Reformatoren. 21 biographische Skizzen von Thomas Müntzer bis Paracelsus. München 1978, S. 12 ff.; Günter Mühlpfordt, Radikal – eine Kategorie in Anwendung auf Reform, Reformation und Revolution, in: S. Hoyer (Hg.), Reform, Reformation, Revolution, Leipzig 1980, S. 156–166.

[2] Vgl. die Typologie bei G. H. Williams (Hg.), Spiritual and Anabaptist Writers. Documents Illustrative of the Radical Reformation, London 1957; H. Fast (Hg.), Der linke Flügel der Reformation. Glaubenszeugnisse der Täufer, Spiritualisten, Schwärmer und Antitrinitarier. Bremen 1962.

[3] Martin Luther, Werke, Briefe Bd. 3, S. 515 f.

[4] Karl Holl, Luther und die Schwärmer, in: Ges. Aufsätze zur Kirchengeschichte I, Tübingen 1923, S. 425.

[5] Heinrich Böhmer, Thomas Müntzer und das jüngste Deutschland, in: Ges. Aufsätze, Gotha 1927, S. 216.

[6] Ernst Bloch, Thomas Müntzer als Theologe der Revolution, Frankfurt/M. 1962, S. 9 (erstmals 1921 erschienen).

[7] Vgl. den Forschungsbericht von Abraham Friesen und Hans-Jürgen Goertz, in: A. Friesen und H.-J. Goertz (Hg.), Thomas Müntzer. Wege der Forschung CDXCI, Darmstadt 1978. S. 447–480: „Die ältere und die marxistische Müntzerdeutung", S. 481–536: „Schwerpunkte der neueren Müntzerforschung".

[8] Siegfried Bräuer, Zu Müntzers Geburtsjahr, in: Lutherjahrbuch 1969, S. 80–83.

[9] Günter Vogler, Thomas Müntzer auf dem Wege zur Bildung – Anmerkungen zur Frankfurter Studienzeit. In: Mühlhäuser, Beiträge 1981, S. 28–35.

[10] Ulrich Bubenheimer, Thomas Müntzer, in: K. Scholder und D. Kleinmann (Hg.), Protestantische Profile. Lebensbilder aus fünf Jahrhunderten. Königstein 1983, S. 35.

[11] Manfred Bensing und Winfried Trillitzsch, Bernhard Dappens „Articuli ... contra Lutheranos", in: Jahrbuch für Regionalgeschichte 2, 1967, S. 113–147.

[12] G. Franz (Hg.), Thomas Müntzer. Schriften und Briefe. Kritische Gesamtausgabe. Gütersloh 1968, S. 358 (die Zitate werden von mir in modernisierter Form gebracht).

[13] Vgl. Siegfried Bräuer und Hans-Jürgen Goertz, Thomas Müntzer, in: M. Greschat (Hg.), Gestalten der Kirchengeschichte, Bd. 5, Stuttgart 1981, S. 335 ff.

[14] Thomas Müntzer, Schriften und Briefe, S. 390.

[15] Ebd., S. 505.

[16] Ebd., S. 505.

[17] Michael Müller, Auserwählte und Gottlose in der Theologie Thomas Müntzers, theol. Diss. Halle 1972; ders., Die Gottlosen bei Thomas Müntzer – mit einem Vergleich zu Martin Luther, in: Lutherjahrbuch 1979, S. 97–119.

[18] Thomas Müntzer, Schriften und Briefe, S. 217–240.

[19] Ebd., S. 242.

[20] Siegfried Bräuer, Thomas Müntzer, in: Die Zeichen der Zeit, 1975, S. 123; vgl. ders., Thomas Müntzers Liedschaffen. Die theologischen Intentionen der Hymnenübertragungen im Allstedter Gottesdienst von 1523/24 und im Abendmahlslied Müntzers. In: A. Friesen und H.-J. Goertz (Hg.), Thomas Müntzer, S. 227–295, bes. S. 279.

[21] Hans-Jürgen Goertz, „Lebendiges Wort" und „totes Ding". Zum Schriftverständnis Thomas Müntzers im Prager Manifest. In: Archiv für Reformationsgeschichte 67, 1976, S. 153–178.
[22] Thomas Müntzer, Schriften und Briefe, S. 255 und S. 261.
[23] Ebd., S. 261.
[24] Ebd., S. 261.
[25] Ebd., S. 259.
[26] Ebd., S. 256 (Erfüllen die Regenten nicht ihren Auftrag, werden sie vom Volk vertrieben werden).
[27] Thomas Müntzer, Schriften und Briefe, S. 417.
[28] Carl Hinrichs, Luther und Müntzer. Ihre Auseinandersetzung über Obrigkeit und Widerstandsrecht. 2. Aufl. Berlin 1962, S. 112 f.
[29] Vgl. Manfred Bensing, Idee und Praxis des „Christlichen Verbündnisses" bei Thomas Müntzer, in: A. Friesen und H.-J. Goertz (Hg.), Thomas Müntzer, S. 299–338; Tom Scott, The „Volksreformation" of Thomas Müntzer in Allstedt and Mühlhausen, in: Journal of Ecclesiastical History 34, 1983, S. 194–213.
[30] Walter Elliger, Thomas Müntzer. Leben und Werk. 3. Aufl. Göttingen 1976, S. 627–675.
[31] Thomas Müntzer, Schriften und Briefe, S. 329.
[32] Ebd., S. 455.
[33] Ebd., S. 473.
[34] Hans-Jürgen Goertz, Der Mystiker mit dem Hammer. Die theologische Begründung der Revolution bei Thomas Müntzer. In: A. Friesen und H.-J. Goertz (Hg.), Thomas Müntzer, S. 424 ff.
[35] H. Fast (Hg.), Quellen zur Geschichte der Täufer in der Schweiz, 2. Bd.: Ostschweiz, Zürich 1973, S. 559.
[36] Vgl. Calvin A. Pater, Karlstadt as the Father of the Anabaptist Movements: The Emergence of Lay Protestantism, Toronto, Buffalo, London 1984, S. 159 ff.
[37] H. Fast (Hg.), Der linke Flügel, S. 31 f.
[38] H. Fast (Hg.), Quellen zur Geschichte der Täufer in der Schweiz, S. 15.
[39] Hans-Jürgen Goertz, Die Täufer. Geschichte und Deutung. München 1980, S. 127–143.
[40] Gottfried Seebaß, Luthers Stellung zur Verfolgung der Täufer und ihre Bedeutung für den deutschen Protestantismus, in: Mennonitische Geschichtsblätter 1983, S. 7–24.
[41] Albert F. Mellink, De Wederdopers in de Noordelijke Nederlanden 1531–1544, Groningen und Djakarta 1954.
[42] H.-J. Goertz, Die Täufer, S. 77–97.
[43] Klaus Deppermann, Werner O. Packull und James M. Stayer, From Monogenesis to Polygenesis. The Historical Discussion of Anabaptist Origins, in: Mennonite Quarterly Review 49, 1975, S. 83–122.
[44] Vgl. James M. Stayer, Anabaptists and the Sword, 2. Aufl. Lawrence, Ks., 1976; ders., Die Anfänge des schweizerischen Täufertums im reformierten Kongregationalismus, in: H.-J. Goertz (Hg.), Umstrittenes Täufertum 1525–1975. Neue Forschungen. 2. Aufl. Göttingen 1977, S. 19–49.
[45] J. F. G. Goeters, Die Vorgeschichte des Täufertums in Zürich, in: L. Abramowski und J. F. G. Goeters (Hg.), Studien zur Geschichte und Theologie der Reformation, Neukirchen-Vluyn 1969, S. 249.
[46] Ebd., S. 264.
[47] J. M. Stayer, Die Anfänge, S. 25 ff.
[48] J. F. G. Goeters, Die Vorgeschichte des Täufertums, S. 256.

[49] Martin Haas, Der Weg der Täufer in die Absonderung. Zur Interdependenz von Theologie und sozialem Verhalten. In: H.-J. Goertz (Hg.), Umstrittenes Täufertum, S. 65.
[50] H. Fast (Hg.), Der linke Flügel, S. 12–27.
[51] C. A. Pater, Karlstadt, S. 117 ff.
[52] H. Fast (Hg.), Der linke Flügel, S. 20.
[53] Paul Peachey, Die soziale Herkunft der Schweizer Täufer in der Reformationszeit 1525–1540, Karlsruhe 1954, S. 62 und S. 67.
[54] H. Fast (Hg.), Der linke Flügel, S. 64.
[55] H.-J. Goertz, Die Täufer, S. 21 f.; ders., Aufständische Bauern und Täufer in der Schweiz, in: P. Blickle (Hg.), Zugänge zur bäuerlichen Reformation (Bauer und Reformation, Bd. 1), Zürich 1987, S. 263–285.
[56] H. Fast (Hg.), Der linke Flügel, S. 62.
[57] Ebd., S. 13.
[58] Vgl. Gottfried Seebaß, Müntzers Erbe. Werk, Leben und Theologie des Hans Hut. Theol. Habilitationsschrift, Erlangen 1972 (unveröffentl.); Werner O. Packull, Mysticism and the Early South-German-Austrian Anabaptist Movement 1525–1531, Scottdale 1976.
[59] J. M. Stayer, Anabaptists and the Sword, S. 150 ff.
[60] Gottfried Seebaß, Das Zeichen der Erwählten. Zum Verständnis der Taufe bei Hans Hut. In: H.-J. Goertz (Hg.), Umstrittenes Täufertum, S. 138–164.
[61] Robert Friedmann, Hutterite Studies, Goshen, Ind., 1961; Werner O. Packull, Mysticism, S. 99 ff.
[62] Klaus Deppermann, Melchior Hoffman. Widersprüche zwischen lutherischer Obrigkeitstreue und apokalyptischem Traum, in: H.-J. Goertz (Hg.), Radikale Reformatoren, S. 156.
[63] Ders., Melchior Hoffman. Soziale Unruhen und apokalyptische Visionen im Zeitalter der Reformation. Göttingen 1979, S. 278 ff.
[64] Claus-Peter Clasen, Anabaptism. A Social History. 1525–1618. Ithaca and London 1972, S. 428.
[65] P. Blickle, Die Reformation im Reich, Stuttgart 1982, S. 112 ff.
[66] Vgl. Alfred Hegler, Geist und Schrift bei Sebastian Franck. Eine Studie zur Geschichte des Spiritualismus in der Reformationszeit. Freiburg i. Br. 1892.
[67] Vgl. Christof Windhorst, Täuferisches Taufverständnis. Balthasar Hubmaiers Lehre zwischen traditioneller und reformatorischer Theologie. London 1976, S. 195.
[68] Vgl. Gustav Adolf Benrath, Die Lehre der Spiritualisten, in: C. Andresen (Hg.), Handbuch der Dogmen- und Theologiegeschichte, 2. Bd., Göttingen 1980, S. 560–610.
[69] Chr. Windhorst, Hubmaier, S. 200 ff.
[70] Horst Weigelt, Caspar von Schwenckfeld. Verkünder des „mittleren“ Weges. In: H.-J. Goertz (Hg.), Radikale Reformatoren, S. 192.
[71] Ebd., S. 193 f.; R. Emmet McLaughlin, Caspar Schwenckfeld, in: M. Greschat (Hg.), Gestalten der Kirchengeschichte, Bd. V, S. 313.
[72] K. Deppermann, Melchior Hoffman. Soziale Unruhen und apokalyptische Visionen, S. 186 ff.
[73] Wilhelm Dilthey, Weltanschauung und Analyse des Menschen seit Renaissance und Reformation, 9. Aufl. Göttingen 1970, S. 85.
[74] Sebastian Franck, Diallage/Das ist vereinigung der streytigen sprüch in der schrifft/welche im ersten anplick/scheynen wiedereinander zu seyn/von Andreas Althamer ... verdeutscht, Nürnberg, S. 6 a.

75 Herbert Zschelletzschky, Die „drei gottlosen Maler“ von Nürnberg. Sebald Beham, Barthel Beham und Georg Pencz. Historische Grundlagen und ikonographische Probleme ihrer Graphik zur Reformations- und Bauernkriegszeit. Leipzig 1975.

76 Christoph Dejung, Wahrheit und Häresie. Untersuchungen zur Geschichtsphilosophie bei Sebastian Franck. Zürich 1980, S. 107. Anders Horst Weigelt, Sebastian Franck, in: M. Greschat (Hg.), Gestalten der Kirchengeschichte, Bd. 6, S. 126.

77 Ch. Dejung, Wahrheit und Häresie, S. 108 ff.

78 H. Fast (Hg.), Der linke Flügel, S. 224.

79 Ebd., S. 247.

80 Vgl. Ch. Dejung, Wahrheit und Häresie, S. 253 und S. 267 f.

VIII. Reformation und Politik im Reich

1 Winfried Becker, Reformation und Revolution (Katholisches Leben und Kirchenreform im Zeitalter der Glaubensspaltung 34), Münster 1974, S. 8.

2 Vgl. z. B. Erich Hassinger, Das Werden des neuzeitlichen Europa 1300–1600, 2. Aufl. Braunschweig 1966; Josef Engel, Von der spätmittelalterlichen respublica christiana zum Mächte-Europa der Neuzeit, in: Th. Schieder (Hg.), Handbuch der europäischen Geschichte, Bd. 3, Stuttgart 1971.

3 Vgl. z. B. Gerhard Ritter, Das 16. Jahrhundert als weltgeschichtliche Epoche, in: ders., Die Weltwirkung der Reformation, Darmstadt 1959, S. 9–31.

4 Wilhelm Borth, Die Luthersache (Causa Lutheri) 1517–1524. Die Anfänge der Reformation als Frage von Politik und Recht. Lübeck und Hamburg 1970, S. 22; Walter Zimmermann, Die Reformation als rechtlich-politisches Problem in den Jahren 1524–1530/31, Göppingen 1978, S. 18.

5 Rainer Wohlfeil, Der Wormser Reichstag von 1521, in: F. Reuter (Hg.), Der Reichstag zu Worms von 1521. Reichspolitik und Luthersache. Worms 1971, S. 151.

6 Deutsche Reichstagsakten, Jüngere Reihe, Bd. 2, Göttingen 1962, S. 640 ff. (fortan: RTA).

7 W. Borth, Luthersache, S. 128.

8 R. Wohlfeil, Wormser Reichstag, S. 152.

9 RTA, Bd. III, S. 397 (zit. nach Heinrich Lutz, Reformation und Gegenreformation, München und Wien 1979, S. 46).

10 W. Borth, Luthersache, S. 147 ff. (RTA, Bd. IV, S. 499–503).

11 Walter Friedensburg, Der Reichstag zu Speyer 1526 im Zusammenhang der politischen und kirchlichen Entwicklung Deutschlands im Reformationszeitalter, Berlin 1887, S. 506, Hinweis bei: Günter Vogler, Der deutsche Bauernkrieg und die Verhandlungen des Reichstages zu Speyer 1526, in: Zeitschrift für Geschichtswissenschaft 22, 1975, S. 1398 f.

12 G. Vogler, Bauernkrieg, S. 1396–1410; Rainer Wohlfeil, Der Speyrer Reichstag von 1526, in: Blätter für pfälzische Kirchengeschichte und religiöse Volkskunde 43, 1976, S. 5–20.

13 Ernst-August Koch (Hg.), Neue und vollständigere Sammlung der Reichs-Abschiede, Frankfurt/M. 1747 (Neudruck 1967), Bd. 1, S. 274.

14 Peter Blickle, Die Reformation im Reich, Stuttgart 1982, S. 143.

15 E.-A. Koch, Reichs-Abschiede, Bd. 1, S. 293.

16 RTA, Bd. VII, 2, S. 1277.

17 Theodor Brieger, Die Reformation. Ein Stück aus Deutschlands Weltgeschichte. Berlin 1917, S. 225.

[18] RTA, Bd. VII, 2, S. 1283.

[19] Gunther Zimmermann, Die Einführung des landesherrlichen Kirchenregiments, in: Archiv für Reformationsgeschichte 76, 1985, S. 152.

[20] Peter Blickle, Die soziale Dialektik der reformatorischen Bewegung, in: P. Blickle, A. Lindt und A. Schindler (Hg.), Zwingli und Europa, Zürich 1985, S. 71–89.

[21] Martin Luther, WA 30, III, S. 317 (zit. nach Luther Deutsch, hg. v. K. Aland, Bd. 4, Stuttgart und Göttingen 1964, S. 247).

IX. Die revolutionäre Dynamik reformatorischer Bewegungen

[1] Rainer Wohlfeil, Einführung in die Geschichte der deutschen Reformation, München 1982, S. 50.

[2] Vgl. Gerhard Ebeling, Luther. Einführung in sein Denken. Tübingen 1964, S. 61.

[3] Heiko A. Oberman, Martin Luther. Vorläufer der Reformation. In: Verifikationen. Festschrift für Gerhard Ebeling zum 70. Geburtstag, hg. v. Eberhard Jüngel, Johannes Wallmann, Wilfried Werbeck. Tübingen 1982, S. 101.

[4] Peter Blickle, Gemeindereformation. Die Menschen des 16. Jahrhunderts auf dem Weg zum Heil. München 1985.

[5] Friedrich Engels, Der deutsche Bauernkrieg, in: Karl Marx – Friedrich Engels, Werke, Bd. 7, 8. Aufl. Berlin (Ost) 1982, S. 329.

[6] Moisey Mendelevic Smirin, Die Volksreformation des Thomas Müntzer und der große Bauernkrieg, 2. Aufl. Berlin (Ost) 1956 (russ. 1947).

[7] Vgl. Josef Foschepoth, Reformation und Bauernkrieg im Geschichtsbild der DDR. Ein Beitrag zur Methodologie der marxistisch-leninistischen Geschichtswissenschaft, Berlin 1976; vgl. auch mit einer abweichenden Bewertung dieses Wandlungsprozesses: Leo Pesch, Reformation und Bauernkrieg in marxistisch-leninistischer Sicht. Zur These der frühbürgerlichen Revolution in Deutschland. Ergebnisse, Hefte für historische Öffentlichkeit 3, Hamburg 1978. Einführung in den Forschungsstand: R. Wohlfeil (Hg.), Reformation oder frühbürgerliche Revolution? München 1972, S. 7–41.

[8] Eine zusammenfassende Deutung in dieser Richtung neuerdings bei Günter Vogler, Reformation als „frühbürgerliche Revolution“. Eine Konzeption im Meinungsstreit. In: P. Blickle u. a. (Hg.), Zwingli und Europa, Zürich 1985, S. 47–69.

[9] Crawford B. Macpherson, Die politische Theorie des Besitzindividualismus, Frankfurt/M. 1973.

[10] Peter Blickle, Die Revolution von 1525, München 1975, 2. Aufl. 1981.

[11] Ebd., S. 244.

[12] Ebd., S. 287.

[13] Ebd., S. 274; ders., Die Reformation im Reich, Stuttgart 1982, S. 95, und ders., Gemeindereformation.

[14] Robert W. Scribner, The German Reformation, London 1986, S. 18.

[15] Robert W. Scribner, The Reformation as a Social Movement, in: W. J. Mommsen, P. Alter und R. W. Scribner (Hg.), Stadtbürgertum und Adel in der Reformation, Stuttgart 1979, S. 49–79. Adolf Laube, Die Reformation als soziale Bewegung, in: Zeitschrift für Geschichtswissenschaft 33, 1985, S. 424–441 (Der Begriff „soziale Bewegung“ wird theoretisch nicht genauer bestimmt). Vgl. auch Günter Vogler, Revolutionäre Bewegung und frühbürgerliche Revolution, in: Zeitschrift für Geschichtswissenschaft 22, 1974, S. 394–411.

[16] R. W. Scribner, The German Reformation, S. 17 ff.

[17] R. Wohlfeil, Einführung, S. 96 ff.

[18] Walter Friedensburg, Der Reichstag zu Speyer 1526 im Zusammenhang der politischen und kirchlichen Entwicklung Deutschlands im Reformationszeitalter, Berlin 1887, S. 526.

[19] Winfried Schulze, Soziale Bewegungen als Phänomen des 16. Jahrhunderts, in: H. Angermeier (Hg.), Säkulare Aspekte der Reformationszeit (Schrifttum des Historischen Kollegs, Kolloquien 5), München und Wien 1983, S. 113–130.

[20] Joachim Raschke, Soziale Bewegungen. Ein historisch-systematischer Grundriß. Frankfurt/M. 1985, S. 77. Mit scheint diese Definition brauchbarer zu sein als die Analyse von Otthein Rammstedt, Soziale Bewegung, Frankfurt/M. 1978, oder ders., Stadtunruhen 1525, in: H.-U. Wehler (Hg.), Der Deutsche Bauernkrieg 1524–26 (Geschichte und Gesellschaft Sonderheft 1), Göttingen 1975, S. 239–276. Hilfreich sind R. W. Scribners Ausführungen zur sozialen Bewegung (s. Anm. 15).

[21] Ebd., S. 78.

[22] Ebd., S. 124 ff.

[23] Ebd., S. 78.

[24] Winfried Becker, Reformation und Revolution, Münster 1974, S. 111.

X. Die Ambivalenz einer Epoche

[1] Hanns Rückert, Die geistesgeschichtliche Einordnung der Reformation, in: ders., Vorträge und Aufsätze zur historischen Theologie, Tübingen 1972, S. 60.

[2] Im folgenden übernehme ich im wesentlichen den Text meines Eigentumsartikels in: Theologische Realenzyklopädie, Bd. 9, S. 423–428.

[3] Apologie der Confessio Augustana 16,9, in: Die Bekenntnisschriften der evangelisch-lutherischen Kirche, Göttingen 1930, S. 309.

[4] Heinz Holeczek, Johannes Lindenmaiers Schrift von der Gleichheit des Besitzes, in: Archiv für Reformationsgeschichte 66, 1975, S. 116.

[5] Manfred Bensing, Grundfragen der Revolution in Thomas Müntzers Denken und Handeln, in: Mühlhäuser Beiträge 4, 1981, S. 24.

[6] Paul Herzog, Die Bauernunruhen im Schaffhauser Gebiet 1524/25, Aarau 1965, S. 26.

[7] Hans Hergot, Von der Newen Wandlung eynes christlichen Lebens, Leipzig 1977, S. 109.

[8] Hans-Dieter Plümper, Die Gütergemeinschaft bei den Täufern des 16. Jahrhunderts, Göppingen 1972; James M. Stayer, Neue Modelle eines gemeinsamen Lebens. Gütergemeinschaft im Täufertum. In: H.-J. Goertz (Hg.), Alles gehört allen. Das Experiment Gütergemeinschaft vom 16. Jahrhundert bis heute. München 1984, S. 21–49.

[9] Karl Holl, Der Neubau der Sittlichkeit, in: Gesammelte Aufsätze zur Kirchengeschichte. I, Tübingen 2. u. 3. Aufl. 1923, S. 258.

[10] Martin Luther, WA 12, S. 684.

[11] Clemens Bauer, Melanchthons Wirtschaftsethik, in: Archiv für Reformationsgeschichte 49, 1958, S. 119.

[12] Ebd., S. 131.

[13] Ebd., S. 133.

[14] Huldreich Zwinglis sämtliche Werke (Corpus Reformatorum 90), S. 511.

[15] Walter Müller, Wurzeln und Bedeutung des grundsätzlichen Widerstands gegen die Leibeigenschaft im Bauernkrieg 1525, in: Schriften des Vereins für die Geschichte des Bodensees und seiner Umgebung 93, 1975, S. 21 f.; vgl. Gottfried

W. Locher, Der Eigentumsbegriff als Problem der evangelischen Theologie, 2. Aufl. Zürich und Stuttgart 1969, S. 34.

16 Martin Luther, WA 12, S. 131.

17 Vgl. Marion Kobelt-Groch, Warum verließ Petronella ihren Ehemann? Gedanken zur Ehemeidung bei den Halberstadter Täufern. In: Mennonitische Geschichtsblätter 1986/87 (im Druck).

18 James M. Stayer, Vielweiberei als „innerweltliche Askese". Neue Eheauffassungen in der Reformationszeit. In: Mennonitische Geschichtsblätter 1980, S. 24–41.

19 Steven E. Ozment, When Fathers Ruled. Family Life in Reformation Europe, Cambridge, Mass., 1983; vgl. auch den Einblick in diese Problematik bei Robert W. Scribner, The German Reformation, London 1986, S. 60 ff.

20 Vgl. Wolfram Fischer, Armut in der Geschichte, Göttingen 1982.

21 Eike Wolgast, Die Wittenberger Theologie und die Politik der evangelischen Stände, Gütersloh 1977, S. 290 ff.

Auswahlbibliographie

Diese Bibliographie enthält nur die wichtigste, vornehmlich neuere Literatur zur Geschichte der frühen Reformationszeit. Aufsätze und kleinere Beiträge werden nicht aufgeführt. Hinweise auf wichtige Aufsätze finden sich jedoch in den Anmerkungen.

Wichtige Bibliographien

Hans-Joachim Hillerbrand (Hg.), Bibliographie des Täufertums, 1520–1630, Gütersloh 1962.

Ders. (Hg.), A Bibliography of Anabaptism, 1520–1630. A Sequel: 1962–1974, St. Louis, Mo., 1975.

Hans-Joachim Köhler, Hildegard Hebenstreit-Wilfert, Christoph Wiesmann (Hg.), Flugschriften des frühen 16. Jahrhunderts (1501–1530) auf Microfiche. Übersichten und Register. Zug/Schweiz 1981.

Franz Schnabel, Deutschlands geschichtliche Quellen und Darstellungen in der Neuzeit. 1. Teil: Das Zeitalter der Reformation 1500–1550, Leipzig/Berlin 1931 (Reprint: Darmstadt 1972).

Karl Schottenloher, Bibliographie zur deutschen Geschichte im Zeitalter der Glaubensspaltung 1517–85, 6 Bde., Leipzig 1933–1940, 2. Aufl. Stuttgart 1956–1958, Bd. 7 ff., Stuttgart 1966 ff.

Ulrich Thomas, Bibliographie zum deutschen Bauernkrieg und seiner Zeit, Stuttgart 1974 ff.

Gustav Wolf, Quellenkunde der deutschen Reformationsgeschichte, 3 Bde., Gotha 1915/22 (Reprint: Nieuwkoop/Hildesheim 1966).

Quellenwerke

Actensammlung zur Geschichte der Zürcher Reformation in den Jahren 1519–1533, hg. von Emil Egli, Zürich 1879 (Neudruck: Aalen 1973).

Die Bekenntnisschriften der evangelisch-lutherischen Kirche, Göttingen 1930.

Sebastian Brant, Das Narrenschiff, hg. von Hans-Joachim Mähl, Stuttgart 1964.

Martin Bucers Deutsche Schriften, Bd. 1, hg. von Robert Stupperich, Gütersloh 1977.

Corpus Reformatorum (Melanchthon, Calvin, Zwingli), hg. von Carl Gottlieb Bretschneider u. a., Braunschweig, Berlin, Leipzig, Zürich 1834–1968, Reprint: New York 1963/64.

Corpus Schwenckfeldianorum, Bde. 1–19, Leipzig 1907–1960.

Heinrich Denzinger und Adolf Schönmetzer (Hg.), Enchiridion Symbolorum. Definitionum et Declarationum de Rebus Fidei et Morum, editio XXXIV, Freiburg i. Br. 1965.

Erasmus von Rotterdam, Ausgewählte Schriften, Lat. und dt., hg. von W. Welzig, Bde. I–VIII, Darmstadt 1967.

Heinold Fast (Hg.), Der linke Flügel der Reformation. Glaubenszeugnisse der Täufer, Spiritualisten, Schwärmer und Antitrinitarier. Bremen 1962.

Ludwig Fischer (Hg.), Die lutherischen Pamphlete gegen Thomas Müntzer, Tübingen und München 1976.
Günther Franz (Hg.), Der deutsche Bauernkrieg von 1525, hg. in zeitgenössischen Zeugnissen, Berlin 1926.
Günther Franz (Hg.), Quellen zur Geschichte des Bauernkrieges, München 1963.
Günther Franz (Hg.), Thomas Müntzer. Schriften und Briefe. Kritische Gesamtausgabe. Gütersloh 1968.
Walther Peter Fuchs (Hg.), Akten zur Geschichte des Bauernkriegs in Mitteldeutschland, Bd. 2, Aalen 1964.
Hans Hergot, Von der Newen Wandlung eynes christlichen Lebens, hg. von Max Steinmetz, Leipzig 1977.
Ulrich von Huttens Schriften, 5 Bde. und Suppl., hg. von Eduard Böcking, Leipzig 1859–1870.
Karlstadts Schriften aus den Jahren 1523–1525, hg. von Erich Hertzsch, 2 Bde., Halle 1956–57.
Ernst-August Koch (Hg.), Neue und vollständigere Sammlung der Reichs-Abschiede, Bd. 1, Frankfurt/M. 1747 (Neudruck 1967).
Adolf Laube und Hans Werner Seiffert (Hg.), Flugschriften der Bauernkriegszeit, Berlin (Ost) 1975.
Adolf Laube u. a. (Hg.), Flugschriften der frühen Reformationsbewegung, Bde. 1 und 2, Vaduz 1983.
Luther Deutsch. Die Werke Martin Luthers in neuer Auswahl für die Gegenwart, hg. von Kurt Aland, Stuttgart und Göttingen 1959 ff.
D. Martin Luthers Werke. Kritische Gesamtausgabe. Weimar 1883 ff.
Marsilius von Padua, Der Verteidiger des Friedens (Defensor Pacis), Teil I und II, Darmstadt 1958.
Friedrich Myconius, Geschichte der Reformation, hg. von Otto Clemen, Leipzig 1914.
G. Pfeiffer (Hg.), Quellen zur Nürnberger Reformationsgeschichte, Nürnberg 1968.
Quellen zur Geschichte der Täufer, 14 Bde., Gütersloh 1931–1981.
Quellen zur Geschichte der Täufer in der Schweiz, 3 Bde., Zürich 1952–1974.
Deutsche Reichstagsakten unter Kaiser Karl V. = Deutsche Reichstagsakten, Jüngere Reihe, hg. von der Historischen Kommission bei der Bayerischen Akademie der Wissenschaften, Bde. 1–4: 1. Aufl. Gotha 1893–1905, 2. Aufl. Göttingen 1962/63, Bd. 7/I und II: 1. Aufl. Stuttgart 1935, 2. Aufl. Göttingen 1963, Bd. 8/I und II: Göttingen 1970/71.

Darstellungen

Wilhelm Abel, Strukturen und Krisen der spätmittelalterlichen Wirtschaft, Stuttgart und New York 1980.
Luise Abramowski und J. F. Gerhard Goeters (Hg.), Studien zur Geschichte und Theologie der Reformation, Neukirchen-Vluyn 1969.
Lorna J. Abray, The People's Reformation. Magistrates, Clergy and Commons in Strasbourg 1500–1598. Oxford 1985.
Willy Andreas, Deutschland vor der Reformation. Eine Zeitenwende. 6. Aufl. Stuttgart 1959.
Carl Andresen (Hg.), Handbuch der Dogmen- und Theologiegeschichte, 2. Bd., Göttingen 1980.
Heinz Angermeier (Hg.), Säkulare Aspekte der Reformationszeit, München und Wien 1983.

Rosemarie Aulinger, Das Bild des Reichstages im 16. Jahrhundert. Beiträge zu einer typologischen Analyse schriftlicher und bildlicher Quellen. Göttingen 1980.
Roland Bainton, Martin Luther, hg. von Bernhard Lohse, 7. Aufl. Göttingen 1980.
Bernd Balzer, Bürgerliche Reformationspropaganda. Die Flugschriften des Hans Sachs in den Jahren 1523–1525. Stuttgart 1973.
Horst Bartel, Gerhard Brendler, Hans Hübner und Adolf Laube (Hg.), Martin Luther. Leistung und Erbe. Berlin (Ost) 1986.
Ingrid Batori (Hg.), Städtische Gesellschaft und Reformation (Spätmittelalter und frühe Neuzeit 12), Stuttgart 1980.
Winfried Becker, Reformation und Revolution (Katholisches Leben und Kirchenreform im Zeitalter der Glaubensspaltung 34), Münster 1974.
Harold S. Bender, Conrad Grebel ca. 1498–1526. The Founder of the Swiss Brethren Sometimes Called Anabaptists. Goshen, Ind., 1950.
Wilhelm Bender, Zwinglis Reformationsbündnisse. Untersuchungen zur Rechts- und Sozialgeschichte der Burgrechtsverträge eidgenössischer und oberdeutscher Städte zur Ausbreitung und Sicherung der Reformation Zwinglis. Zürich und Stuttgart 1970.
Manfred Bensing, Thomas Müntzer, 3. Aufl. Leipzig 1983.
Manfred Bensing, Thomas Müntzer und der Thüringer Aufstand 1525, Berlin (Ost) 1966.
Manfred Bensing und Siegfried Hoyer, Der deutsche Bauernkrieg 1524–1526, 3. Aufl. Berlin (Ost) 1975.
Peter Berger, Zur Dialektik von Religion und Gesellschaft. Elemente einer soziologischen Theorie. Frankfurt/M. 1973.
Torsten Bergsten, Balthasar Hubmaier. Seine Stellung zu Reformation und Täufertum 1521–28. Kassel 1961.
Friedrich von Bezold, Geschichte der deutschen Reformation, Berlin 1890.
Karlheinz Blaschke, Sachsen im Zeitalter der Reformation, Gütersloh 1970.
Peter Blickle, Gemeindereformation. Die Menschen des 16. Jahrhunderts auf dem Weg zum Heil. München 1985, Studienausgabe 1987.
Peter Blickle, Die Revolution von 1525, 1. Aufl. München 1975, 2. Aufl. 1981.
Peter Blickle (Hg.), Revolte und Revolution in Europa (Beiheft 4 NF zur Historischen Zeitschrift), München 1975.
Peter Blickle, Deutsche Untertanen, München 1981.
Peter Blickle, Die Reformation im Reich, Stuttgart 1982.
Peter Blickle (Hg.), Bauer, Reich und Reformation (Festschrift für Günther Franz), Stuttgart 1982.
Peter Blickle, Andreas Lindt und Alfred Schindler (Hg.), Zwingli und Europa, Zürich 1985.
Peter Blickle (Hg.), Zugänge zur bäuerlichen Reformation (Bauer und Reformation, Bd. 1), Zürich 1987.
Ernst Bloch, Thomas Münzer als Theologe der Revolution, Frankfurt/M. 1962.
Heinrich Böhmer, Gesammelte Aufsätze, Gotha 1927.
Hartmut Boockmann, Einführung in die Geschichte des Mittelalters, 3. Aufl. München 1985.
Hartmut Boockmann, Die Stadt im späten Mittelalter, München 1986.
Heinrich Bornkamm, Luthers geistige Welt, 3. Aufl. Gütersloh 1959.
Heinrich Bornkamm, Luthers Lehre von den zwei Reichen im Zusammenhang seiner Theologie, 3. Aufl., Gütersloh 1969.
Heinrich Bornkamm, Martin Luther in der Mitte seines Lebens. Das Jahrzehnt zwischen dem Wormser und dem Augsburger Reichstag. Aus dem Nachlaß hg. von K. Bornkamm. Göttingen 1979.

Wilhelm Borth, Die Luthersache (Causa Lutheri) 1517–1524. Die Anfänge der Reformation als Frage von Politik und Recht. Lübeck und Hamburg 1970.
Thomas A. Brady, Ruling Class, Regime and Reformation in Strasbourg 1520–1555, Leiden 1978.
Thomas A. Brady, Turning Swiss: Cities and Empire, 1450–1550. Cambridge 1986.
Martin Brecht, Martin Luther. Bd. 1: Sein Weg zur Reformation 1483–1521. Stuttgart 1981, Bd. 2: Ordnung und Abgrenzung der Reformation 1521–1532, 1986.
Gerhard Brendler, Martin Luther. Theologie und Revolution. Berlin (Ost) 1983.
Gerhard Brendler und Adolf Laube (Hg.), Der deutsche Bauernkrieg 1524–25. Geschichte-Traditionen-Lehren. Berlin (Ost) 1977.
Theodor Brieger, Die Reformation. Ein Stück aus Deutschlands Weltgeschichte. Berlin 1917.
Peter Newman Brooks (Hg.), Reformation Principle and Practice. Essays in Honour of Arthur Geoffrey Dickens. London 1980.
Otto Brunner, Neue Wege der Verfassungs- und Sozialgeschichte, 2. Aufl. Göttingen 1968.
Ulrich Bubenheimer, Consonantia theologiae et iurisprudentiae. Andreas Bodenstein von Karlstadt als Theologe und Jurist zwischen Scholastik und Reformation. Tübingen 1977.
Lawrence P. Buck und Jonathan W. Zophy (Hg.), The Social History of the Reformation, Columbus, Ohio, 1972.
Jürgen Bücking, Michael Gaismair. Reformer, Sozialrebell, Revolutionär. Seine Rolle im Tiroler „Bauernkrieg“ (1525/32). Stuttgart 1978.
Fritz Büsser, Huldrych Zwingli. Reformation als prophetischer Auftrag (Persönlichkeit und Geschichte 74/75), Göttingen 1973.
Jacob Burckhardt, Die Kultur der Renaissance in Italien, Leipzig 1925.
Horst Buszello, Der deutsche Bauernkrieg als politische Bewegung mit besonderer Berücksichtigung der anonymen Flugschrift „An die versamlung gemayner Pawerschafft“, Berlin 1969.
Horst Buszello, Peter Blickle und Rudolf Endres (Hg.), Der deutsche Bauernkrieg, Paderborn, München, Wien und Zürich 1984.
Miriam Usher Chrisman, Strasbourg and the Reform, New Haven 1967.
Carl C. Christensen, Art and the Reformation in Germany, Athens, Ohio und Detroit, Mich., 1979.
Claus-Peter Clasen, Anabaptism. A Social History, 1525–1618. Switzerland, Austria, Moravia, South and Central Germany. Ithaca und London 1972.
Franziska Conrad, Reformation in der bäuerlichen Gesellschaft. Zur Rezeption reformatorischer Theologie im Elsaß. Stuttgart 1984.
Christoph Dejung, Wahrheit und Häresie. Untersuchungen zur Geschichtsphilosophie bei Sebastian Franck. Zürich 1980.
Klaus Deppermann, Melchior Hoffman. Soziale Unruhen und apokalyptische Visionen im Zeitalter der Reformation. Göttingen 1979.
Deutsche Geschichte, Bd. 3, hg. vom Zentralinstitut für Geschichte der Akademie der Wissenschaften der DDR, Berlin (Ost) 1983.
Arthur G. Dickens, The German Nation and Martin Luther, 2. Aufl. London 1976.
Wilhelm Dilthey, Weltanschauung und Analyse des Menschen seit Renaissance und Reformation, 9. Aufl. Göttingen 1970.
Hellmut Diwald, Anspruch auf Mündigkeit um 1400–1555 (Propyläen Geschichte Europas, Bd. 1), Frankfurt/M. 1975.
Fridolin Dörrer (Hg.), Die Bauernkriege und Michael Gaismair, Innsbruck 1982.

Richard van Dülmen, Reformation als Revolution. Soziale Bewegung und religiöser Radikalismus in der deutschen Reformation. München 1977.
Richard van Dülmen und Norbert Schindler (Hg.), Volkskultur. Zur Wiederentdekkung vergessenen Alltags (16.–20. Jahrhundert). Frankfurt/M. 1984.
Will Durant, Das Zeitalter der Reformation (Kulturgeschichte der Menschheit, Bd. 9), Frankfurt/M. 1982.
Gerhard Ebeling, Luther. Einführung in sein Denken. Tübingen 1964.
Mark U. Edwards, Luther and the False Brethren, Stanford 1975.
Wilfried Ehbrecht (Hg.), Städtische Führungsgruppen und Gemeinde in der werdenden Neuzeit (Städteforschung, Reihe A, Bd. 9), Köln und Wien 1980.
Walter Elliger, Thomas Müntzer. Leben und Werk. 3. Aufl. Göttingen 1976.
Rudolph Geoffrey Elton, Europa im Zeitalter der Reformation 1517–1559, 2. Aufl. München 1982.
Friedrich Engels, Der Deutsche Bauernkrieg (Marx-Engels, Werke, Bd. 7), 8. Aufl. Berlin (Ost) 1982.
Rolf Engelsing, Analphabetentum und Lektüre. Zur Sozialgeschichte des Lesens in Deutschland zwischen feudaler und industrieller Gesellschaft. Stuttgart 1973.
Peter C. Erb (Hg.), Schwenckfeld and Early Schwenckfeldianism. Papers Presented at the Colloquium on Schwenckfeld and the Schwenckfelders, Sept. 1984, Pennsburg, Pa. 1986.
Erik H. Erikson, Der junge Mann Luther. Eine psychoanalytische und historische Studie. München 1964.
Günter Fabiunke, Martin Luther als Nationalökonom, Berlin (Ost) 1963.
Lucien Febvre, Martin Luther. Religion als Schicksal. Frankfurt/M. 1976.
Wolfram Fischer, Armut in der Geschichte, Göttingen 1982.
Josef Foschepoth, Reformation und Bauernkrieg im Geschichtsbild der DDR. Zur Methodologie eines gewandelten Geschichtsverständnisses, Berlin 1976.
Wilhelm Fraenger, Jörg Ratgeb. Ein Maler und Märtyrer aus dem Bauernkrieg. Dresden 1972 (2. Aufl. hg. von G. Fraenger und J. Baier-Fraenger, München 1981).
Günther Franz, Der deutsche Bauernkrieg, 10. Aufl., Darmstadt 1975.
Walter Friedensburg, Der Reichstag zu Speyer 1526 im Zusammenhang der politischen und kirchlichen Entwicklung Deutschlands im Reformationszeitalter, Berlin 1887.
Richard Friedenthal, Luther. Sein Leben und seine Zeit. München 1967.
Robert Friedmann, Hutterite Studies, Goshen, Ind., 1961.
Abraham Friesen, Reformation and Utopia. The Marxist Interpretation of the Reformation and its Antecedents. Wiesbaden 1974.
Abraham Friesen und Hans-Jürgen Goertz (Hg.), Thomas Müntzer (Wege der Forschung CXCI), Darmstadt 1978.
Walther Peter Fuchs, Das Zeitalter der Reformation (Gebhardt, Handbuch der deutschen Geschichte, Bd. 8, hg. von H. Grundmann), München 1973.
Ulrich Gäbler, Huldrych Zwingli. Eine Einführung in sein Leben und sein Werk. München 1983.
Frank Gansener, Der Staat des „gemeinen Mannes". Gattungstypologie und Programmatik des politischen Schrifttums von Reformation und Bauernkrieg. Frankfurt M., Bern, New York 1985.
Charles Garside Jr., Zwingli and the Arts, New Haven und London 1966.
Hans-Jürgen Goertz, Innere und äußere Ordnung in der Theologie Thomas Müntzers, Leiden 1967.
Hans-Jürgen Goertz, Die Täufer. Geschichte und Deutung. München 1980.

Hans-Jürgen Goertz (Hg.), Umstrittenes Täufertum 1525–1975. Neue Forschungen. 2. Aufl. Göttingen 1977.
Hans-Jürgen Goertz (Hg.), Radikale Reformatoren. 21 biographische Skizzen von Thomas Müntzer bis Paracelsus. München 1978.
Hans-Jürgen Goertz (Hg.), Alles gehört allen. Das Experiment Gütergemeinschaft vom 16. Jahrhundert bis heute. München 1984.
J. F. Gerhard Goeters, Ludwig Hätzer ca. 1500 bis 1529. Spiritualist und Antitrinitarier. Gütersloh 1957.
Martin Greschat (Hg.), Gestalten der Kirchengeschichte, Bd. 5 und 6, Stuttgart 1981.
Kaspar von Greyerz (Hg.), Religion and Society in Early Modern Europe: 1500–1800, Winchester 1984.
Karl Griewank, Der neuzeitliche Revolutionsbegriff. Entstehung und Entwicklung. Weimar 1955 (2. Aufl. Frankfurt/M. 1969).
Wolfgang Günter, Martin Luthers Vorstellung von der Reichsverfassung (Reformationsgeschichtliche Studien und Texte 114), Münster 1976.
Gerhard Günther, Mühlhausen in Thüringen, Berlin (Ost) 1975.
Martin Haas, Huldrych Zwingli und seine Zeit, 3. Aufl. München 1982.
Erich Hassinger, Das Werden des neuzeitlichen Europa 1300–1600, 2. Aufl. Braunschweig 1964 (1. Aufl. 1959).
René Hauswirth, Landgraf Philipp von Hessen und Zwingli. Voraussetzungen und Geschichte der politischen Beziehungen zwischen Hessen, Straßburg, Konstanz, Ulrich von Württemberg und reformierten Eidgenossen 1526–1531. Tübingen und Basel 1968.
Johannes Heckel, Im Irrgarten der Zwei-Reiche-Lehre, München 1957.
Johannes Heckel, Lex Charitatis. Eine juristische Untersuchung über das Recht in der Theologie Martin Luthers, 2. Aufl. Köln und Wien 1973.
Georg Wilhelm Friedrich Hegel, Vorlesungen über die Philosophie der Geschichte, Werke in zwanzig Bänden, Bd. 12, Frankfurt/M. 1970.
Alfred Hegler, Geist und Schrift bei Sebastian Franck. Eine Studie zur Geschichte des Spiritualismus in der Reformationszeit. Freiburg i. Br. 1892.
Gerhard Heitz, Adolf Laube und Max Steinmetz (Hg.), Der Bauer im Klassenkampf. Studien zur Geschichte des deutschen Bauernkrieges und der bäuerlichen Klassenkämpfe im Spätfeudalismus. Berlin (Ost) 1975.
Paul Herzog, Die Bauernunruhen im Schaffhauser Gebiet 1524/25, Aarau 1965.
Karl Heussi, Altertum, Mittelalter und Neuzeit in der Kirchengeschichte. Ein Beitrag zum Problem der historischen Periodisierung. Tübingen 1921.
Carl Hinrichs, Luther und Müntzer. Ihre Auseinandersetzung über Obrigkeit und Widerstandsrecht. 2. Aufl. Berlin 1962.
Ernst Hinrichs, Einführung in die Geschichte der Frühen Neuzeit, München 1980.
Hajo Holborn, Ulrich von Hutten, Göttingen 1968.
Karl Holl, Gesammelte Aufsätze zur Kirchengeschichte, Bd. 1 Luther, 2. und 3. Aufl. Tübingen 1923
Siegfried Hoyer, Das Militärwesen im deutschen Bauernkrieg 1524–1526, Berlin (Ost) 1975.
Siegfried Hoyer (Hg.), Reform, Reformation, Revolution, Leipzig 1980.
Walther Hubatsch, Frühe Neuzeit und Reformation in Deutschland, Frankfurt/M. 1981.
Walther Hubatsch (Hg.), Wirkungen der deutschen Reformation bis 1555, Darmstadt 1967.
Wolfgang Hütt, Deutsche Malerei und Graphik der frühbürgerlichen Revolution, Leipzig 1973.

Johan Huizinga, Herbst des Mittelalters. Studien über Lebens- und Geistesformen des 14. und 15. Jahrhunderts in Frankreich und in den Niederlanden. 11. Aufl. Stuttgart 1975.

Frieda Humbel, Ulrich Zwingli und seine Reformation im Spiegel der gleichzeitigen, schweizerischen volkstümlichen Literatur, Leipzig 1912.

Erwin Iserloh, Geschichte und Theologie der Reformation im Grundriß, Paderborn 1980.

Walter Jacob, Politische Führungsschicht und Reformation. Untersuchungen zur Reformation in Zürich 1519–1528. Zürich 1970.

Günter Jäckel (Hg.), Kaiser, Gott und Bauer. Die Zeit des deutschen Bauernkrieges im Spiegel der Literatur. Berlin (Ost) 1975.

Sigrid Jahns, Frankfurt, Reformation und Schmalkaldischer Bund. Die Reformations-, Reichs- und Bündnispolitik der Reichsstadt Frankfurt am Main 1525–1536. Frankfurt/M. 1976.

Johannes Janssen, Geschichte des deutschen Volkes seit dem Ausgang des Mittelalters, 2. Bd., 14. Aufl. Freiburg i. Br. 1886.

Hubert Jedin (Hg.), Handbuch der Kirchengeschichte, Bd. 4: Reformation, Katholische Reform und Gegenreformation, Freiburg i. Br. 1967.

Paul Joachimsen, Die Reformation als Epoche der deutschen Geschichte, hg. von O. Schottenloher, München 1951.

Reinhard Jordan, Chronik der Stadt Mühlhausen in Thüringen, Bd. 1, Mühlhausen 1900.

Helmar Junghans, Wittenberg als Lutherstadt, Berlin (Ost) und Göttingen 1979.

Helmar Junghans (Hg.), Leben und Werk Martin Luthers von 1526 bis 1546, 2. Bde., Berlin (Ost) 1983.

Hermann Kellenbenz, Deutsche Wirtschaftsgeschichte, Bd. 1: Von den Anfängen bis zum Ende des 18. Jahrhunderts, München 1977.

Rolf Kiessling, Bürgerliche Gesellschaft und Kirche in Augsburg im Spätmittelalter. Ein Beitrag zur Strukturanalyse der oberdeutschen Reichsstadt. Augsburg 1971.

Walter Klaassen, Michael Gaismair. Revolutionary and Reformer. Leiden 1978.

Peter James Klassen, The Economics of Anabaptism. 1525–1560. London, The Hague, Paris 1964.

Karl-Heinz Klingenburg (LA), Deutsche Kunst und Literatur in der frühbürgerlichen Revolution. Aspekte – Probleme – Positionen. Berlin (Ost) 1975.

Hans-Joachim Köhler (Hg.), Flugschriften als Massenmedium der Reformationszeit, Stuttgart 1981.

Walther Köhler, Zürcher Ehegericht und Genfer Konsistorium, Bd. 1: Das Zürcher Ehegericht und seine Auswirkung in der deutschen Schweiz zur Zeit Zwinglis. Leipzig 1932.

Walther Köhler, Zwingli und Luther. Ihr Streit über das Abendmahl nach seinen politischen und religiösen Beziehungen, 2. Bde., Leipzig und Gütersloh 1924/1953.

Barbara Könneker, Die deutsche Literatur der Reformationszeit. Kommentar zu einer Epoche. München 1975.

Raymund Kottje und Bernd Moeller (Hg.), Mittelalter und Reformation (Ökumenische Kirchengeschichte 2), Mainz und München 1973.

Adolf Laube, Max Steinmetz und Günter Vogler, Illustrierte Geschichte der deutschen frühbürgerlichen Revolution, Berlin (Ost) 1974.

W. I. Lenin, Werke, Bd. 31, 3. Aufl. Berlin (Ost) 1966.

Werner Lenk, Die Reformation im zeitgenössischen Dialog, Berlin (Ost) 1968.

Joachim Leuschner, Deutschland im späten Mittelalter, Göttingen 1975.

Roger Ley, Kirchenzucht bei Zwingli, Zürich 1948.

Marc Lienhard (Hg.), The Origins and Characteristics of Anabaptism/Les débuts et les caractéristiques de l'Anabaptisme, Den Haag 1977.
Gottfried W. Locher, Der Eigentumsbegriff als Problem der evangelischen Theologie, 2. Aufl. Zürich und Stuttgart 1969.
Gottfried W. Locher, Die Zwinglische Reformation im Rahmen der europäischen Kirchengeschichte, Göttingen 1979.
Bernhard Lohse, Mönchtum und Reformation. Luthers Auseinandersetzung mit dem Mönchsideal des Mittelalters. Göttingen 1963.
Bernhard Lohse, Der Durchbruch der reformatorischen Erkenntnis bei Luther (Wege der Forschung 123), Darmstadt 1968.
Bernhard Lohse, Martin Luther. Eine Einführung in sein Leben und sein Werk. München 1981.
Peter Lucke, Gewalt und Gegengewalt in den Flugschriften der Reformation, Göppingen 1974.
Heinrich Lutz, Reformation und Gegenreformation (Grundriß der Geschichte 10), München und Wien 1979.
Robert Hermann Lutz, Wer war der gemeine Mann? Der dritte Stand in der Krise des Spätmittelalters. München und Wien 1979.
Crawford B. Macpherson, Die politische Theorie des Besitzindividualismus, Frankfurt/M. 1973.
Gottfried Maron, Das katholische Lutherbild der Gegenwart, Göttingen 1982.
Marx-Engels, Werke, Bd. 1, 14. Aufl. Berlin (Ost) 1983; Bd. 4, 10. Aufl. 1983; Bd. 7, 8. Aufl. 1982; Bd. 20, 9. Aufl. 1986.
Erich Maschke und Jürgen Sydow (Hg.), Gesellschaftliche Unterschichten in den Südwestdeutschen Städten, Stuttgart 1967.
Joachim Matthes, Religion und Gesellschaft. Einführung in die Religionssoziologie I. Reinbek 1967.
Justus Maurer, Prediger im Bauernkrieg, Stuttgart 1979.
Wilhelm Maurer, Luther und die Schwärmer (Schriften des Theol. Konvents Augsburg. Bekenntnisse VI), Berlin 1952.
Gerhard May (Hg.), Das Marburger Religionsgespräch 1529, Gütersloh 1970.
R. Emmet McLaughlin, Caspar Schwenckfeld – Reluctant Radical. His Life to 1540. New Haven und London 1986.
Karl August Meißinger, Luther. Die deutsche Tragödie 1521. München 1953.
Albert F. Mellink, De Wederdopers in den Noordelijke Nederlanden 1531–1544, Groningen und Djakarta 1954.
Bernd Moeller, Reichsstadt und Reformation, Gütersloh 1962.
Bernd Moeller, Deutschland im Zeitalter der Reformation, Göttingen 1977.
Bernd Moeller (Hg.), Stadt und Kirche im 16. Jahrhundert, Gütersloh 1978.
Bernd Moeller (Hg.), Die Kirche in ihrer Geschichte. Ein Handbuch. Göttingen 1962 ff.
Bernd Moeller (Hg.), Bauernkriegsstudien, Gütersloh 1983.
Bernd Moeller (Hg.), Luther in der Neuzeit, Gütersloh 1983.
Wolfgang J. Mommsen u. a. (Hg.), Stadtbürgertum und Adel in der Reformation. Studien zur Sozialgeschichte der Reformation in England und Deutschland. Stuttgart 1979.
E. William Monter. Ritual, Myth and Magic in Early Modern Europe, Brighton 1983.
Hans Morf. Zunftverfassung und Obrigkeit in Zürich von Waldmann bis Zwingli, Zürich 1969.
Gerhard Müller (Hg.), Die Religionsgespräche der Reformationszeit, Gütersloh 1980.

Gerhard Müller, Die römische Kurie und die Reformation 1523–1534. Kirche und Politik während des Pontifikates Clemens' VII., Gütersloh 1969.
Michael Müller, Auserwählte und Gottlose in der Theologie Thomas Müntzers, theol. Diss. Halle 1972.
Nikolaus Müller, Die Wittenberger Bewegung. 1521 und 1522. Die Vorgänge in und um Wittenberg während Luthers Wartburgaufenthalt. 2. Aufl. Leipzig 1911.
Thomas Nipperdey, Reformation, Revolution, Utopie. Studien zum 16. Jahrhundert. Göttingen 1976.
Josef Nolte u.a. (Hg.), Kontinuität und Umbruch. Theologie und Frömmigkeit in Flugschriften und Kleinliteratur an der Wende vom 15. zum 16. Jahrhundert. Stuttgart 1978.
Heiko A. Oberman, Spätscholastik und Reformation, Bd. 1: Der Herbst der mittelalterlichen Theologie, Zürich 1965.
Heiko A. Oberman, Werden und Wertung der Reformation. Vom Wegestreit zum Glaubenskampf. Tübingen 1977.
Heiko A. Oberman (Hg.), Die Kirche im Zeitalter der Reformation, Neukirchen-Vluyn 1981.
Heiko A. Oberman, Luther. Mensch zwischen Gott und Teufel. Berlin 1982.
Heiko A. Oberman, Die Reformation. Von Wittenberg nach Genf. Göttingen 1986.
Friedrich Wilhelm Oediger, Über die Bildung der Geistlichen im späten Mittelalter (Studien und Texte zur Geschichte des Mittelalters 2), Leiden und Köln 1953.
Daniel Olivier, Der Fall Luther. Geschichte einer Verurteilung 1517–1521. Stuttgart 1972.
John S. Oyer, Lutheran Reformers Against Anabaptists. Luther, Melanchthon and Menius and the Anabaptists of Central Germany. Den Haag 1964.
Steven E. Ozment (Hg.), The Reformation in Medieval Perspective, Chicago 1971.
Steven E. Ozment, Mysticism and Dissent. Religious Ideology and Social Protest in the Sixteenth Century. New Haven und London 1973.
Steven E. Ozment, Reformation in the Cities. The Appeal of Protestantism to Sixteenth-Century Germany and Switzerland. New Haven und London 1975.
Steven E. Ozment, The Age of Reform 1250–1550, New Haven 1980.
Steven E. Ozment (Hg.), Reformation Europe: A Guide to Research, St. Louis, Miss., 1982.
Steven E. Ozment, When Fathers Ruled. Family Life in Reformation Europe. Cambridge, Mass., 1983.
Werner O. Packull, Mysticism and the Early South German-Austrian Anabaptist Movement 1525–1531, Scottdale/Pa. 1977.
Werner O. Packull und James M. Stayer (Hg.), The Anabaptists and Thomas Müntzer, Dubuque und Toronto 1980.
Calvin A. Pater, Karlstadt as the Father of the Baptist Movements: The Emergence of Lay Protestantism, Toronto, Buffalo, London 1984.
Paul Peachey, Die soziale Herkunft der Schweizer Täufer in der Reformationszeit, 1525–1540, Karlsruhe 1954.
Franz Petri (Hg.), Kirche und gesellschaftlicher Wandel in deutschen und niederländischen Städten der werdenden Neuzeit (Städteforschung, Reihe A, Bd. 10), Köln und Wien 1980.
Will-Erich Peuckert, Die große Wende. Das apokalyptische Saeculum und Luther. 2. Bde., Darmstadt 1966.
Hans-Dieter Plümper, Die Gütergemeinschaft bei den Täufern des 16. Jahrhunderts, Göppingen 1972.
George Richard Potter, Zwingli, Cambridge 1976.

Volker Press und Dieter Stievermann (Hg.), Martin Luther. Probleme seiner Zeit. Stuttgart 1986

James S. Preus, Carlstadt's Ordinaciones and Luther's Liberty. A Study of the Wittenberg Movement 1521–22. Boston 1974.

Otthein Rammstedt, Soziale Bewegung, Frankfurt/M. 1978.

Leopold von Ranke, Deutsche Geschichte im Zeitalter der Reformation (hist.-krit. Ausgabe, hg. von P. Joachimsen), Bde. 1–6, Meersburg und Leipzig 1933.

Francis Rapp, Réformes et Réformation à Strasbourg. Église et Société dans le diocèse de Strasbourg (1450–1525). Paris 1974.

Joachim Raschke, Soziale Bewegungen. Ein historisch-systematischer Grundriß. Frankfurt/M. 1985.

Wilhelm Rausch (Hg.), Die Stadt am Ausgang des Mittelalters, Linz/Donau 1974.

Fritz Reuter (Hg.), Der Reichstag zu Worms von 1521. Reichspolitik und Luthersache. Worms 1971.

Arthur Rich, Die Anfänge der Theologie Huldrych Zwinglis, Zürich 1949.

Gerhard Ritter, Luther. Gestalt und Tat. 5. Aufl. München 1949.

Gerhard Ritter, Die Neugestaltung Europas im 16. Jahrhundert, 3. Aufl. Berlin 1967.

Gerhard Ritter, Die Weltwirkung der Reformation, Darmstadt 1959.

Susanne Ritter, Die kirchenkritische Tendenz in den deutschsprachigen Flugschriften der frühen Reformationszeit, phil. Diss. Tübingen 1970.

Hans-Christoph Rublack, Die Einführung der Reformation in Konstanz von den Anfängen bis zum Abschluß 1531, Gütersloh 1971.

Hans-Christoph Rublack, Gescheiterte Reformation. Frühreformatorische und protestantische Bewegungen in süd- und westdeutschen geistlichen Residenzen. Stuttgart 1978

Franz Rueb. Ulrich von Hutten. Ein radikaler Intellektueller im 16. Jahrhundert. Berlin 1981.

Hanns Rückert, Vorträge und Aufsätze zur historischen Theologie, Tübingen 1972.

Ernest Gordon Rupp, Patterns of Reformation, Epworth 1969.

Paul Russell, Lay Theology in the Reformation. Popular Pamphleteers in Southwest Germany 1521–1525. Cambridge 1985.

David W. Sabean, Landbesitz und Gesellschaft am Vorabend des Bauernkriegs, Stuttgart 1972

Theodor Schieder (Hg.), Handbuch der europäischen Geschichte, Bd. 3, Stuttgart 1971.

Heinrich Richard Schmidt, Reichsstädte, Reich und Reformation. Korporative Religionspolitik 1521–1529/30. Stuttgart 1986.

Josef Schmidt, Lestern, lesen und lesen hören. Kommunikationsstudien zur deutschen Prosasatire der Reformationszeit. Bern 1977.

Klaus Scholder und Dieter Kleinmann (Hg.), Protestantische Profile. Lebensbilder aus fünf Jahrhunderten. Königstein/Ts. 1983.

Heinz-Horst Schrey (Hg.), Reich Gottes und Welt. Die Lehre Luthers von den zwei Reichen (Wege der Forschung 107). Darmstadt 1969.

Winfried Schulze (Hg.), Europäische Bauernrevolten der frühen Neuzeit, Frankfurt/M. 1980.

Jürgen Schutte, „Schympff red". Frühformen bürgerlicher Agitation in Thomas Murners „Großem Lutherischen Narren" (1522). Stuttgart 1973.

Reinhard Schwarz, Die apokalyptische Theologie Thomas Müntzers und der Taboriten, Tübingen 1977.

Tom Scott, Freiburg and the Breisgau. Town-Country Relations in the Age of Reformation and Peasants' War. Oxford 1986.

Robert W. Scribner, For the Sake of Simple Folk. Popular Propaganda for the German Reformation. Cambridge 1981.
Robert W. Scribner, The German Reformation, London 1986.
Gottfried Seebaß, Müntzers Erbe. Werk, Leben und Theologie des Hans Hut. Theol. Habilitationsschrift, Erlangen 1972 (unveröffentl.).
Kyle C. Sessions und Philipp N. Bebb (Hg.), Pietas et Societas. New Trends in Reformation Social History. Kirksville, Mo. (Sixt. Cent. Journal) 1985.
Ronald J. Sider, Andreas Bodenstein von Karlstadt. The Development of his Thought, 1517–1525. Leiden 1974.
Stephan Skalweit, Reich und Reformation, Berlin 1967.
Moisey Mendelevic Smirin, Die Volksreformation des Thomas Müntzer und der große Bauernkrieg, 2. Aufl. Berlin (Ost) 1956.
C. Arnold Snyder, The Life and Thought of Michael Sattler, Scottdale, Pa., und Kitchener, Dut., 1984.
James M. Stayer, Anabaptists and the Sword, 2. Aufl. Lawrence, Ks., 1976.
David C. Steinmetz, Reformation in the Wings, Philadelphia 1971.
Max Steinmetz und Gerhard Brendler (Hg.), Weltwirkung der Reformation, 2 Bde., Berlin (Ost) 1969.
Max Steinmetz, Das Müntzerbild von Martin Luther bis Friedrich Engels, Berlin (Ost) 1971.
Max Steinmetz (Hg.), Der deutsche Bauernkrieg und Thomas Müntzer, Leipzig 1976.
Max Steinmetz, Deutschland von 1476 bis 1648. Von der frühbürgerlichen Revolution bis zum Westfälischen Frieden (Lehrbuch der deutschen Geschichte, Bd. 3), 2. Aufl. Berlin (Ost) 1978.
Leo Stern und Max Steinmetz (Hg.), 450 Jahre Reformation, Berlin (Ost) 1967.
Margarete Stirm, Die Bilderfrage in der Reformation, Heidelberg 1977.
Anton Störmann, Die städtischen Gravamina gegen den Klerus am Ausgang des Mittelalters und in der Reformationszeit, Münster 1916.
Robert Stupperich, Die Reformation in Deutschland, 2. Aufl. Gütersloh 1980.
Wilhelm Treue, Wirtschaft, Gesellschaft und Technik in Deutschland vom 16. bis zum 19. Jahrhundert (Gebhardt, Handbuch der deutschen Geschichte, Bd. 2), 9. Aufl. Stuttgart 1970.
Karl Trüdinger, Luthers Briefe und Gutachten an weltliche Obrigkeiten zur Durchführung der Reformation, München 1975.
Ernst Ullmann (Hg.), Kunst und Reformation, Leipzig 1982.
Günter Vogler, Nürnberg 1524/25. Studien zur Geschichte der reformatorischen und sozialen Bewegung in der Reichsstadt. Berlin (Ost) 1982.
Günter Vogler, Die Gewalt soll gegeben werden dem gemeinen Volk. Der deutsche Bauernkrieg 1525. 2. Aufl. Berlin (Ost) 1983.
Günter Vogler (Hg.), Martin Luther. Leben, Werk, Wirkung. Berlin (Ost) 1983.
Robert Walton, Zwingli's Theocracy, Toronto 1967.
Martin Warnke, Cranachs Luther. Entwürfe für ein Image. Frankfurt/M. 1984.
Martin Warnke (Hg.), Bildersturm. Die Zerstörung des Kunstwerks. München 1978.
Hans-Ulrich Wehler (Hg.), Der Deutsche Bauernkrieg 1524–1526 (Geschichte und Gesellschaft, Sonderheft 1), Göttingen 1975.
Horst Weigelt, Sebastian Franck und die lutherische Reformation, Gütersloh 1970.
Horst Weigelt, Spiritualistische Tradition im Protestantismus. Die Geschichte des Schwenckfeldertums in Schlesien. Berlin und New York 1973.
Wolfram Wettges, Reformation und Propaganda. Studien zur Kommunikation des Aufruhrs in süddeutschen Reichsstädten (Geschichte und Gesellschaft. Bochumer Historische Studien 17), Stuttgart 1978.

Konrad Wiedemann, Arbeit und Bürgertum. Die Entwicklung des Arbeitsbegriffs in der Literatur Deutschlands an der Wende zur Neuzeit. Heidelberg 1979.

Theodor Wiedemann, Geschichte der Reformation und Gegenreformation im Lande unter der Ems, Bd. 1, Prag 1879.

George Huntston Williams, The Radical Reformation, Philadelphia 1962.

Christof Windhorst, Täuferisches Taufverständnis. Balthasar Hubmaiers Lehre zwischen traditioneller und reformatorischer Theologie. London 1976.

Friedrich Winterheger, Bauernkriegsforschung (Erträge der Forschung 157), Darmstadt 1981.

Jean Wirth, Luther. Étude d'histoire religieuse. Genf 1981.

Rainer Wohlfeil (Hg.), Reformation oder frühbürgerliche Revolution? München 1972.

Rainer Wohlfeil (Hg.), Der Bauernkrieg 1524–26. Bauernkrieg und Reformation. München 1975.

Rainer Wohlfeil, Einführung in die Geschichte der deutschen Reformation, München 1982.

Rainer Wohlfeil, Das wissenschaftliche Lutherbild der Gegenwart, Hannover 1982.

Gunther Wolf (Hg.), Luther und die Obrigkeit (Wege der Forschung 85), Darmstadt 1972.

Eike Wolgast, Die Wittenberger Theologie und die Politik der evangelischen Stände. Studien zu Luthers Gutachten in politischen Fragen. Gütersloh 1977.

Eike Wolgast, Thomas Müntzer. Ein Verstörer der Gläubigen. Göttingen und Zürich 1981.

John H. Yoder, Täufertum und Reformation in der Schweiz. Die Gespräche zwischen Täufern und Reformatoren 1523–1538. Karlsruhe 1962.

John H. Yoder, Täufertum und Reformation im Gespräch. Dogmengeschichtliche Untersuchung der frühen Gespräche zwischen schweizerischen Täufern und Reformatoren. Zürich 1968.

Paola Zambelli (Hg.), ‚Astrologi hallucinati'. Stars and the End of the World in Luther's Time. Berlin 1986.

Ernst Walter Zeeden, Die Entstehung der Konfessionen. Grundlagen und Formen der Konfessionsbildung im Zeitalter der Glaubenskämpfe. München und Wien 1965.

Alice Zimmerli-Witschi, Frauen in der Reformationszeit, Zürich 1981.

Gunter Zimmermann, Die Antwort der Reformatoren auf die Zehntenfrage. Eine Analyse des Zusammenhangs von Reformation und Bauernkrieg. Frankfurt/Bern 1982.

Walter Zimmermann, Die Reformation als rechtlich-politisches Problem in den Jahren 1524–1530/31, Phil. Diss. Tübingen, Göppingen 1978.

Gerhard Zschäbitz, Martin Luther. Größe und Grenze. Teil 1 (1483–1526). Berlin (Ost) 1967.

Herbert Zschelletzschky, Die „drei gottlosen Maler" von Nürnberg. Sebald Beham, Barthel Beham und Georg Pencz. Historische Grundlagen und ikonographische Probleme ihrer Graphik zur Reformations- und Bauernkriegszeit. Leipzig 1975.

Personen- und Ortsregister

Anzeigen

Religions- und Gesellschaftsgeschichte

Alles gehört allen

Das Experiment Gütergemeinschaft vom 16. Jahrhundert bis heute
Herausgegeben von Hans-Jürgen Goertz. 1984. 246 Seiten mit
9 Abbildungen. Paperback (Beck'sche Reihe Band 289)

Hans-Jürgen Goertz

Die Täufer

Geschichte und Deutung
2. Auflage. 1987. 240 Seiten mit 10 Abbildungen. Leinen

Radikale Reformatoren

21 biographische Skizzen von Thomas Müntzer bis Paracelsus.
Herausgegeben von Hans-Jürgen Goertz. 1978. 263 Seiten mit
19 Abbildungen. Paperback (Beck'sche Reihe Band 183)

Horst Fuhrmann

Von Petrus bis Johannes Paul II

Das Papsttum: Gestalt und Gestalten
2., verbesserte und ergänzte Auflage. 1984. 256 Seiten mit 148 Abbildungen.
Paperback (Beck'sche Reihe Band 223)

Theologenlexikon

Von den Kirchenvätern bis zur Gegenwart
Herausgegeben von Wilfried Härle und Harald Wagner.
1987. XIV, 268 Seiten. Paperback (Beck'sche Reihe Band 321)